本书出版得到

教育部人文社会科学重点研究基地项目
（项目批准号：16JJD780012）

资　　助

边疆考古学与民族史研究论丛

边疆考古与民族史论集

郑君雷 著

科学出版社
北京

图书在版编目（CIP）数据

边疆考古与民族史论集/郑君雷著. —北京：科学出版社，2019.3
（边疆考古学与民族史研究论丛）
ISBN 978-7-03-050803-4

Ⅰ.①边… Ⅱ.①郑… Ⅲ.①边疆考古–中国–文集 ②民族历史–中国–文集 Ⅳ.①K872-53②K28-53

中国版本图书馆CIP数据核字（2016）第285278号

责任编辑：樊 鑫 / 责任校对：邹慧卿
责任印制：肖 兴 / 封面设计：美光设计

科 学 出 版 社 出版
北京东黄城根北街16号
邮政编码：100717
http://www.sciencep.com

中国科学院印刷厂 印刷
科学出版社发行 各地新华书店经销
*

2019年3月第 一 版　开本：787×1092　1/16
2019年3月第一次印刷　印张：21
字数：480 000

定价：188.00元
（如有印装质量问题，我社负责调换）

序

郑君雷在吉林大学考古专业本科毕业后，先是师从魏存成教授攻读硕士学位，主攻鲜卑考古；后在1993年成为我的博士研究生，主攻东北战国至秦汉时期考古。在攻读博士学位期间，我指导他做类型学研究，他写成了《战国时期燕墓陶器的初步分析》，后来被《考古学报》2001年第3期刊用。在做毕业论文"中国东北地区汉墓研究"时，我让他到北京图书馆查阅日本人早年在朝鲜境内发掘的汉墓的材料，对他认识东北汉墓确实深入了一步，在论文答辩时得到答辩委员们一致肯定，答辩委员会主席刘庆柱先生曾建议将论文分为上、下两篇，投寄《考古学报》。后来，刘先生主编的《中国考古学·秦汉编》中，"东北地区汉墓发现与研究述要"就是由郑君雷在他博士论文的基础上写作的。

郑君雷取得博士学位后，留校任教。除了继续研究东北地区战国秦汉考古和鲜卑考古外，从2001年起参加了我主持的"长城地带游牧文化带的形成过程"这个科研项目的一个子项目，因为他此前已经翻译诺曼·哈蒙德的《寻找玛雅文明》一书，并由浙江人民出版社出版，有相当好的英文底子，所以请他综合研究英文文献中对游牧文化的界定和游牧文化起源的诸家观点，在他2002年调到中山大学任教后，继续完成这一工作。所以，他在参加工作后发表的一系列论文，有相当一部分都是在以上三个研究方向上的成果，直到现在都没有放弃在这些方向上的努力。

在他到中山大学任教之后，我很欣喜地看到，他在从北国到南疆的大环境改变后，能够相当快地适应新的工作环境，以增长自己的知识和提高研究能力为基础，开辟了新的研究方向。其中最主要的便是研究西汉时期中国边远地区汉文化的形成问题。进行这样的研究，他的视野便从东北地区和北方长城地带扩展到长城地带更西的"西域"，也就是今天的新疆地区，而且以中山大学实际从事田野工作的峡江地区为基点，向西南一直扩展到云贵高原，向南面扩展到岭南地区并兼及了古越族广泛分布的东南沿海地区，甚至注意到了"红河交通道"这一通向今天中国国境之外地区的古代文化通道。在很广阔的地域内，研究了不同历史条件和地理环境下汉文化形成的不同模式。当然，以一人之力在短期内形成系统的见解，肯定是粗浅的，可以引起许多争议的。但是，我认为这样一个研究课题，是一个可以引领风气并值得他自己毕生为之努力的重大方向。因为从秦代开始直到东汉的400多年间，中国有很大一片地域处于统一的政权管理之下，现代中国主体民族——汉族便是大体上分布在这个地域中的。这片地域中的居民在文化上如何逐步一体化，便是今天的汉族形成，以及中华民族各族与汉族不断一体化的重要历史基础之一。

回想20世纪50年代初，苏联史学家叶菲莫夫发表《论中国民族的形成》一文，根据斯大林的民族理论模式，认为汉族形成于19~20世纪之间，范文澜先生在《历史研究》上发表《试论中国自秦汉时成为统一国家的原因》一文，认为汉族在秦汉时期就已经形成。当时，"汉民族的形成问题"成为中国史研究的"五朵金花"之一。那时的研究是在马克思主义的理论指导下主要运用文献史料来进行的。后来，中国田野考古逐步开展，到20世纪末，俞伟超先生从考古学上提出了"考古学中的汉文化问题"。他认为：考古学文化可以视为人们共同体一切活动的综合体，这种共同体历经血缘纽带到地缘纽带的变化，考古学文化的形成途径及其文化的组成成分和内容，亦因而发生相应变化。两汉时汉文化的出现，反映了秦代以前的众多族群，在血缘关系、语言、文化（特别是信仰）、主观认同等方面不断融合，这样形成的族群又不断融入新的成分而不断扩大，"即是后代所谓的以汉人、汉族为称，一直继续到现在"。当然，从族群的观点来看，汉代这种人群集团只是自称为"中国人"，而边疆异族人群则开始其为"汉人"。直到元忽必烈时期，"汉人"还仅指灭金时金国的居民（其中包括契丹、渤海、女真、高丽等），而把南宋境内的居民另称为"南人"。所以现代的"汉族"是在漫长历史过程中不断扩大内涵的。汉代实际上只是形成了它的核心部分。而汉文化的研究反映出这种汉族历史核心形成的情形。

当然，要研究这样大的一个问题，单单以一人之力，恐怕即便是用毕生精力，鞠躬尽瘁，死而后已，也难以完成的。然而，按今天流行的办法，组织一个大的团队，按地域分成多少个课题组，分工合作来做，往往会变成平铺直叙的一大堆材料的组合，缺少一个有独到之见的灵魂。所以，郑君雷有勇气把西汉前期的汉文化统一划分成几个区域，总结每个区域的特点，虽然难免粗浅，却提出了一种系统的独到的见解。如果有志于也参加这一重要题目的研究的人员，就并不会是对某个区域、某个特点再做细化或修改、补充，而可以在总体上进行更深入的探讨和质疑，激发出更多、更新的独特创见，才能使我们对汉族乃至整个中华民族的认识做出有意义的贡献。

就郑君雷本人来说，要做这样大的题目，自然不能局限于考古学这一种研究手段，所以在他的这部论文集中，可以看到他对与考古学相关的人类学、民族学、地理学、文献学等多方面知识的钻研和把握，在和他同时代的考古学者中，他的勤奋好学、不断充实自己是很值得称道的。

我对这部论文集中最感兴趣的一篇文章，是《〈中国东北地区汉墓研究〉旧稿检讨》。

我觉得，因为考古学研究中新材料层出不穷的特点，每个从事这种研究的人，总是需要根据不断发现的新材料来检验自己做过的研究是否正确，哪些地方需要修改。如果一定要以为有人能高明到发表的论文结论一点都不能改，才算是大师，那是完全不符合实践论观点的。郑君雷能够不断注意新发表的材料，检查自己过去的研究结论有哪些是正确的，应该坚持的，哪些是需要修正、补充的，这才是考古研究应有的态度。我自己在研究东北系青铜剑时，就曾执着于类型学演变的一个特征，得出这种剑起源于辽东的结论。但见到更多的新发表材料后，在《中国东北系铜剑再论》一文中便修正为起源于辽西了。最近，上海古籍出版社有意要重印《林沄学术文集》，我打算对过去的文章也做一番检讨，用按语把发现错了的地方指出来，以免继续误导读者。借此机会申明：郑君雷的论文中有一处是我造成的错误，关于战国燕墓陶器的排队。我当时仅从发表的几件陶匜排队出发，引申出全部陶器的序列。现在看来，还是陈光掌握了更多的燕国陶器，所排的队更正确（《东周燕文化分期论》载《北京文博》1997年4期、1998年1、2期）。当然《战国时期燕墓陶器的初步分析》一文也仍有可取之处，读者当可在比较中择善而从。

深望郑君雷在已经取得的研究成果上，不骄不躁，攀登不息！

林　沄

2018年2月25日于长春剑桥园

目 录

概 论 编

"中国边疆考古"的认识论 ………………………………………………………… 1
文化人类学的族群认同与考古学文化的族属研究——汉末魏晋河套阴山地区
　北方民族遗存族属研究的个案思考 ……………………………………………… 6
考古学上的"辽海民族走廊"概说 ………………………………………………… 14
西汉"北方边郡地域文化区"述略 ………………………………………………… 22
关于肃慎史地研究中考古材料的运用——《肃慎起源及迁徙地域略考》商榷 ……… 34

东北边疆编

战国燕墓的非燕文化因素及其历史背景 …………………………………………… 42
东北地区汉墓发现与研究述要 …………………………………………………… 51
辽东汉代乡聚的性质、形态和社会生活——辽阳三道壕遗址补议 ………………… 62
大宁江长城的相关问题 …………………………………………………………… 73
从汉墓材料透视汉代乐浪郡的居民构成 …………………………………………… 81
刘贤墓志的若干问题 ……………………………………………………………… 89

北方边疆编

战国时期燕墓陶器的初步分析 …………………………………………………… 95
北方长城地带汉墓发现与研究述要 ……………………………………………… 127
乌桓遗存的新线索 ………………………………………………………………… 140
早期东部鲜卑与早期拓跋鲜卑族源关系概论 …………………………………… 144
内蒙古中南部拓跋集团的几种特殊葬式 ………………………………………… 155
西汉边远地区汉文化结构中的西域 ……………………………………………… 163

西南边疆编

峡江地区西汉墓葬研究的若干线索……………………………………………… 173

边远以远：云贵高原"羁縻类型"汉文化形成概略……………………………… 202

南方边疆编

岭南汉城与西汉时期岭南汉文化的形成………………………………………… 219

汉印与岭南汉代史迹……………………………………………………………… 232

岭南战国秦汉墓的"柱洞"……………………………………………………… 244

北江上游的南越国墓及秦汉岭南的族群分布…………………………………… 256

西瓯、苍梧与南越………………………………………………………………… 263

考古学上的岭南汉代盐官和圃羞官——以香港考古发现和研究为引子……… 273

汉代东南沿海与辽东半岛和西北朝鲜海路交流的几个考古学例证…………… 282

其 他 编

近东、中东和非洲大陆游牧业起源研究的若干背景资料译介………………… 289

论历史上北方游牧民的山岳崇拜………………………………………………… 297

中山大学人类学博物馆黎族服饰入藏考略……………………………………… 304

汉"射犬聚"考略………………………………………………………………… 316

后记………………………………………………………………………………… 324

"中国边疆考古"的认识论

边疆考古研究是中国考古学的组成部分和基础内容。此外，边疆考古研究可以在很大程度上补充民族史研究，甚至与其部分重合；边疆地区相对"原生态"的人文景观和民俗事项，还可以成为民族考古学实践的重要载体。中国边疆考古研究或据地域，或依时代，或按专题展开，基础虽然薄弱，成就却是斐然。虽然不能说已经发展为某种学科体系，但是已经具备许多共性因素，也出现许多共性问题，因此有必要整体性地阐明有关中国边疆考古的若干基础认识。

边疆考古研究的地域范围

历史上的中国疆域有一个逐渐形成和稳定的过程，历史疆域与现实版图有出入。而且现代意义上的民族国家和领土疆域概念形成较为晚近，边疆考古研究的地域范围应当如何界定？周伟洲以"历史上不同时期形成的统一多民族国家的疆域作为历史上中国疆域的范围"[1]，是我们考虑这一问题的前提。

疆域有盈缩，现实版图和任何历史截面都不可能反映历史边疆的动态发展过程。例如，西北朝鲜和越南北部红河平原曾经较长时期置于中原王朝的郡县体制，蒙古高原、俄罗斯远东部分地区、贝加尔湖至巴尔喀什湖方向曾经较长时期纳入中原王朝的羁縻体制，而中原王朝在新疆、青藏高原、台湾岛、海南岛和南海诸岛等地实施行政管辖的时间也不划一。更遑论"中国"概念（文化意义或疆域意义上）形成之前的远古时代（新石器时代）和上古时代（夏商周）的情况。还需要考虑地理边疆和文化（政治、社会）边疆的不同内涵。

我们将中国历史边疆划分为既是历史过程（时间结构）又是空间结构的四个轮廓[2]。秦并天下，疆域拓展至北方长城地带、边地半月形文化传播地带和南方珠江地带。西汉至明清稳固控制的本土地域一般在此范围，大致介于中央政权边疆治理体系中直属体制与羁縻体制的过渡地带，称为"基础轮廓内圈"。清版图大致介于羁縻体制与藩属体制的过渡地带，除蒙古高原外，基本在现今版图内，称为"基础轮廓外圈"。"基础轮廓内圈"以内，自夏商至东周中原诸侯渐次开疆拓土，战国时期燕国进入辽西辽东、

---

[1] 周伟洲：《历史上的中国及其疆域、民族问题》，《云南社会科学》1989年第2期。另参见邢玉林：《1989—1998年中国古代疆域理论问题研究综述》，《中国边疆史地研究》2001年第1期。

[2] 郑君雷：《西汉边远地区汉文化的形成模式》，《人民论坛·学术前沿》2010年12月（总第311期）。

赵国占领河套平原、秦举巴蜀、楚国扩展至潇湘和吴越，构成秦汉帝国之前中国历史边疆的"萌芽轮廓"。"基础轮廓外圈"以外，现今版图以外的一些地区，与中原政权曾经存在藩属或者羁縻甚至直属关系，或者与内附部族乃至中原政权联系密切，而且同一种考古学文化往往在国境内外均有分布，不能断然割裂，我们称为"外延轮廓"。

综合考量历史边疆和现实版图的学理基础、国内国际学者约定俗成的研究内容、现实国际政治和历史边界问题的敏感性，以及"海疆"概念的必要性。我们认为中国历史边疆"四个轮廓"的地域空间在不同历史截面上表现出地理和文化（政治、社会）属性的边疆特征，与中国边疆考古研究涵括的地域范围基本相当，这一区域就是兼具共时和历时双重属性的历史边疆地区，而不仅局限于现今版图的边境省份。大致包括：①东北三省、内蒙古及冀北、晋北、大西北（新疆、甘肃、青海、宁夏和陕北）、西藏、大西南（四川、重庆、贵州、云南和广西一部）。②中国海疆的两广、江浙、福建，以及台湾、海南和南海诸岛。③不在现今版图，但是中原王朝曾经较长期占据或羁縻的地区，诸如西北朝鲜、红河平原、蒙古高原、琉球群岛等地。由于自然地理单元、考古学文化区和历史民俗文化区的伸延，这一范围与行政区划会有一些出入。

边疆考古研究的方法和视野

作为考古学的基础研究方法，地层学、类型学和文化因素分析在边疆考古研究中普遍得到运用。文献史料对边疆民族的记述较简略，"考古学文化的族属研究"将"遗存"与"人群"挂钩，是边疆考古研究的重要方法和内容。民族考古学、体质人类学和环境考古学在边疆考古研究中的作用也较突出。

将文献记载的古代民族的活动时间、地域和文化习俗与考古遗存的年代、分布范围和文化特征加以对比来确定族属，或者通过文化因素分析与族属清楚的基点遗存相比较来确定族属，是考古学文化族属研究的一般方法和基本内容。但是考古学文化族属研究的结论却往往不统一。正确认识文献记载的人群集团在"族"的意义上的历史真实，是考古学文化族属研究的基础前提。文化人类学基础于"族群边界"的"族群认同"理论兼顾了族群集团"情境认同"和"根基认同"的双重属性，在操作层面适宜比较弹性地分析文献记载的人群集团和"考古学文化"的各种复杂情况，开阔了"考古学文化族属研究"的思路。而且"考古学文化的族属研究"未必以确定族属为终极目标，也应该将族群的构建过程纳入研究范畴[①]。

"民族考古学"的概念和定位在国内外都有分歧，我们将"民族考古学"定位于一种研究方法，在实践中大致有以下内容：第一，从考古学目的出发的民族学（人类学）田野观察，及其形成的田野记录（考古民族志）。第二，考古学材料与民族志材料的类比

---

① 郑君雷：《文化人类学的族群认同与考古学文化的族属研究——汉末魏晋河套阴山地区北方民族遗存族属研究的个案思考》，《思想战线》2007 年第 4 期。

推理，从而建立起从物质遗存推断人类行为的关系法则。第三，民族学（人类学）材料和理论方法在考古学研究中的普遍借鉴和启发，包括从器物功用研究到社会文化系统研究的各个层面。汪宁生、李仰松较早时期在云南等地进行的研究有许多成果[①]，王明珂从牧区环境、畜种构成、季节迁移、辅助生计（农业、渔猎、劫掠、贸易）着手讨论汉代匈奴和西羌的游牧经济[②]，更是耳目一新。我们提倡考古学者参与对边疆现代族群的民族学和人类学调查，以新视角对考古材料和历史文献再阅读，当有新理解和新启示。

体质人类学研究古代居民的种族（中国边疆各地出土的古代骨骼材料表现出与现代东亚、北亚、东北亚、南亚蒙古人种和欧罗巴人种不同程度的相似性状）、性别、年龄和骨骼发育情况，近些年来又发展出考古DNA、古代病理、古代居民食谱等研究领域，对于讨论古代边疆族群的种族构成和交往融合、人口和社会结构、生计模式等有很大帮助。地理环境和生态环境的变迁对人类活动和社会文化的影响至为巨大，在边疆地区尤其明显，在很大程度上决定着边疆居民的经济文化类型。例如，中国北方游牧业的发生有着深刻的生态学背景，华南和东南沿海气候与环境变化与遗址地貌及其空间利用情况相关联。因此，以地貌、植物、动物、土壤、气候、海侵等内容为研究对象的"环境考古学"在边疆考古研究中作用突出。

中国边疆地区与西伯利亚、中亚、南亚、东南亚和海东诸国存在考古学文化交流，在更广阔的地理空间上，边疆地区恰恰成为与域外考古学文化碰撞交融的核心地带，这或许可以称为"中外文化交流考古"。边疆地域辽阔，我们相信水下（沉船）考古和GIS（地理信息系统）在边疆考古研究中有着广泛的应用前景。

边疆地区的考古学文化分区

考古学文化分区是中国考古学"走近历史真实之道"（张忠培语）的研究环节，同时也是研究内容。宏观范围（指全国范围而不是某一地域内部）的考古学文化分区通常有两种情况，一种是在较短时段上进行，如俞伟超将西汉前期墓葬分为六区[③]；一种时代跨度较大，如王仲殊将秦汉时代的中国划分为九区[④]。理论上讲，后者应当建立在前者的基础上，是对不同历史截面的分区情况整体考量后的通盘表述。前者反映出相对共时性的考古学文化结构，比较精细；后者还能够反映出历时性的考古学文化结构，更能够看到历史长河冲涤中的沉淀下来的稳定文化因素和区域文化特征，较具整体观和历史观。不过，任何两个历史截面的考古学文化分区都会有所出入，因此时代跨度

[①] 汪宁生：《民族考古学论集》，文物出版社，1989年；李仰松：《民族考古学论文集》，科学出版社，1998年。
[②] 王明珂：《匈奴的游牧经济：兼论游牧经济与游牧社会政治组织的关系》，《历史语言研究所集刊》第六十四本，第一部分，1993年。
[③] 徐苹芳：《中国历史考古学分区问题的思考》，《考古》2000年第7期。
[④] 《中国大百科全书·考古学卷》"秦汉考古"条，中国大百科全书出版社，1986年。

较大的考古学文化分区往往只能概括性地表述。

20世纪80年代初苏秉琦将史前诸考古学文化划分为六大区系①，影响至为深远。徐苹芳认为历史时期考古学分区与史前考古学文化分区在内容和方法上均有不同，指出"在秦汉以后历史考古学文化分区中，墓葬（包括葬式和葬俗）的分区占有重要位置"②。中国边疆地区一般分为东北、内蒙古中南部长城地带、甘青、西南、华南、东南沿海、新疆和西藏等几个考古学文化区，这只是粗线条的。各考古学文化区的具体范围及其历时性的伸缩情况，各文化区内的亚区划分等，均有待于深入和细化，尤其是各考古学文化区的渊源、文化特征、发展道路和文化关系有待于归纳和总结。

苏秉琦的"区系类型理论"将"块块"（"区"）与"条条"（"系"）结合起来，"在追本溯源时要考虑文化的分解与组合，以及这种分解和组合有关的社会发展阶段对文化发展所起的作用，不同文化的相互作用，特别是其中关键性的突变"③，因此提出许多有洞透力的整体性认识。比如，"以燕山南北长城地带为中心的北方"是"联结中国中原与欧亚大陆北部广大草原地区的中间环节"，在中国古文明缔造史上具有特殊地位和作用，"中国统一多民族国家形成的一连串问题，似乎最集中地反映在这里"。又如，"岭南有自己的青铜文化，有自己的'夏、商、周'，……只有这样，我们才能理解，距今二千多年前秦在岭南设郡的背景，其性质与秦并六国相同，是在其他条件业已具备的情况下实现了政治上的统一，才能理解华南与包括南海诸岛在内广大东南亚地区的历史文化关系"④。

边疆诸考古学文化区的确立以及区域特征和文化发展道路的认识是个渐进的过程。以东北文化区为例，苏秉琦"曾多次强调东北地区渔猎文化的个性，及其在史前时期直至满族起源过程所起的特殊作用，并逐步将东北区从整个北方区中区分出来"，并将其范围"扩大到'白山黑水'至'两个海'（指从环渤海到环日本海）、'三个半岛'（辽东半岛、山东半岛和朝鲜半岛）、'四方'（中国、朝鲜、日本和俄罗斯）；时代从清开国上溯到商周时期的'肃慎燕亳'，这已是从更为广阔的东北亚地区古文化的发展来考虑东北地区的考古工作了"⑤。这一认识过程，还在继续。

边疆考古学文化带

考古学文化带可以跨越若干考古学文化区和自然地理单元，文化特征、族群结构和经济文化类型具有过渡性状，还具有民族走廊和文化通道的性质。但是也存在某些相对稳定的共性文化因素，这些文化因素的存在更主要是古代居民对生态环境的适应结果。

---

① 苏秉琦、殷伟璋：《关于考古学文化的区系类型问题》，《文物》1981年第5期。
② 徐苹芳：《中国历史考古学分区问题的思考》，《考古》2000年第7期。
③ 苏秉琦：《在全国考古学规划会议、中国考古学会成立大会上的发言（摘要）》，《华人·龙的传人·中国人——考古寻根记》，辽宁大学出版社，1994年。
④ 苏秉琦：《中国文明起源新探》，生活·读书·新知三联书店，2001年，第50、51、92页。
⑤ 郭大顺：《东北文化区的提出及意义》，《边疆考古研究》（第1辑），科学出版社，2002年。

北方长城地带"并非指历代所筑长城经由的全体地域，而是指古来中原农业居民与北方游牧人互相接触的地带而言。这个地区东起西辽河流域，经燕山、阴山、贺兰山，到达湟水流域和河西走廊。大体上包括了今天的内蒙古东南部、河北北部、山西北部、陕西北部、内蒙古中南部、宁夏、甘肃和青海的东北部。这一地带，从文化地理的角度来说是'农牧交错带'。其经济形态自古以来时农时牧，不断发生变化"[①]。童恩正认为，自新石器时代后期至青铜时代，从大兴安岭、阴山山脉、贺兰山脉、祁连山脉至横断山脉构成一条环绕中原的"从东北至西南的边地半月形文化传播带"，古代居民以畜牧和半农半牧为主[②]。"边地半月形文化传播带"在汉武帝凿空西域以后被隔为两截，东北段与"北方长城地带"有很大重合，西南段民族学上习惯称为"藏彝走廊"。

我们认为在中国南方边疆还有一条"珠江地带"。"南方珠江地带"以农耕与渔猎采集的交错或并重为经济特征，是中原农耕社会的生态边界，是"百越"集团与华夏集团的接触地带，古代居民的体质类型表现为东亚蒙古人种与南亚蒙古人种的宏观分野和融合，也是中原王朝较为稳定的行政边界。"南方珠江地带"可以理解为一条海疆文化带。

北方长城地带、边地半月形文化传播地带和南方珠江地带串联起边疆诸考古学文化区之间的联系，也构成中国历史边疆基础轮廓的内圈骨架。边疆考古学文化带的历史意蕴，还远未被发掘出来。

边疆考古研究的学术内容

边疆地区的各个考古学文化区都有着丰富而具体的学术课题。在宏观层面，诸如中国北方游牧业的起源和游牧文化带的形成、新疆考古学文化复杂结构的形成过程、青藏高原早期人类的出现及原始畜牧业的发生、"藏彝走廊"南迁族群及其在东南亚的分化路径、华南地区在人类起源和文明起源方面的地位、东南华南沿海与"环太平洋文化底层"的关系等基础性的学术课题已经纳入视野且有所突破。在更宏阔层面，"边疆地区在中华民族多元一体格局形成中的地位和贡献"是具有全局视野的重大课题。涉及领土疆域的国际性学术课题也有许多，我们需要心态开放的国际学术交流合作，提倡平和公允的学术讨论。

边疆大部分地区现今族群（民系）分布仍然较复杂，社会发展程度不及内地，边疆考古研究的成果可以为边疆和民族地区的社会稳定和社会发展提供借鉴和支撑。中国边疆考古和边疆史地研究，有必要突破学科藩篱，措意边疆民族和边疆社会文化发展，这其实都是民国时期边政学的研究内容。

原载《人民论坛》2011年11期（总第324期）

---

① 林沄：《中国北方长城地带游牧文化带的形成过程》，《林沄学术文集》（二），科学出版社，2008年。
② 童恩正：《试论我国从东北至西南的边地半月形文化传播带》，《文物与考古论集》，文物出版社，1987年。

文化人类学的族群认同与考古学文化的族属研究
——汉末魏晋河套阴山地区北方民族遗存族属研究的个案思考

一

"考古学文化族属的研究，是一个相当复杂的问题，除了古籍所记族人是否等同一考古学文化外，还存在文献记载、疏、注及考证和对考古学遗存的认识问题"①，因此其结论往往各持己见。这里面有客观原因，其中很重要的一条就是概念理解的不一致，比如文献记载中人群集团在"族"的意义上的历史真实。"我们通常在讨论这类问题时，所使用的'族'这一词，本来是一个非常不确定的概念。可以用它来泛指一切见于古代文献的有某种统一专名的人群，只要人群的规模不小于原始社会的部落或部落联盟。这种人群的历史背景和实际性质是有非常大的差别的。比如，'陶唐氏'、'有虞氏'可算是族，'晋人'、'楚人'也可以算作族。'华夏'、'诸夏'是族，单称的'夏人'也是族。这些族的范围大小差别很大"②。又如考古学上的"文化"，"我国目前已定名的考古学文化各自内涵的宽窄实有很大的不同"③。显然，不同的学者可能对诸如民族学上的"族"，考古学上的"文化类型"以及文献史料中的"部"、"种"、"别种"这类概念有着各自的理解，这些不确定因素交织在一起进行对应，考古学文化与族属的关系难免见仁见智。

另一条很重要的客观原因是，即便对这类概念有了相对统一的理解，考古学文化与"族"的共同体是否基本一致也是个问题。虽然也有学者以为："考古学文化和民族学文化是相似的，而前者的文化从某种意义上说，是曾经生气勃勃的文化的遗存。"④但是"考古学文化的实质是历史上存在过的有共同文化传统的人们共同体"，而"现代民族学实际调查表明，文化共同体的分布区和民族共同体的分布区往往并不密合而只是在一定程度上重合。还应该看到，凭考古遗存划定的历史文化共同体是有片面性的，……也会发生种种偏差"；而且，"这种历史文化共同体可以有不同的划法，也有不同层次。每一个这样的共同体，有时可能相当于一个民族共同体，有时相当于一个

---

① 张忠培：《民族学与考古学的关系》，《中国考古学：走近历史真实之道》，科学出版社，1999年。
② 林沄：《考古学文化研究的回顾和展望》，《林沄学术文集》，中国大百科全书出版社，1998年。
③ 林沄：《考古学文化研究的回顾和展望》，《林沄学术文集》，中国大百科全书出版社，1998年。
④ 〔美〕布鲁斯·炊格尔著，蒋祖棣、刘英译，王宁校：《时间与传统》，生活·读书·新知三联书店，1991年，第95页。

多民族共同体，有时可能只相当于一个民族的一个组成部分。也有的时候，它只是一个民俗共同体，即这个共同体内的人们虽有共同文化传统，却并不自认为同一个族"①。何况，考古学文化也是多层次的。在一般意义的考古学文化之上，还有诸如"区系"、"文化系统"、"同一谱系的诸考古文化"、"文化群"、"历史文化区"等更高层次的分类概念；其下，很多考古学文化又被划分成若干"类型"，甚至可以继续细化。"由于有着种种复杂的情况，我们想要一般性地讨论哪一种层次的考古学文化与什么样的族的共同体相合，是不切实际的"②。

这样来看，考古学文化族属研究有两个操作前提：其一，文献记载的人群集团在"族"的意义上的历史真实；其二，相关"考古学文化"内涵的界定。然后才可以考虑考古学文化与"族"的共同体是否基本一致，才谈得上将文献记载的人群集团与"考古学文化"挂钩。对于第二点，就具体问题而言有可能形成相对统一的理解，这已经为许多民族史和考古学研究个案所证明，而第一点实为关键所在。厘清文献记载的人群集团在"族"的意义上的历史真实，就是在现代学术意义"族"的坐标系上将文献记载的人群集团重新定位。其后考古学者可以具体讨论"考古学文化因素"与现代学术意义上"族"的特征的对应关系，最终将文献记载的人群集团与"考古学文化"挂钩。换言之，现代学术意义上的"族"是将文献记载的人群集团与"考古学文化"挂钩的操作媒介。

现代学术意义上的"族"在概念上一般表述为"民族"，定义也有许多种。

在民族史和考古学族属研究中，"族"可以泛指在历史文献中冠以"氏"、"民"、"部"、"种"、"族"、"支"、"类"、"裔"等名称或者径称专名的人群集团。其中出现在正史《四夷传》的这些人群集团，大体可以视为华夏以外的"少数民族"，《四夷传》一般也记述这些人群集团的地域、语言、生业和风俗，约略相当于斯大林"民族"定义的四个要素，但是记述的详细程度并不足以进行现代学术意义上的"民族"讨论。

包括斯大林所下定义在内的许多"民族"虽然观察的要素各有不同，却都是从群体内部的共同特征切入，有着僵化和机械的一面。文化人类学的"族群"概念则不同，其中巴斯（F.Barth）从群体的排他性和归属性来界定族群，"他认为'族群'是由其本身组成成员认定的范畴，造成族群最主要是其'边界'，而非语言、文化、血缘等'内涵'；一个族群的边界，不一定是地理的边界，而主要是'社会边界'。在生态性的资源竞争中，一个群体强调特定的文化特征来限定我群的'边界'以排斥他人"③。巴斯以"族群边界"作为切入点，是族群认同理论的最精彩处。比较晚近的族群定义从边界和内涵两方面综合考虑，"族群是一个有一定规模的群体，意识到自己或被意识到其与周围不同，'我们不像他们，他们不像我们'，并具有一定的特征以与其他族群相区别"。

---

① 林沄：《考古学文化研究的回顾和展望》，《林沄学术文集》，中国大百科全书出版社，1998年。
② 林沄：《考古学文化研究的回顾和展望》，《林沄学术文集》，中国大百科全书出版社，1998年。
③ 周大鸣：《中国的族群和族群关系》前言，广西民族出版社，2002年。

这些特征大体包括共同的地理来源、迁移情况、种族、语言或方言、宗教信仰、共有的传统、价值和象征、文字、民间创作和音乐、饮食习惯、居住和职业模式、对群体内外的不同感觉以及超越亲属、邻里和社区界线的联系等方面①。

文献记载中的人群集团不仅有层次，而且有交叉，有分化，有合流，有依附，其形成和发展是一条平面和立体、历时和共时纠缠交织的流动长河。而考古学文化的界定亦有很大伸缩性，考古学文化因素也有传播、渗透、积淀、突变。凡此种种，作为挂钩文献记载的人群集团与考古遗存的桥梁，现代学术意义上的"民族"概念最好在理论架构层面与文献记载的人群集团和"考古学文化"的内在结构相匹配，在操作层面适宜比较弹性地分析文献记载的人群集团和"考古学文化"的种种复杂情况，文化人类学基础于"族群边界"的"族群认同"理论或可大体符合。这样的理论实际是将历时的族群发展过程在切割成的一个个时间段或一幅幅时间截面上以共时的角度加以研究，这一幅幅时间截面连续播放出来就是一部完整的影像。历史上的人群集团在文献记载中只是一个个片断，串联起来就是民族史；考古遗存只属于某一时段，串联起来可以梳理出"文化谱系"，这些在逻辑线索上与基础于"族群边界"的"族群认同"理论相通，这是尤其难得的。

二

汉末魏晋河套阴山地区北方民族遗存的族属研究是尝试文化人类学"族群认同"视野下考古学文化族属研究的很好个案。

汉末魏晋河套阴山地区北方民族遗存的文化因素比较复杂。各个墓地不同程度地存在着早期东部鲜卑、早期拓跋鲜卑、匈奴和汉文化因素，有些墓地还有其他文化因素，由于所占比例不同，文化面貌差别较大，但是早期东部鲜卑和早期拓跋鲜卑的文化因素普遍存在，并且占有主要比例。至北魏建国前后，在以早期东部鲜卑和早期拓跋鲜卑文化因素为主的基础上，这些北方民族遗存的面貌逐渐发生变化且趋于一致。这些情形恰是当时众多部族混杂而鲜卑占有主导地位这一民族活动大势的写照。

东汉永元三年（91年），北匈奴政权瓦解，檀石槐和轲比能相继建立东部鲜卑联盟，入主漠南。当其时，南匈奴大部已经南迁汾水流域②；并州乌桓徙居内地③，众种离散；拓跋部新至，立足未稳，亦曾经"国民离散"④。此时的鲜卑旗号得到种系各异部族的认同。《后汉书·乌桓鲜卑传》记，匈奴北单于西遁后"鲜卑因此转徙据其地。匈奴余种留者尚有十余万落，皆自号鲜卑，鲜卑由此渐盛"；《南齐书·魏虏传》记，"魏

---

① 周大鸣：《中国的族群和族群关系》前言，广西民族出版社，2002年。
② 《后汉书·南匈奴传》。
③ 《三国志·魏书·乌丸鲜卑东夷传》。
④ 《魏书·帝纪·序纪》。

房，匈奴种也，姓托跋氏。晋永嘉六年（312年），……猗卢入居代郡，亦谓鲜卑"，说明当时的河套阴山地区出现"东部鲜卑认同"的进程。拓跋部在卷入东部鲜卑化漩涡的同时，势力强大起来，最终统一北方，其时北方诸族转而出现"拓跋鲜卑认同"进程。至曹魏，拓跋鲜卑的民族成分已经相当复杂，核心的"帝室十姓"中即有出自高车的纥骨氏和乙旃氏，"内入诸姓"中包括东部鲜卑、匈奴、高车、柔然、乌桓等31姓，另外还有保持"岁时朝贡"关系的"四方诸姓"35部[①]。

　　族群认同的基础在于文化认同，在文献史料中不难找到东部鲜卑、拓跋鲜卑、匈奴、乌桓几支北方民族在语言、宗教信仰、地域、婚俗、价值观念、生计方式等方面的诸多共性。这些文化要素是鲜卑认同的客观基础。文化人类学以为族群边界不断建构，鲜卑认同进程其实就是鲜卑族群的建构过程。有些学者指出，两汉曹魏时期的鲜卑实际是指东部鲜卑，西晋十六国时期的鲜卑名称开始成为包括拓跋鲜卑在内的北方众多游牧部族的泛称；约在北魏统一前后，以拓跋鲜卑为主体的鲜卑民族正式形成[②]。共同的历史记忆也是族群认同的基础要素，拓跋鲜卑比附源出鲜卑山的东部鲜卑，自称源出大鲜卑山，这伪托虚幻的历史记忆其实彰显着鲜卑认同的历史真实。唐"呼延章墓志"亦将族源附会在鲜卑山，称"呼延氏其先出自帝颛顼，有裔孙封于鲜卑山，控弦百万。世雄漠北"[③]，鲜卑认同的洪流以至隋唐依然拍击出浪花。

　　汉晋北朝时期的鲜卑名称在不同历史时期有着不同的族群内涵。在这个意义上，可以将汉末魏晋河套阴山地区的这些北方民族遗存归属于鲜卑，但是应该明确，其文化和血液并非是从东北地区早期拓跋鲜卑或东北地区早期东部鲜卑直线发展下来的，其来源并不单纯，在考古学上至少吸收了早期拓跋鲜卑、早期东部鲜卑、匈奴和汉文化因素。

三

　　虽然在族群不断建构的意义上可以将汉末魏晋河套阴山地区的这些北方民族遗存归属于鲜卑，但是考古学文化的族属研究应该而且可以更进一步。

　　文化人类学的族群认同有"根基论"和"情境论"两派理论。"根基论"认为群体成员凭借血缘传承和文化传统这类天然性的根基元素凝聚在一起；"情境论"重视功利取向产生的多重性和变化性，认为族群认同具有随情境或工具利益选择的特征。虽然有些学者以为"只有在可行的根基认同与可见的工具利益汇合时，族群认同才会产生"，"但事实上在不同情况下，两者发挥的作用不同"[④]。

---

① 马长寿：《乌桓与鲜卑》，上海人民出版社，1962年，第254页。
② 王俊杰：《魏晋南北朝时期的鲜卑是不是一个民族》，《西北师院学报》1985年第3期。
③ 引自陈连庆：《中国古代少数民族姓氏研究》，吉林文史出版社，1993年，第8页。
④ 周大鸣：《中国的族群和族群关系》前言，广西民族出版社，2002年。

显然，族群认同存在"根基"和"情境"两类层面，有些族群的认同主要凭托"根基性元素"，有些则主要凭托"情境性元素"，同一族群可能以"根基取向"认同于某一更大族群，同时采取"情境取向"认同于另一更大族群；或者此时以"根基取向"认同于某一更大族群，彼时以"情境取向"认同于另一更大族群。为了区别这些情况并表述简洁计，笔者建议将凭托"根基性元素"或以"根基取向"认同的族群称为"根基族群"，将凭托"情境性元素"或以"情境取向"认同的族群称为"情境族群"。自然地，"根基族群"的族群边界和族群认同相对稳定。

许多情况下，"情境族群"内部可以细化出若干"根基小族群"。北方民族史上诸如匈奴、鲜卑、突厥、契丹、蒙古这类专名层面上的民族集团应当视为由若干"根基小族群"组成的"情境族群"。初步看，其形成大致可以举出几种情况：一是出自政治利益的联合和依附。如塔塔尔人、扎剌亦儿人、斡亦剌人、客列亦人、汪古人、唐古特人等非蒙古部的部落，"这些人原来都各自具有一定的名字和称谓，但如今为了自己夸耀起见，也都自称为蒙古人，尽管他们原先并不承认'蒙古'这个名字。这样，他们现今的后裔便以为他们自古以来就是属于'蒙古人'的名下并以'蒙古'之名见称"①。二是武力的征服和吞并。如战国楼烦，西汉初年冒顿"南并楼烦、白羊河南王"以后以匈奴部族出现，卫青曾"于河南"击破"胡之楼烦、白羊王"②。三是收继。游牧民族"广泛流行的做法是收养某些个别的外部落人和整个的外族氏族部落单位。……阿拉伯部落把其他部落出身的人并入自己的部落，宣布他们'按血缘和名称'是自己的成员，逐渐同化他们，甚至用虚构的系谱好像把他们'拴在'自己身上"③。

汉末魏晋河套阴山地区的鲜卑认同是一种情境性认同。《后汉书·乌桓鲜卑传》明确将匈奴北单于西遁后"自号鲜卑"的十余万落记为"匈奴余种"，《南齐书·魏虏传》明确称拓跋鲜卑"匈奴种也"，并指明"亦谓鲜卑"的时间、地点，在史家心目中各部鲜卑的族源不同。拓跋鲜卑以鲜卑正胤自居，将东部鲜卑称为"东部"或"徒何"，对同出的秃发部和乞伏部则称为"鲜卑秃发乌孤"、"鲜卑乞伏国仁"；东部鲜卑则往往将拓跋鲜卑称为"索头"，彼此间的"本族意识"和"他族意识"仍然存在。在伪托虚幻的族源记忆上，拓跋鲜卑称"昔黄帝有子二十五人，或内列诸华，或外分荒服。昌意少子，受封北土，国有大鲜卑山，因以为号"④；宇文鲜卑则称"其先出自炎帝神农氏，为黄帝所灭，子孙遁居朔野。有葛乌菟者，雄武多算略，鲜卑慕之，奉以为主。遂总十二部落，世为大人"⑤，分别追溯至黄帝和炎帝；"呼延章墓志"则将始祖附会为颛顼。即便在华夏认同的层面，伪托的族源记忆也有不同，这从侧面显示出鲜卑认同的情境

---

① 林幹：《中国古代北方民族通论》，内蒙古人民出版社，1998年。
② 《汉书·匈奴传上》。
③ 〔苏〕Ю.В.勃罗姆列伊著，李振锡、刘宇端译：《民族与民族学》，内蒙古人民出版社，1985年，第160页。
④ 《魏书·帝纪·序纪》。
⑤ 《周书·文帝纪上》。

性实质。汉末魏晋河套阴山地区的鲜卑也是由若干"根基小族群"架构起来的"情境族群"。

情境族群和根基族群都是在相对意义上体现，构成情境族群的"根基小族群"也可能是其他层面上的情境族群。姓氏研究经常提供民族关系的线索，文献记载中北方民族的"氏"大约是各种层面的情境族群中最为基础的"根基小族群"，如晋代北朝时期的高车、乞伏鲜卑、拓跋鲜卑和柔然诸族均见有乙旃氏[①]。而诸如拓跋鲜卑、慕容鲜卑、宇文鲜卑、乞伏鲜卑这类"部"的层面，可以理解为根基族群与情境族群的结合体。识别相当于"氏"的考古遗存当然是考古学文化族属研究的理想结果，但是在实际操作上，大概只能细化到"部"的层面。另外，在构成鲜卑、蒙古这类专名层面"情境族群"的诸多"根基小族群"当中，有些属于"核心小族群"，有些则属于"边缘小族群"。当考古学文化族属研究细化到"部"的层面时，仍然有可能识别出"核心小族群"和"边缘小族群"的存在，不过与文献记载的"氏"挂钩的可能性很小，此时"核心文化因素"和"边缘文化因素"这类概念或许更加实用。考古学文化的族属研究，或者可以在文化人类学"情境族群"、"根基小族群"、"核心小族群"、"边缘小族群"的意义上从历时和共时的相互关系方面展开。

四

将文献记载的古代民族的活动时间、地域和文化习俗与考古遗存的年代、分布范围和文化特征进行类比来确定族属，或者通过文化因素分析与族属清楚的基点遗存相比较来确定族属，曾经是考古学文化族属研究的一般方法和基本内容，这种研究以确定族属为终极目标。文化人类学族群认同视野下的考古学文化族属研究有所不同，可以明确为几个层面的内容。其一，情境族群层面的判断识别；其二，情境族群中诸种"根基小族群"的判断识别；其三，诸种"根基小族群"中"核心"性质和"边缘"性质"小族群"的判断识别；其四，各种层面情境族群的建构过程。其最基本的研究方法，仍然是考古学文化因素分析。比较而言，两者的研究方法和目标取向也有相通处。比如分析文化因素的源头，相当于"根基性元素"的判断识别，讲文化因素的融合，有情境族群构建的意趣在其中。但是文化人类学族群认同视野下考古学文化族属研究的理论阐释更加明确，因此操作思路更加清晰，内容更加丰富，目标也不尽同。例如于后者而言，考古学文化因素不仅需要解构性地识别，还需要组合性地解读；情境族群的建构过程也成为考古学文化族属研究的内容和目的。

对"根基小族群"在族群内涵意义上的正确理解，以及"根基小族群"性质的遗存在考古学文化上的正确识别，是族群认同视野下考古学文化族属研究理论层面和操作层面的基石。在理解上和识别中应该把握三点：第一，既然承认族群是一个不断建

---

① 陈连庆：《中国古代少数民族姓氏研究》，吉林文史出版社，1993年，第182页。

构的过程，承认族群认同有着相对性的一面，那么在理论上任何遗存的文化因素都是混杂的，不可能存在纯而又纯的遗存。因此，研究者只能从诸多相关遗存中各自抽取出特定族群的"根基性文化因素"，组合成理论上的"根基小族群"。其后才可能根据具体遗存"根基性文化因素"的比例来识别判断事实上的"根基小族群"。第二，族群存在于与其他族群的互动关系中，没有"族群边缘"也就无所谓"族群核心"。源出南匈奴的宇文鲜卑、源出高车的乞伏鲜卑、被称为"小种鲜卑"的柯比能①、被称为河西鲜卑的柔然社仑②、被称为鲜卑别种的铁弗赫连③、"既家昌黎，遂同夷俗"的冯跋④，这些"别部"、"别种"意义上的鲜卑往往构成鲜卑认同的族群边界。"根基性文化因素"是在与"边缘性文化因素"的比较中突显出来的，因此在"边缘小族群"的遗存中更容易识别进而抽取"根基性文化因素"。第三，承认考古学研究的局限性，在某一特定时间段或时间截面上，文化因素已经发生某些混杂的遗存仍然可以在相对意义上判断为"根基性小族群"，这些"混杂的文化因素"应该在整体上视为"根基性文化因素"。

"就一般的研究方法而言，无论是史学工作者，还是考古研究者，大都是将古代民族的活动时间、活动地域和文化特征与考古遗存的年代、分布范围和文化特征进行类比，如果类比的结果是两相吻合，那么就可以得出肯定的结论"，但是"其结论，往往是同一古代民族与不同的考古遗存相联系，同类遗存被认定为不同的古代民族"，因此提出"考古学文化的族属研究应该建筑在谱系研究的基础上。首先通过谱系研究确定考古遗存的系谱，然后将文献记载的古代民族系谱进行梳理，最后将两支系谱类比并得出结论。在类比的过程中，两支系谱的时间、地域和文化特征是认定吻合的3个基本要素，特别需要强调的是，这种系谱类比方法应选定一个基点"⑤。前种研究法，可以称为"共时类比"，后种可以称为"历时类比"。应该承认，"历时类比"较之"截取考古学文化发展过程中的一个断面"的"共时类比"更有说服力，而且在方法论上与文化人类学族群认同视野下考古学文化的族属研究更具相通性。但是，历时类比中基点遗存的确立，在许多情况下却仍然依靠共时类比。文化人类学族群认同视野下考古学文化族属研究的基本前提，在于首先寻找到或确认出特定族群在某一时间段或时间截面上的遗存，这类遗存可以不严格地称为"基点遗存"，然后依托基点串联起各个地区和各个时段的相关遗存，在各个时间段或时间截面进行"情境族群"、"根基小族群"、"核心小族群"、"边缘小族群"意义上的文化因素分析和组合，展开前述几个层面的研究内容。因此，考古学文化族属研究原有的两种类比方法在确定基点遗存上都有意义。但是应该明确，所谓"基点遗存"也只是在相对意义上存在，它只是研究工作的出发

---

① 《三国志·魏书·乌丸鲜卑东夷传》。
② 《晋书·赫连勃勃载记》记"时河西鲜卑社仑献马八千匹于姚兴"，此事件《资治通鉴·晋纪三十六》记为"柔然可汗社仑献马八千匹于秦"。
③ （唐）张楚金：《翰苑·蕃夷部·鲜卑》雍公叡注"王琰《宋春秋》曰：赫连者，鲜卑别种，本匈奴左贤王后也"。
④ 《魏书·海夷冯跋传》。
⑤ 许永杰：《鲜卑遗存的考古学考察》，《北方文物》1993年第4期。

点，在与相关遗存的比较分析中仍然有在"根基小族群"层面分割的可能性。在各个时间段或时间截面展开"情境族群"、"根基小族群"、"核心小族群"、"边缘小族群"意义上的文化因素分析和组合，串联起来就是情境族群的构建过程，也是另一种意义的考古学文化谱系研究。

汉末魏晋河套阴山地区北方民族遗存族属研究的一般思路是根据文化因素的相似性将具体墓地推属于拓跋鲜卑，或东部鲜卑，或匈奴，或其他，首先应该质疑的是，作为比较基点的东部鲜卑、拓跋鲜卑、匈奴遗存的文化因素构成在何种程度上反映着这些族群的历史真实。族群认同往往发生在族际接触密切的地域，在北方民族史上，河套阴山经常成为这样的地区。在族群认同的过程中也会出现历时意义上的族群边界，汉末魏晋的鲜卑认同与其前、其后阶段的鲜卑认同大有不同。本文以汉末魏晋河套阴山地区北方民族遗存的族属研究为个案展开思路，只是这个题目太不容易说清楚。撮其要，一是，表述笔者在文化人类学族群认同与考古学文化族属研究关系上的感悟。二是，试图讲清楚"情境族群"和"根基小族群"的概念在考古学文化族属研究上的意义，并试图建立某种识别判断"根基小族群"性质遗存的操作模式。三是，希望考古学文化的族属研究能够关注族群的构建过程。

原载《思想战线》2007年第4期

考古学上的"辽海民族走廊"概说

古代东北与华北、中原地区的考古学文化联系有西、南两个大的方向。西边主要是经由京津唐地区,以此为媒介循热河山地进出辽西①,这一线路与北方长城地带东段有某些重合。南边有两条线路,一条是经由辽西走廊进出辽东,一条是胶东半岛与辽东半岛、西北朝鲜②之间的海路交通。考古学文化通道上当然有人群集团的活动,仅在考古学层面似不足以充分说明其学术内涵和历史作用,因此我们借用民族学概念,将南边这两条线路经行的地理区域称为"辽海民族走廊"。

一、费孝通"民族走廊"学说与"辽海民族走廊"

与苏秉琦将史前和早期青铜时代考古学文化分为六大区系的整体格局相似,费孝通提出了由北部草原地区、东北高山森林区、青藏高原、云贵高原、沿海区、中原区六大板块和"西北民族走廊"、"藏彝走廊"、"南岭走廊"三大走廊构成的中华民族聚居格局,其中板块以走廊相联结③。板块和走廊都是"历史形成的民族地区","走廊"的意义在于"为以往研究中国历史时的单一'板块'划分格局,增添了具有连接与动态含义'通道'类型"④。

关于"民族走廊"的概念、形式、性质、特征等问题,民族学界并没有严格意义上的界定,不过通常认为具有以下特征——即民族走廊是依托山川河谷等自然地理条件构成的条带状的族群迁移通道,两侧有与周边相对隔绝的地貌屏障,其内部生态环境、族群结构、生计方式、人文民俗较为复杂,处于农业文明中心和政治中心的边缘区位,现今主要为少数民族聚居且历史文化积淀丰厚等。

费孝通在20世纪70年代和80年代之交提出"民族走廊"学说以后,许多学者从理论和实践层面加以深化、丰富,其中以李星星提出的"两纵三横"体系最具整体视野。他将中国历史上的民族走廊概括为"藏彝走廊"、"土家—苗瑶走廊"的两纵和"壮侗走廊"、"阿尔泰走廊"、"古氐羌走廊"的三横格局⑤。我们所谓的"辽海民族走

---

① 辽宁西部的朝阳地区和内蒙古东南部的赤峰地区在考古学上经常构成比较独立的文化板块,在考古学和文化史上习惯称为辽西地区。
② 本文将大同江流域以西、以北地区在广义概念上称为西北朝鲜。
③ 参见李绍明:《藏彝走廊研究中的几个问题》,《中华文化论坛》2005年第4期。
④ 徐新建:《"族群地理"与"生态史学"》,《藏彝走廊:历史与文化》,四川人民出版社,2005年。
⑤ 李星星:《论"两纵三横"的"民族走廊"格局》,《中华文化论坛》2005年第2期。

廊",地理范围大致包括辽西走廊、胶东半岛、辽东半岛和西北朝鲜,大致符合学术界对于民族走廊的定义,不过地理特征与历史特征均不甚典型。

辽海民族走廊联系起中原地区和东北地区两大文化板块,自新石器时代以来即已经发挥功能。秦汉时期这条民族走廊上的人群移动已经颇具规模,文献中记述"汉初大乱,燕、齐、赵人往(箕子朝鲜)避地者数万口"[1],汉末往辽东"越海避难者,皆来就之而居,旬月而成邑"[2]。延续至其后的历史时期和近现代,辽海民族走廊作为人群迁移和文化交流的通衢,在中华民族"多元一体"格局中的地位和分量绝不低于其他民族走廊。

二、"辽海民族走廊"上的考古学文化交流列举

早在新石器时代,处在"黄、渤海前沿的辽东半岛、山东半岛和朝鲜半岛南部"即存在"由于相互交流而形成的"、"直接而明显"的"对应发展"关系[3]。在此仅以新石器时代、青铜时代和战国秦汉时期为例,说明在这条民族走廊上辽东半岛、胶东半岛、西北朝鲜和辽西走廊之间的考古学文化交流情况,为建立和完善"辽海民族走廊"这一学术概念作些铺垫。

1. 新石器和青铜时代辽东半岛与胶东半岛的考古学文化交流[4]

小珠山下层文化与胶东半岛北辛文化的白石村类型已经发生文化接触,两地考古学文化交流的第一个高峰期是小珠山中层文化,尤其是上层文化阶段。小珠山中层文化受到胶东半岛和中原地区的强烈影响,而小珠山上层文化阶段来自胶东半岛的文化因素已经超过本土文化因素,来自胶东半岛的居民控制了辽东半岛南部,并扩张到辽东半岛腹地和鸭绿江下游地区。

两个半岛文化交流的第二个高峰期是双砣子一期、二期文化,尤其是双砣子二期文化阶段。双砣子一期文化见有较多与典型山东龙山文化晚期相同或相似的陶器;双砣子二期文化是受到山东岳石文化强烈影响的一支地方性土著文化,甚至被视为岳石文化的一个地方类型。

就文化交流的方向而言,以胶东半岛对辽东半岛的影响为主,包括稻作农业的北传(大连大嘴子出土的距今3000余年的稻谷[5])。不过小珠山下层文化表现出辽东半岛

---

[1] 《后汉书·东夷传》。
[2] 《三国志·魏书·管宁传》记管宁、邴原等渡海"至于辽东"事注引《傅子》。
[3] 王绵厚、朴文英:《中国东北与东北亚古代交通史》,辽宁人民出版社,2016年,第9页。
[4] 赵宾福:《东北石器时代考古》,吉林大学出版社,2003年,第286~301、446~449页;赵宾福:《中国东北地区夏至战国时期的考古学文化研究》,科学出版社,2009年,第120~158、272、273页。
[5] 参见大连市文物考古研究所:《大嘴子:青铜时代遗址1987年发掘报告》,大连出版社,2000年,第270、271页。

对胶东半岛文化因素的输出,在"辽东地区和鸭绿江两岸的新石器时代(乃至青铜文化)普遍存在一种具有土著特征的夹砂(含滑石粉)红褐陶'筒形罐'和压印篦纹直腹罐等,在山东庙岛群岛乃至大黑山北庄和诸多'岳石文化'的遗址中亦多有发现"①。

2. 新石器和青铜时代辽东半岛与西北朝鲜的考古学文化交流

鸭绿江—清川江流域新石器文化初步可以建立起美松里下层—土城里—堂山下层—堂山上层的编年序列,与辽东半岛关系密切。美松里下层、土城里和堂山下层的陶器演变节奏与辽东同步,堂山上层亦显示出与辽东地区的相似性②。美松里下层以饰压印之字纹和压印席纹为代表的陶器当是受到小珠山下层文化和后洼下层文化这类遗存的直接影响③。

公元前两千纪至前一千纪前半,鸭绿江—清川江流域的考古学文化序列为新岩里一期类型—新岩石里二期类型—新岩里第三种遗存—美松里上层类型。新岩里一期类型的陶器与堂山上层迥然有别,却显示出与双陀子一期的某些相似性;新岩里二期类型可能是在继承新岩里一期文化的基础上,吸收辽东半岛庙后山类型和以单陀子土圹墓为代表的遗存的影响而形成;而"新岩里第三种遗存"实际是双房类型在鸭绿江下游东岸的扩展,美松里上层类型则是双房类型的一支后裔④。

大同江流域弓山文化的尖圜底陶器与胶东半岛年代较早的北辛文化存在某些相似性⑤。其后的陀螺形陶器文化与弓山文化有较大差别,而与辽东半岛商周时期的考古学文化具有明显共性,其早期阶段(相当于商代晚期)受到双陀子三期文化的影响,中期阶段(相当于西周)则受到双房类型的较强烈影响⑥。

王巍指出,辽东半岛先进的文化因素对朝鲜西北部的影响、渗透、传播是呈"脉冲式地、有阶段地进行的。这种影响和传播的高峰期往往与朝鲜西北部新的文化遗存的出现相一致。比较明显的高峰期似有公元前2000年左右和公元前1000年左右两次"⑦;而大同江流域社会发展水平的显著提高,则与辽东半岛先进的农耕技术、青铜器及其制作技术的传播直接相关⑧。此外,石结构墓葬是辽东地区与朝鲜半岛考古学文化交流的重要表现,河文植认为可能存在着"环黄海支石墓文化圈"⑨。到春秋晚期至战

---

① 王绵厚、朴文英:《中国东北与东北亚古代交通史》,辽宁人民出版社,2016年,第10页。
② 〔日〕宫本一夫:《中国东北地区史前陶器的编年与地域性》,《辽海文物学刊》1995年第2期。
③ 赵宾福:《东北石器时代考古》,吉林大学出版社,2003年,第457页。
④ 王巍:《商周时期辽东半岛与朝鲜大同江流域考古学文化的相互关系》,《青果集——吉林大学考古专业成立二十周年考古论文集》,知识出版社,1993年。
⑤ 赵宾福:《东北石器时代考古》,吉林大学出版社,2003年,第461页。
⑥ 王巍:《商周时期辽东半岛与朝鲜大同江流域考古学文化的相互关系》,《青果集——吉林大学考古专业成立二十周年考古论文集》,知识出版社,1993年。
⑦ 王巍:《夏商周时期辽东半岛与朝鲜半岛西北部考古学文化的序列及相互关系》,《中国考古学论丛》,文物出版社,1993年。
⑧ 王巍:《商周时期辽东半岛与朝鲜大同江流域考古学文化的相互关系》,《青果集——吉林大学考古专业成立二十周年考古论文集》,知识出版社,1993年。
⑨ 〔韩〕河文植著,李勇军译:《中国东北地区与朝鲜半岛支石墓的比较研究》,《北方文物》1999年第3期。

国前中期，辽东青铜文化较具规模地对西北朝鲜发生影响，西北朝鲜土著青铜文化本质上是"辽东青铜文化圈"的扩展。

3. 青铜时代辽东半岛与辽西走廊的考古学文化交流

双房文化在西周至春秋时期开始大规模扩张，"中心区域由原来的辽东半岛南端迅速扩大到整个辽东地区，而且外围影响势力几乎覆盖大半个东北和东邻的朝鲜半岛"①，也包括辽西走廊。构成所谓"凌河类型"主体文化因素的外叠唇陶罐和曲刃青铜短剑，即是来自辽东方向的文化因素。

4. 战国秦汉时期"辽海民族走廊"上的考古学文化交流

燕文化在战国中期以后进入辽宁地区，辽西走廊和辽东半岛普遍见有燕文化因素，战国燕长城已经抵达西北朝鲜的清川江口方向②。在燕文化的扩张过程中，凌河类型和双房文化的古代居民被迫向辽东山地和西北朝鲜方向退却③。

中原系统的燕汉青铜文化与铁器制造技术几乎同时期进入西北朝鲜，与当地土著青铜文化并行发展。朝鲜半岛的早期铁器"可能主要出自我国东北地区或移居于与我国接壤的朝鲜半岛北部的汉族工匠之手"④。西北朝鲜土坑木棺墓取代石棺墓，以及中原式铜剑、戈、矛和绳纹灰陶器的出现，与燕汉文化的东渐和内地居民（燕、齐、赵人）的流入有关⑤。

汉墓材料表现出来的考古学文化交流线索主要包括：①以辽东半岛和胶东半岛为媒介，辽阳汉魏石室壁画墓群与鲁西南东汉石椁壁画墓和画像石墓的联系。②辽东半岛碧流河西南的渤海湾沿岸和西北朝鲜东汉中晚期流行的花纹砖墓。③山东地区西汉中期随葬陶器组合对辽东半岛的影响。④辽东半岛南端汉墓和乐浪汉墓中地方特征突出的颈部呈竹节状的陶壶（最早见于东周前后的新金县碧流河石盖墓⑥和王屯石棺墓⑦）。⑤辽东半岛普兰店姜屯汉墓、乐浪汉墓出土的白陶和胶东半岛龙口市的汉代白陶作坊⑧。⑥分布在辽东半岛南端、辽东湾西岸和北岸、庙岛群岛和胶东半岛北岸的"贝墓"⑨。⑦朝鲜半岛南部出土的汉式铜镜、铜鼎、铜铁兵器、铁农工具等器物，以及巨文岛等地发现的汉代钱币、铜镜等⑩。

---

① 赵宾福：《东北青铜时代考古学文化谱系格局的研究》，《边疆考古研究》（第12辑），科学出版社，2012年。
② 郑君雷：《大宁江长城的相关问题》，《史学集刊》1997年第1期。
③〔日〕村上恭通：《燕和周边的青铜文化》，《中国考古学跨世纪的回顾与前瞻》，科学出版社，2000年。
④ 王巍：《中国古代铁器及冶铁术对朝鲜半岛的传播》，《考古学报》1997年第3期。
⑤〔韩〕赵镇先著，成璟塘译：《中国式铜剑在朝鲜半岛出现的背景》，《边疆考古研究》（第5辑），科学出版社，2006年。
⑥ 刘俊勇：《辽宁新金县碧流河大石盖墓》，《考古》1984年第8期。
⑦ 许玉林：《辽东半岛石棚》，辽宁科学技术出版社，1994年。
⑧ 杨哲峰：《汉代白陶新资料——读〈姜屯汉墓〉札记》，《中国文物报》2013年7月19日第6版。
⑨ 白云翔：《汉代积贝墓研究》，《刘敦愿先生纪念文集》，山东大学出版社，1998年。
⑩ 中国社会科学院考古研究所：《中国考古学·秦汉卷》，中国社会科学出版社，2010年，第969～984页。

三、关于"辽海民族走廊"的几点初步认识

（1）历史地理上的"辽海"可以泛指辽河流域以东的近海地区，或者泛指以辽宁为中心的东北南部地区[①]。辽海民族走廊借用"辽海"区域名称，主要是强调以辽东半岛为中心，与胶东半岛、西北朝鲜彼此之间的海路文化交流和人群迁徙通道，还包括通过辽西走廊连接华北与东北地区的傍海陆路通道。实际上，西北朝鲜可以包括在广义辽东或辽东外徼的范畴之内[②]。

（2）辽海民族走廊同时是一个"历史形成的民族地区"。汉末曹魏时期辽东公孙氏政权的统治范围恰与此板块重合，就是很好的说明（东汉献帝中平六年公孙度"分辽东郡为辽西中辽郡，置太守。越海收东莱诸县，置营州刺史。自立为辽东侯、平州牧"[③]；其后公孙康拓复玄菟郡边地，建安年间"分屯有县以南荒地为带方郡"[④]）。这个人文板块与东北文化区面向海洋的"千山—长白山文化带"[⑤]、东南沿海[⑥]和日本列岛有着密切联系。

（3）新石器和青铜时代，在这条民族走廊内部，以胶东半岛与辽东半岛之间、辽东半岛与西北朝鲜之间的考古学文化交流最为密切。由于历史时期（大约发生在汉武帝以后至西汉末年）渤海湾"海侵"[⑦]（或"海浸"、"海溢"[⑧]）的影响，以及"辽泽"[⑨]的地理障碍，辽西走廊直接沟通华北与东北地区的作用受到限制（例如唐贞观十八年征高丽，"及师旅至辽泽，东西二百余里泥淖，人马不通"[⑩]），唐代以后经行辽西走廊的

---

① 金毓黻在编辑《辽海丛书》时考证"辽海"一词有"辽东之别称"、"即辽河"、"辽河上源沙漠之地"、"意赅东北"等几层含义；王禹浪认为辽海"地域多在今辽宁境内并据有辽宁的绝大部分，……辽海一词既可象征辽地，又可代表辽河与黄、渤二海"。参见王禹浪、王文轶：《"辽海"地名渊源考》，《哈尔滨学院学报》2014年第12期。

② 汉晋文献广义上的"辽东"概念包括西北朝鲜，北朝隋唐时期的"辽东"概念更多地具有了引申意义。随着中原文化在东北地区的深入，着眼基点不断东移，辽地区的指代范围亦随而向更东地区扩展。

③ 《三国志·魏书·公孙度传》。

④ 《三国志·魏书·乌丸鲜卑东夷传》。

⑤ 参见赵宾福：《中国东北地区夏至战国时期的考古学文化研究》，科学出版社，2009年，第303～305页。

⑥ 参见宋蓉、滕铭予：《汉代山东半岛、辽东半岛及长江中下游地区海路交流的考古学例证》，《边疆考古研究》（第7辑），科学出版社，2008年。

⑦ 参见韩嘉谷：《渤海湾西岸考古调查和海岸线变迁研究》，《历史研究》1966年第1期；韩嘉谷：《西汉后期渤海湾西岸的海侵》，《考古》1982年第3期；韩嘉谷：《再谈渤海湾西岸的汉代海侵》，《考古》1997年第2期。王绵厚认为"汉代海侵不仅限于渤海西岸，也波及今辽西的渤海湾北岸乃至营口一带"，参见王绵厚：《东北古代交通》，沈阳出版社，1990年，第63页。

⑧ 陈雍认为渤海湾西岸西汉末年没有发生过海侵，《汉书·沟洫志》和《水经注》等文献记载的"海溢"现象"不是科学意义的海侵"。参见陈雍：《渤海湾西岸汉代遗存年代甄别——兼论渤海湾西岸西汉末年海侵》，《考古》2001年第11期。

⑨ "辽泽"泛指古代辽河流域的广阔沼泽湿地。肖忠纯认为"辽泽"主要集中在今辽宁北镇至辽中之间，与其东侧下辽河的"地理分隔作用非常明显"。参见肖忠纯：《古代"辽泽"地理范围的历史变迁》，《中国边疆史地研究》2010年第1期；肖忠纯：《论古代"辽泽"的地理分界作用》，《黑龙江民族丛刊》2009年第5期。

⑩ 《旧唐书·阎立德传》。

"傍海道"的作用才逐渐彰显①。整体而言,辽东半岛在此民族走廊的空间位置和文化关系中居于中轴枢纽地位。

（4）这条民族走廊是以胶东半岛—辽东半岛为对接中轴线,以辽西走廊和胶东半岛—西北朝鲜、辽东半岛—西北朝鲜为两翼的网络结构,并且经由"千山—长白山文化带"向东北方向延伸。此种通道格局在《新唐书·地理志》记载的"登州道"中表现得最为明显。唐代"登州道"（即渤海国"朝贡道"）自胶东半岛蓬莱入海,沿庙岛群岛北渡至辽东半岛南端旅顺,傍辽东半岛东岸东北行至鸭绿江口,弃海船溯流舟行至吉林省集安、临江,然后陆行至和龙再北上黑龙江宁安（渤海上京龙泉府）②。因为胶东半岛—辽东半岛中轴线的存在,其自然地理上"走廊特征"的非典型性得以弱化。

（5）这条民族走廊内部的交通线路,陆路方面可以汉代辽东半岛作为参考。陆路以辽东郡治襄平（辽阳）为中心,南行为平郭、沓氏道（平郭今盖州市南熊岳城,沓氏今新金张店汉城）;西行为辽队、险渎道（辽队今海城西,险渎今台安孙城子）,再经无虑（北镇亮甲山）连接辽西郡的柳城—交黎道（柳城今朝阳袁台子,交黎今凌海市大业堡）;东行为经武次（凤城刘家堡）、西安平（丹东瑷河尖）去乐浪郡道。海路方面,自胶东半岛北部的北海、齐、东莱诸郡出海,可在"马石津"（辽东半岛旅顺口老铁山）、"沓津"（辽东半岛普兰店湾沙河口）、"辽口"（大辽河口）、"安平口"（鸭绿江口）、"列口"（西北朝鲜大同江口）等地登陆。

（6）这条民族走廊经由海路与东南沿海地区相联系。以汉代为例,辽东半岛和西北朝鲜的汉墓形制、棺椁制度和若干陶器的形制（舟形陶灶、陶虎子、圈足陶杯等）与东南沿海地区相似,大连营城子2号壁画墓的操蛇神怪形象是经由于东南沿海传入辽东半岛的南方文化因素③。乐浪汉墓土城洞M45的青釉双领罐、青釉陶坛、硬陶斜领罐、绿釉双耳罐等一组器物在西北朝鲜极为罕见,是来自华南地区的文化因素④。

（7）与藏彝民族走廊、西北民族走廊等学术界已经公认的民族走廊比较,辽海民族走廊的地理空间构造、人文属性和历史特征均比较特殊,是一条不甚典型的民族走廊。尤其地理空间不是呈条带状,而是一个以辽东半岛为中心的环绕交叉形态,所谓"走廊"周边的地貌屏障大部分是海洋,因此这一概念能否成立尚可讨论。

（8）这条民族走廊是一个历史范畴。史前时期已具雏形,历史时期在这条民族走廊上发生的文化交流和人群迁徙情况很复杂（宋代景德镇青白瓷即是自海路入辽

---

① 参见王绵厚、李健才：《东北古代交通》,沈阳出版社,1990年,第25~35、72~79页。
② 参见魏存成：《渤海政权的对外交通及其遗迹发现》,《高句丽渤海考古论集》,科学出版社,2015年。
③ 郑君雷：《汉代东南沿海与辽东半岛和朝鲜半岛海路文化交流的几个考古学例证》,《汉代考古与汉文化国际学术研讨会论文集》,齐鲁书社,2006年。
④ 王培新：《公元2~4世纪西北朝鲜砖室墓初步研究》,《边疆考古研究》（第2辑）,科学出版社,2004年。

境①），最晚近的例子就是"闯关东"。因此与这条民族走廊相关联的学术内容很多，作为一个"历史形成的民族地区"，其与东北文化区"千山—长白山文化带"的关系就很值得注意。

四、建立"辽海民族走廊"概念的学术意义

"辽海民族走廊"概念建立起来的地理空间结构串联起"两个海"和"三个半岛"②，形成了边疆考古学和东北地方史、民族史、文化史研究的新视角，有助于更加深刻地理解东北文化区的性质和内涵（这条民族走廊位于东北文化区南部，居民以农耕而非渔猎为基本经济方式），以及更加深刻地认识东北地区的考古学文化格局和历史上的民族关系格局。

这条民族走廊在中国历史边疆和现实疆域的形成过程中起着重要作用。我们将中国历史边疆划分既是历史过程（时间结构）又是空间结构的四个轮廓，即"萌芽轮廓"、"基础轮廓内圈"、"基础轮廓外圈"和"外延轮廓"③。战国秦汉时期中原文化向辽宁地区和西北朝鲜的开拓，即是在"辽海民族走廊"的人文地理背景上展开的。以西汉边远地区汉文化的形成为标志，辽海走廊、北方长城地带、边地半月形文化传播带和珠江地带串联起来的中国历史边疆基础轮廓的内圈骨架就此形成。

"民族走廊格局"是一个不断完善的认识过程。费孝通提出"西北民族走廊"、"藏彝走廊"、"南岭走廊"三大民族走廊之后，李绍明即认为"在中国可称之为民族走廊的约有两处"，即西北民族走廊和藏彝走廊，"至于南岭走廊等亦曾有人提及，但其特征不如上述两走廊显著"④。对于南岭走廊这类不甚典型的民族走廊，以及李星星"两纵三横"体系以外是否还存在其他民族走廊的讨论，在民族学上显然是有意义的事情。

对辽海民族走廊的研究还可以从民族学、语言学、民俗学等角度开展，比如今天长白山地鸭绿江畔的吉林省集安市居民口音还与大连口音有些相似，玩笑话中称为"海蛎子"味儿；再如东北方言以"贼"字作为副词使用，表示事物有些非常或特别（如贼好、贼冷），从语源学上可以追溯至汉代中原地区，甚至具体到齐宋之间⑤。

"辽海民族走廊"主要表现为史前和历史时期辽东半岛、胶东半岛、西北朝鲜彼此

---

① 参见黄义军：《宋代青白瓷的历史地理研究》，文物出版社，2010年，第200、201页。
② 苏秉琦"曾多次强调东北地区渔猎文化的个性，及其在史前时期直至满族起源过程所起的特殊作用，并逐步将东北区从整个北方区中区分出来"，并将其范围"扩大到'白山黑水'至'两个海'（指从环渤海到环日本海）、'三个半岛'（辽东半岛、山东半岛和朝鲜半岛）、'四方'（中国、朝鲜、日本和俄罗斯）；时代从清开国上溯到商周时期的'肃慎燕亳'，这已是从更为广阔的东北亚地区古文化的发展来考虑东北地区的考古工作了"。参见郭大顺：《东北文化区的提出及意义》，《边疆考古研究》（第1辑），科学出版社，2002年。
③ 郑君雷：《西汉边远地区汉文化的形成模式》，《人民论坛•学术前沿》2010年12月（总第311期）。
④ 李绍明：《"藏彝走廊"研究与民族走廊学说》，《藏彝走廊：历史与文化》，四川人民出版社，2005年。
⑤ 王可宾：《东北民俗探源七则》，《古民俗研究》，吉林文史出版社，1990年。

之间的海路文化联系和人群迁移，以及华北、中原地区经由京津唐地区通过辽西走廊与东北地区的陆路联系，在中国民族走廊格局体系中不能忽略。即便是不认可"辽海民族走廊"这一概念，也不能够无视这条承负着重要历史功能的文化交流和人群移动通道的事实存在和丰厚内涵。

  本文为2013年吉林大学"文化交流与社会变迁：东北亚新石器时代至青铜时代考古学术研讨会"提交论文

西汉"北方边郡地域文化区"述略

《史记·货殖列传》、《汉书·地理志》和杨雄《方言》对西汉"地域文化区"有着颇具体系的记述，在西汉地域文化研究中也有各种划分和表述体系，不过关于北方边疆地带的论述通常是粗线条的。我们认为郡县设置状况是划分西汉北方边疆"地域文化区"的重要观察点之一，而且西汉"北方边郡地域文化区"的划分体系、形成过程及社会文化特征与考古学文化分区有着内在关联。

一、西汉北方边疆的"边郡地域文化区"

以地理边疆的空间属性为基础，结合社会环境、族群结构、经济文化等层面的边疆特征，我们将西汉北方边疆的地域范围大致界定在朝鲜北部、辽宁、河北北部、山西北部、内蒙古中南部、宁夏和甘肃。许多学者在西汉地域文化研究中涉及北方边疆，并从经济文化、人文民俗、方言等角度进行区域划分，雷虹霁于此有全面评析，并提出了自己的划分体系[①]。

就本文涉及的西汉北方边疆范围，雷虹霁将《史记·货殖列传》的"经济文化区域"划分为"燕区"、"种代区"和"陇西区"，将《汉书·地理志》"风俗地理区域"划分为"朝鲜诸郡区"、"上谷至辽东燕北区"、"钟代石北区"、"朔方诸郡区（含燕地雁门郡）"、"陇西六郡区"和"河西四郡区"，将杨雄《方言》分为"燕代"、"北燕朝鲜"等方言区，认识较为深入。

不过，根据经济文化、风俗地理和方言等不同标准各自划分出来的"文化区域"彼此范围不重合，甚或有很大出入；而"地域文化区"却是一个客观存在的实体。"经济文化"、"风俗"和"方言"等既是"地域文化区"的组成元素，又是其背景因素。"地域文化区"是在受到"经济文化"、"风俗"和"方言"等背景因素制约但是又超越这些背景因素的基础上得以形成、存续的，这主要是在社会环境和族群结构的影响下，对这些背景因素有所切分和重新组合的结果。

因此，如果不是进行"经济文化"等专题性讨论，在西汉北方边疆文化史研究中经常出现的是诸如西北朝鲜、辽西、雁北、内蒙古中南部、陇西、河西走廊、西域这类"地域文化区域"称谓，这些名称均非单纯"经济文化"、"风俗"或"方言"意义上的。

---

① 雷虹霁：《秦汉历史地理与文化分区研究》，中央民族大学出版社，2007年。

然而这些区域称谓掺杂自然地理、历史地理、人文地理和现代行政区划，标准不一，虽然在个案研究中指代清晰，但是在西汉北方边疆文化史研究的整体框图中各自涵括地域的"体量"（不仅是地域范围的大小，更是在文化内容上的"分量"）不在同一个"量级"，地域范围也可能出现交叉，尤其是未必能够反映出文化史或考古学文化的历史真实（所指代的地域范围不一定与文化史的区域单元和考古学文化分区吻合）。

西汉北方边疆"地域文化区"的划分，理想状况是将历史上的人文地理区域、行政设置与考古学文化分区结合起来考虑，并酌情依托自然地理单元。人文地理区域大致考察"经济文化"、"风俗地理"和"方言"等内容，行政设置可以反映社会环境和族群结构的影响，而考古学文化分区必然与当时的人文地理区域、行政设置存在某些对应[1]。王子今[2]和雷虹霁在秦汉地域文化研究中均注意到考古学文化分区在其中发挥的作用，徐苹芳认为历史时期考古学分区需要结合考察当时的人文地理单元和行政区划[3]，是一件事情的两个方面。

西汉北方边疆文化史研究中，有时会见到朝鲜四郡、东北五郡、河套五郡、河西四郡、陇西六郡、陇右八郡这类"地域文化区"的表述，这种将人文地理区域与郡县设置相结合的划分体系指代清晰、表述简洁，并且在一定程度上体现出"地域文化区"形成发展的历史过程，有其存在价值。当然这不是唯一的地域文化区域划分体系。

事实上，《汉书·地理志》的风俗地理区域与郡县设置即可以大致对应。就西汉北方边疆而言，在这种以郡县设置为纲的"地域文化区"划分体系中，主要是由于人文地理区域的模糊边界和动态变化，以及受到中国古代行政区划"山川形便"和"犬牙相入"两大划界原则的共同影响，只有朝鲜四郡、河西四郡的"名实"较为清晰明确，其他"边郡文化区"的名称和范围需要结合考古学文化分区加以讨论，尤其是雁代三郡和套南三郡这两个关键性的过渡地带。

二、雁代三郡和燕辽四郡

河北西北部张家口地区、山西雁北地区（大同、朔州一部）和内蒙古中南部一隅（集宁部分地区）地处北方长城地带中段偏东的位置，西汉在此地区设置上谷郡（治沮阳，今河北怀来大古城子城址）、代郡（治代县，今河北蔚县东北）和雁门郡（治善无，今山西左云县西），其中上谷郡占据张家口地区大部，代郡相当于张家口地区偏西部和大同地区东部，雁门郡包括集宁、大同和朔州部分地区。

张家口大部地区战国时期属于燕文化分布区。秦开击破东胡后，"燕亦筑长城，自

---

[1] 人文地理单元是行政区划设置的依据之一。考古学文化分区与人文地理单元的关联主要在于，考古学文化的一些内容本身就是人文民俗的组成部分（如葬俗），一些内容可以直接（饮食、服饰、建筑等）或者间接（生产、信仰、技艺、娱乐等）反映各类民俗事项。

[2] 王子今：《秦汉区域文化研究》，四川人民出版社，1998年。

[3] 徐苹芳：《中国历史考古学分区问题的思考》，《考古》2000年第7期。

造阳至襄平。置上谷、渔阳、右北平、辽西、辽东郡以拒胡"①，秦汉因沿设置上谷郡。由于燕人开拓的共同历史背景，燕秦汉时期的上谷郡经常与渔阳、右北平、辽西、辽东四郡连称为"东北五郡"。《史记·货殖列传》称"上谷至辽东，地踔远，人民希，数被寇，大与赵、代俗相类，而民雕捍少虑，有鱼盐枣栗之饶"，杨雄《方言》记载"燕代朝鲜洌水之间"是汉语的一个方言区，而且在考古学上张家口地区时常成为"东北文化区"的延伸地带，因此"东北五郡"连称有其合理性。

不过张家口地区不属于"东北地区"，而且西汉墓的考古学文化面貌与东北地区较疏远，却在某些方面显示出与雁北地区西汉墓的共性②（现今人文民俗也与晋北地区和内蒙古中南部更为接近），姜佰国更明确将张家口地区西部归入"西汉墓并州东部分布区"③，因此"东北五郡"的说法还可以斟酌。

战国中期赵武灵王"变俗胡服，习骑射，北破林胡、楼烦。筑长城，自代并阴山下，至高阙为塞，而置云中、雁门、代郡"④，"复攻中山，攘地北至燕代，西至云中、九原"⑤，在河套和雁北地区设置九原、云中、雁门、代郡四郡。

雁门郡、代郡秦汉因沿，与上谷郡相邻。《史记·货殖列传》将"种、代"列为一个"经济文化区"⑥，《汉书·地理志》将"钟、代，石北"列为一个"风俗地理区"⑦，所谓"种、代"或"钟、代、石北"之地⑧，基本就是代郡和雁门郡的范围（景帝三年前属代国）。以雁北地区为中心，东抵张家口地区西部的怀安、阳原、蔚县一线，北至内蒙古集宁的凉城和察右前旗一线，可以划分为北方长城地带西汉墓的"东区"⑨。

上谷郡与代郡、雁门郡在人文地理和考古学文化上有许多共性。张家口地区西汉前期鼎、壶、盒等陶器形制（尤其是陶壶）与北京地区汉墓较相近，陶器纹饰有浓厚的战国燕墓陶器遗风。西汉中期以后陶器与北方长城地带汉墓相似性更大，说明当地居民构成或文化认同发生过较大变化，长城沿线从西部过来的居民成分和文化因素加重。《水经注》引西汉梅福："代谷者，桓山在其南，北塞在其北。谷中之地，上谷在东，代郡在西"，"代谷"即今桑干河谷，雁门郡东南部也在此范围，上谷、代、雁门

---

① 《史记·匈奴列传》。
② 参见郑君雷：《论"西汉墓幽州分布区"》，《考古与文物》2005年第6期。
③ 姜佰国：《京津冀地区汉代墓葬研究》，《边疆考古研究》（第6辑），科学出版社，2007年。
④ 《史记·匈奴列传》。
⑤ 《史记·赵世家》。
⑥ 《史记·货殖列传》："种、代，石北也，地边胡，数被寇。人民矜懻忮，好气，任侠为奸，不事农商。然迫近北夷，师旅亟往，中国委输时有奇羡。其民羯羠不均，自全晋之时已患其僄悍，而武灵王益厉之。"
⑦ 《汉书·地理志上》："钟、代、石北，迫近胡寇，民俗懻忮，好气为奸，不事农商，自全晋时，已患其剽悍，而武灵王又益厉之。"
⑧ 雷虹霁认为根据《史记·货殖列传》划分的"种代区"范围"大体相当于今霍山以北的山西省北部，河北省西北部晋冀交界地区及内蒙古南部与山西省交界地区"，包括"定襄、雁门、代、太原诸郡及西河郡河水以东部分"；根据《汉书·地理志》划分的"钟、代、石、北区"地望"约当于西汉代郡之地"，基本可从。见《秦汉历史地理与文化分区研究》，中央民族大学出版社，2007年，第46、47、108页。按，雷虹霁划分的"钟、代、石、北区"宜称为"钟、代、石北区"。
⑨ 中国社会科学院考古研究所：《中国考古学·秦汉卷》，中国社会科学出版社，2010年，第418~420页。

三郡基本依托"代谷"这个自然地理单元。故称为"雁代三郡"。

"雁代三郡"处在考古学上的东北文化区与内蒙古中南部文化区的过渡地带，而与内蒙古中南部文化区更为接近（雁门郡与定襄郡、云中郡、五原郡同俗[①]，汉初代国还辖有定襄郡）。雁代三郡中，上谷郡和雁门郡属于"燕分"，代郡属于"赵分"；上谷郡属幽州刺史部，代郡和雁门郡属并州刺史部，也表现出过渡性状。其中上谷郡在此"边郡地域文化区"中较为特殊。

战国秦汉时期的"东北五郡"有时被称为"燕北五郡"、"幽州五郡"。不过"燕地"指代范围多有变化[②]，而且"燕北五郡""幽州五郡"仍然不能表述西汉上谷郡与其他四郡在考古学上的疏远，这两个称谓也不贴切。上谷郡既已从"东北五郡"中剥离，同时考虑到渔阳郡和右北平郡一部亦不属于"东北地区"范畴，建议将渔阳、右北平、辽西、辽东郡统称为"燕辽四郡"。

三、河套四郡、套南三郡和陇右四郡

自然地理上的河套地区范围颇广阔，包括黄河"几"字形大拐弯周边的河套平原、银川平原和鄂尔多斯高原。这其中，有时将河套平原称为"东套"，银川平原称为"西套"；有时将河套平原称为"外套"，将鄂尔多斯高原称为"内套"。河套平原是河套地区的中心，也是狭义上的河套地区，分为"后套"（巴彦淖尔平原）和"前套"（土默川平原）两部分。

西汉在内蒙古中南部的河套地区（河套平原和鄂尔多斯高原北部一隅）设置朔方郡（治三封县，今磴口县包尔陶勒盖古城，或云治朔方县，今乌拉特前旗东南）、五原郡（治九原县，今包头麻池古城）、云中郡（治云中县，今托克托县古城村古城）、定襄郡（治成乐县，今和林格尔土城子古城）。以上四郡在文化史研究中有时被称为"河套四郡"。

西河郡（治平定县，今杭锦旗霍洛柴登古城，或云陕西府谷西北）辖地范围大致包括鄂尔多斯高原库布其沙漠以南及晋陕北部的黄河两岸，不仅局限于河套地区。西河郡和前述四郡有时被称为"河套五郡"。此外，上郡（治肤施县，今陕西榆林东南，或曰绥德）和北地郡（治马领县，今甘肃环县东南）辖境北部均包括鄂尔多斯高原一部，在内蒙古中南部文化史和考古学研究中也时常涉及（就汉墓面貌而言，陕北高原北部边缘、银川平原与鄂尔多斯高原确实有某些相似性[③]）。

以上七郡中，朔方郡、五原郡、西河郡、上郡、北地郡隶属朔方刺史部，云中郡、定襄郡隶属并州刺史部。在《史记·货殖列传》中，上郡、北地郡与"天水、陇西"并

---

① 《汉书·地理志下》："定襄、云中、五原，……雁门亦同俗，于天文别属燕。"
② 例如秦末陈胜部将韩广自立为"燕王"，其后项羽"徙燕王韩广为辽东王。燕将臧荼从楚救赵，因从入关，故立荼为燕王，都蓟。……臧荼之国，因逐韩广之辽东，广弗听，荼击杀广于无终（河北玉田），并王其地"（《史记·项羽本纪》）。
③ 中国社会科学院考古研究所：《中国考古学·秦汉卷》，中国社会科学出版社，2010年，第415～418页。

列为一个"经济文化区",在《汉书·地理志》中,北地、上郡、西河三郡与天水、陇西、安定三郡同属一个"风俗地理区"①,列入"秦地"。上郡和北地郡郡治不在河套地区,西河郡辖境包括晋西北和陕北,此三郡尤其是上郡、北地郡与朔方、五原、云中、定襄四郡关系疏远(东汉中晚期上郡北部和西河郡南部密集出现画像石墓当有其背景因素②)。

定襄郡西汉高帝置,朔方郡武帝元朔二年开,云中、五原郡③为战国时期赵国开拓,秦汉因沿。此四郡地处河套平原及黄河南岸,居河套地区中心,《汉书·地理志》均列入"赵地",并将"定襄、云中、五原"列为一个"风俗地理区"④,在考古学上属于北方长城地带西汉墓分布区的中心区域⑤。朔方、五原、云中、定襄四郡是西汉北方边塞的前沿,户口人丁数和辖县数相近,人文地理和考古学文化最具共性,故称为"河套四郡"。西河郡处在北方边塞的二线,户口人丁数和辖县数与上述四郡差异很大,考古学文化也有差别,不必连称为"河套五郡"。

以北地郡、上郡为中心,向东北方向延伸至西河郡这一地带,连接内蒙古中南部边塞与西北边塞,整体上属于北方边疆地带的内线⑥。《汉书·地理志》将天水、陇西、安定、北地、上郡、西河六郡列入一个"风俗地理区"(雷虹霁称为陇西六郡区⑦,此六郡有时称为"河西六郡"⑧),其中天水、陇西、安定三郡位于陇右地区(六盘山—陇山左近及其以西的黄土高原),北地、上郡、西河三郡位于六盘山以东。

北地、上郡、西河三郡虽然考古学文化差异较大,但是地域连片,风俗相通,林语堂根据杨雄《方言》划分的"秦晋北鄙系"大概即指这一地区⑨,宜称为"套南三郡"。值得注意的是,汉代内附匈奴遗存比较集中在这一地区,包括内蒙古准格尔旗西沟畔⑩、东胜县补洞沟墓地⑪(或与西河属国有关)、陕北神木县大保当城址(可能是上

---

① 《汉书·地理志下》:"天水、陇西,山多林木,民以板为室屋。及安定、北地、上郡、西河,皆迫近戎狄,修习战备,高上气力,以射猎为先。……汉兴,六郡良家子选给羽林、期门,以材力为官,名将多出焉。……故此数郡,民俗质木,不耻寇盗。"

② 陕北—晋西北黄河两岸是东汉中晚期画像石墓集中分布区之一,主要包括陕北的榆林、米脂、神木、绥德和晋西北的离石、中阳、柳林等地点。

③ 《汉书·地理志下》:"五原郡,秦九原郡,武帝元朔二年更名。"

④ 《汉书·地理志下》:"定襄、云中、五原,本戎狄地,颇有赵、齐、卫、楚之徙。其民鄙朴,少礼文,好射猎。"

⑤ 中国社会科学院考古研究所:《中国考古学·秦汉卷》,中国社会科学出版社,2010年,第411~413页。

⑥ 《中国历史地图集》"西汉并州、朔方刺史部疆域图"将北地郡以北、上郡和西河郡以西地区(北流黄河两岸)标注为西汉与匈奴的交叉地带。见谭其骧主编《中国历史地图集》第二册(秦·西汉·东汉时期),中国地图出版社,1996年,第17、18页。

⑦ 雷虹霁:《秦汉历史地理与文化分区研究》,中央民族大学出版社,2007年,第99、100页。

⑧ 《续汉书·百官志》记太仆属下"又有牧师苑,皆令官,主养马,分在河西六郡中",颜师古注"六郡谓陇西、天水、安定、北地、上郡、河西"。另参见林剑鸣、余华青、周天游等:《秦汉社会文明》,西北大学出版社,1998年,第65页。

⑨ 林语堂:《前汉方音区域考》,《林语堂名著全集》第十九卷《语言学论丛》,东北师范大学出版社,1997年,第34页。雷虹霁指出"关于此系,林氏未做具体说明,仅标明此系中杂入狄语"(《秦汉历史地理与文化分区研究》第150页。按,通览林文论述,"秦晋北鄙系"宜推定在此大致区域。

⑩ 伊克昭盟文物站、内蒙古文物工作队:《西沟畔汉代匈奴墓地调查记》,《内蒙古文物考古》1981年创刊号。

⑪ 伊盟文物工作站:《伊克昭盟补洞沟匈奴墓清理简报》,《内蒙古文物考古》1981年创刊号。

郡属国都尉治龟兹县城）、宁夏同心县倒墩子匈奴墓地①（与北地属国②有关）。"套南三郡"中，北地郡、上郡与"天水、陇西"并列为一个"经济文化区"③（雷虹霁称为陇西区④），与陇右地区的文化联系更为密切，西河郡则与河套四郡文化联系更为密切。

"河陇地区"⑤的陇西、金城、天水、安定、武威、酒泉、张掖、敦煌八郡汉代隶属凉州刺史部，习惯上称为陇右八郡，大致也是林语堂在"方言地理"上划分的"西秦系"⑥。其中武威、酒泉、张掖、敦煌习称为"河西四郡"，其余安定郡（治高平，今宁夏固原）、陇西郡（治狄道，今甘肃临洮）、金城郡（治允吾，今青海民和东南）、天水郡（治冀县，今甘肃甘谷东，或曰通渭西）可以称为"陇右四郡"。

陇右四郡西汉墓有地域特点，其中安定郡南部（今宁夏固原、甘肃平凉一带）与关中地区的考古学文化面貌较为接近。陇右四郡是关中、套南三郡及河西四郡的连接地带，安定郡武帝元鼎三年（前114年）由北地郡析置，跨六盘山脉东西，与套南三郡文化共性更多些⑦。

四、朝鲜四郡和河西四郡

武帝元封三年（前108年），"朝鲜斩其王右渠降。以其地为乐浪、临屯、玄菟、真番郡"⑧，通称为朝鲜四郡，隶属幽州刺史部，地域包括朝鲜半岛北部和辽宁东部、吉林西南部。朝鲜四郡开设之前，元朔元年（前128年）曾经短暂设置苍海郡⑨，地域一般推定在朝鲜半岛东北海岸至图们江流域。

乐浪郡中心地域是大同江下游和载宁江流域，郡治（首县朝鲜县治）即今朝鲜平壤大同江南岸的土城洞城址。玄菟郡初置"沃沮城"（地当东北朝鲜），昭帝始元五年（前82年）徙居高句丽县（今辽宁新宾县永陵镇汉城），东汉两次内迁⑩。临屯、真番两郡有北置和南置两说，北置说推定在鸭绿江、浑江甚至牡丹江流域，南置说推定在汉

---

① 宁夏文物考古研究所、中国社会科学院考古研究所宁夏考古组、同心县文物管理所：《宁夏同心倒墩子匈奴墓地》，《考古学报》1988年第3期。
② 北地属国又称安定属国、三水属国。安定郡武帝元鼎三年分北地郡析置，《汉书·地理志下》记安定郡三水县为"属国都尉治"。
③ 《史记·货殖列传》："天水、陇西、北地、上郡与关中同俗，然西有羌中之利，北有戎翟之畜，畜牧为天下饶。然地亦穷险，唯京师要其道"。
④ 雷虹霁：《秦汉历史地理与文化分区研究》，中央民族大学出版社，2007年，第39、40页。
⑤ 河西走廊、河湟谷地与陇右地区在人文地理上构成一个单元，习惯上称为"河陇地区"。参见杨发鹏：《汉唐时期"河陇"地理概念的形成与深化》，《中国边疆史地研究》2010年第2期。
⑥ 林语堂：《前汉方音区域考》，《林语堂名著全集》第十九卷《语言学论丛》，东北师大出版社，1997年，第35页。
⑦ 《汉书·地理志下》亦在河西四郡之后依次记述安定、北地、上郡、西河四郡。
⑧ 《汉书·武帝纪》。《汉书·朝鲜列传》记在元封三年，《汉书·地理志下》记玄菟郡元封四年开设。王绵厚认为元封三年平灭朝鲜，四年设置郡县，见《秦汉东北史》，辽宁人民出版社，1994年，第77页。
⑨ 《汉书·武帝纪》："东夷秽君南闾等口二十八万人降，为苍海郡。……元朔三年春，罢苍海郡。"
⑩ 参见王绵厚：《秦汉东北史》，辽宁人民出版社，1994年，第77～82页。

江流域或东北朝鲜。朝鲜四郡后省并为玄菟、乐浪两郡①，因此有些著述称为朝鲜诸郡。

乐浪郡在朝鲜四郡中地理环境最为优越，行政沿革也最为稳定。以乐浪郡所在的西北朝鲜为中心，此四郡自然地理、历史背景、居民构成和人文民俗均自成单元，《汉书·地理志》称玄菟、乐浪"皆朝鲜、濊貊、句骊蛮夷"，杨雄《方言》记载"燕代朝鲜洌水之间"是汉语的一个方言区，汉墓地方特点突出②，在"北方边郡地域文化区"中划分出"朝鲜四郡"殆无疑义。

河西四郡隶属凉州刺史部，设置年代及沿革关系有很大争议③。时代较早的记载是武帝元狩二年（前121年）"匈奴昆邪王杀休屠王，并将其众合四万人来降，置五属国以处之。以其地为武威、酒泉郡"，元鼎六年（前111年）秋"乃分武威、酒泉地置张掖、敦煌郡，徙民以实之"④。年代较晚的认识是武威郡迟至宣帝地节三年（前67年）由张掖郡分置⑤。还有学者认为元鼎二年首先设置以令居（今甘肃永登县西北）为中心的河西郡，元封年间改称张掖郡⑥。

汉代金城郡也属于历史地理概念上的"河西"范围（有时称为"河西五郡"），不过河西四郡依托地形狭长的河西走廊，夹河西汉塞⑦的南、北两塞之间，设置郡县的目的在于"隔绝羌、胡"⑧，"以断匈奴右臂"⑨，郡县治所多位于绿洲平原，通常视为独立的文化和历史地理单元。河西走廊发现报道的西汉墓主要集中在武威，出土遗物以在干燥气候条件下保存下来的竹木器、简牍、丝麻制品、草苇器具、粮食等最有特色。

五、西汉"北方边郡地域文化区"的历史基础

依据前述，自东而西依次将西汉"北方边郡地域文化区"划分为朝鲜四郡、燕辽四郡、雁代三郡、河套四郡、套南四郡、陇右四郡和河西四郡。其外地区，河湟谷地虽然昭宣时期已经有汉墓分布⑩，但是正式纳入西汉郡县体制的时间较晚⑪；新疆地区西汉时期并未形成整体性的汉文化板块，亦未形成一个汉文化的地方类型⑫，西晋末年前

---

① 《后汉书·东夷列传》："至昭帝始元五年（前82年），罢临屯、真番，以并玄菟、乐浪。"
② 参见王培新：《乐浪文化——以墓葬为中心的考古学研究》，科学出版社，2007年。
③ 《汉书·地理志下》记张掖、酒泉两郡武帝太初元年（前104年）开，武威郡太初四年（前101年）开，敦煌郡后元年（前88年）分酒泉郡置。《汉书·西域传上》记"初置酒泉郡，后稍发徙民充实之。分置武威、张掖、敦煌，列四郡"。
④ 《汉书·武帝纪》。
⑤ 周振鹤：《西汉政区地理》，人民出版社，2007年，第157~168页。
⑥ 〔日〕日比野丈夫：《关于河西四郡的成立》，《东方学报》（第25册），1954年。
⑦ 参见吴礽骧：《河西汉塞》，文物出版社，2005年。
⑧ 《盐铁论·西域篇》。
⑨ 《汉书·西域传下》。
⑩ 参见青海省文物考古研究所：《上孙家寨汉晋墓》，文物出版社，1993年。
⑪ 《后汉书·西羌传》记载元始四年（4年）王莽"今令译讽旨诸羌，使共献西海之地，初开以为郡，筑五县"，西海郡城遗址位于青海省海晏县城西的青海湖东北侧。
⑫ 参见郑君雷：《西汉边远地区汉文化结构中的西域》，《北方民族考古》（第2辑），科学出版社，2015年。

凉始在高昌地区设置郡县，这两个地区暂不涉及。

西汉初年的北方疆域较秦王朝大为收缩①，"景帝时，汉境北至燕、代，燕、代之北未列为郡"②，内蒙古中南部已不在畿内，秦王朝未曾控制的河西走廊，未曾实质性控制的西北朝鲜更在王化之外。主要是通过武帝时期的经略，西汉北方边疆大为拓展，普遍设置郡县。

苏秉琦敏锐地注意到古城古国与秦汉郡县乃至今天现实行政设置的文化关联，指出"秦汉设郡大致都是以现专区一级范围的古文化古国为基础的"③，郭大顺将苏公的相关论述概括为"商周时期的古文化古城古国是战国秦汉时期建立郡县的基础"④。东周郡、县初为平级行政单位，即姚鼐谓"郡远而县近，县成聚富庶而郡荒陋，故以美恶异等"⑤，吕思勉谓"县为居民之区。郡则为军事而设"⑥。中原地区先秦邑国发展为东周郡县有"灭国为县"、"卿大夫之采地，寖盛而成为县者也"和"集小都乡邑聚为县"几种途径，"郡则由开拓荒地者多也"⑦。西汉北方边郡的开拓设置大致有以下几种情况。

其一，商周古国，例如朝鲜四郡取自箕子朝鲜和卫满朝鲜，与吕思勉前谓"灭国为县"情况略似。中原地区的秦汉郡县城址有些兴建在先秦邑国故地，甚至沿用先秦城邑，西汉北方边疆也有此种情况。平壤市大同江南岸的"土城洞"古城先是箕子朝鲜和卫满朝鲜的国都"王险城"，其后沿用为西汉乐浪郡治和朝鲜县治。

其二，汉初封国，例如燕王领地、代王领地。燕辽地区战国中期已经设置郡县，秦末汉初先后为韩广、臧荼、卢绾割据，元朔元年（前128年）武帝废除燕王领地设置郡县。汉初代国辖定襄、雁门、代和太原四郡，景帝三年（前141年）将定襄、雁门、代三郡直辖⑧。战国魏文侯初置上郡（前446~前396年），秦续置，西汉初年封为翟王董翳地（都高奴，今延安），随即再置上郡。

其三，河套四郡、套南三郡和河西四郡取自匈奴。武帝和昭帝、宣帝时期还在北方边疆设置北地属国（安定属国、三水属国）、天水属国、西河属国、上郡属国、五原属国、张掖属国以安置匈奴降众，并设置金城属国以安置降羌⑨。

其四，在秦郡基础上沿置、析置和增置。上谷、雁门、上郡、北地、陇西等郡主要是在秦郡基础上沿置。元鼎三年（前114年）析陇西郡地置天水郡，析北地郡置安

---

① 《史记·秦始皇本纪》记秦疆域"东至海暨朝鲜，西至临洮、羌中，南至北向户，北据河为塞，并阴山至辽东"。
② 《史记·汉兴以来诸侯王年表》张守节《正义》。
③ 苏秉琦：《中国文明起源新探》，生活·读书·新知三联书店，2001年，第144页。
④ 郭大顺：《关于辽宁燕秦汉至魏晋时期考古的若干问题（代序）》，《辽宁考古文集》（二），科学出版社，2010年。
⑤ （清）姚鼐：《惜抱轩文集》卷二《郡县考》。
⑥ 吕思勉：《先秦史》，中国友谊出版公司，2009年，第298、299页。
⑦ 吕思勉：《先秦史》，中国友谊出版公司，2009年，第298、299页。
⑧ 武帝元鼎三年（前114年）代国除。
⑨ 胡小鹏、安梅梅：《近年来秦汉属国制度研究概述》，《中国史研究动态》2007年第10期。

定郡①。昭帝始元六年（前81年）"以边塞阔远，取天水、陇西、张掖各二县"置金城郡以防御羌人②。这些在秦郡基础上沿置、析置和增置的边郡多数较靠近内地，边疆地区的社会文化属性稍弱。

西汉中原郡县多是在商周邑国的基础上发展而来，具有某些历史延续性状，主要表现为社会形态和城邑功能的同质性，地理要素和空间结构的相似性，历史地理、城郭形态和人文民俗的延续性等方面。西汉北方边郡开拓设置的历史基础与中原地区差异显著，从而显示出在此"走向秦汉帝国的道路"上的边疆特征；而北方边疆内部历史背景的差别，则在"北方边郡地域文化区"的划分上得以体现。

六、西汉"北方边郡地域文化区"的社会环境和经济文化特征

西汉"北方边郡地域文化区"与林甘泉在秦汉经济史研究中所谓的"北边"③大致相当（不包括朝鲜四郡），与考古学上"北方长城地带"所涵括的范围也有很大重合（不包括辽东边塞和朝鲜四郡）。社会环境和经济文化的最大共性是边塞氛围突出、畜牧经济比重大④、居民质朴少文，史汉两书中有诸如"龙门、碣石北多马、牛、羊、旃裘、筋角"、"地边胡，数被寇"、"地踔远，人民希"、"民雕捍少虑"、"其民鄙朴，少礼文，好射猎"、"皆迫近戎狄，修习战备，高上气力，以射猎为先"、"畜牧为天下饶"、"习俗颇殊，地广民稀，水草宜畜牧"、"咸以兵马为务"此类记述。

在西汉"北方边郡地域文化区"内部，各地社会环境和经济文化特征仍有差别，根据地理位置、边塞形势以及居民构成和经济文化类型，可以将北方边郡的地域文化区划分为三块，即东北边郡（燕辽四郡、朝鲜四郡）、北方边郡（雁代三郡、河套四郡、套南三郡）和西北边郡（陇右四郡、河西四郡）。

东北边郡的北面西汉前期受到匈奴寇扰⑤，武帝时期南迁近塞的乌桓成为缓冲，这与北方、西北边郡一直承受匈奴压力不同。东北边郡的东面还有夫余、高句丽、秽貊、沃沮等部族，朝鲜半岛南部则是三韩（马韩、辰韩和弁韩），周边族群关系较北方边郡复杂，《史记·货殖列传》称燕地"北邻乌桓、夫余，东绾秽貊、朝鲜、真番之利"。

东北边郡来自内地移民的数量和比例，以及畜牧经济成分不及北方、西北边郡突

---

① 周振鹤：《西汉政区地理》，人民出版社，1987年，第135~137页。
② 《汉书·昭帝纪》。
③ 林甘泉认为秦汉时期的"北边"通常指具有大体共同经济文化特征（以牧业为主或半农半牧）的北部边地，农耕经济区与畜牧经济区的分界曾经逐渐向北推移。见林甘泉：《中国经济通史·秦汉卷》绪论第三节《秦汉的基本经济区》，中国社会科学出版社，2007年。
④ 《盐铁论·西域篇》称为"长城以南，滨塞之郡，马牛放纵，蓄积布野"。（东汉）卫宏《汉旧仪补遗》记载西汉"太仆牧师诸苑三十六所，分布北边、西边，……分养马三十万头，……牛羊无数"。
⑤ 《史记·匈奴列传》记匈奴"岁入边，杀略人民畜产甚多，云中、辽东最甚，至代郡万余人"。

出①。燕辽四郡的西汉墓中普遍存在故燕文化因素,燕人(或"燕貊"②)后裔数量很多。玄菟、乐浪郡初置时"皆朝鲜、濊貉、句骊蛮夷"③,其后逐渐发展为东夷后裔、战国燕民后裔、东北地区汉民和东南沿海汉民组成的族群复合体④。玄菟、乐浪郡"其田民饮食以笾豆,都邑颇放效吏及内郡贾人,往往以杯器食"⑤,边疆特征更为明显。

从户口数、辖县数(表一⑥)和汉城分布可以见到燕辽四郡和乐浪郡经济文化的繁荣。辽宁和内蒙古东南部汉城密度很高,规模也较大,汉代县城面积往往达十数万、数十万平方米⑦,甚至上百万平方米⑧。西北朝鲜已确认乐浪带方郡时期城址5座⑨,包括"土城洞"古城(乐浪土城,乐浪郡治和朝鲜县治)。

表一 东北边郡西汉户口和辖县统计

燕辽四郡	户数(264135)	人口数(1209760)	辖县数(60)
渔阳	68820	264116	12
右北平	66689	320780	16
辽西	72654	352325	14
辽东	55972	272539	18
朝鲜四郡(含临屯、真番)	户数(108412)	人口数(628593)	辖县数(28)
玄菟	45600	221845	3
乐浪	62812	406748	25

北方边郡一直受到匈奴压力。武帝以后移民屯田,稳固地控制住这一地区。武帝"徙关东贫民处所夺匈奴河南、新秦中以实之"⑩,"募民徙朔方十万口"⑪,并在上郡、朔方郡、西河郡等地"开田官,斥塞卒六十万人戍田之"⑫。西汉在这一地区设置有西河、上郡、北地等属国以安置内附匈奴,北地、上郡、西河诸郡还有羌人聚居⑬。

---

① 西汉在陇西、天水、安定、北地、上郡、西河六郡境内设置"六牧师苑令官",参见陈芳:《西汉三十六牧苑考》,《人文杂志》2006年第3期。《汉书·地理志下》记辽东郡襄平县(今辽阳市)设有"牧师官",《史记·货殖列传》称"燕、代田畜而事蚕"。
② 战国中期燕文化进入辽宁地区后与当地貊人文化发生融合,燕国以此被贬称为"燕貊邦"。参见林沄:《"燕亳"和"燕亳邦"小议》,《林沄学术文集》,中国大百科全书出版社,1998年。
③ 《汉书·地理志下》。
④ 郑君雷:《从汉墓材料透视汉代乐浪郡的居民构成》,《北方文物》2005年第2期。
⑤ 《汉书·地理志下》。
⑥ 表一、表二、表三均据《汉书·地理志下》。
⑦ 参见王绵厚:《秦汉东北史》第九章第二节,辽宁人民出版社,1994年。
⑧ 辽西郡治平刚县城(外罗城,年代为秦、西汉—新莽)面积达144万平方米。见冯永谦、姜念思:《宁城县黑城古城址调查》,《考古》1982年第2期。
⑨ 王培新:《西北朝鲜地区古代城址的文化属性及年代》,《边疆考古研究》(第5辑),科学出版社,2006年。
⑩ 《史记·匈奴列传》。
⑪ 《汉书·武帝纪》。
⑫ 《史记·平准书》。
⑬ 李宗放:《汉代羌人各部述论》,《西南民族学院学报》(哲学社会科学版)2001年第6期。

北方边郡汉城和汉墓密布，考古学文化面貌与中原地区基本相同。其中内蒙古中南部已确认汉代城址87座①。以河套平原为中心，包括鄂尔多斯高原、银川平原和雁代地区，北方长城地带已经形成一个比较稳定的文化区，宣帝以来北边"数世不见烟火之警，人民炽盛"，"边城晏闭，牛马布野"②。从北方边郡西汉户口和辖县统计（表二）中可以见到，套南三郡较之边塞前沿的雁代三郡和河套四郡社会环境更加稳定。

表二　北方边郡西汉户口和辖县统计

雁代三郡	户数（166709）	人口数（689970）	辖县数（47）
上谷	36800	117762	15
雁门	73138	293454	14
代郡	56771	278754	18
河套四郡	户数（150549）	人口数（704370）	辖县数（52）
朔方	34338	136628	13
五原	39322	231328	16
云中	38330	173270	11
定襄	38559	163144	12
套南三郡	户数（304534）	人口数（1615182）	辖县数（78）
北地	64461	210688	19
上郡	103683	606658	23
西河	136390	698836	36

河西四郡的居民主要是移民，"初置酒泉郡，后稍发徙民充实之"③，"乃分武威、酒泉地置张掖、敦煌郡，徙民以实之"④。"徙民"中包括罪徙以及"客民"、"亡命"、商贾、流民⑤；还有河西降羌⑥、武都罪氏⑦、属国匈奴⑧、月氏杂种⑨等。经略河西四郡的目的在于隔绝羌胡、控制西域，经济反在其次。河西四郡户口、人口和辖县几个数字（表三）在西汉"北方边郡地域文化区"中明显偏低，人口数仅接近套南三郡1/6，不及燕辽四郡1/4，不及朝鲜四郡、雁代三郡、河套四郡1/2，甚至不及西河郡或上郡半数；辖县数仅略多于朝鲜四郡。同样进行大规模军屯的河套四郡和套南三郡，人口和

---

① 王晓琨：《内蒙古河套地区秦汉时期城址的分布及类型》，《草原文物》2011年第2期。
② 《汉书·匈奴传下》。
③ 《汉书·西域传上》。
④ 《汉书·武帝纪》。
⑤ 侯宗辉：《汉简所见西北边塞的流动人口及社会管理》，《中国边疆史地研究》2011年第1期。
⑥ 薛海波：《试论敦煌悬泉置汉简中的羌》，《通化师范学院学报》2004年第3期。
⑦ 《汉书·武帝纪》：元封三年（前108年）"武都氐人反，分徙酒泉郡"。
⑧ 李并成：《汉张掖属国考》，《西北民族研究》1995年第2期。
⑨ 王青：《也论卢水胡以及月氏胡的居处和族源》，《西北史地》1997年第2期。

辖县远超过河西四郡，很可以说明这个问题。不过河西四郡驻军规模很大[①]，实际人口规模当不止《汉书·地理志》的记载。

西北边郡还面临西羌压力。陇右四郡虽然逼迫西羌并有羌人散布，但是整体上较为靠近内地，《汉书·地理志》列入"秦地"，天水、陇西郡"与关中同俗"[②]，社会发展水平较高，人口数约略近乎河西四郡的3倍。

表三 西北边郡西汉户口和辖县统计

河西四郡	户数（71270）	人口数（280231）	辖县数（35）
敦煌	11200	38355	6
酒泉	18137	76726	9
武威	17581	76419	10
张掖	24352	88731	10
陇右四郡	户数（195529）	人口数（791114）	辖县数（61）
安定	42725	143294	21
陇西	53964	236824	11
金城	38470	149648	13
天水	60370	261348	16

在西汉北方边郡诸地域文化区中，北方边郡、西北边郡的社会环境和经济文化特征更为相似，主要表现在内地移民、屯田、农牧兼营和汉匈关系等方面[③]。东北边郡距离中原较远，朝鲜四郡还与东南沿海保持文化交流[④]，情况有些特殊。文化史和考古学上的"北方长城地带"不包括辽东边塞和朝鲜四郡，也可以说明这个问题。

西汉"北方边郡地域文化区"各自有相对的一线和二线。雁代三郡和河套四郡、河西四郡分别是北方边郡和西北边郡的一线，边塞特征更为明显；套南三郡和陇右四郡分别是北方边郡和西北边郡的二线，汉文化更为稳固繁荣。在东北边郡，偏南的朝鲜四郡似乎是一线，偏北的燕辽四郡反而是二线，这是东北边郡特殊性的又一表现。而无论一线、二线，均不但存在着土著居民随着社会情境的变化而逐渐汉化的过程，也存在汉人移民的"在地化"过程，"北方边郡地域文化区"的经济文化特征在两者的共同作用中得以体现。

[①] 例如《史记·大宛列传》记武帝太初三年（前102年）"益发戍甲卒十八万酒泉、张掖北，置居延、休屠以卫酒泉"。按，孙言诚认为"戍甲卒"当为"戍田卒"之误。见孙言诚：《敦煌、居延简中的汉代河西戍田卒》，《追寻中华古代文明的踪迹——李学勤先生学术活动五十周年纪念文集》，复旦大学出版社，2002年。

[②] 《史记·货殖列传》。

[③] 《史记·河渠书》记武帝元封二年（前109年）"用事者争言水利。朔方、西河、河西、酒泉皆引河及川谷以溉田"。《汉书·匈奴传上》记"汉度河自朔方以西至令居，往往通渠置田官，吏卒五六万人，稍蚕食，地接匈奴以北"。

[④] 郑君雷：《汉代东南沿海与辽东半岛和朝鲜半岛海路文化交流的几个考古学例证》，《汉代考古与汉文化国际学术研讨会论文集》，齐鲁书社，2006年。

关于肃慎史地研究中考古材料的运用
——《肃慎起源及迁徙地域略考》商榷

在民族史研究中，考古材料的重要性越来越受到重视，而将某种考古学文化确定为某一族群的遗存，即考古学文化族属的研究，也是考古学者关心的事情。"但在文献记载简略而考古工作不充分的情况下，每一具体问题的探索，往往经过漫长而曲折的道路，依然聚讼纷纭"[1]，肃慎研究就是这样。

肃慎史地研究颇受关注，《肃慎起源及迁徙地域略考》[2]（以下简称《略考》）亦成一家言。《略考》考察其前关于肃慎民族发展史的研究成果，大体归纳为两种，"其一，迁徙说，即认为肃慎族以东北地区为大致范围，在不断的迁徙中发展。此一结论，又以确定肃慎族的发源的不同，而大致分作起源于今山东半岛，为东夷之夙沙卫说，以及起源于燕山山脉说。其二，定域说，即认为肃慎民族自古以来就在东北的某一范围内繁衍生息。此一结论又以确定肃慎族的活动范围的不同，而分作今吉林市附近松花江流域说（即认为西团山文化是肃慎文化），今松花江以东的牡丹江流域说（即认为莺歌岭文化是肃慎文化），及今黑龙江中下游地区说。近一二十年以来，迁徙说已少有人提及，定域说则基本被确定下来"，概括精当。

《略考》赞同迁徙说，依据文献史料将商周之际的肃慎族发源地考定在辽宁西部、内蒙古东南部靠近燕山山脉地区，认为"夏家店文化"属于此期的肃慎遗存。约当春秋时期肃慎族向东北方向迁徙，推断东迁地点在吉长地区向东至长白山麓，西团山文化属于此期的肃慎遗存。约在西汉初年肃慎再次北迁，分化为中部族群（挹娄）、北部族群和南部族群，滚兔岭文化属于挹娄遗存，蜿蜒河类型和波尔采文化则为北部族群的遗存。笔者对《略考》相关考古材料的运用以及相关考古学文化的族属认识有不同意见，这里提出来请教。

一

"迁徙说"和"定域说"都是以文献为基础的。

文献史料中出现的肃慎可以分为先秦和汉晋两个大的阶段。

---

[1] 林沄：《肃慎、挹娄和沃沮》，《辽海文物学刊》1986年创刊号。
[2] 范恩实：《肃慎起源及迁徙地域略考》，《民族研究》2002年第3期。

《大戴礼记·少间篇》、《竹书纪年·五帝纪》、《史记·五帝本纪》等记载舜、禹时肃慎（息慎）与中原已经建立联系；《竹书纪年·周纪》、《尚书·周书》、《逸周书·王会篇》等记载商周时期肃慎（稷慎）与中原亦有来往；东周肃慎仍然见于《春秋经传集解·昭公九年传》、《国语·鲁语》、《山海经·大荒北经》等著述。文献史料关于先秦肃慎的记述颇简略，各家理解有别。仅就与中原的距离而论，有些学者认为先秦肃慎比较远，在"大荒"、在"海外"、在"不咸山"等；有些学者认为较近，或山东半岛，或冀北，或辽西等，持后种观点的学者经常强调《左传》昭公九年"及武王克商……肃慎、燕、亳，吾北土也"这条记载。《逸周书·王会篇》依一定次序记述四方远夷排列，《略考》注意到"西面者正北方"稷慎、秽人、良夷、扬州、解、发人、俞人、青丘、周头、黑齿、白民当属地域有关联的一组，很正确；但是以为这一组民族仅是分布在山东半岛北部、辽东半岛南部向西至河北北部似有些绝对，诸如俞人、青丘、周头、黑齿、白民之属实难以确指，包括肃慎在内的这一组民族的分布范围未必局限于此，《三国志·魏书·乌丸鲜卑东夷传》说"东夷有肃慎之贡，皆旷世而至"，也可以理解为是肃慎较远的缘故。

一般认为，先秦的肃慎至东汉魏晋已称挹娄。《三国志·魏书·东夷传》记挹娄"古之肃慎氏之国也"，《晋书·四夷传》记"肃慎氏一名挹娄"。关于挹娄的地望，许多学者指在三江平原东至俄罗斯滨海边区。问题在于，也有学者不相信肃慎就是挹娄的前身。另外，史汉两书的四夷传未见肃慎，有学者以为西汉时期的真番是肃慎异称，地当牡丹江中游[①]。

显然，单纯依据文献史料解决肃慎史地问题有很大难度，"迁徙说"和"定域说"以及其中的具体观点都可以找出若干论据，这也是民族史学者重视考古材料的原因。较早时候考古学者对肃慎遗存的认识也是众说纷纭，"本世纪以来，日本考古学者提出过肃慎在辽东半岛的设想，我国考古界多主张在吉林中部，近来则有人主张在黑龙江省牡丹江流域，有人以为在夏家店下层文化分布区。苏联考古界曾有人认为是在滨海边区的南部"[②]。近些年来，东北地区青铜时代和早期铁器时代的考古学框架已经初步建立，考古学者在一些问题上逐渐取得共识，有些认识与《略考》不同。更重要的是，肃慎史地研究经常涉及夏家店上层、夏家店下层、西团山、滚兔岭等考古学文化，也牵连山戎、东胡、秽貊、沃沮等族群的考古学文化族属认识，因此作些讨论还是有必要的。

二

《略考》主张"夏家店文化"是早期肃慎遗存，认为"夏家店上、下两层文化同属

---

① 孙进已、冯永谦：《东北历史地理》（第一卷）第三编第一章第三节，黑龙江人民出版社，1989年。
② 林沄：《肃慎、挹娄和沃沮》，《辽海文物学刊》1986年创刊号。

于一个文化系统"而在时间上存在早晚之别。按，以"夏家店文化"来统称"夏家店上层文化"和"夏家店下层文化"不正确，因为在考古学上并不存在所谓的"夏家店文化"。

考古学文化的确认和命名非常谨慎，也有基本原则。夏鼐先生主张以一群具有明确特征，经常伴出的类型品作为划分考古学文化的标志，以首次发现的典型遗址的小地名来命名考古学文化[①]。夏家店下层文化和夏家店上层文化是各自独立的考古学文化，即便两者之间存在继承关系，或者属于同一文化系统，也不能以所谓"夏家店文化"来统称。实际上，"绝大多数遗址都包含两种以上的考古学文化堆积"[②]，比如王湾遗址的三种遗存被分别称为"王湾一期文化"、"王湾二期文化"、"王湾三期文化"；"半坡文化"与"庙底沟文化"有继承关系却仍然各自命名，就是因为文化内涵存在着"质"的差别。

夏家店下层文化和夏家店上层文化是辽西地区最先确认的两种青铜文化，分布地域有某些重合，两者关系自然引起注意。《略考》将夏家店下层文化和夏家店上层文化统称为"夏家店文化"，实质是认为两者属于同一文化系统的不同发展阶段，这是将其视为肃慎遗存的重要前提之一。但是《略考》并未注意到比较晚近的研究成果。

首先，《略考》界定的夏家店上层文化分布范围包括努鲁儿虎山以东的大、小凌河流域。其实，许多考古学者已经认识到夏家店上层文化只是分布在努鲁儿虎山以西，至远包括努鲁儿虎山东麓[③]。至于大、小凌河流域，在夏家店下层文化消亡以后，继起的是魏营子类型（年代约在商代后期至西周前期，曾被认为是夏家店下层文化和夏家店上层文化之间的过渡类型，后来有些学者指出其是与夏家店上层文化大体并行的两种不同谱系的考古学文化），其后是凌河类型（年代约在西周晚期至战国，也曾被视为夏家店上层文化的一个地方类型，现在许多学者指出其不宜归入夏家店上层文化[④]）。

其次，《略考》以为夏家店下层文化"其年代大约相当于殷商或更早"，夏家店上层文化"其年代大约相当于西周、春秋，也可能晚到战国时期"，这种表述不甚准确，而且形成两者年代似乎前后衔接的印象。实际上，夏家店下层文化的基本年代相当于夏至早商；夏家店上层文化的基本年代相当于晚商至春秋，中间有比较明显的年代缺环。

最后，通过对夏家店下层文化和夏家店上层文化的全面分析，可以确定，两者的主要陶器基本上不存在演变脉络，青铜器也不存在承袭线索，房址和葬俗明显不同[⑤]。

---

① 夏鼐：《关于考古学上文化的定名问题》，《考古》1959年第4期。
② 张忠培：《研究考古学文化需要探索的几个问题》，《中国考古学：走近历史真实之道》，科学出版社，1999年。
③ 林沄：《中国东北系青铜短剑初论》，《考古学报》1980年第2期；朱永刚：《夏家店上层文化初步研究》，《考古学文化论集》（一），文物出版社，1987年；翟德芳：《中国北方地区青铜短剑分群研究》，《考古学报》1988年第3期。
④ 朱永刚：《夏家店上层文化初步研究》，《考古学文化论集》（一），文物出版社，1987年；李伯谦：《张家园上层类型若干问题研究》，《考古学研究》（二），北京大学出版社，1994年；朱永刚：《东北青铜文化的发展阶段与文化区系》，《考古学报》1998年第2期；董新林：《魏营子文化的界定及相关问题略论》，《青果集——吉林大学考古系建系十周年纪念文集》，知识出版社，1998年。
⑤ 卜箕大：《辽西地区青铜时代文化》，吉林大学博士学位论文，1998年。

有学者认为夏家店下层文化是由豫北冀南的后岗二期文化居民迁徙至西辽河流域后吸收当地居民的文化成分产生的[①],而夏家店上层文化在人种和文化因素上都有源自高台山文化的迹象[②](高台山文化分布在下辽河流域,大体以医巫闾山为界与夏家店下层文化并行)。这些情况表明两者实在难以归入同一文化系统。

当然,对于夏家店下层文化和夏家店上层文化的分布、年代、文化内涵、源流等问题亦有不同意见,确实也有学者认为两者间存在某种继承关系。不过,"(夏家店上层文化)从其命名的时候起,学者们已经注意到了它与夏家店下层文化有着极其鲜明的区别,属于不同系统的考古学文化。目前仍无法从夏家店上层文化中辨识出与夏家店下层文化有直接继承关系的一组遗存。所以从总体上看,在西辽河水系区夏家店下层文化的后继者中,还很难指认哪一支是它的主要继承者。关于夏家店下层文化的最终去向,仍有待于进一步认识"[③]。这应该是代表了近来多数学者的意见。

退一步讲,即便两者属于同一文化系统,仅根据"从分布范围看,夏家店文化区正是肃慎族活动地区,时间亦大体相当"就将夏家店下层文化和夏家店上层文化与肃慎联系起来似也武断。因为在《略考》界定的"夏家店文化"分布区域以内("辽宁西部、内蒙古东部靠近燕山山脉地区",包括燕山以北,燕山以南也有零星分布)属于商至战国时期的考古学文化不下10支(如辽宁西部有魏营子类型和凌河类型,内蒙古东南部有水泉文化,河北北部有军都山类型,燕山以南有大坨头文化、围坊三期文化、张家园上层文化),而也有学者希望将孤竹、山戎、秽貊、东胡甚至箕子朝鲜等部族的遗存与这一地域挂钩,如何就一定将夏家店下层文化和夏家店上层文化与肃慎相联系。

夏家店上层文化的族属最有可能是山戎。曾经一个时期,夏家店上层文化属于东胡遗存的看法很流行,随着考古研究的深入,"东胡说"已难以立足,证据有三。其一,东胡在战国后期仍然活跃在燕赵长城以北,但是重新界定范围的夏家店上层文化并没有晚至春秋中期的明确迹象。其二,东胡后裔东部鲜卑和契丹的颅骨均属于北亚蒙古人种,但是夏家店上层文化的出土颅骨属于东亚蒙古人种。其三,东胡是游牧民,而夏家店上层文化的生计则是定居农业(《略考》也注意到夏家店上层文化的经济形态不会是以畜牧业为主),这些都是"东胡说"难以解释的[④]。关于山戎遗存,主要亦有两种意见,其一是与夏家店上层文化相联系,其二是与燕然山周围的东周遗存相联系。山戎在春秋初期最强大,齐桓公北伐山戎的进军路线是循滦河上溯,过令支、孤竹而越燕山。夏家店上层文化最发达的阶段是在西周晚期至春秋初年,而燕然山一带的东周遗存分布在冀西北方向,最发达阶段也是在春秋战国之际。显然,将夏家店上层文

---

① 王立新、卜箕大:《对夏家店下层文化源流及其与其他文化关系的再认识》,《青果集——吉林大学考古系建系十周年纪念文集》,知识出版社,1998年。
② 朱永刚:《论高台山文化及其与辽西青铜文化的关系》,《中国考古学会第八次年会论文集》,文物出版社,1996年。
③ 朱永刚:《论高台山文化及其与辽西青铜文化的关系》,《中国考古学会第八次年会论文集》,文物出版社,1996年。
④ 林沄:《东胡和山戎的考古学探索》,《林沄学术文集》,中国大百科全书出版社,1998年。

化视为山戎遗存更为合理①。

至于大、小凌河流域的凌河类型（或称十二台营子类型，年代约在西周中晚期至战国中晚期），由于曾被视为夏家店上层文化的一个地方类型，过去也被指为东胡遗存。根据现有认识，凌河类型与辽东地区的同期遗存具有亲缘性，当与貊人有关②。而东胡遗存，有可能已经在赤峰市林西县井沟子墓地（春秋晚期至战国早期）露出线索③。

三

《略考》认为，"约当春秋时期，随着东胡与山戎的发展，肃慎族离开其原始居地，向着东北方向迁徙"，根据文献"推断肃慎族东迁的地点在今吉长地区向东直到长白山麓"。《略考》主张"于吉长地区发现的西团山文化群应即为肃慎东迁后的居址遗迹"，为此重点论证了西团山文化与夏家店文化的关系，认为"夏家店文化与西团山文化是密切联系的，绝不是完全割裂、无继承性的"。这些论证中所依据的考古学材料不能成立。

西团山文化分布在第二松花江中游地区，年代约在西周初年至战国中期。对西团山文化的认识已经相当充分，从考古学文化谱系的角度分析，西团山文化与夏家店下层文化和夏家店上层文化决然不会有密切联系，也谈不上继承性，这里不作具体讨论。《略考》举出的"同属于农业文化"、"部分石器有一致性"、"都饲养家畜特别是猪"这样的特征可以适用于多种"有先后之别"的考古学文化，不能据此说明这些考古学文化都有密切联系或存在继承性。在出土陶器方面，即便是如《略考》所言若干陶器形制有某种相似性也需要具体分析（尤其需要考虑是否为典型器物，以及在陶器群中的数量和比例）。西团山文化均为素面夹砂红褐色陶，手制泥片套接成型，三足器实足经常先做出榫再接器腹，流行横桥耳和疣状把手；随葬陶器以横桥耳壶、罐、疣状把手钵、碗为基本组合，遗址陶器基本组合为鼎、鬲、罐、壶、碗、豆，其中横桥耳壶和深腹圜底鼎分别是随葬陶器和遗址陶器中的指征性器物④。可以说西团山文化的陶器与夏家店下层文化和夏家店上层文化存在着结构性差别。

"西团山文化出土的青铜文化典型器物'曲刃短茎式青铜短剑'就是从夏家店地区传播过来的"说法亦可斟酌。"曲刃短茎式青铜短剑"也被称为"东北系青铜短剑"，近来研究表明两点：一，东北系青铜短剑起源于辽东，热河山地不是主要分布区；主张东北系青铜短剑起源于辽西的一些学者所列举的早期剑型多出自努鲁儿虎山以东，前已述，已不属于重新界定的夏家店上层文化分布范围。二，根据共存铜器，东北系

---

① 林沄：《东胡和山戎的考古学探索》，《林沄学术文集》，中国大百科全书出版社，1998年。
② 林沄：《说貊》，《史学集刊》1999年第4期；王建新、刘瑞俊：《先秦时期的秽人与貊人》，《民族研究》2001年第4期。
③ 王立新：《探寻东胡遗存的一个新线索》，《边疆考古研究》（第3辑），科学出版社，2004年。
④ 朱永刚：《西团山文化墓葬分期研究》，《北方文物》1991年第3期。

青铜短剑占据统治地位的地域至少可以划分出大小凌河区、辽河区、辽东半岛区和松花江区计四个亚区，结合共存陶器划分的考古学文化当更多①。显然不能以"曲刃短茎式青铜短剑"的共有作为判断西团山文化与夏家店下层文化和夏家店上层文化具有密切联系或继承性的依据。

关于西团山的族属，曾经有"肃慎说"和"秽貊说"两种意见，后说显然允当。包括《略考》在内的多数意见均认为三江平原的滚兔岭文化和蜿蜒河类型与汉晋时期肃慎（或挹娄）有关，但是西团山文化与这两支考古学文化谈不上什么联系。《三国志·魏书·东夷传》说"今夫余库有玉璧、珪、瓒数代之物，传世以为宝，耆老言先代之所赐也。其印文言'濊王之印'，国有故城名濊城，盖本濊貊之地"，夫余中心区域已经确定在吉长地区，西团山文化属于秽貊遗存应无疑议②。有学者将公元前3世纪以前的东北亚系青铜文化分为两支，认为分布在辽西和辽河平原的一支是貊人遗存，分布在辽东、吉长地区和朝鲜半岛的一支是秽人遗存，也是将西团山文化归属于秽人遗存③。

四

《略考》认为，西汉初年以后肃慎在秽貊人的夹击下被迫向更北方迁移，"在这次迁徙中，由于周边环境、所迁地域的不同，加之与当地原始居民的融合，原本差异不大的肃慎民族分化、组合成几个各具特点的族群。从文献记载和考古发现来看，主要可以分为三大族群，即中部（挹娄）族群、北部族群、南部族群"。认为滚兔岭文化是挹娄族群的遗存，蜿蜒河类型属于北部族群的遗存。这里不讨论挹娄与肃慎的关系，只是指出挹娄的范围不会仅局限于滚兔岭文化分布区，而是将蜿蜒河类型的分布区包括在内的。

《三国志·魏书·东夷传》记载挹娄"在夫余东北千余里，滨大海，南与北沃沮接，未知其北所极"，这段记载中唯有"滨大海"是相对确定的地理坐标。滚兔岭文化虽然可以与挹娄挂钩④，但是分布范围局限于张广才岭以东、松花江以南的佳木斯、七台河、宝清等市县，绝对不会"滨大海"。而蜿蜒河类型（同类遗存在俄罗斯境内被称为波尔采文化）分布在黑龙江中游以下直达海口的沿岸地带，南及滨海边区，年代在汉晋时期。波尔采文化房址为半地穴式，发现储藏的粟、家畜骨骼和石镞，有纺织业，未见陶豆，均与《三国志》记述挹娄"常穴居"、"有五谷、牛、马、麻布"、"俗好养

---

① 林沄：《中国东北系青铜短剑初论》，《考古学报》1980年第2期；林沄：《中国东北系青铜短剑再论》，《考古学文化论集》（四），文物出版社，1997年。
② 王绵厚：《秦汉东北史》，辽宁人民出版社，1994年，第250、251页。
③ 王建新、刘瑞俊：《先秦时期的秽人与貊人》，《民族研究》2001年第4期。
④ 贾伟明、魏国忠：《论挹娄的考古学文化》，《北方文物》1989年第2期。

猪"、"青石为镞"、"东夷饮食类皆用俎豆，唯挹娄不"相符合①。只是《后汉书·东夷传》提及挹娄"土地多山险"，却与蜿蜒河类型主要分布在平原不尽相符。依据蜿蜒河类型陶器与滚兔岭文化的相似性，可以考虑为挹娄内部不同族群的遗存。

《略考》认为肃慎再次北迁的原因之一是沃沮的壮大和向西发展，并且将晋初肃慎的分布地域划定在"西起牡丹江流域，南到宁安、东宁一带，东到大海，北到黑龙江中下游地区"，均与其对沃沮范围的认识相关。依此认识，《略考》认为挹娄位于南北沃沮之间而非北沃沮之北，"沃沮（南沃沮）北界与挹娄接，当在今牡丹江中游地区"，同时认同图们江流域的延吉小营子遗址属于沃沮遗存。

考古学界普遍指团结文化为沃沮遗存（同类遗存在俄罗斯境内被称为克罗乌诺夫卡文化，东北朝鲜亦有分布）。团结文化分布在绥芬河和图们江流域及其入海口两翼的海岸地带，年代上限约在春秋战国之际，下限至少进入东汉纪年，已知分布区域的"南北直线距离近400公里"，时代和地望与《三国志·魏书·东夷传》记"东沃沮在高句丽盖马大山之东，滨大海而居。其地形东北狭，西南长，可千里。北与挹娄、夫余，南与濊貊接"的记载吻合②。果此，则《略考》对沃沮的认识应该重新考虑。

第一个问题是关于北沃沮的方位。文献史料对北沃沮方位的记述是有矛盾的。《三国志》和《后汉书》的《挹娄传》皆言北沃沮在挹娄以南③。《三国志》的《沃沮传》记"北沃沮一名置沟娄，去南沃沮八百余里，其俗南北皆同，与挹娄接"，未言南北。只有《后汉书》的《沃沮传》言"又有北沃沮，……界南接挹娄"，方位显然有误。

第二个问题是关于图们江流域"延吉地区的小营子遗址"与"汪清地区的遗址"的性质。查《略考》相关注释的引文，"汪清地区的遗址"当是指"以汪清百草沟为代表的墓葬和遗址"。比较晚近的研究表明所谓"汪清地区的遗址"并不单纯，其中较晚期的新安间上层应该归入团结文化，自然排除了与肃慎的关系；较早期的新安间下层和新华间墓葬已经进入青铜时代（可以暂名为"柳庭洞类型"），与西团山文化的密切关系无从谈起。至于"延吉地区的小营子遗址"实际是小营子墓葬，年代甚至早于"柳庭洞类型"，更与沃沮无涉④。

第三个问题是关于牡丹江流域汉晋时期遗存的性质。这一地区最先发现的汉代遗存是牡丹江中游的东康类型。有些学者将其视为团结文化的牡丹江类型，有些学者则强调其与团结文化的差异性。20世纪90年代以来在牡丹江中下游地区又确定出东兴文化、桥南文化和河口遗存。其中东兴文化（两汉）见有来自滚兔岭文化、团结文化和松嫩平原的文化因素；桥南文化（战国至西汉时期）和河口遗存（东汉末年至魏晋）可能是东康类型的地方性变体。这些新近识别出来的文化类型分布范围均比较小，文

---

① 林沄：《肃慎、挹娄和沃沮》，《辽海文物学刊》1986年创刊号。
② 林沄：《论团结文化》，《北方文物》1985年创刊号。
③ 《三国志·魏书·乌丸鲜卑东夷传》记"挹娄在夫余东北千余里，滨大海，南与北沃沮接，未知其北所极"。《后汉书·东夷列传》记"挹娄，古肃慎之国也。在夫余东北千余里，东滨大海，南与北沃沮接，不知其北所极"。
④ 林沄：《肃慎、挹娄和沃沮》，《辽海文物学刊》创刊号，1986年。

化性质也不是很清楚①。显然,在这种情况下讨论牡丹江流域考古学文化的族属具有相当大的推测成分。

五

考古学文化的族属研究操作难度大②,认识不统一亦是正常。较早时候已经有学者在讨论考古学族属研究的基本理论时,系统地反驳了将夏家店下层文化、夏家店上层文化及西团山文化与肃慎相联系的观点③。《略考》对比较晚近的考古研究成果注意不够,因此结论与考古学界有很大差异。目前,民族史学者普遍意识到考古材料的重要性,考古学者也有必要将相关考古研究的综合认识和新近认识及时提供给民族史学界,更有必要加强考古学文化的族属研究,加强与民族史学界的沟通。笔者以为现有考古材料支持"迁徙说"或"定域说"均为时尚早,只是借此将若干新近认识介绍出来,供研究民族史的同志参考和讨论。

审读文献,笔者亦以为先秦时期的肃慎不会远至三江平原以迄滨海边区,"迁徙说"确是一种思路。就青铜和早期铁器时代东北考古学文化和民族分布的整体格局而言,凌河流域、辽河平原、辽东山地、第二松花江流域和黑龙江东南部山地基本为秽貊占据,大兴安岭以南至西辽河流域以迄燕山,西周春秋时期的居民大抵属于戎狄,战国以来则是游牧族群的活动区。只有松嫩平原北部,与中原和三江平原相距均不甚远,考古工作也不充分,寻找先秦肃慎遗存时值得注意。受到《略考》启发,研究肃慎史地的另一思路则是考虑汉晋挹娄只是汉晋肃慎的一支,则汉晋肃慎的分布有可能超出三江平原以迄滨海边区。无论哪种情况,肃慎的考古学文化应该与滚兔岭文化和蜿蜒河类型存在某种渊源关系,而且居民颅骨应该含有比较强烈的东北亚蒙古人种成分。

原载《边疆民族考古与民族考古学集刊》(第一集),文物出版社,2009年

---

① 黑龙江省文物考古研究所、吉林大学考古学系:《黑龙江海林市东兴遗址发掘简报》,《考古》1996年第10期;李砚铁、刘小东、王珒军:《黑龙江依兰县桥南遗址发掘及相关问题》,《北方文物》2000年第1期;黑龙江省文物考古研究所、吉林大学考古学系:《河口与振兴》,科学出版社,2002年。
② 郑君雷:《文化人类学的族群认同与考古学文化的族属研究》,《思想战线》2007年第4期。
③ 张忠培:《民族学与考古学的关系》,《中国考古学:走近历史真实之道》,科学出版社,1999年。

战国燕墓的非燕文化因素及其历史背景

西周初年召公封蓟之后，燕国不断扩展，雄踞燕辽渤碣达 700 年。由于在燕国的西、南方向是强大的中原诸侯国，所以，东、北方向的部族方国成为燕国开疆拓土的对象。据文献记载，山戎、貊、箕子朝鲜、东胡等，均与燕国发生过接触。冀北、冀东、辽西、内蒙古东南部等地的战国燕墓中存在的非燕文化因素，正是此种历史背景的反映。

一

战国燕墓的分布地点包括河北、北京、天津、内蒙古、辽宁等地，根据文化因素构成，又可划分为若干区域，其中以燕上都（北京房山）至燕下都（河北易县）一带的燕文化因素最为典型[①]。该地区的战国燕墓包括易县东斗城 M29、九女台 M16、周仁村 M2、昌平松园 M1 和 M2、怀柔城北墓地等。绝大多数为陶礼器墓，少数为日用陶器墓。其中，陶礼器墓可以建立起从战国初期至晚期的比较完整的陶器演变序列。陶礼器的基本组合为鼎、盖豆、壶、盘、匜和小口壶，有些还出土细高柄盘状豆。日用陶器墓则出有尊、燕式鬲、燕式釜等。战国燕墓陶器的组合关系基本稳定，时代特征主要表现在陶器形态的变化上。

在战国燕墓分布中心区的外围，陶器组合关系有所不同。如天津张贵庄墓地[②]的灰陶三足器、唐山贾各庄 M8[③]的Ⅲ式陶鼎、迁西县大黑汀 M2[④]的陶罐和陶碗等可以视作燕文化的地方特点，另外一些则属于非燕文化因素[⑤]。下面分地区加以介绍。

（1）张家口地区。燕文化至晚在战国中期早段已经进入张家口地区。张家口市下花园 M1[⑥] 出土陶鼎、壶、罐形鼎，其时代属于战国中期晚段。其中，泥质灰陶的罐形鼎属于非燕文化因素。白庙墓地 M20、M23[⑦] 约在战国中晚期，陶器组合为小口鼓腹罐和颈双耳罐。其中小口鼓腹罐为燕式陶器，夹砂陶质的颈双耳罐则是非燕文化因素。

[①] 郑君雷：《战国时期燕墓陶器的初步分析》，《考古学报》2001 年第 3 期。本文对战国燕墓陶器组合、期别等方面的认识均依据此文。
[②] 云希正、韩嘉谷：《天津东郊张贵庄战国墓第二次发掘》，《考古》1965 年第 2 期。
[③] 安志敏：《河北唐山市贾各庄发掘报告》，《考古学报》（第六册），1953 年。
[④] 顾铁山、郭景斌：《河北省迁西县大黑汀战国墓》，《文物》1996 年第 3 期。
[⑤] 天津地区战国燕墓中存在少量齐、赵文化因素，本文不讨论。
[⑥] 张家口市文管所、下花园区文教局：《张家口市下花园区发现的战国墓》，《考古》1988 年第 12 期。
[⑦] 张家口市文管所：《张家口市白庙遗址清理简报》，《文物》1985 年第 10 期。

（2）承德地区。承德县西三家村边家沟墓地和砖厂墓地①的年代均属战国末期，出土鼎、盖豆、壶、盘、匜等燕式陶器。前者还出土属于非燕文化因素的泥质灰陶大口罐和敞口盂，后者亦出土泥质灰陶大口罐。围场县东台子墓地M27②的年代为战国晚期，出有燕式陶器壶、豆、盆，同出属于非燕文化因素的夹粗砂红陶肩双耳罐。

（3）朝阳地区。喀左县眉眼沟M1③的年代相当于战国晚期，出有燕式陶器鼎、盖豆、壶、盘，以及属于非燕文化因素的泥质灰陶罐形鬲和三足罐。喀左县北山根墓④陶器组合为鼎、盆、肩双耳壶和外叠唇罐，其中鼎和盆为燕式陶器，泥质灰陶的肩双耳壶和夹砂灰陶的外叠唇罐系非燕文化因素。朝阳市袁台子墓地未见正式报告，据介绍，"袁台子出鼎、豆、壶的第二期当在战国中期，第一期则可能到战国早期"⑤。从已发表的一件属于第二期的盖豆看，其年代不晚于战国中期早段。袁台子墓地出土的"外叠唇手制罐"属于非燕文化因素。

（4）唐山地区。唐山市贾各庄墓地⑥的M23、M24、M11、M16等均存在非燕文化因素。例如，M23、M24出土夹砂灰陶的双耳罐形鼎，M11出土泥质灰褐陶的肩双耳壶，M16出土肩双耳罐（夹砂灰黑陶和泥质灰褐陶各一件）。M16和M24年代分别为战国中期早段和晚段。1990年，贾各庄墓地收集到一座战国中期燕墓的随葬陶器⑦，其中，泥质灰黑陶的鼎形鬲属于非燕文化因素。抚宁县邴各庄出土成组的战国中期陶器⑧，包括鼎、盖豆、壶、细高柄盘状豆等燕式陶器，同出的泥质灰陶罐形鼎则属非燕文化因素。

（5）廊坊地区。三河市北淀M3⑨的年代约为战国中期早段，在出土陶鼎、盖豆、壶、盘、匜、小口壶、细高柄盘状豆等燕式陶器的基础上，增加了属于非燕文化因素的泥质灰陶三足罐。

（6）赤峰地区。赤峰市红山区榆树林子墓⑩的年代约当战国中期，陶器组合为鼎、盖豆、壶、盘、匜、小口壶和罐形鬲。其中，夹砂灰黑陶的罐形鬲属于非燕文化因素。敖汉旗乌兰宝拉格墓地⑪M8的年代约当战国中晚期之际，出土鼎、盘、匜等燕式陶器，以及属于非燕文化因素的夹砂陶质外叠唇罐。

---

① 李林、刘朴：《承德县西三家村、旗杆沟村发现战国墓葬》，《文物春秋》1990年第3期。
② 围场县文物管理委员会：《河北围场东台子战国晚期至秦代墓地出土文物》，《文物资料丛刊》（10），文物出版社，1987年。
③ 朝阳地区博物馆、喀左县文化馆：《辽宁喀左大城子眉眼沟战国墓》，《考古》1985年第1期。
④ 傅宗德、陈莉：《辽宁喀左县出土战国器物》，《考古》1988年第7期。按，该墓系当地市政园林处在挖菜窖时发现，笔者原误称为"园林处墓"，乔梁已指正当称为"北山根墓"。见乔梁：《燕文化进入前的辽西》，《内蒙古文物考古》2010年第2期。
⑤ 辽宁省文物普查训练班：《1979年朝阳地区文物普查发掘的主要收获》，《辽宁文物》1980年第1期。
⑥ 安志敏：《河北唐山市贾各庄发掘报告》，《考古学报》（第六册），1953年。
⑦ 孟昭永：《唐山市原贾各庄新发现一组战国陶器》，《文物春秋》1996年第4期。
⑧ 邴和顺、吴露环：《河北省抚宁县邴各庄出土战国遗物》，《考古》1995年第8期。
⑨ 廊坊地区文物管理所、三河县文化馆：《河北三河大唐迴、双村战国墓》，《考古》1987年第4期。
⑩ 张松柏：《赤峰市红山区战国墓清理简报》，《内蒙古文物考古》1996年第1/2期合刊。
⑪ 郭治中：《水泉墓地及相关问题之探索》，《中国考古学跨世纪的回顾与前瞻》，科学出版社，2000年。

二

在上述战国燕墓中，非燕文化因素的构成可以分为以下 13 种情况。

第 1 种：燕式陶器与罐形鼎同出（图一，1～3）。第 2 种：燕式陶器与双耳罐形鼎同出（图一，4）。第 3 种：燕式陶器与颈双耳罐同出（图一，5）。第 4 种：燕式陶器与肩双耳罐同出（图三，1～3）。第 5 种：燕式陶器与肩双耳壶同出（图三，4～6）。第 6 种：燕式陶器与外叠唇罐同出（图五，1、2）。第 7 种：燕式陶器与敞口盂同出（图五，3）。第 8 种：燕式陶器与大口罐同出（图五，4、5）。第 9 种：燕式陶器与平底罐形鬲同出（图七，1）。第 10 种：燕式陶器与弧底罐形鬲同出（图七，2）。第 11 种：燕式陶器与大平底三足罐同出（图七，3）。第 12 种：燕式陶器与鼎形鬲同出（图九）。第 13 种：燕式陶器与小平底三足罐同出（图一一）。

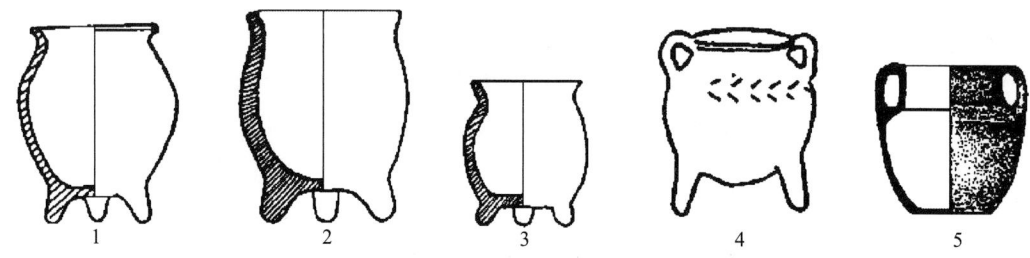

图一　第一组非燕文化因素

1～3. 罐形鬲　4. 双耳罐形鼎　5. 颈双耳罐　（1. 张家口下花园 M1：7　2、3. 抚宁邴各庄　4. 唐山贾各庄 M24：1　5. 张家口白庙 M20：1）

这 13 种组合中的非燕文化因素各有渊源，可以归并成五组进行讨论。

第一组：第 1 至第 3 种组合，为军都山类型的孑遗。第 1 种组合中的罐形鼎，相似陶器见于内蒙古凉城毛庆沟墓地[①]（图二，1）。第 2 种组合中的双耳罐形鼎，类似的陶器见于张家口洪沟梁墓地[②]（图二，2）。此外，环状竖耳的三足陶器亦见于北京延庆葫芦沟[③]和张家口白庙墓地[④]（图二，3、4）。贾各庄 M24 的一件鼎体虽然圆鼓，但是其颈部突出的双耳明显是受到前述陶器环状竖耳的影响。若将其颈部的双耳拿掉，便与第一种组合的罐形鼎相似。第 3 种组合中的颈双耳罐在长城地带河套至张家口一线的东周遗存中颇有发现，如凉城崞县窑子[⑤]（图二，5）、毛庆沟和白庙。显然，这三种非燕文化因素与长城地带的崞县窑子、毛庆沟、葫芦沟和白庙等墓地有关，这类遗存源自长城地带的中西部，春秋早期以来东渐，在冀北地区发展成为军都山类型。

---

① 内蒙古文物工作队：《毛庆沟墓地》，《鄂尔多斯式青铜器》，文物出版社，1986 年。
② 张家口考古队：《河北怀来官厅水库沿岸考古调查简报》，《考古》1988 年第 8 期。
③ 北京市文物研究所山戎文化考古队：《北京延庆军都山东周山戎部落墓地发掘纪略》，《文物》1989 年第 8 期。
④ 张家口市文管所：《张家口市白庙遗址清理简报》，《文物》1985 年第 10 期。
⑤ 内蒙古文物考古研究所：《凉城崞县窑子墓地》，《考古学报》1989 年第 1 期。

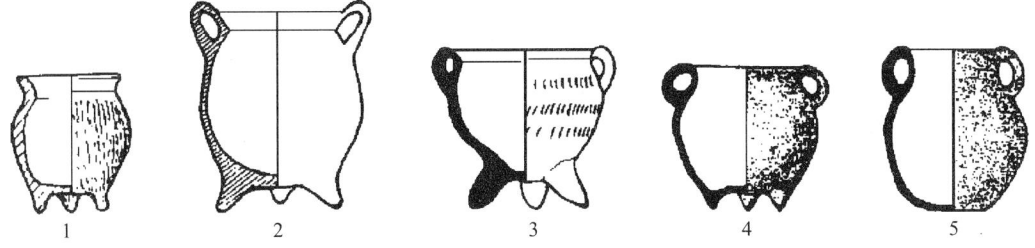

图二　以军都山类型为代表的陶器
1.凉城毛庆沟　2.张家口洪沟梁　3.延庆葫芦沟　4.张家口白庙　5.凉城崞县窑子

图三　第二组非燕文化因素
1～3.肩双耳罐　4～6.肩双耳壶
(1.围场东台子 M77　2.唐山贾各庄 M16∶4　3.唐山贾各庄 M16∶6　4.唐山贾各庄 M11∶1　5、6.喀左北山根墓)

第二组：第 4 种和第 5 种组合，其非燕文化因素主要来自以梨树沟门墓地为代表的遗存。第 4 种组合中的肩双耳罐有两种形态。东台子 M27 和贾各庄陶罐（M16∶4）均收腹，与河北滦平梨树沟门墓地[①]的相似（图四，1）；贾各庄另一件（M16∶6）则是弧腹，环耳亦小，似可视为受到前种形态影响的变体。第 5 种组合中的肩双耳壶，亦见于梨树沟门和崞县窑子（图四，2、3）。

第三组：第 6 至第 8 种组合，这三种非燕文化因素的渊源与凌河类型有关。第 6 种组合中的外叠唇罐是凌河类型的典型陶器。乌兰宝拉格 M8 和北山根墓的外叠唇罐均可以与敖汉水泉南区墓地比较，北区亦见（图六，1、2）。第 7 种组合的敞口盂在凌

---

① 承德地区文物保护研究所、滦平县文物保护管理所：《河北滦平县梨树沟门墓群清理发掘简报》，《文物春秋》1994 年第 2 期。

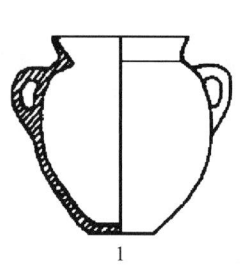 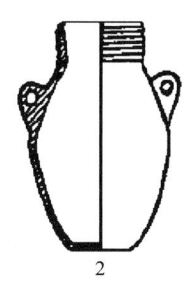 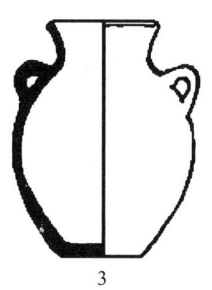

图四　以梨树沟门墓地为代表的陶器
1、2. 滦平梨树沟门　3. 凉城崞县窑子

源河汤沟 M7401[①]（图六，3）等地的凌河类型遗存中有一定数量。第 8 种组合中的大口罐与喀左南洞沟墓[②]陶罐（图六，4）比较，大口、折沿、大平底的特点相同。

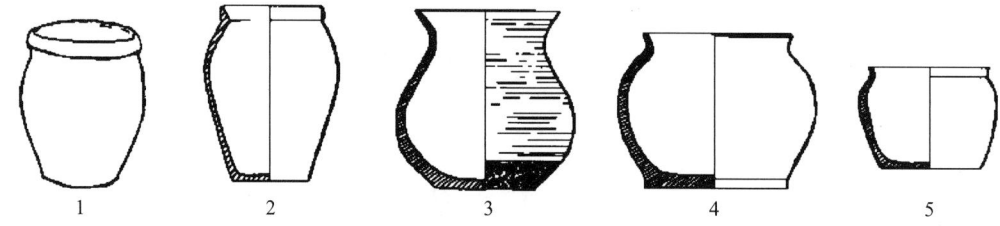

图五　第三组非燕文化因素
1、2. 外叠唇罐　3. 敞口盂　4、5. 大口罐
（1. 喀左北山根墓　2. 敖汉旗乌兰宝拉格 M8∶3　3、4. 承德西三家村边家沟墓地　5. 承德西三家村砖厂墓地）

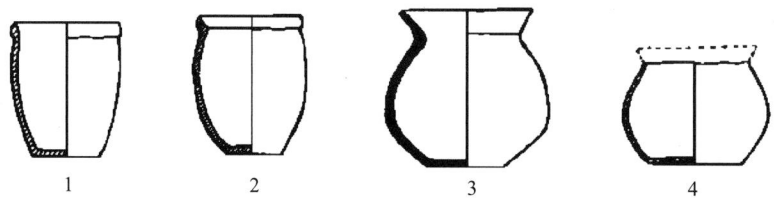

图六　凌河类型陶器
1. 敖汉旗水泉墓地南区　2. 敖汉旗水泉墓地北区　3. 凌源河汤沟 M7401　4. 喀左南洞沟墓

第四组：第 9 至第 11 种组合与夏家店上层文化存在某种联系。第 9 种组合的平底罐形鬲与第 10 种组合的泥质灰陶罐形鬲均为大口折沿，圆腹宽体，在当地青铜时代遗存中找不到直接源头。比较而言，敖汉旗山湾子[③]采集到的一件陶鬲与这两件陶器有些相似（图八，2）。而山湾子陶鬲可被视为赤峰蜘蛛山 H1∶1 这类陶鬲[④]（图八，1）的后

---

① 靳枫毅：《朝阳地区发现的剑柄端加重器及其相关遗物》，《考古》1983 年第 2 期。
② 辽宁省博物馆、朝阳地区博物馆：《辽宁喀左南洞沟石椁墓》，《考古》1977 年第 6 期。陶罐复原图引自靳枫毅：《论中国东北地区含曲刃青铜短剑的文化遗存（上）》，《考古学报》1982 年第 4 期。
③ 邵国田：《内蒙古敖汉旗发现的青铜器及有关遗物》，《北方文物》1993 年第 1 期。
④ 社科院考古所内蒙古工作队：《赤峰蜘蛛山遗址的发掘》，《考古学报》1974 年第 1 期。

续形式。第 11 种组合的泥质灰陶大平底三足罐（简报中称为鬲）可能是眉眼沟 M1 罐形鬲的继续退化形式。这一组陶器均属于陶鬲退化的最后形式，可以考虑为夏家店上层文化的残存因素。

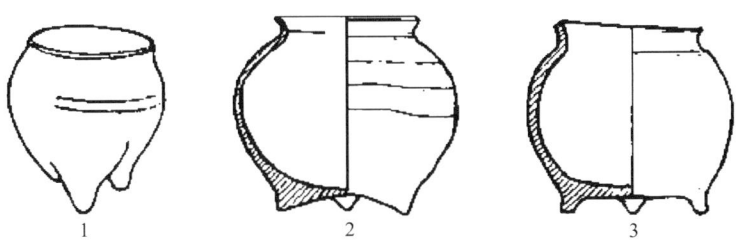

图七　第四组非燕文化因素
1. 平底罐形鬲　2. 弧底罐形鬲　3. 大平底三足罐
（1. 赤峰榆树林子墓　2. 喀左眉眼沟 M1∶1　3. 喀左眉眼沟 M1∶2）

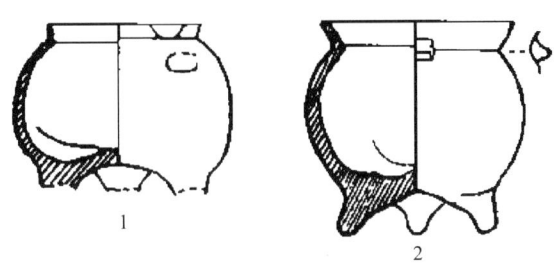

图八　夏家店上层文化及其后续形式陶鬲
1. 赤峰蜘蛛山 H1∶1　2. 敖汉旗山湾子采集

第五组：第 12 种组合中的鼎形鬲（简报称为鼎）下附 3 条钝锥状足，与河北涞水渐村陶鬲 H19∶2①（图一〇）相比，颇似其后续形式。后者属于张家园上层文化。

除以上五组之外，第 13 种组合的小平底三足罐下附 3 个外撇实足尖（图一一），这大约是陶鬲退化的最后形式，暂不能确定其前期文化渊源。

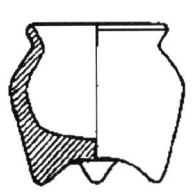 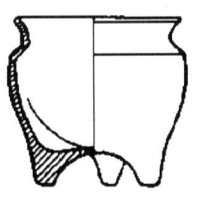 

图九　第五组非燕　　图一〇　张家园　　图一一　小平底
文化因素（鼎形鬲）　　上层文化陶鬲　　　三足罐
（唐山贾各庄 1990 年　　（涞水渐村 H19∶2）　（三河北淀 M3∶9）
　收集）

---

① 河北省文物研究所：《河北涞水渐村遗址发掘报告》，《文物春秋》1992 年增刊。

三

上述五组非燕文化因素基本处在各自前期的青铜文化分布区内，或在其附近，而这些青铜时代考古学文化的族属，可以与历史文献相印证。

第一组非燕文化因素集中于张家口地区，是军都山类型的孑遗。军都山类型的典型遗存包括北京延庆葫芦沟、西梁垙、玉皇庙以及河北张家口白庙、宣化小白阳等墓地，其年代约在东周时期。关于这类遗存的族属，韩嘉谷认为属于白狄[①]，林沄则具体指认它是白狄中的代[②]。唐山地区亦存在第一组非燕文化因素，文献记载这一带亦有白狄分布。《汉书·地理志》辽西郡肥如县下注引应劭："春秋晋灭肥，肥子奔燕，燕封之于此"，事在《左传》昭公十二年（前530年），肥系白狄，肥如县的具体地点在滦河下游。

第二组非燕文化因素见于河北围场东台子M27、辽宁喀左北山根墓和唐山贾各庄M16、M11，是梨树沟门遗存文化因素的孑遗。梨树沟门这类遗存分布在冀东北地区，年代约在春秋晚期至战国中晚期，其陶器的器耳均在肩部。肩双耳陶器的分布区域从内蒙古凉城经河北滦平，至内蒙古敖汉一线，大体邻近燕、赵边界。《战国策·赵策二》："东有燕、东胡之境。"《史记·赵世家》："（惠文王）二十六年（前273年）取东胡欧代地。"这些记载说明，东胡亦与赵相邻，东胡地望应在赵东、燕北地区寻找，梨树沟门墓地可能含有若干东胡成分。

第三组非燕文化因素见于河北承德西三家村砖厂墓地和边家沟墓地、内蒙古敖汉旗乌兰宝拉格M8、辽宁朝阳袁台子墓地、喀左北山根墓，均在凌河类型分布区域及其附近。凌河类型是在当地前期魏营子类型的基础上，吸收夏家店上层文化、水泉文化和辽东文化因素形成的[③]，年代约在春秋中期至战国中期。凌河类型与辽东地区的同期遗存具有更多亲缘性，当与貊有关[④]。

第四组非燕文化因素与夏家店上层文化或有某种联系。夏家店上层文化主要分布在努鲁儿虎山以西，年代相当于晚商至春秋。曾经一个时期，夏家店上层文化"东胡说"的看法相当流行，近年来，夏家店上层文化"山戎说"[⑤]逐渐被学术界认可。

第五组非燕文化因素有可能是张家园上层文化的孑遗。张家园上层文化在晚商时期曾分布于京津唐地区。召公封燕以后，在周燕文化的冲击下，其分布区域不断收缩，至春秋时期最终瓦解。至于春秋阶段张家园上层文化的族属，李伯谦认为，它或许与

[①] 韩嘉谷：《从军都山东周墓谈山戎、胡、东胡的考古学文化归属》，《内蒙古文物考古文集》（第一辑），中国大百科全书出版社，1994年。

[②] 林沄：《关于中国的对匈奴族源的考古学研究》，《内蒙古文物考古》1994年第1/2期合刊。

[③] 朱永刚：《大、小凌河流域含曲刃青铜短剑遗存的考古学文化及相关问题》，《内蒙古文物考古文集》（第二辑），中国大百科全书出版社，1997年。

[④] 林沄：《东胡与山戎的考古探索》，《林沄学术文集》，中国大百科全书出版社，1998年；王建新、刘瑞俊：《先秦时期的秽人与貊人》，《民族研究》2001年第4期。

[⑤] 林沄：《东胡和山戎的考古学探索》，《林沄学术文集》，中国大百科全书出版社，1998年。

孤竹、令支、屠各、无终等部族方国有关①。

从现有材料看，张家口地区存在第一组非燕文化因素，承德地区存在第二、三组非燕文化因素，唐山地区存在第一、二、五组非燕文化因素，朝阳地区存在第二、三、四组非燕文化因素，赤峰地区存在第四组非燕文化因素。

四

战国燕墓陶器中非燕文化因素的存在与燕国的扩张有关。东周时期，燕国在向东、北方向拓展疆土的过程中，曾经与诸多部族、方国发生过接触。据《春秋谷梁传》记载，庄公三十一年（前663年）"桓外无诸侯之变，内无国事，越千里之险，北伐山戎，为燕辟地"；《国语·齐语》记载桓公"遂北伐山戎，刜令支，斩孤竹而南归"。《史记·匈奴列传》："其后燕有贤将秦开，为质于胡，胡甚信之，归而袭破走东胡，东胡却千余里。……燕亦筑长城，自造阳至襄平。置上谷、渔阳、右北平、辽西、辽东郡以拒胡。"又据《山海经·海内西经》："貊国在汉水东北，地近燕，灭之。"

通过分析战国燕墓中的非燕文化因素，不但可以印证某些文献记载，而且丰富了我们对燕国拓展疆土史实的认识。活跃在长城地带的白狄长期是北方诸侯的边患，春秋以降，晋、齐、赵、秦诸国均曾攘狄，但是史书中未见有燕国与白狄发生征战的明确记载。第一组非燕文化因素暗示出，燕国亦从白狄取地。迄今所见张家口地区时代最早的战国燕墓是下花园M2，以此看来，这一事件至少发生在战国中期早段以前。东北地区的貊民是燕国的主要征伐对象。第三组非燕文化因素的存在暗示出，貊人的活动区域不仅局限于凌河流域。承德地区目前所见最早的战国燕墓是滦河镇墓，这说明，最晚在战国早期，燕国即已取有部分貊地。朝阳袁台子墓地和乌兰宝拉格M8则表明，至迟在战国中晚期之际，燕国已经占有凌河流域。

战国燕墓中非燕文化因素的存在还表明，外围地区的燕民中存在其他民族，包含非燕文化因素的战国燕墓，可能是其他民族的遗存。战国燕墓中非燕文化因素的构成比例有以下三种情况：其一，多数墓中燕文化因素占主体，非燕文化因素仅是孑遗，墓主应是已融为燕民的其他民族；其二，以唐山贾各庄M16和喀左北山根墓为代表的墓葬，非燕文化因素占有相当比例，保持着一定程度的民族习俗，墓主可能是正在融入燕民的其他民族；其三，朝阳袁台子、敖汉旗乌兰宝拉格等地的燕墓与非燕墓共处同一墓地。这表明，在燕国行政管辖下的非燕居民仍然保持着自身民族意识和习俗。此外，燕国境内亦存在着以非燕文化因素为主的战国墓葬，如喀左黄家店土城子墓②、本溪上堡墓地③。总之，战国燕地的民族构成情况与中原诸侯国有别，所以，陈璋圆壶

---

① 李伯谦：《张家园上层类型若干问题研究》，《考古学研究》（二），北京大学出版社，1994年。
② 靳枫毅：《论中国东北地区含曲刃青铜短剑的文化遗存（上）》，《考古学报》1982年第4期。
③ 魏海波、梁志龙：《辽宁本溪上堡青铜短剑墓》，《文物》1998年第6期。

称其为"燕亳邦",亳即貊①。

　　燕国外围诸区的非燕文化因素的构成存在着差别,有的地区相对单纯,有的地区比较混杂,反映出各地区不同的历史文化背景。以唐山地区为例,在周燕文化全面占据之前,该地区属于张家园上层文化及其后续类型。李伯谦指出,张家园上层文化及其后继文化是一个包括许多方国、部落在内的考古学文化集合体,它们文化习俗相近,且具有亲缘关系。由于始终未能形成统一的政权,在与周邻文化的交往中,它们基本上处于被动、劣势地位②,因此有多种势力涌入,呈现出多种文化因素混杂的局面。

原载《文物》2005年第3期

---

① 林沄:《"燕亳"和"燕亳邦"小议》,《林沄学术文集》,中国大百科全书出版社,1998年。
② 李伯谦:《张家园上层类型若干问题研究》,《考古学研究》(二),北京大学出版社,1994年。

东北地区汉墓发现与研究述要

东北地区汉墓主要发现于秦汉长城障塞以南的辽宁省境内，东至沈阳至抚顺间的西汉长城墩台线，东南抵鸭绿江右岸宽甸一带的燕汉长城，大体上以赤峰至秦皇岛一线为其西界。汉代在这一地域设置辽西、辽东等郡，是汉王朝直接统治的区域，汉墓分布较为密集[①]。

东北地区汉墓的发现和研究起步较早。新中国成立前主要由日本人进行，集中在辽宁旅顺、大连、辽阳一带[②]，中国学者在吉林市郊、辽阳、沈阳等地也有调查发掘[③]。此外，1909年起日本人对乐浪汉墓的考古工作[④]与东北汉墓研究密切相关，可以视为汉墓研究的肇端。新中国成立至"文化大革命"以前，东北地区汉墓的调查发掘扩展到朝阳、锦州、沈阳、本溪等地，辽阳壁画墓群的一些材料也陆续发表。另外，1963~1965年中朝联合考古队曾经发掘旅顺尹家村和沈阳郑家洼子的汉墓。截止1964年，辽宁地区发掘的汉魏晋墓总数已在1300座以上[⑤]，其中绝大多数属于汉墓，但是资料大多未发表，系统的考古学研究也近乎空白。"文化大革命"结束迄今，汉墓发掘在数量上少于前一个阶段，但是资料刊布显著增加，不过研究性著述仍然很少。

东北地区汉墓向北分布到吉林市郊一带[⑥]。帽儿山墓地曾发掘过近百座汉代墓葬[⑦]，大体分为小型土坑墓、大型土坑木椁墓和平地土石混封墓三种形制，出有陶器、漆器、铁兵器、铜镜、动物纹金牌饰、织锦以及铁农具、工具和铜、铁马具。不过吉林市郊属于汉代夫余地境，且绝大多数材料尚未发表，因此暂不讨论。本节将东北汉墓依辽西山地、辽西走廊、辽河平原和辽东半岛四个地区分别叙述。

---

① 郑君雷：《中国东北地区汉墓研究》，吉林大学博士学位论文，1997年。本文关于东北汉墓的认识均出自该文，不另出注。东北汉墓材料庞杂，限于篇幅，酌情出注。
② 日本学者八木奘三郎、三宅俊成、原田淑人、滨田耕作等氏的工作主要见于《东洋学报》、《满洲学报》、《考古学杂志》等刊物及以东亚考古学会名义出版的《牧羊城——南满洲老铁山麓汉及汉以前遗迹》、《南山里——南满洲老铁山麓的汉代砖墓》、《营城子——前牧城驿附近的汉代壁画砖墓》等专刊。
③ 参见李文信：《李文信考古文集》，辽宁人民出版社，1992年。
④ 王培新：《乐浪文化——以墓葬为中心的考古学研究》，科学出版社，2007年。
⑤ 孙守道：《论辽南汉魏晋墓葬制之发展演变》，《辽海文物学刊》1989年第1期。
⑥ 李文信：《吉林市附近之史迹及遗物》，《李文信考古文集》，辽宁人民出版社，1992年；吉林市博物馆：《吉林帽儿山汉代木椁墓》，《辽海文物学刊》1988年第2期。
⑦ 刘景文：《吉林市郊帽儿山古墓群》，《中国考古学年鉴·1990》，文物出版社，1991年，第197页；刘景文：《吉林市帽儿山古墓群》，《中国考古学年鉴·1991》，文物出版社，1992年，第161、162页。

一、辽西山地汉墓

秦汉长城以南的老哈河上游和大、小凌河流域，大致属于秦汉右北平和辽西郡地。这一地区发现过秦军遗留的三晋铜戈和秦代陶量、铁权，西汉遗存也较密集。两汉之际汉朝郡县向南收缩，大凌河以北的汉城基本弃守，至东汉中晚期出现乌桓、鲜卑与汉民杂处的局面。辽西山地汉墓集中分布在以朝阳市为中心的大凌河上游地区，绝大多数为西汉墓，以朝阳袁台子墓地[①]发表的49座墓最丰富，朝阳县腰而营子、喀左县三台子[②]、凌源市安杖子[③]、建平县二十家子等地也有汉墓发现。

西汉前期土坑墓和土坑木椁墓占绝大多数，均为单人葬。陶礼器墓以袁台子M119等墓为代表（图一，A），零散出有鼎、豆、壶、盒等陶器。日用陶器墓以袁台子M62为代表，一般随葬陶罐。西汉中后期出现前后双室的土坑墓，如袁台子M11前室较小，不设墓道，平面呈"凸"字形；流行夫妻合葬，随葬陶器主要是罐、盆、盘，同时有陶尊、陶灶、铁凿、铁锸等器物（图一，B）。凌源安杖子还发现西汉前期的石椁墓，袁台子墓地也有西汉中后期的石椁墓，均是以石块叠砌墓壁，平面长方形或略呈方形。此外，喀左三台子和凌源安杖子发掘过西汉瓮棺墓。袁台子M52木椁虽然未直接隔出头箱，但是留出头箱位置放置器物。袁台子墓地见有屈肢葬式和陶蒜头壶，应该是秦文化的影响，还存在随葬猪、牛骨的情况。辽西山地西汉前期墓的演化线索与战国燕墓一脉相承，陶鼎和束颈陶罐的形制与河北易县一带的西汉前期墓相似，西汉中后期陶器也与幽燕地区存在共性。

两汉之际汉墓发现很少，朝阳徐台子石椁墓[④]随葬陶罐；喀左黄道营子发现3座长方形拱顶砖室墓，破坏严重，出有陶罐、铜镜、剪轮五铢钱等极少器物。迄至东汉中晚期，东汉政权虽有可能在某种程度上继续控制这一地区，但是社会经济已经呈现衰退状况。东汉晚期的义县保安寺墓[⑤]和喀左县老爷庙墓[⑥]均为石椁结构，前者出有鲜卑墓习见的金银头饰和金鹿牌饰，器表磨光的红褐色手制陶器与轮制的汉式泥质灰陶罐、壶共出；后者出有汉式陶瓮和陶罐，陶罐兼施篮纹和波浪纹。北票下喇嘛沟砖室墓[⑦]随葬汉式铜镜和罐、甑、井、灶等汉式陶器，陶罐兼施波浪纹、绳纹和几何纹，年代约在汉魏之际。这几座墓文化因素比较复杂，石椁结构和陶罐上的波浪纹饰当是北方游牧民的文化因素。

---

① 辽宁省博物馆文物队：《辽宁朝阳袁台子西汉墓1979年发掘简报》，《文物》1990年第2期。
② 金殿士：《辽宁省喀左县三台子乡发现西汉墓葬》，《文物》1960年第10期。
③ 辽宁省文物考古研究所：《辽宁凌源安杖子古城址发掘报告》，《考古学报》1996年第2期。
④ 田立坤、万欣、李国学：《朝阳十二台营子附近的汉墓》，《北方文物》1990年第3期。
⑤ 刘谦：《辽宁义县保安寺发现的古代墓葬》，《考古》1963年第1期。
⑥ 李国学、万欣：《辽宁喀左老爷庙石室墓发掘简报》，《北方文物》1993年第1期。
⑦ 董高：《北票县下喇嘛沟发现一座晋墓》，《辽宁文物》1980年第1期。

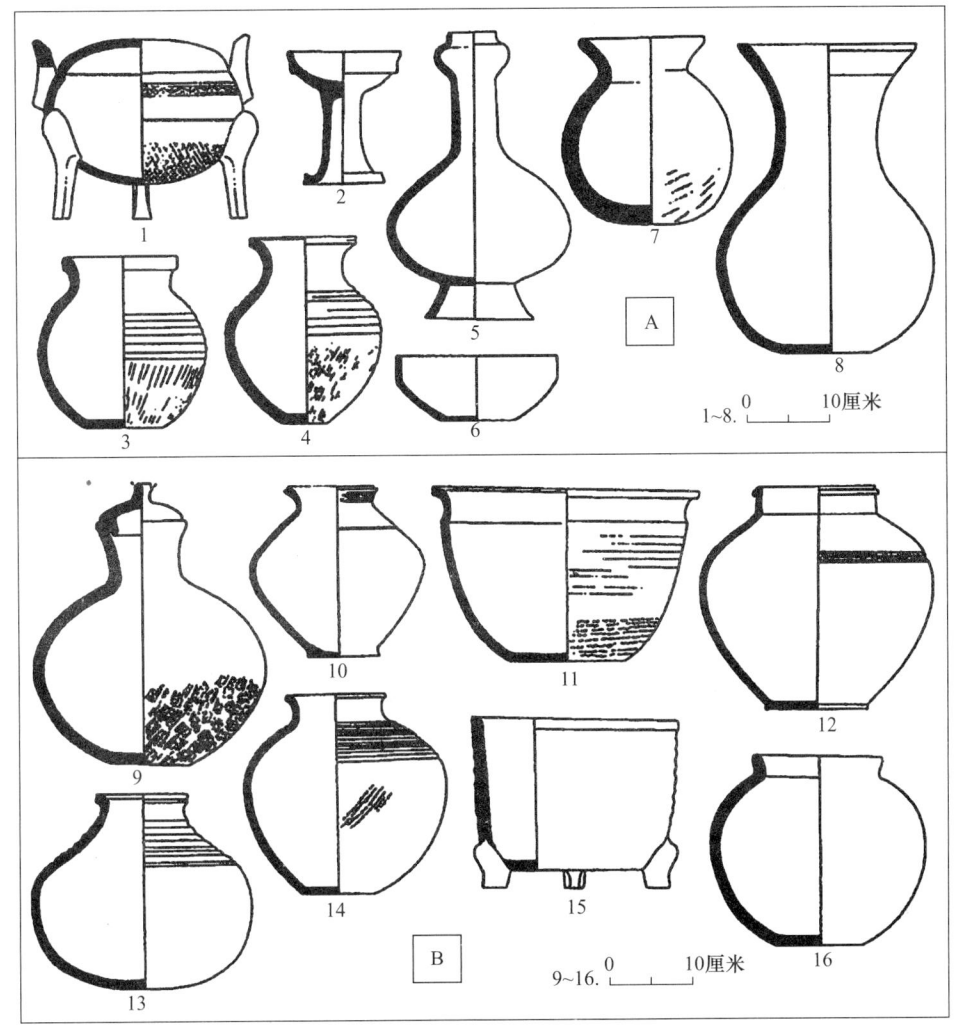

图一 朝阳袁台子汉墓出土陶器

A. 西汉前期 1. 鼎（M119：2）2. 豆（M52：2）3. 罐（M52：1）4. 罐（M62：2）5. 蒜头壶（M119：1）6. 盘（M48：3）7. 罐（M48：5）8. 壶（M48：1）B. 西汉中后期 9. 壶（M7：9）10. 罐（M7：6）11. 盆（M23：8）12. 罐（M11：9）13. 罐（M23：10）14. 罐（M23：7）15. 樽（M23：3）16. 罐（M11：7）

二、辽西走廊汉墓

战国燕控制辽西走廊之前，当地的土著文化属于凌河类型。锦西台集屯有燕城和战国晚期燕墓发现。这一地区尚未见有秦代遗存报道，不过辽西走廊西端的河北秦皇岛至辽宁绥中海岸发现大型秦代行宫遗址。辽西走廊西汉前期属于燕王领地，西汉中后期约当辽西郡东部地，东汉安帝以后今锦州地区一带设置辽东属国。辽西走廊汉墓材料集中在锦州市区[①]，包括国和街、中央马路、南京路、丰乐街等地点。绥中县、兴

---

① 吴鹏：《锦州国和街汉代贝墓发掘简报》，《辽海文物学刊》1992年第1期；刘谦：《辽宁锦州汉代贝壳墓》，《考古》1990年第8期。

城市等地也有发现。据调查，凌海市的大凌河左岸有大量汉墓群分布。

锦州市区汉墓绝大多数属于西汉时期。锦州市区国和街墓地年代在西汉前期，均为土坑墓，以 M3、M10 为代表的陶礼器墓零散出有鼎或壶，年代略晚一些的 M7、M8 等墓出有鼎、壶、罐、盘。以 M13 为代表的日用陶器墓仅出有陶罐。锦州国和街西汉前期墓鼎、壶、罐等陶器的形制（图二）与河北易县一带颇相似。

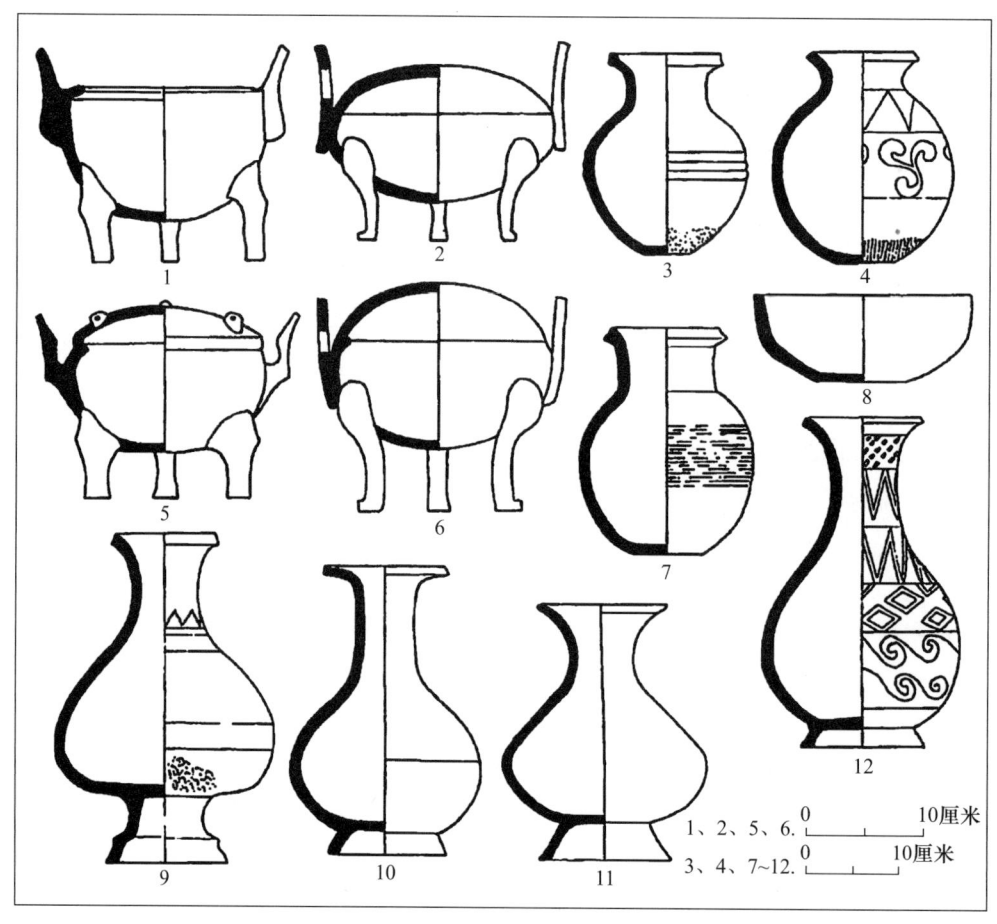

图二　锦州国和街汉墓出土陶器

1. 鼎（采集）　2. 豆（M3∶4）　3. 罐（M1∶1）　4. 罐（M7∶1）　5. 鼎（M8∶3）　6. 鼎（M10∶3）　7. 罐（M13∶1）　8. 盘（M1∶5）　9. 壶（采集）　10. 壶（M12∶2）　11. 壶（M10∶1）　12. 壶（M9∶1）

西汉中后期基本为土坑墓，偶见石椁墓，单人葬为主。中央马路 M9、丰乐街 M3、南京路 M24 等墓零散出有鼎、壶、盒、罐等陶器；中央马路 M13、南京路 M25、云飞路 M8、女儿街 M6 等墓鼎、壶等陶礼器数量锐减，出现镰、樽、釜、仓等陶器。锦州市区西汉中后期汉墓还出有蛋形壶、盒、圜底罐、折肩罐等陶器。从西汉中后期开始，辽西走廊汉墓继续受到幽燕地区文化因素的影响，弧腹鼎、无耳鼎、折腹鼎、折肩罐和盖罐的形制与北京一带相似。但是辽西走廊汉墓陶壶数量锐减，镰、樽、釜等陶器则是辽东半岛西汉中后期出现的器类，发展轨迹开始与辽东半岛接近。

锦州市区的这些汉墓大多在土坑墓坑底的贝壳层上直接放置尸体或木棺，有的直接用贝壳填埋尸体，有的在坑底贝壳层上构筑木椁，木椁与坑壁间填以贝壳；或者在石椁墓的石壁外填充贝壳，习惯上称为"贝壳墓"或"积贝墓"。

东汉安帝时分辽西、辽东郡地设置辽东属国以安置内附乌桓，曹魏复置以监领内附鲜卑。凌海市昌盛墓[①]以石板支筑，由前廊、后廊、棺室和耳室组成，平面略呈"工"字形，汉式陶器以外，陶罐饰有波浪纹，陶壶颈下有一周凸棱且肩部饰网格状磨光暗纹（图三），有学者认为这类陶壶属于辽西汉魏墓的乌桓文化因素[②]。该墓以儿童和青年

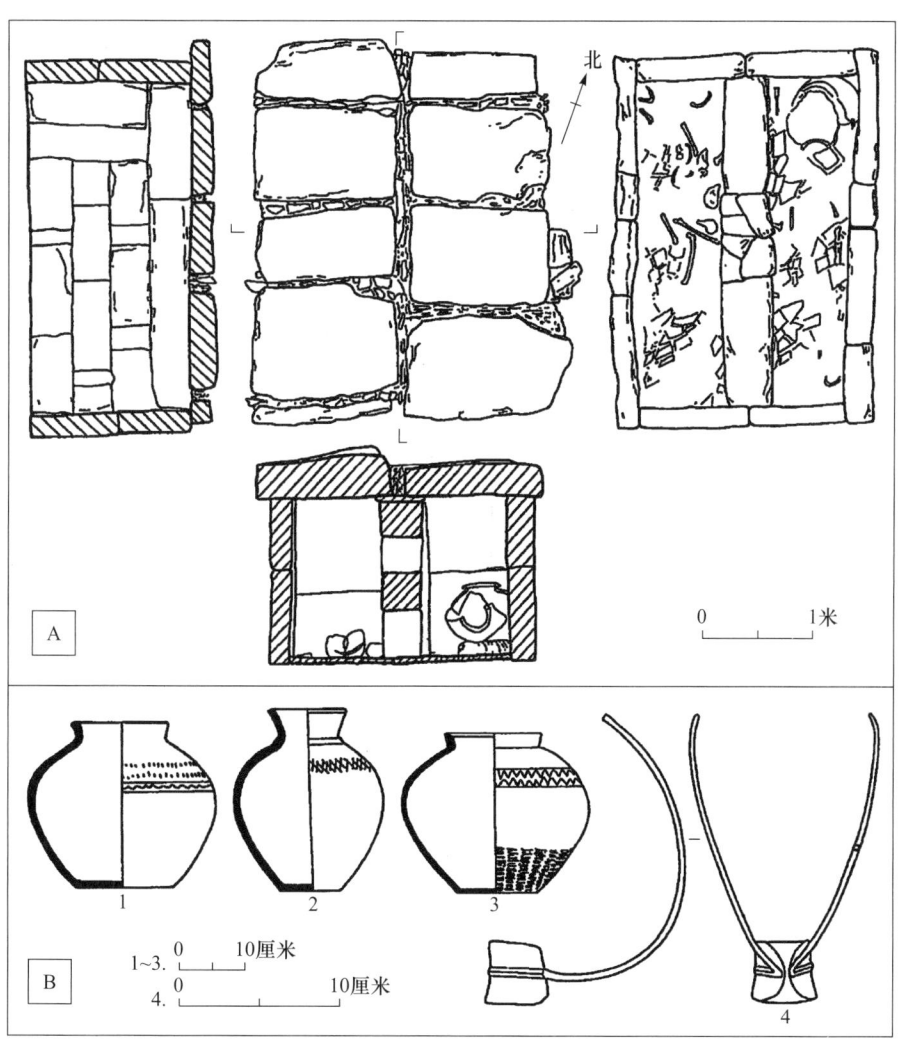

图三 辽西地区东汉晚期至曹魏时期非汉文化因素墓葬及出土遗物
A.喀左县老爷庙石椁墓平、剖视图　B.出土遗物　1.陶罐（凌海市昌盛石室墓出土）　2.陶壶（凌海市昌盛石室墓出土）
3.陶罐（喀左县老爷庙石椁墓出土）　4.银饰（义县保安寺墓出土）

---

① 傅俊山：《辽宁锦县右卫乡昌盛汉墓清理简报》，《北方文物》1987年第4期。
② 田立坤：《论辽西汉魏墓的乌桓文化因素》，《中国考古学跨世纪的回顾与前瞻》，科学出版社，2000年。

作人殉，墓主当非汉族。凌海市西网汉墓①为券顶单室砖墓，砌筑尸床和明器台，陶器组合为樽、笥、耳杯、方案、灶、井、甑、盆、盘、罐等，属于典型的汉墓。这两座墓均在汉魏之际，说明在辽东属国境内并存着乌桓、鲜卑和汉两种不同系统的墓葬，此点对研究汉代属国建置的居民构成很有帮助。

三、辽河平原汉墓

战国中期秦开破东胡，"燕亦筑长城，自造阳至襄平。置上谷、渔阳、右北平、辽西、辽东郡以拒胡"②，辽东郡治襄平即今辽阳旧城。秦汉以讫魏晋，辽东郡堪称东北南部首郡，以郡治襄平为中心的辽河平原秦汉遗存相当丰富，辽阳北郊三道壕发现过西汉村落遗址③。汉末曹魏时期公孙氏割据辽东，其时中原战乱，而辽河平原的社会经济继续繁荣。

太子河流域的辽阳一带和浑河流域的沈阳一带，发掘汉墓数量很多，但是发表的材料比较零散。其中辽阳市三道壕、唐户屯、南雪梅、鹅房、桑园子等地材料比较丰富④，沈阳市的伯官屯⑤、上伯官⑥、沈州路⑦和抚顺市小甲邦⑧、抚顺县刘尔屯⑨、鞍山市沙河东地等地均有清理发掘工作。据调查，辽中县茨榆坨偏堡子、台安县城子岗等地有汉墓分布。

西汉前期的鹅房 M1 和 M13、三道壕 M1 均为土坑墓，鼎、壶、盒等彩绘陶礼器制作规整，形制与河北易县、北京一带的战国晚期燕墓和西汉前期汉墓相似。西汉前期的日用陶器墓以抚顺刘尔屯 M2 为代表，土坑墓，有木棺，出有陶壶、罐，其中斜颈陶壶是源自山东半岛的文化因素。沈阳郑家洼子发现过西汉前期的瓮棺葬。西汉中后期在抚顺刘尔屯发现有土坑木椁墓和长方形砖室墓，出现夫妻合葬，随葬罐、盆、盘、耳杯、长颈瓶、笥等陶器，刘尔屯 M3 陶壶、罐的形制与辽东半岛相似。鹅房发现过分成上下两格的木椁，棺置上格，明器置下格。在抚顺莲花堡战国至汉初遗址，土著式陶器与中原式陶器、农具、货币同出⑩。但西汉前期的辽河平原汉墓中一般不见土著文化因素。

---

① 傅俊山：《锦县西网汉墓发掘简报》，《辽宁文物》1981年第2期。
② 《史记·匈奴列传》。
③ 东北博物馆：《辽阳三道壕西汉村落遗址》，《考古学报》1957年第1期。
④ 东北文物工作队：《东北文物工作队一九五四年工作简报》，《文物参考资料》1955年第3期；沈欣：《辽阳唐户屯一带的汉墓》，《考古通讯》1955年第4期；王来柱：《辽阳青年大街发现的两座汉墓》，《辽宁考古文集》，辽宁民族出版社，2003年。
⑤ 沈阳市文物工作组：《沈阳伯官屯汉魏墓葬》，《考古》1964年第11期。
⑥ 佟俊岩：《沈阳上伯官汉墓清理报告》，《沈海文物学刊》1991年第2期。
⑦ 沈阳市文物考古研究所：《辽宁沈阳沈州路东汉墓发掘简报》，《北方文物》2004年第3期。
⑧ 抚顺市博物馆：《抚顺小甲邦东汉墓》，《沈海文物学刊》1992年第1期。
⑨ 抚顺市博物馆：《辽宁抚顺县刘尔屯西汉墓》，《考古》1983年第11期。
⑩ 王增新：《辽宁抚顺市莲花堡遗址发掘简报》，《考古》1964年第6期。

两汉之际至公孙氏时期主要有石椁墓和砖室墓两种形制。以唐户屯墓地为代表的一类石椁墓用石块叠砌墓壁，顶盖以石板平铺。此类石椁墓以长方形单室墓为多，复杂些的则是丁字形、工字形或十字形，也有少数双室和多室墓；有的置尸床、明器台或明器板；有的室内以两三根方形石柱支撑，墓壁用石灰勾缝。以辽阳壁画墓群为代表的一类石椁墓用比较规整的石板支筑墓壁、顶底铺盖石板，设石板棺室或尸床，往往立石柱分割墓室，上置石栌斗承托石梁，大型墓有数个正门、侧门或后门。更复杂些的石椁墓以比较规整的石板支筑出前廊、后廊、回廊和数目不等的耳室和棺室，平面一般略呈"T"字形、"凸"字形、"工"字形或倒"T"字形。砖室墓报道得不多，单室墓平面一般呈长方形，形制清楚的墓例均为券顶。也有平面略呈"凸"字形的前后双室砖墓。

两汉之际至东汉前期见有辽阳唐户屯 M62、沈阳上伯官 M2、辽阳青年大街 M8、抚顺小甲邦 M1 等墓例，出有长颈瓶、瓶、方奁、樽、箅、耳杯、灯、盆、瓮、甑、釜、仓、井、灶等陶器。辽阳壁画墓群以外，东汉中后期至公孙氏时期还见有抚顺小甲邦 M2 和 M3、沈阳伯官屯 M2、沈阳沈州路 M2 等墓例，陶器种类更丰富，出有鼎、箅、耳杯、卮、魁、勺、圆奁、方奁、椭奁、圆案、方案、长颈瓶、灯、薰炉、罐、盆、甑、扁壶、方炉、仓、井、灶等陶器。东汉中后期以后的大中型汉魏墓流行设置尸床和用砖砌出明器台、器物箱或器物坑。尸床有砖砌和石砌两种，有些尸床上铺撒白灰放置尸体；或者铺盖苇席，两侧压以砾石；有些尸床与石棺、砖棺结合使用，少数墓仍然在尸床上使用木棺。

东汉中后期以迄魏晋，辽阳地区流行石椁壁画墓[①]，以公孙氏时期数量最多。东门里墓约在东汉中后期，是时代较早的一座。公孙氏时期的大型墓例有辽阳北园 M1、棒台子 M1 等，中小型墓例有辽阳棒台子 M2、南雪梅 M1、北园 M2、鹅房 M1 等。辽阳石椁壁画墓的形制结构（图四）有可能受到中原和山东地区东汉砖石壁画墓和画像石墓的影响。壁画内容包括车骑出行、乐舞百戏、家居宴饮、庖厨、楼阁仓廪等，但是未见农耕、桑园、放牧、射猎等生产活动的场面，也没有历史故事和神话传说方面的内容，缺乏宣扬儒家伦理道德的古代圣贤、忠臣义士、孝子烈女题材。从辽阳汉魏壁画中可以见到中原地区的礼仪典制对于东北地区的影响更加深入，也是辽阳社会生活繁荣场面的生动写照。

辽河平原两汉之际至东汉中后期的汉墓面貌整体上与辽东半岛相似。从现有材料看，辽河平原两汉之际汉墓的陶器种类不如辽东半岛同期汉墓丰富，土坑墓结束也比较晚，亦未见花纹砖墓和砖室壁画墓，而石椁墓数量很大，有着自身特点。

---

① 李文信：《辽阳北园壁画古墓记略》，《李文信考古文集》，辽宁人民出版社，1992 年；李文信：《辽阳发现的三座壁画古墓》，《文物参考资料》1955 年第 5 期；东北博物馆：《辽阳三道壕两座壁画墓的清理工作简报》，《文物参考资料》1955 年第 12 期；辽宁省博物馆、辽阳博物馆：《辽阳旧城东门里东汉壁画墓发掘报告》，《文物》1985 年第 6 期；王增新：《辽宁辽阳县南雪梅村壁画墓及石墓》，《考古》1960 年第 1 期；王增新：《辽阳市棒台子二号壁画墓》，《考古》1960 年第 1 期；刘未：《辽阳汉魏晋壁画墓研究》，《边疆考古研究》（第 2 辑），科学出版社，2004 年。此外，新中国成立前日本学者曾经发掘迎水寺、南林子和玉皇庙等地壁画墓。

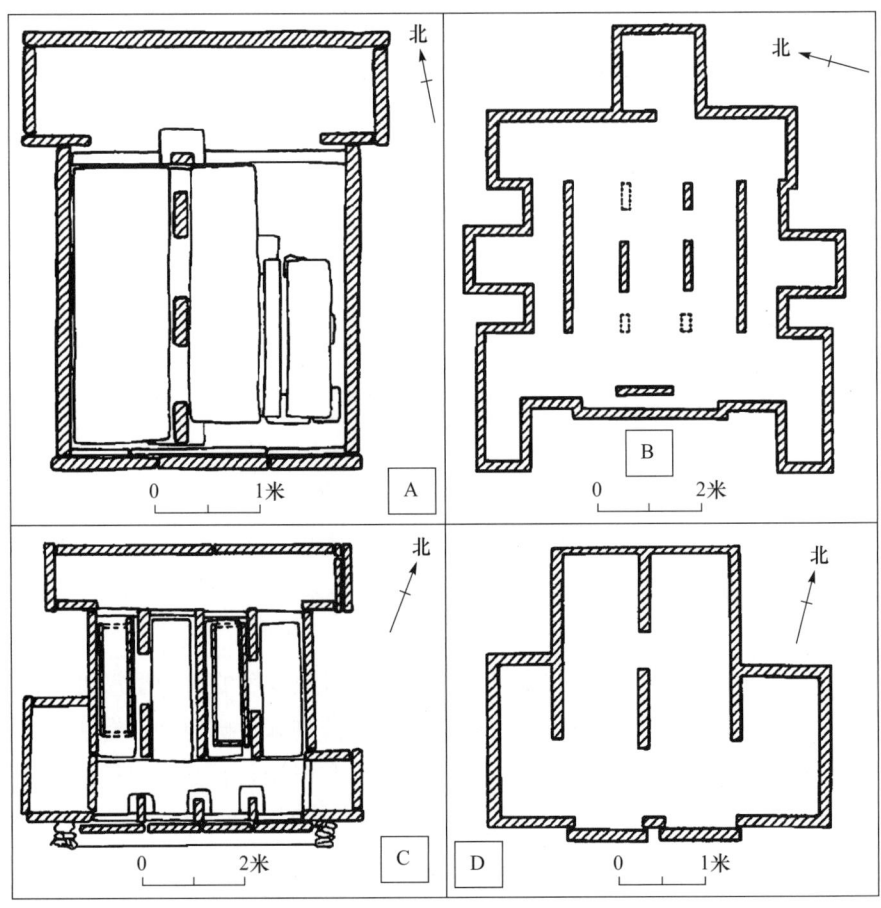

图四 辽阳汉代石椁壁画墓平面图
A. 东门里墓　B. 北园 M1　C. 棒台子 M2　D. 车骑墓

四、辽东半岛汉墓

辽东半岛在战国中晚期已经纳入燕地。汉初的新金县后元台石椁墓出土魏"启封"戈，庄河市出土赵"春平侯"剑，当与秦军的征伐戍卫有关。新金张店汉城附近出土西汉"麟趾金"。辽东半岛汉墓比较集中地分布在碧流河以西，尤其是半岛南端的旅大地区最丰富。

西汉前期均为土坑墓或土坑木椁墓，单人葬。陶礼器墓以大连营城子 M19、尹家村 M762、新金花儿山 M1 等墓例[①]为代表，零散出有鼎、壶、盒；日用陶器墓以旅顺牧羊城 M7 和大潘家 M2 等墓例[②]为代表，陶器组合一般为罐、盆、盘，偶见陶豆。其

---

① 于临祥：《营城子贝墓》，《考古学报》1958 年第 4 期；刘俊勇：《大连尹家村、刁家村汉墓发掘简报》，《大连文物》1990 年第 2 期；旅顺博物馆、新金县文化馆：《辽宁新金县花儿山汉代贝墓第一次发掘》，《文物资料丛刊》（4），文物出版社，1981 年。

② 〔日〕原田淑人：《牧羊城——南满洲老铁山麓汉及汉以前遗迹》，（日本）东亚考古学会，1931 年；刘俊勇：《辽宁大连大潘家村西汉墓》，《考古》1995 年第 7 期。

中，竹节颈陶壶具有浓厚的地方特色，亦见于乐浪汉墓。西汉中后期的新金花儿山M7、新金马山墓、旅顺李家沟M20、大连营城子M8等墓例①均为土坑木椁墓，有的设置墓道或前后双室，开始流行夫妻合葬。受山东半岛影响，出现壶、樽、笸、耳杯、魁、灯、薰炉、方炉等陶器和井、灶、家畜俑等陶质模型明器，汉墓面貌较西汉前期发生明显变化，开始与中原地区趋于一致。

两汉之际至东汉前期见有大连营城子M10、前城牧驿M802、牧城驿东坟、盖州九垅地M2②等墓例。均为单室或前后双室砖室墓，个别带耳室，穹隆顶居多，亦有券顶或木结构顶盖；出现椭圆奁、圆炉、圆案等陶器以及仓、房屋和人物俑等陶质模型明器。营城子M10等墓出有成套铜车马具，种类有衔、镳、当卢、辖、圆筒、辕承、泡饰等。

东汉中后期见有旅顺南山里M2、大连营城子M2、金州董家沟M10、盖州九垅地M1、瓦房店马圈子M2等墓例，公孙氏时期见有盖州东达营M1、盖州九垅地M3、金州董家沟M7、旅顺南山里M4等墓例③。陶器种类丰富，圆奁、椭圆奁、方奁、灯、甗、俎、方炉等陶器和仓、井、灶、房屋、家畜俑、人物俑等陶模型明器数量很多。汉墓形制有砖室墓和石椁墓两类，流行家族丛葬。单室砖墓平面一般呈长方形或略呈方形，也有的呈长梯形、弧方形、"凸"字形等，有的设置甬道。双室砖墓平面呈"日"字形、"凸"字形、"吕"字形或"L"形。旅顺刁家屯发现过四室环通的砖室墓，大连营城子发现过主室内有套室的五室墓。石椁墓一般仿砖结构，用规整的石板平铺砌筑墓壁，穹隆顶，设置墓道。前后双室的石椁墓数量较多，平面略呈"日"字形或"T"字形，有些设置尸床，大连营城子和金州马圈子发现过三室石椁墓和五室石椁墓（图五）。盖州九垅地M1出东汉顺帝"永和五年"（公元140年）纪年铭砖，砖室内置方形木椁，椁内并列两个木棺，是东北汉墓使用木椁的最晚墓例。

东汉中后期和公孙氏时期碧流河西南的渤海沿岸流行花纹砖墓④。花纹砖规格不一，有方砖、条砖、楔砖、子母砖等，花纹多数阳纹模印在砖的侧面和端面上，主要是圆圈、同心圆、菱形、叶脉、网格等几何纹饰，其他有动物纹饰、人物头像、钱币图案、文字、狩猎场面等。花纹砖主要砌筑墓室，有些与绳纹砖或者石板混合使用。

积贝墓是辽东半岛沿海地区很有特色的墓葬形制。包括在土坑墓的木椁外填充贝壳、在砖室墓和石椁墓的砖壁或石壁外填充贝壳、以贝壳和砖石混筑墓壁等情况。有学者推断单椁室的木椁积贝墓流行在战国晚期至东汉，双椁室的木椁积贝墓流行在西汉，设置墓道的木椁积贝墓流行在西汉中晚期，贝石积贝墓和贝砖积贝墓砖流行在西汉晚期，并且

---

① 新金县文化馆：《辽宁新金县马山汉代贝墓》，《文物资料丛刊》（4），文物出版社，1981年；于临祥：《旅顺李家沟西汉贝墓》，《考古》1965年第3期。

② 旅顺博物馆：《辽宁大连前牧城驿东汉墓》，《考古》1986年第5期；〔日〕滨田耕作：《南山里——南满洲老铁山麓的汉代墓葬》，（日本）东亚考古学会，1933年；许玉林：《辽宁盖县东汉墓》，《文物》1993年第4期。

③ 大连市马圈子汉魏晋墓地考古队：《辽宁瓦房店市马圈子汉魏晋墓地发掘》，《考古》1993年第1期；〔日〕三宅俊成：《关东州董家沟古坟调查报告书》，《满洲学报》（第七册），1944年。

④ 许玉林：《辽南地区花纹砖墓和花纹砖》，《考古》1987年第9期。

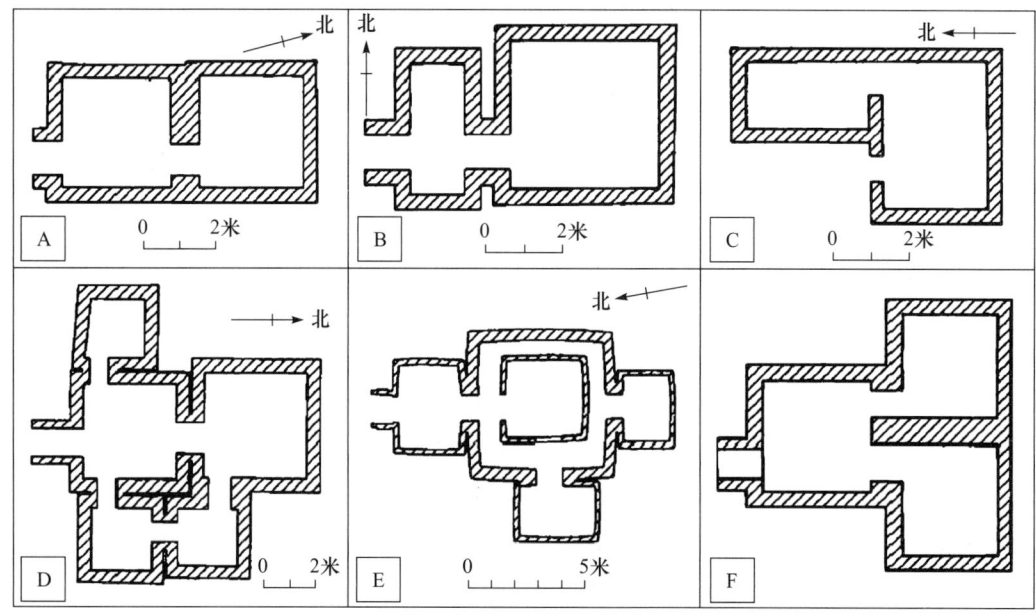

图五　大连地区东汉中晚期至公孙氏时期墓葬平面图
A. 南山里 M2（砖室墓）　B. 东达营 M1（砖室墓）　C. 九坬地 M5（砖室墓）　D. 刁家屯五室墓（砖室墓）　E. 营城子 M2（砖室墓）　F. 营城子 M52（石椁墓）

认为积贝墓起源于庙岛群岛，影响到山东半岛北岸、辽东半岛南端和辽东湾北岸[①]。

两汉之际以后，辽东半岛汉墓的文化面貌和发展线索与中原地区基本相同。地域特点主要表现在墓葬形制方面：迟至两汉之际出现砖室墓，沿海地带流行积贝墓，东汉中后期以后存在相当数量的石椁墓。两汉之际以后的辽东半岛汉墓继续保持与包括山东半岛在内的东南沿海地区的文化联系，舟形灶、虎子等陶器当是自东南沿海传入的文化因素。营城子 M2 是一座砖室壁画墓[②]，操蛇神怪和门卒持桃符祛凶的壁画题材应该也属于南方地区的文化因素。

五、东北地区汉墓的区域特征及相关问题

由于战国燕文化的共同历史背景，东北地区西汉前期汉墓普遍存在战国燕文化因素，文化面貌与河北易县和北京一带地区存在着明显共性，尤其辽西山地和辽西走廊表现得更为明显。辽东半岛汉墓自西汉中后期以后一直受到山东半岛的强烈影响，其文化因素对辽河平原和辽西走廊也产生影响。尤其是东汉以后，辽东半岛和辽河平原汉墓的整体面貌和发展线索具有比较明显的共性，据此可以将东北汉墓进一步划分为包括辽西山地、辽西走廊的辽西区和包括辽东半岛、辽河平原的辽东区。

东北地区汉墓可以划分为西汉前期、西汉中后期、两汉之际、东汉前期、东汉中

---

① 白云翔：《汉代积贝墓研究》，《刘敦愿先生纪念文集》，山东大学出版社，1998 年。
② 〔日〕关东厅博物馆：《营城子——前牧城驿附近的汉代壁画砖墓》，（日本）东亚考古学会，1934 年。

后期和汉末曹魏六期。在辽西山地，两汉之际汉朝郡县在游牧族群的压力下向南收缩，东汉墓很少发现。辽西走廊由于墓例缺乏，期别序列有缺环。辽东半岛和辽河平原汉墓材料丰富，期别序列完整，而且有大量壁画墓发现，显示出辽东郡在东北南部地区的重要地位。

东北地区汉墓见有土坑墓、砖室墓、石椁墓、瓮棺葬、瓦棺葬几种形制。砖室墓出现在两汉之际；石椁墓数量很多，包括石块叠砌墓壁、石板支筑墓壁和石板平铺砌筑墓壁几种情况。瓮棺葬在辽东区有较多发现，葬具常见陶大口釜、小口釜、圜底小口瓮，以及一定数量的敞口盆和特制筒形瓮，辽阳三道壕等地的丛葬墓地尤其具有特色①。瓦棺墓用大瓦围成棺具，用于埋葬儿童，仅见于辽东半岛，数量较少。积贝墓的贝壳或者相当于填土，或者建材主体是土、砖、石，与墓葬形制无涉，因此可以归入土坑墓、砖室墓、石椁墓等分类概念之中。东北地区汉墓的棺椁制度不是很清楚，木椁主要使用在西汉，绝大部分设置于土坑墓中，发表墓例尚无在椁内分隔出各箱以及多重棺椁的报道。

东北汉墓陶器种类和形制与中原地区基本相同。青铜容器数量较少，出土或征集到铜盂、锅、盘、扁壶、提梁壶、提梁卣、博山炉、勺、镰、盆、釜等。漆器保存不佳，可辨器类有樽、盒、盘、耳杯、方壶、案等，胎骨有夹纻胎和木胎两种。武器数量较少，见有铁长刀、矛，铜戈、矛、剑、环首刀，以及骨镞等。农工具亦少，均铁质，见有镰、锸、锛、凿、锥等。此外，东北地区汉墓还出土一些私印、文书用具和舆服杂具。西汉中后期的旅顺李家沟 M20 出土的陶壶、镰、樽上绘有弯曲的条绳状朱红色彩道，其中一件陶壶上并题有"系赤"二字，表示的是"朱索"，属于驱邪法物②。不过东北地区汉墓中并未发现与早期道教思想有关的买地券、镇墓瓶、镇墓兽、铅人一类器物。

东北地区南部的辽宁一带作为汉王朝统治区域的一部分，汉墓发现数量多，分布密集，其基本面貌和演化轨迹与京津唐地区的汉墓和朝鲜半岛西北部地区的汉墓具有相当共性，从大的范围上看，可以归并为"汉墓幽州分布区"③。东北汉墓虽然存在边陲郡县的特点，但是整体面貌与中原基本相同。

原载中国社会科学院考古研究所：《中国考古学·秦汉卷》（中国社会科学出版社，2010年），原文为第八章《汉代官吏与平民墓葬》中的第五节《东北地区汉墓》

---

① 白云翔：《战国秦汉时期瓮棺葬研究》，《考古学报》2001年第3期。
② 王育成：《洛阳延光元年朱书陶罐考释》，《中原文物》1993年第1期。
③ 郑君雷：《论"西汉墓幽州分布区"》，《考古与文物》2005年第6期。

辽东汉代乡聚的性质、形态和社会生活
——辽阳三道壕遗址补议

汉代乡聚亭里这类基层行政组织是中国古代社会结构的基础，在我们看来，早年发掘的辽阳三道壕"村落"就是一处汉代乡聚遗址，是研究汉代社会的重要考古材料。我们先前对汉代乡聚有过关注[①]。近读《汉代城市和聚落考古与汉文化》[②]文集，几篇讨论汉代聚落的文章均涉及三道壕，觉得对此遗址还有继续研究的必要。

一

燕汉东北郡县主要包括辽东郡、辽西郡、右北平郡大部和汉代玄菟郡一部，大致与考古学上的辽西地区和辽东地区相当。作为一个人文地理单元，这一区域板块内的城邑聚落有着行政或事实上的层级体系。

辽东郡处在燕汉东北郡县的腹地，襟辽西、拊乐浪、控夫余，与山东半岛隔海相望，地理位置重要，社会环境相对稳定，堪称东北首郡。与辽西、右北平和玄菟郡治迭次迁徙不同，辽东郡治襄平（辽阳故城）燕秦两汉因袭沿用，遂成东北名都。"襄平"布币的普遍发现、辽阳汉墓的大量分布以及辽阳汉魏壁画墓群的兴盛等考古学证据，显示出燕汉时期襄平经济文化繁荣的局面。尤其是前222年秦拔蓟城，"燕王喜、太子丹等尽率其精兵东保于辽"[③]，襄平成为战国燕的末代国都。而东汉献帝初平元年（190年）以后，公孙氏政权以襄平为中心统治辽海地区五十年。辽东郡治襄平事实上是燕汉东北郡县的中心都会，地位远超其他郡治。所以李文信先生将其称为"古代东北的经济、政治和文化中心，也是汉文化向东北发展的基地"[④]。

战国燕有些城邑称为"都"。"凡邑，有宗庙先君之主曰都，无曰邑"[⑤]，或曰"四甸为县，四县为都"[⑥]，"都"显然不是一般城邑。战国燕右北平和辽西两郡境内见有"狗泽都"等五处地名，则"都"又在"郡"下。"且虑都"、"白庚都"、"酉城都"、"阳

[①] 郑君雷、杨贵金：《汉"射犬聚"考略》，《汉长安城考古与汉文化》，科学出版社，2008年。
[②] 中国社会科学院考古研究所：《汉代城市和聚落考古与汉文化》，科学出版社，2012年。
[③] 《史记·刺客列传》。
[④] 李文信：《辽宁考古发现述要》，《李文信考古文集》，辽宁人民出版社，1992年，第218页。
[⑤] 《左传·庄公二十八年》。
[⑥] 《周礼·地官·小司徒》："九夫为井，四井为邑，四邑为丘，四丘为甸，四甸为县，四县为都。"

安都"均见于陶量器铭文，似乎"都"负责区域度量衡标准化的制定；阳安都还铸行"阳安布"①。战国燕的"都"未必是一级实体行政区划，但称为"都"的城邑却较重要（燕下都还见有"易下都"、"单佑都"陶铭）。汉代"都尉治"的性质和名称似可与战国的"都"作某种类比和联系。

汉代县城以下，还有乡、聚、亭、里等行政设置。宫崎市定先生认为"乡、聚、亭都是与县同性质的，只不过小一些，它们的四周也有城郭"②，"农民大部分被城内的里吸收了，在城外的居住者是极少的"（他也承认某些小聚落可能没有城郭③）；刘庆柱先生认为"有少数乡治所所在地可能也是'城'"；又认为"西汉时代，'聚'为'乡'之下的一级社会单位"，"汉代社会基层行政管理单位是乡、里，城外之'里'或名为'聚'，或为'聚'中之'里'"④。我们认为，乡、聚这类行政组织大致处在城市社会与乡村社会的结合层面（约略相当于今天的乡镇），至少在中原地区以外，自然村落仍然会有较普遍的分布。

依前面的分析，东北地区燕汉时期的城邑聚落理论上能够划分出都会—郡治—都、都尉治—县治—乡—聚—自然村落七个层级，城市聚落考古研究应该注意这一层级体系的存在，尤其需要注意认识较为模糊的乡、聚。这里依据三道壕遗址发掘简报⑤、介绍材料⑥和三道壕儿童瓮棺墓群发掘简报⑦（以下分别简称为"简报"、"介绍材料"和"瓮棺墓群简报"）做些讨论。

二

三道壕遗址（图一）位于太子河西岸的冲积平原，发现居住址6处（平面图上还标出了第七居住址⑧）、水井11眼、砖窑7座、铺石道路两段以及儿童瓮棺葬368座。简报称为西汉村落遗址，研究著述亦经常作为汉代村落遗址进行讨论。高炜先生较早注意到这处遗址的特殊性，根据出有"千秋万岁"瓦当和云纹瓦当、铜铁兵器和玛瑙、琉璃珠饰或耳珰等，以及陶器上的"昌平"和"军厨"字款，提出"居住者似乎不是一般的个体农户"，可能是襄平县附近的一处屯戍据点⑨。我们以为三道壕不会是自然村落，也不是屯戍据点。

---

① 徐秉琨：《辽宁出土战国陶铭四种考略》，《辽海文物学刊》1992年第2期。
② 张继海：《汉代城市社会》，社会科学文献出版社，2006年，第17页。
③ 张继海：《汉代城市社会》，社会科学文献出版社，2006年，第61、62页。
④ 刘庆柱：《汉代城市与聚落考古研究》，《汉代城市和聚落考古与汉文化》，科学出版社，2012年。
⑤ 东北博物馆：《辽阳三道壕西汉村落遗址》，《考古学报》1957年第1期。本文引述三道壕遗址材料和附图未出注释者均见该文。
⑥ 李文信：《辽宁考古发现述要》，《李文信考古文集》，辽宁人民出版社，1992年，第218、219页。
⑦ 陈大为：《辽阳三道壕儿童瓮棺墓群发掘简报》，《考古通讯》1956年第2期。
⑧ 佟柱臣先生在《李文信考古文集》的序言中亦称"揭示辽阳三道壕七个农户的居住址"。
⑨ 中国社会科学院考古研究所：《新中国的考古发现与研究》第四章第二节，文物出版社，1984年，第399页。

（1）秦汉考古学上"将广义上的'聚落'至少区分为城市和聚落两大类"，聚落"主要指的是一般性村落以及乡镇"①。三道壕遗址规模很大，"占地约4平方里"（折合100万平方米），面积远超过一般的秦汉聚落，表面数字甚至超出了许多东北地区的汉代县城。

三道壕以外，情况较清楚的汉代聚落遗址只有河南遂平县小寨、山东章丘市宁家埠、河北井陉县南良都、江苏高邮市邵家沟、河北永年县榆林和河南内黄县三杨庄几处②。其中小寨遗址面积约12万平方米，宁家埠为5万平方米，南良都约2.8万平方米（其他遗址发掘面积较小），与三道壕有很大差距。三杨庄虽然勘探面积达100万平方米，但是"宅在田中，田中建宅"③，可能是"黄河滩地内的垦殖型新兴居民点"④，与通常意义上的西汉村落有别。

东北地区范围较明确的汉代县城，包括瓦房店市陈屯古城、凤城市刘家堡古城、建平县西胡素台古城、喀左县后城子古城、喀左县董家店古城⑤、凌源市安杖子古城⑥、丹东市瑷河尖汉城⑦，面积为数十万、十数万甚至只有数万平方米，不及三道壕。规模最大的是内蒙古宁城县的黑城古城（西汉右北平郡治平刚县），外罗城面积合144万平方米⑧。

介绍材料说"这村子占地约1平方千米"，墓地在"村西边"和"村北头"；瓮棺墓群简报说墓地"南有已清理过的近一万五六千平方米的前汉村落遗址"⑨，因此简报所称的占地面积不包括墓地在内。无论如何，三道壕上百万平方米的规模确实需要注意。

（2）三道壕发现7座砖窑，每年约可以生产条砖60万块⑩，产品"与村址中以及辽阳一般汉墓上常见的灰色绳纹砖"大致相同。1号和2号砖窑与围绕前方的几处附属设施共同组成一套窑业生产体系，许倬云先生认为结构相同的复合窑目的在于轮流使用，以便全天候生产，在市场销售⑪。虽然"同一聚落中多种类型的经济活动并存，应当是秦汉时期聚落经济生活结构的一种普遍现象"⑫，但是很难想象地处辽东边塞的

---

① 中国社会科学院考古研究所：《中国考古学·秦汉卷》，中国社会科学出版社，2010年，第23页。
② 白云翔：《秦汉时期聚落的考古发现及初步认识》，《汉代城市和聚落考古与汉文化》，科学出版社，2012年。此外，2009年在南水北调工程河北省临城县段的考古工作中，中国人民大学和中山大学分别在方等遗址和张家台遗址揭露出西汉聚落遗迹，材料见中国人民大学北方民族考古研究所、中山大学人类学系：《方等与张家台》，文物出版社待出版。
③ 刘海旺：《首次发现的汉代农业闾里遗址——中国河南内黄三杨庄汉代聚落遗址初识》，《考古发掘与复原》（《法国汉学》第11辑），中华书局，2006年。
④ 孙家洲：《从内黄三杨庄聚落遗址看汉代农村民居形式的多样性》，《汉代城市和聚落考古与汉文化》，科学出版社，2012年。
⑤ 以上城址参见王绵厚：《秦汉东北史》第九章第二节，辽宁人民出版社，1994年。本文引述东北燕汉郡县城址材料未出注释者均见该书。
⑥ 辽宁省文物考古研究所：《辽宁凌源安杖子古城址发掘报告》，《考古学报》1996年第2期。
⑦ 王金波：《丹东市瑷河尖汉城址的初步探索》，《辽宁省考古博物馆学会成立大会会刊》，1981年。
⑧ 冯永谦、姜念思：《宁城县黑城古城址调查》，《考古》1982年第2期。
⑨ 此处"一万五六千平方米"是指发掘面积。按，发掘简报中介绍发掘面积为1万平方米。
⑩ 孙机：《汉代物质生产资料图说》（增订本），上海古籍出版社，2008年，第202页。
⑪ 许倬云：《汉代农业》，广西师范大学出版社，2005年，第130页。
⑫ 白云翔：《秦汉时期聚落的考古发现及初步认识》，《汉代城市和聚落考古与汉文化》，科学出版社，2012年。

自然村落或屯戍据点会存在这样颇具体系和规模的专业化窑业生产，以及如此活跃的商贸活动。

（3）三道壕出有"千秋万岁"瓦当和云纹瓦当，自然令人联想到遗址的层级。汉代聚落遗址出土文字和云纹瓦当的例子很少，大致只有内黄三杨庄的"益寿万岁"瓦当[①]、河北省临城县方等遗址的"□□未央"瓦当[②]、高邮邵家沟遗址[③]和永年榆林遗址[④]的云纹瓦当数例。东北地区出土的"千秋万岁"瓦当一般见诸汉代郡县治所，如宁城黑城古城、沈阳旧区古城、沈阳魏家楼子古城、新金县张店古城、凌源安杖子古城、锦西邰集屯古城等地。辽阳东南郊鹅房[⑤]和内蒙古林西县西门外[⑥]也出土过"千秋万岁"瓦当，鹅房附近有等级较高的西汉木椁墓，林西县是一处汉式瓦窑址，具体情况不明。

刘海旺先生指出三道壕遗址"只有第一处居址出土'千秋万岁'瓦当和卷云纹瓦当，而且只有在该居址没有发现畜栏。这有可能表明第一处居址的主人较其他居住屋主的地位稍高，处于管理地位，代表官府行使管理权"[⑦]。很麻烦的是不能确定三道壕文字瓦当和云纹瓦当的实际用途。简报只提及窑址烧"灰色绳纹砖"，但是有材料说"各窑也烧造生活中常使用的陶质器皿，有的瓦当上还有'千秋万岁'字样"[⑧]。因此，并不能完全排除瓦当是外销产品，并非1号居住址本身使用的建筑构件。

（4）高炜先生注意到三道壕出土的铜铁兵器和玛瑙、琉璃珠饰或耳珰等服饰品与个体农户的日常生活内容不符，4号居住址采集到的石磨器和2、3、5号居住址出土的陶磨也很有意思。从照片观察，两套石磨器均不适合用于粮谷加工，其中一套与广州汉墓所出河光石砚[⑨]相似，似乎可以用作研磨墨块的砚台（或者是研磨颜料的磨石）。陶磨无照片、线图和文字介绍，简报说"粮谷加工不用杵臼而用旋转式的陶磨"，讲明这些陶磨是实用器，但是我们仍然怀疑陶磨能否实际用来去秕、脱壳和磨粉。汉墓中时常见到明器陶磨，作为实用工具的陶磨仅在天津武清兰城遗址（可能是汉代雍奴县治）[⑩]出土一件。我们以为这些石磨器和陶磨值得考究。

（5）三道壕遗址西边和北边有同时期墓地，介绍材料说死者"按宗族关系集中埋在村西边的大片墓地里"，"一般都是夫妇合葬在一个棺室内"，一些墓有棺椁和成套陶器。瓮棺墓群简报介绍村北墓地有瓮棺墓348座（简报为368座），"这种在一定时期

---

① 河南省文物考古研究所：《河南内黄县三杨庄汉代庭院遗址》，《考古》2004年第7期。
② 中国人民大学北方民族考古研究所、中山大学人类学系：《方等与张家台》，文物出版社待出版。
③ 江苏省文物管理委员会：《江苏高邮邵家沟汉代遗址的清理》，《考古》1960年第10期。
④ 河北省文物研究所、邯郸市文物管理处、永年县文物保管所：《永年县榆林遗址发掘简报》，《河北省考古文集》，东方出版社，1998年。
⑤ 东北文物工作队：《东北文物工作队一九五四年工作简报》，《文物参考资料》1955年第3期。
⑥ 李文信：《东北发现战国以来的主要遗迹和遗物》，《李文信考古文集》，辽宁人民出版社，1992年。
⑦ 刘海旺：《由三杨庄遗址考古发现试谈汉代聚落》，《汉代城市和聚落考古与汉文化》，科学出版社，2012年。
⑧ 《辽阳三道壕遗址见证汉时繁荣》，人民网2011年7月2日。
⑨ 孙机：《汉代物质生产资料图说》（增订本），上海古籍出版社，2008年，第319、320页。
⑩ 天津市历史博物馆考古部：《天津市武清县兰城遗址的钻探与试掘》，《考古》2001年第9期。

内形成的大批密集成群的儿童瓮棺墓，如果没有一种社会上的组织力量——如宗法组织等，是不可能形成的"。这两处墓地规模大，有些墓葬的等级也高，墓地反映出来的社会组织特征也不似自然村落。

（6）西汉政府是否在辽东边塞屯田？辽东边塞是否设置候望和屯田两套体制？屯田体制下是否也有农都尉、农令、农长等田官和农卒（田卒）等设置？皆不得其详。我们认为襄平附近仍属"边塞"地区中的"内地"，与抚顺—沈阳一线的燕汉长城还有距离（新近长城调查表明辽东汉长城通向了吉林省通化县的赤柏松汉城），且燕汉遗址出有兵器亦不鲜见。既然介绍材料讲各窑"也间或烧造日常生活上用的陶质器皿，一部分当商品卖出"，"昌平"、"军厨"字款的陶器同样可能是外销产品。两处墓地均按照"宗族关系"或"宗法组织"埋葬，成人墓一般为夫妻合葬，更不能与屯戍据点相联系。

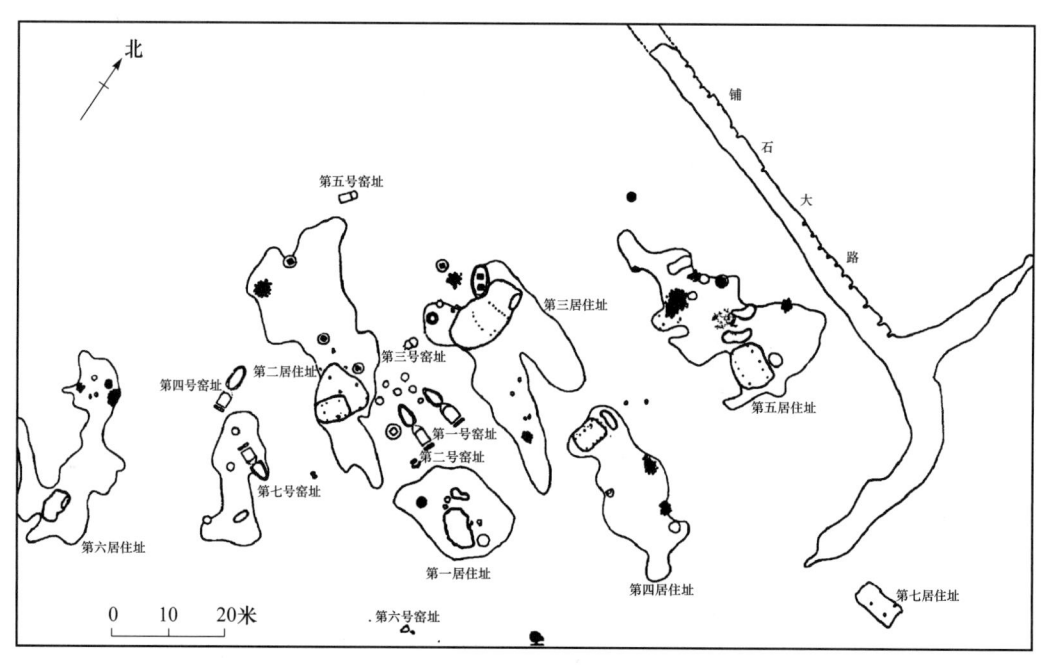

图一　辽阳三道壕遗址平面布局图

与锦州大泥洼①、抚顺莲花堡②等东北地区燕汉时代的自然村落比较，三道壕在遗址规模、遗迹类型（砖窑）和出土遗物等多重方面表现出特殊性。刘海旺先生提出"该遗址可能是具有一定屯垦或屯戍性质的边疆农耕与畜牧兼具的聚居遗址"，白云翔先生则"推测三道壕聚落可能是一处农工商混合型聚落"。前引几位先生都注意到三道壕经济形态和社会功能与普通农业聚落的差异，但是未涉及行政设置的层级。

---

① 刘谦：《锦州大泥洼遗址调查记》，《考古通讯》1955年第4期。
② 王增新：《辽宁抚顺市莲花堡遗址发掘简报》，《考古》1964年第6期。莲花堡是一处受到燕汉文化强烈影响的土著文化遗址。

排除自然村落和屯戍据点，我们认为三道壕的性质宜在乡、聚层面考量。"汉代地方的最基层行政组织是拥有地籍、户籍，负责征收地税、人头税以及徭役，并具有作为县的辅助机关职能的乡"[1]，居延汉简显示乡的下一级单位是"聚"[2]。虽然在行政层级上"聚小于乡"，但是"西汉时代有的'聚'规模比较大"，"有的'聚'实际上就是从'乡'或'县治'变化而来"[3]，就社会性质和聚落规模而言，乡、聚未必有绝对区别。而且文献极少涉及汉代乡聚的名称、位置和规模，是否有城郭又不能确定或一概而论，多数情况下几乎不可能明确何者为乡、何处是聚？只能或只宜在乡聚层面概括地表述。因此我们将三道壕称为辽东边郡的汉代乡聚遗址。

三

三道壕的各居住址"多分为上下两层或三层，……是同一种文化的早期和晚期的遗存"，简报认为"这个村址大约是公元前200年到公元25年之间"，研究者一般笼统地称为西汉，或西汉中晚期，或西汉后期遗址。根据叠压关系和建筑材料的差异，其实可以作更细致地分期（表一）和更精确的年代推定。

2号居住址有前后三次建筑叠压的情况。早期建筑存有土窖井和灶，出有瓦片；中期建筑为黄土台房址，推测是"一种土墙、木柱、草瓦盖顶的小房舍"，未见石材；晚期建筑存有砾石堆、础石和瓦片。我们注意到，1号、2号居住址和6号的中部居住址均有黄土平台或黄土房基，有石块或碎石，没有础石，表现出介乎2号居住址中期和晚期之间的阶段性特征，可以再划分出一期。根据建筑材料和建筑方式的类同，3号、4号居住址的下层与2号居住址下层年代相当，3号、4号居住址的上层以及6号的北面、南部居址与2号居住址上层年代相当。这6处居住址实际有四个建造阶段。

2号居住址的早期建筑出有"一刀"小圆钱、大半两、小半两，陶器以弦纹圆底罐和陶豆最多，土窖井出土的陶瓮为燕汉之际的风格，建造和使用年代当在战国末期至西汉前期；早期土窖井中上部填土出五铢，证明中期建筑的使用年代已在武帝元狩五年以后；2号居住址的"大泉五十"说明晚期建筑可沿用至新莽。六处居住址都出有刀钱、"一刀"小圆钱和大、小半两，均有最晚阶段建筑（或出有莽钱），说明各居住址均有可能始建自战国末期，增修沿用至新莽，大致经历战国末期—西汉前期、西汉中期、西汉晚期、西汉末期—新莽四个阶段，居住址和土窖井建筑材料和建筑方式也在逐渐进步（表一）。

---

[1] 侯旭东：《北朝村民的生活世界》，商务印书馆，2005年，第371页。
[2] 王子今：《内黄三杨庄遗址考古发现与秦汉乡村里居形式的考察》，《汉代城市和聚落考古与汉文化》，科学出版社，2012年。
[3] 刘庆柱：《汉代城市与聚落考古研究》，《汉代城市和聚落考古与汉文化》，科学出版社，2012年。

表一　三道壕居址年代分期

期段 居住址	战国末期—西汉前期	西汉中期	西汉晚期	西汉末期—新莽
1号（刀钱、小半两、五铢、大布黄千）			"遗址中保存有黄土房基一处，分布着大量石块、瓦片和陶片"。小土窑、陶管井、灶	
2号（"一刀"小圆钱、大半两、小半两、五铢、大泉五十）	瓦片、灶、土窑井	"保存有房址的黄土台房址"，推测是"一种土墙、木柱、草瓦盖顶的小房舍"畜栏、土窑井（木壁）		晚期建筑保存有柱础石六块，"上面存有大量瓦片、石块和陶片"土窑井（砖壁下接陶井管）
3号（"一刀"小圆钱、小半两、五铢）		"下层发现黄土房址一处，上有密集的瓦片、陶片和其他遗物"畜圈、土窑、土窑井（木壁）		"上层晚期的建筑物仅存几个大小不同的砾石堆、乱了位置的础石和瓦、陶片"
4号（刀钱、小半两、五铢）		"下层建筑物存黄土平台的房址1处，台上分布着大量瓦片、陶片和丰富的遗物"畜圈、土窑、陶管井		"上层晚期建筑物仅存方形砾石一处，有几块础石和瓦片、陶片、碎石等"
5号（刀钱、大半两、小半两、五铢、货泉）			"遗址存黄土平台的房基一处，上有大量瓦、陶片和碎石，房内东端地面有分布很宽的红烧土面"畜栏、土窑、土窑井（木壁）、陶管井	
6号（"一刀"小圆钱、小半两、五铢）		中部居住址"仅存黄土平台一片，台上散乱着很多石块和瓦片"		北面居住址"存有黄土台的房基础一段，台面上分布着瓦片、陶片和柱础石"土窑、陶管井 "南部居住址层位较高，存黄土房基一处，约为三间，……两个柱础石还保存得很好。房基上有不少瓦片、陶片和石块"小畜栏（推测为猪圈①）

关于砖窑、铺石大路和墓地的年代。

1号居住址的陶管井中有砖窑渣，2号居住址晚期建筑的土窑井上部井壁的长方砖"规格形式与第一、二号砖窑产品同。井筒中又填满了烧坏的碎砖头"，说明砖窑与这两处居住址的较晚阶段有共存期。简报认为"除了第五号窑址无遗砖、遗物，第六号窑址所烧砖大都无绳纹可能稍晚以外，所余第一、二、三、四、七各窑的年代，大致是和农村居住址中期至末期的年代相同"，大致不误。几座砖窑还出土刀钱、"一刀"

---

① 辽东汉墓出土的陶猪模型最早见于西汉中晚期的大连刘家屯M811。见刘俊勇：《辽宁大连刘家屯西汉贝墓》，《博物馆研究》1995年第3期。

小圆钱、小"半两",可能早至第一阶段。不过砖窑产品主要外销用作墓砖,而辽东汉墓的砖室结构出现在西汉中晚期,因此主要烧制年代应该在西汉中晚期至新莽。铺石大路虽然也出有"小半两",但是主体年代与砖窑相同。介绍材料称村西墓地为"西汉墓地";瓮棺墓群简报认为村北墓地"和附近村落遗址有着密切的联系","年代约在西汉初、中期,最晚不能晚到新莽"。其实瓮棺葬具上的文字以"昌平"为多,证明有许多新莽墓。这两处墓地与遗址年代整体相当。

虽然发掘面积有限,整体布局不明,难以确定三道壕"是否是由若干个相对集中的小聚落组成的一个大聚居区域,或是四周带有城墙的城址"①,但是最晚阶段建造的2号、3号、4号居住址上层和6号的北面、南部居住址、与较早阶段建造并沿用下来的1号、4号居住址和6号的中部居住址(?),以及诸窑址、铺石大路、成人墓地和儿童瓮棺墓群已经显现出三道壕西汉末期至新莽时期的乡聚景观。值得注意的是,聚落布局至晚在西汉中期以后未见大的变动,各阶段的宅院格局和设施配置也基本相同,成为中国封建社会超稳定结构的一个注脚。

四

根据三道壕的考古发现,我们对辽东汉代乡聚的性质(城市社会抑或乡村社会)及生计方式、外部形态(城墙)、内部空间结构(布局)、人口规模和日常生活景观作些推测。

(1)学术界对于乡、聚的社会性质有不同认识,是否有城郭是产生分歧的原因之一。宫崎市定先生将汉代乡聚视为城市社会的基层形态。刘庆柱先生则将乡、聚作"城址"与"民众居址"的明确区分,认为"秦汉时期的国家社会'单元'由简单到复杂,由'都'、'郡'、'县'、'乡'等城址与'聚'、'落'等民众群体居址,共同构成国家架构,形成国家的'金字塔'"②,"'聚'则一般分布在城外"③。

张继海先生对宫崎市定的意见有所补充修正,指出汉代县城以下的聚落名称共有乡、聚、亭、城、邑、里和不带任何标志性名字的地名七种情况,"黄河中下游地区至长城沿线,县城以下的聚落普遍具有城郭的形态,而长江以南和西、北的民族杂居地区却与此有较大差异"④。我们倾向于认为至少在中原地区,乡、聚一般是有城郭的,"都乡"更是设置在县城。

我们认为,城墙只是物质形态上的"城",判断城市社会或乡村社会主要在于居民的生计方式,及其所决定出来的经济功能。"洛阳汉河南县城中心偏东地区是以农民、

---

① 孙机:《汉代物质生产资料图说》(增订本),上海古籍出版社,2008年,第319、320页。
② 中国社会科学院考古研究所:《中国考古学·秦汉卷》,中国社会科学出版社,2010年,第23页。
③ 东北博物馆:《辽阳三道壕西汉村落遗址》,《考古学报》1957年第1期。
④ 张继海:《汉代城市社会》,社会科学文献出版社,2006年,第80页。

手工业者为主体的居民区"①,东北汉代郡县城址也经常出土铁农具,既然汉代县城居民中还存在着浓厚的农业因素,我们相信汉代乡聚的经济生活应该以农业为主。无论是否有城郭,汉代乡聚本质上应该属于乡村社会,但是表现出与城市社会的过渡结合特征(如汉代乡聚立有学官②,三道壕砖壁和陶井圈叠砌的水井与东北郡县城址相似,一些生活器具和装饰品也说明了日常生活内容和生活水平与自然村落的差异)。汉代乡聚如果有"城郭"的话,我们建议称为"城堡"或"寨城"(何双全先生认为"里实际就是一座土筑的城堡"③),以期与一般意义上的"城市"相区别。

(2)在乡聚内部的空间结构方面,三道壕的6处居住址都是独立宅院,间距15米至30余米。前引刘庆柱、白云翔和刘海旺先生的论文,提出或借用了"散聚型"—"集聚型"、"聚集式"—"散点式"、"团聚型"(集村)—散漫型(散村)等聚落形态概念。我们同意白云翔先生以三道壕属于"集聚式"布局的意见。传统农耕社会宅院之间有一定间隔距离斯为常态,所谓"集"、"散"是就聚落的整体建筑布局而言,并非仅针对宅院建筑本身。三道壕各居住址之间分布的砖窑和卵石路,以及铺石大路,仍然是聚落建筑的有机组成部分,与三杨庄以农田间隔有本质不同。

三道壕各居住址并非"排列得无次序"。平面图上,大致以东北至西南方向呈两排(第6、2、3、5号居住址大体呈一排,第1、4号居住址大体呈一排),以西北至东南方向呈两列(第1、2号居住址基本呈一列,第3、4号居住址基本呈一列);这6处居住址和7号居住址之间以铺石大路间隔。"各住宅都向南或偏东、西开门",相对而言还是有一定规划性的。至于这其中是否有"里"的划分,以及汉代乡聚与里的关系,考古材料还很难讲清楚。辽东汉代乡聚空间布局的规划性,还表现在三道壕生活区域与墓地的明确区分,以及成人墓地与儿童瓮棺墓地的分野。

(3)介绍材料指出,三道壕各居住址"都出土有犁铧、耧脚、锄头、铁铲、铁耙、镰刀等铁农具和车马具……每户都有一整套小农生产设备",有的数量还较多(1号居住址出有铁䦆4、锄4、镰4)。"多数都在厕所旁边设有猪圈或牛马栏,饲养牛、马牲畜,作为耕地或搬运动力,储积厩肥,以便粪田。……每户宅院旁有菜园,设有水井,以便打水浇菜"。大牲畜还是犁耕的畜力,出土的巨型犁铧"可能是由数牛牵挽的开沟犁"④。这些农业因素包括了起土碎土、翻地耕种、中耕、收割和积储农家肥、蔬菜种植等环节,在各居住址都有较完整体现,显然是农户宅院,表明了农业生产在乡聚生活中的普遍性和重要性。

砖窑在宅院附近,第2、3、4号居住址出有铁锛、凿、钻头等工具,说明常年性或农闲季节性的窑业生产是农户日常生活的一部分(窑址出土的铁䦆、铁锄等农具反

---

① 黄展岳:《一九五五年春洛阳汉河南县城东区发掘》,《考古学报》1956年第4期。
② 《汉书·平帝纪》:"立官稷及学官:郡国曰学,县、道、邑、侯国曰校,校、学置经师一人;乡曰庠、聚曰序,序、庠置《孝经》师一人。"
③ 何双全:《〈汉简·乡里志〉及其研究》,《秦汉简牍论文集》,甘肃人民出版社,1989年。
④ 孙机:《汉代物质生产资料图说》(增订本),上海古籍出版社,2008年,第7页。

证居住址的一些农具也可以用作工具），也许会有专业工匠。依 60 万块条砖的年产量，当主要用于外销。修筑精良的铺石大路，以及"各居住址出土不少车器和牛马骨，农户绝大多数都有牲畜栏，这些情况都说明了当时交通比较发达"。

我们认为，汉代乡、聚与自然村落的区别，除了表现在社区规模、形态布局、建筑等级的差异以外，还在于有着较发达的工商业和贸易网络，有着较为强烈的市场交换功能。白云翔先生将秦汉时期的聚落遗址分为"农业型"、"工商型"和"农工商混合型"三类，所谓"农工商混合型聚落"大约就是乡、聚，因为两者的经济结构相同。

（4）三道壕各居住址基本都是在原址增修，除了反映出西汉时期辽东社会形势的稳定性，还表现出宗族关系的延续和稳定。从人口增殖的角度，自战国末期至新莽，三道壕人口会有较多增加（许倬云先生认为在西汉建立后 100 年间人口可能翻了一番，甚至极可能更多[①]，葛剑雄先生估算汉初至武帝前期全国年平均增长率为 10‰[②]）。三道壕基本未见到较早期居住址的扩大增筑（6 号居住址也许是个例外），各期居住址的格局和功能也基本相同，表明当地汉代居民以个体核心家庭为基本社会单元，不是扩大式家庭。"五口之家"的小农家庭在西汉时代空前繁盛，大多数是以夫妻为主体（包括未婚子女），少数是由父母与一个已婚儿子组成[③]。那些分家后新建立的家庭应该另择新址、自立门户，由此我们相信三道壕未发掘区域还会有相当多的房址。两处墓地的选址和布局也有宗族关系的体现。

（5）两汉平均一个县下约有四个乡，西汉末年东海郡平均一县有 4.6 个乡[④]。依《汉书·地理志》，西汉辽东郡户 55972，人口 272539，辖县 18。我们暂且假设西汉辽东郡平均一县有 4～5 个乡，则每乡约 600～800 户，约 3000～4000 人口。三道壕在 1 万平方米的发掘范围内发现居住址 6 处（或 7 处），则在 100 万平方米的范围内最大可能有数百户居民，很接近上面推算的每乡平均户数。当然，这只是估算值，而且不能设想汉代居民全部居住在乡聚治所（不过考古发掘中自然村落发现很少却是事实）。

（6）许倬云先生将《四民月令》描绘的汉代农村庶族地主家庭的社会生活归纳为以下内容：教育、祭祀与社会活动；不同时令的农活；桑蚕、衣服裁制、洗染、缝补等；食品制作、酿造与制酱，维修房屋与兴建水利；采集野生植物，特别是草药；家具的维护与保养；各种杂物的售买等事项[⑤]。汉代辽东乡聚的日常生活景象当大体仿佛，反映在农业（如种植高粱等谷物、栽培蔬菜、核心家庭表现出来的自耕小农经济等，不过辽东汉代没有桑蚕种养[⑥]）、副业（如烧窑、饲养牲畜）、商贸活动（如条砖外销、交通运输，以及出土许多钱币）、维修房屋、社会活动（如丧葬）等方面，也有祭祀活

---

① 许倬云：《汉代农业》，广西师范大学出版社，2005 年，第 16 页。
② 葛剑雄：《西汉人口地理》，人民出版社，1986 年，第 18 页。
③ 马新：《汉代小农家庭略论》，《文史哲》1986 年第 4 期。
④ 侯旭东：《北朝村民的生活世界》，商务印书馆，2005 年，第 372 页。
⑤ 许倬云：《汉代农业》，广西师范大学出版社，2005 年，第 55 页。
⑥ 《晋书·慕容宝载记》："先是，辽川无桑，及（慕容）庞通于晋，求种江南，平州桑悉由吴来。"

动的线索①。

从三道壕的认识出发，我们相信东北郡县范围内还会有一些汉代乡聚遗址有待识别。刘庆柱先生认为在考古发现的约 620 座秦汉时代地方城址中，约有半数初步推断为郡县一级，其余有可能为"乡"一级城址②。东北郡县范围发现的燕汉城址数量（不包括长城沿线的障塞城堡）已经超过文献记载中的县城，其中一些或可以与乡聚亭里相联系。

原载《东北亚古代聚落与城市考古国际学术研讨会论文集》，科学出版社，2014 年

---

① 第二居住址中层 2 号土窖井内的完整马骨，以及第四居住址下层 3 号陶管井内的两架人骨未必是"村落"废弃后的遗存，因为这两口井不属于三道壕的最晚期遗存（3 号陶管井与居住址有相当距离也值得注意），是否与"井祭"有关，姑且存疑。

② 东北博物馆：《辽阳三道壕西汉村落遗址》，《考古学报》1957 年第 1 期。

大宁江长城的相关问题

东北地区燕秦汉长城的具体走向和沿革关系（在不同地段是燕秦汉三代各自筑有长城，还是三代沿用一道长城，或是其中某两代沿用一道长城，或是某代、某两代虽新筑有长城却仍在某种程度上继续利用前代长城）一直未有定论，其经由辽东、朝鲜的东段问题更多。

在辽西地区燕秦汉长城西段的走向基本清楚，从北至南发现三道长城遗迹。一般认为第一道长城（赤北长城）是秦长城，第二道长城（赤南长城）是燕长城，第三道长城是汉长城。尽管这三道长城也有彼此间关系如何的问题（三道长城沿线上都发现有燕秦汉遗物），但是燕秦汉长城西段的基本线索还是清楚的。东段长城则仅有两处发现：一是在沈阳至抚顺间的浑河北岸发现20余座汉代墩台，延续约70余里，其构造与西北、河北和辽西等地的汉长城相同[1]，这里暂且不论；二是在朝鲜发现一道大宁江长城。

大宁江长城发现于1984年，现已经确认部分的总长度约为120千米。"长城沿博川郡的中南里、元南里，宁边郡的馆下里、古城里，泰川郡的龙兴里、鹤塘里、德化里、丰林里、阳地里（旧龙田里），东仓郡的鹤峰里、鹤松里、凤龙里、鹤城里、新安里（旧和丰里城兴洞）的大宁江及其支流昌城江，以及昌城江的支流城兴川的东岸"[2]蜿蜒，"长城的南端，终断于大宁江与其支流博川江（洪景来江）汇合处附近"[3]。由于无法查阅详细的朝鲜地图，而且朝鲜学者认为从地形、河水流向等来看清川郡以南还应该有长城，所以难以准确标出大宁江长城的最南端终点所在，但是可以肯定在清川江口附近（大宁江在清川江最下游处合流入海）。

大宁江长城尽可能沿着江岸比较宽阔的冲积地修筑，当江边有小沙丘或冲积地较窄时则砌筑在山脊、山麓和半山腰。在山区多用经过修整的石块砌筑，有些地段先用较大石块铺成石基，其上再用较小石块砌筑，残高3～7米。在平原地区主要是用土和土石混筑，中南里西南部的土城墙尚残高3～7米，底宽10余米，顶宽1～3米。当长城经过注入大宁江的大小河川时常留有许多墙石、江石和小石堆，有的地方即利用江岸绝壁，不再修筑城墙。在长城沿线分布有一些城址、瞭望台址和支线长城。

大宁江长城引起了学界的广泛关注，朝鲜学者认为大宁江长城是高丽时期修筑的

---

[1] 孙守道：《汉代辽东长城遗迹考》，《辽海文物学刊》1992年第2期。
[2] 〔朝〕孙永钟著，顾禹宁译：《关于大宁江畔的古长城》，《博物馆研究》1990年第1期。
[3] 〔朝〕孙永钟著，南宇明译：《关于大宁江长城的调查报告》，《博物馆研究》1990年第4期。

长城，我国学者一般认为大宁江长城与燕秦汉东段长城有关，或笼统地指出大宁江长城是燕长城，但未作具体分析。笔者以为大宁江长城始筑于战国燕，它对研究东北地区燕秦汉东段长城的具体走向和沿革关系、燕秦汉三代东部疆界、燕秦汉三代与箕氏朝鲜的关系等问题具有重要意义。

一、大宁江长城是燕长城

1. 大宁江长城的走向说明它只能与燕秦汉长城有关，而不能是高丽长城

大宁江长城在朝鲜境内目前发现的北端是东仓郡新安里，而平安北道一带的当地居民传说大宁江长城直沿至鸭绿江，并继续伸展到鸭绿江以北。在我国境内鸭绿江右岸的宽甸县城至长甸口北部山区确实发现一条间断的石筑长城遗迹。"这条石筑墙共约5段，东端始于鸭绿江畔的酉果壁的腰岭子，经大西岔乡临江村（瓦房沟门）时家街屯的东山坡、大西岔乡白菜地村陈家沟西山坡、金家大院村（北江村）的何家大院屯北山直到红石砬子乡上蒿子沟（林家堡子）止，基本成一线。其中以何家大院段保存最好，呈东西向，长约200米，高约4米，沿山脊用乱碴石单面筑，当地群众称为鸡冠砬子"[①]。这段长城的东端鸭绿江畔的酉果壁与朝鲜境内大宁江长城的北端东仓郡隔江相望，从结构和走向看，这段长城与大宁江长城显然属于同一道长城。

辽、金、元各代与高丽王朝的疆界都远在鸭绿江左岸今朝鲜境内，高丽王朝绝不能深入其境外修筑鸭绿江右岸的长城，而且大宁江长城将高丽王朝浿西道地区的北部隔在境外，于理不合[②]。大宁江长城显然不会修筑于高丽时期，它是从辽东方向面向东南防御的，而不是朝鲜学者认为的"作为阻挡来自西北方面外敌的一种设施"[③]。大宁江长城贴近河流东岸，将大宁江及其支流圈入长城内侧，与辽西地区的秦长城贴近英金河北岸，汉长城贴近坤都河西北岸，分别将英金河、坤都河圈入长城以内一样，是燕秦汉时期修筑长城的习惯做法，目的是为了控制水源，并非是一些朝鲜学者认为的将大宁江作为长城外侧的天然护城河。

虽然大宁江长城的某些段落、城址后世有可能修葺利用，但它不是高丽时期的长

[①] 王德柱:《鸭绿江畔发现燕秦汉长城东段遗迹》,《中国文物报》1991年5月24日。按,冯永谦后来指出,宽甸境内先前报道的长城为误传,当地燕秦汉长城的结构与防御形式应是依鸭绿江、浑江天险为屏障,在重要地段建筑墙体。果此,则目前仅能推断朝鲜境内大宁江长城大致在宽甸方向,与中国东北境内的燕秦汉长城障塞体系相呼应。参见冯永谦:《东北燕秦汉长城的调查与研究》,《辽宁考古文集》(二),科学出版社,2010年。又按,王绵厚近来指出,宽甸县大西岔乡白菜地村东沟发现的石墙具有控制山谷通道的"障墙"性质,其西北山上有早期烽燧,"所以白菜地遗址及其西部连线的燕秦史迹,应是迄今最靠近鸭绿江西岸的辽东地区重要的有墙体可寻的古长城遗迹。……它同朝鲜半岛的'大宁江长城'一起,同为燕秦长城的组成部分"。参见王绵厚、朴文英:《中国东北与东北亚古代交通史》,辽宁人民出版社,2016年,第43页。

[②] 顾铭学、南昌龙:《战国时期燕朝关系的再探讨》,《社会科学战线》1990年第1期。

[③] 〔朝〕孙永钟著,顾禹宁译:《关于大宁江畔的古长城》,《博物馆研究》1990年第1期。

城，朝鲜学者也承认高丽时期并无在这一地区修筑长城的直接记载。大宁江长城伸向鸭绿江右岸中国一侧，与辽西地区发现的燕秦汉长城相望，只能与燕秦汉东段长城有关（图一）。

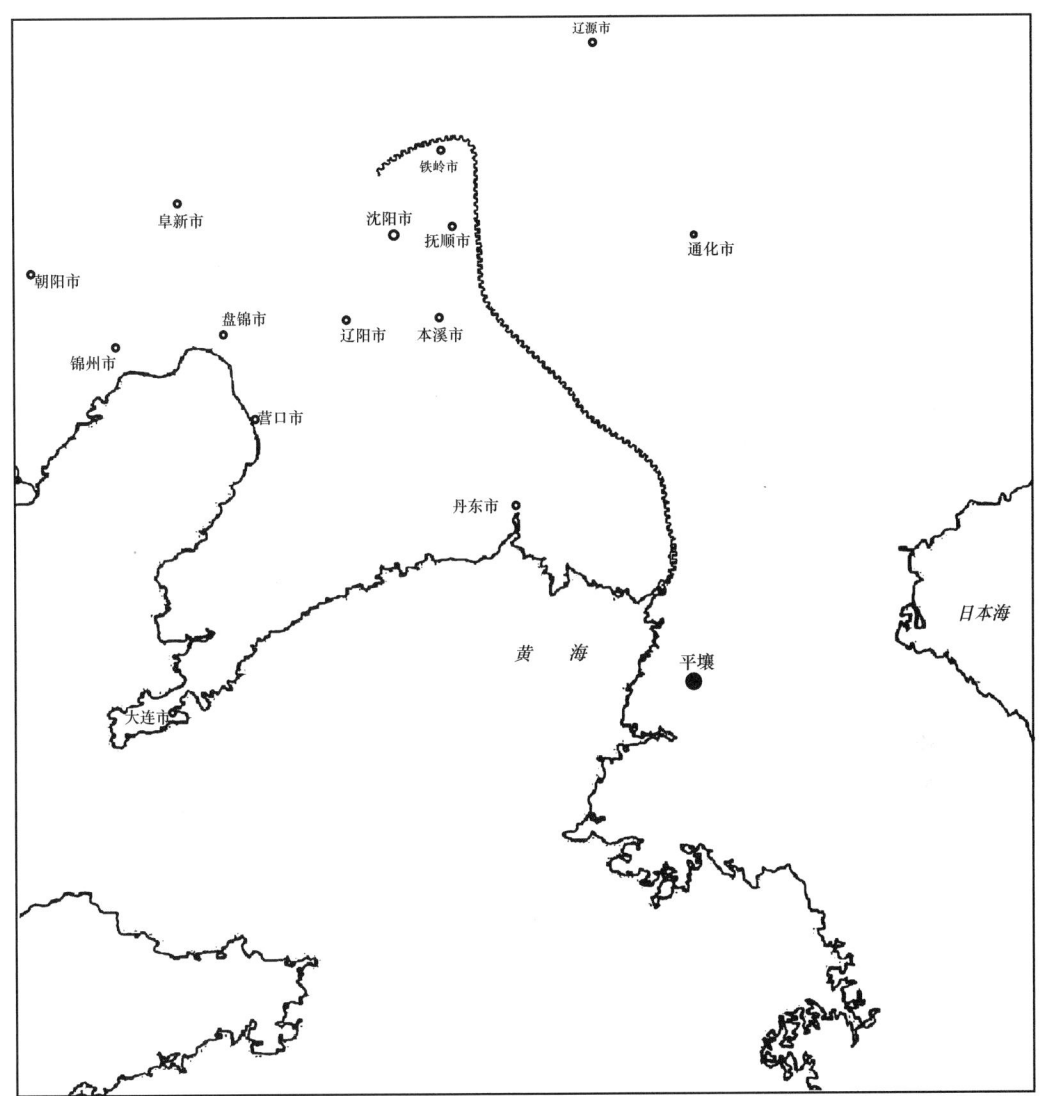

图一　燕秦汉辽东故塞走向示意图[①]

2. 大宁江长城的结构与辽西地区的燕秦长城相同，与汉长城不同

在辽西地区从北至南发现有三道长城遗迹，一般认为第一道长城是秦长城，第二道长城是燕长城，第三道长城是汉长城。辽西地区燕秦长城的结构基本相同，分为石筑和土筑两种。"石筑长城从保存最完好的地段看，残高近2米，底宽3～4米，顶宽2米。……石筑墙系用自然石块垒砌，两侧外墙均用比较规整并且比较大的石块，底部

---

① 引自李新全：《高句丽早期遗存及其起源研究》图九改制，吉林大学博士学位论文，2008年，第277页。

多用大长条石为基础，然后逐层砌起，外墙面平齐，向上逐渐内收。两墙之内以较小的石块、砾石和土夯实。……因为河谷平川地带无石可采，故利用土筑方法。其做法就是挖沟取土，板筑夯墙，墙外则成为壕沟，……现保存较好者不过呈土埂状。存高不及1米，底宽5～6米"①。大宁江长城的结构与辽西地区燕秦长城的结构相同，而与汉长城的结构不一样。辽西地区的汉长城是以墩台为主体的连线，墩台之间或有城墙，西北地区和河北等地的汉长城结构与此相同，这种结构可以认为是汉长城的基本结构，因此大宁江长城只能是燕或秦长城而不会是汉长城。

3. 秦长城终端与大宁江长城不同，其终端在大宁江长城的外侧

《史记·蒙恬列传》记："秦已并天下，乃使蒙恬将三十万众，北逐戎狄，收河南。修长城，因地形用制险塞，起临洮，至辽东，延袤万余里。"《水经注·河水三》记："始皇令太子扶苏与蒙恬筑长城，起自临洮，至于碣石。"碣石位置有多种说法，集中在冀东辽西的渤海湾北部海岸附近。由于辽西地区发现的秦长城已经伸展到阜新一带，故绝不会再折回到冀东辽西沿海一带。因此，秦长城东端的碣石只能是西晋《太康地记》中"乐浪遂城县有碣石山，长城所起"的碣石。《通典·州郡》古冀州北平郡卢龙县下云"《晋太康地志》曰：'秦筑长城，所起自碣石'。在今高丽界"，《读史方舆纪要》卷三十八谓"遂城废县，在平壤南境"。为加以区别，一些学者将此遂城县境的碣石称为左碣石，而将渤海湾北岸辽西一带的碣石称为右碣石②。学者多认为左碣石在今平壤西南近海的龙岗一带，地近大同江口。可见大宁江长城与秦碣石长城的终端是不同的，因此大宁江长城不是秦长城。

要之，高丽时期没有修筑大宁江长城的可能和必要，也没有修筑长城的记载；大宁江长城的结构与辽西地区的燕秦长城相同，不会是汉长城；而秦长城的终端与大宁江长城不同，因此大宁江长城只能是战国燕长城。

二、大宁江长城反映的燕秦汉时期的若干史实

燕大宁江长城的发现和确认为研究燕秦汉三代长城的具体走向和沿革关系、燕秦汉三代的东部疆界、燕秦汉三代与箕氏朝鲜的关系等问题提供了参照坐标和重要线索。

研究上述问题的基本史料首推《史记·朝鲜列传》和《魏略》③中的有关记载。

《朝鲜列传》记："朝鲜王满者，故燕人也。自始全燕时尝略属真番、朝鲜，为置

---

① 李庆发、张克举：《辽西地区燕秦长城调查报告》，《辽海文物学刊》1991年第2期。
② 参见王绵厚、李健才：《东北古代交通》，沈阳出版社，1990年，第8～10页；另参见刘起釪：《碣石考》，《江海学刊》1984年第5期。
③ 《三国志·魏书·乌丸鲜卑东夷传》注引鱼豢《魏略》。

吏，筑障塞。秦灭燕，属辽东外徼。汉兴，为其远难守，复修辽东故塞，至浿水为界，属燕。燕王卢绾反，入匈奴，满亡命，聚党千余人，魋结蛮夷服而东走出塞，渡浿水，居秦故空地上下障，稍役属真番、朝鲜蛮夷，及故燕、齐亡命者王之，都王险。会孝惠、高后时天下初定，辽东太守即约满为外臣，保塞外蛮夷，无使盗边；诸蛮夷君长欲入见天子，勿得禁止。以闻，上许之，以故满得兵威财物侵降其旁小邑，真番、临屯皆来服属，方数千里。"

《魏略》记："昔箕子之后朝鲜侯，见周衰，燕自尊为王，欲东略地，朝鲜侯亦自称为王，欲兴兵逆击燕以尊周室。其大夫礼谏之，乃止。使礼西说燕，燕止之，不攻。后子孙稍骄虐，燕乃遣将秦开攻其西方，取地二千余里，至满番汗为界，朝鲜遂弱。及秦并天下，使蒙恬筑长城，到辽东。时朝鲜王否立，畏秦袭之，略服属秦，不肯朝会。否死，其子准立。二十余年而陈、项起，天下乱，燕、齐、赵民愁苦，稍稍亡往准，准乃置之于西方。及汉以卢绾为燕王，朝鲜与燕界于浿水。及绾反，入匈奴，燕人卫满亡命，为胡服，东渡浿水，诣准降，说准求居西界，故中国亡命为朝鲜藩屏。准信宠之，拜为博士，赐以圭，封之百里，令守西边。满诱亡党，众稍多，乃诈遣人告准，言汉兵十道至，求入宿卫，遂还攻准。准与满战，不敌也。"

这两段记载涉及的燕秦汉边塞、辽东外徼、浿水、满番汗、秦故空地上下障等地理概念一直众说纷纭。大宁江长城首先明确了战国燕长城的具体走向，从而为上述地点的确定找到一个可靠的研究基点。

1. 大宁江长城是燕国东境的基本边界，在其外侧燕还领有一部分羁縻地区

战国燕的疆界史书并无明确记载。燕向东北方向拓展疆土除了《山海经·海内西经》记"貊国在汉水东北，地近燕，灭之"和《史记·匈奴列传》记"其后燕有贤将秦开为质于胡，胡甚信之。归而袭破走东胡，东胡却千余里。……燕亦筑长城，自造阳至襄平。置上谷、渔阳、右北平、辽西、辽东五郡以拒胡"这两件事外，还与箕氏朝鲜发生过战争。

《魏略》记有"燕乃遣将秦开攻其（箕氏朝鲜）西方，取地二千余里，至满番汗为界"，《朝鲜列传》记有"自始全燕时尝略属真番、朝鲜，为置吏，筑障塞"。虽然真番、朝鲜具体是指哪些地区存在争议，但一般看来真番不会在箕氏朝鲜以西，因此《魏略》和《朝鲜列传》所记或是两件事，或者后者是前事的连带后果。

汉辽东郡有番汗县，一些学者认为《魏略》中提到的"满番汗"就是"番汗"，比定在朝鲜博陵城。从《汉书·地理志》记"番汗，沛水出塞外，西南入海"知番汗县附近有沛水和边塞，今大宁江畔有博陵城故址、大宁江和大宁江长城，城、水、塞关系与《汉书》所记均相契合，显然沛水就是大宁江。秦开取地两千里后，燕与箕氏朝鲜以满番汗为界就是以大宁江长城为界，大宁江长城应该是这次战争后修筑的。

下面两条史料说明燕在大宁江长城外侧还有部分领土。一是《山海经·海内西

经》记"朝鲜在列阳东，海北山南，列阳属燕"，晋郭璞注"列亦水名也，今在带方，带方有列口县"。带方郡是东汉末年分乐浪郡南部地设置的，《汉书·地理志》记列水"西至黏蝉入海"，根据黏蝉碑可以确定黏蝉县治为今龙岗郡於乙洞古城，在於乙洞古城左岸入海的大同江即列水可为定论。二是《方言》一书多次将燕、朝鲜、洌水并提，如"燕之北郊朝鲜洌水之间曰叶输"、"燕之外鄙朝鲜洌水之间曰摇扇"等，说明燕国的北境与朝鲜、洌水一带属于当时汉语的一个方言区，显然洌水一带是这个方言区的南界，此洌水即是列水。因为方言区是与政治、民族和文化背景相联系的，因此洌水（列水）可能就是燕国的边界。上举两条史料说明燕还领有从清川江口至大同江口一带地区。

燕占领这部分领土应该就是《朝鲜列传》中的"自始全燕时尝略属真番、朝鲜，为置吏，筑障塞"这件事。《魏略》有"时朝鲜王否立，畏秦袭之，略服属秦，不肯朝会"句，可证《朝鲜列传》中的"略属朝鲜"的"略"字是形容词"略微"而非动词"攻略"，大致是羁縻之意。这种可以"为置吏，筑障塞"的羁縻之地当不是箕氏朝鲜的全境，而只限其局部地区，大体是从清川江口至大同江口的沿海平原。这一地区面积不会很大，否则一直存在到汉初亡于卫满的箕氏朝鲜将无地可置。

在西北朝鲜昌城东仓面梨川洞等许多地点出有燕国刀币，宁边梧里面细竹里出有锄、镐、镰、斧等铁器，博川坛山里出有燕国半圆瓦当，以上均可以作为战国中晚期以后燕国领有西北朝鲜一带的旁证。

2. 碣石长城是秦的东部边界

《盐铁论》在记述燕末秦初的东部边界时称"秦既并天下，东绝沛水，并灭朝鲜"。"东绝沛水"是指秦在灭燕战争中首先推进至燕大宁江长城一线，有可能战国末年箕氏朝鲜趁燕无力东顾之机，又夺回了从清川江口至大同江口一带燕的羁縻地区，否则《盐铁论》不必强调秦先是"东绝沛水"，然后"并灭朝鲜"。因此秦最初还曾短暂地利用过大宁江长城与箕氏朝鲜为界。"并灭朝鲜"不是说箕氏朝鲜亡国，它可有两重意思。

第一重意思是指秦又从箕氏朝鲜手中夺回了大宁江长城以外原来燕的羁縻地区，正式纳入秦的版图，平壤附近出有秦"上郡守"戈可作为旁证[①]。秦从箕氏朝鲜手中夺回的原燕的羁縻地区就是《朝鲜列传》中的"辽东外徼"，所谓"辽东外徼"虽不同于秦郡县，却终究是秦的势力范围，《朝鲜列传》后面提到"汉兴"，以"辽东外徼"远而难守反证秦代的"辽东外徼"是由秦军戍守的。

第二重意思是指秦羁縻箕氏朝鲜，可与《史记·律书》记朝鲜"自全秦时内属为臣子"互证。这是因为秦占领了"辽东外徼"地区之后修筑了终端在碣石的秦东段长城，并以此为界与箕氏朝鲜相邻，兵威所向，箕氏朝鲜被迫内属。不过秦与箕氏朝鲜

---

① 〔日〕关野贞、谷井济一：《乐浪郡时代の遗迹》，（日本）朝鲜总督府，1927年。

的关系当如《魏略》所记:"及秦并天下,使蒙恬筑长城,东到辽东。时朝鲜王否立,畏秦袭之,略服属秦,不肯朝会",秦对箕氏朝鲜只是羁縻而已。

《史记·匈奴列传》记载秦长城"因边山险巉溪谷可缮者治之,起临洮至辽东万余里",而《朝鲜列传》中记载燕"略属真番、朝鲜"时曾"筑障塞",因此秦的碣石长城或有可能在某种程度上利用了原来燕羁縻地区的障塞。而此时大宁江长城大概就放弃了。

3. 西汉初年复修的"辽东故塞"是指大宁江长城

《朝鲜列传》记"汉兴,为其远难守,复修辽东故塞,至浿水为界,属燕",又记汉使涉何诱谕朝鲜王右渠,"何去至界上,临浿水,使御刺杀送何者朝鲜裨王长,即渡,驰入塞"。这两条记载涉及了汉初的东部边界。

秦修筑碣石长城之后国境以内的大宁江长城既已放弃,汉新承秦,对汉初人而言大宁江长城是"故塞",而且两段记载都说明"故塞"、"塞"距"浿水"很近,因此浿水只能是江口距大宁江长城很近的清川江。汉初边界虽然回缩至大宁江长城和清川江口一线,但是《朝鲜列传》仍称"属燕",说明汉初对辽东外徼地区名义上还保持羁縻关系。不过既已"复修辽东故塞",又称浿水为界河,实际上这一地区已经弃守了,《盐铁论·备胡》中"朝鲜踰徼,劫燕之东地"就是这里。从《魏略》"天下乱,燕、齐、赵民愁苦,稍稍亡往准,准乃置之于西方。……燕人卫满亡命。为胡服,东渡浿水,诣准降,说准求居西界,故中国亡命为朝鲜藩屏"的记载看,箕氏朝鲜并未完全控制辽东外徼地区,这里实际是汉与箕氏朝鲜的缓冲地带。汉初是以"故塞"大宁江长城和界河"浿水"(清川江)为正式边界的。

《朝鲜列传》记"(卫满)东走出塞,渡浿水,属秦故空地上下障",卫满所出的汉初边塞自是大宁江长城,随即渡浿水(清川江),所居的"秦故空地上下障"就是原秦"辽东外徼"地。终端在大宁江长城外侧的秦长城无论从什么方向抵达碣石,都会与大宁江长城夹成一块地区,燕国始筑、汉初复修的大宁江长城在北,是为上障,秦碣石长城在南,是为下障。秦末汉初均无暇顾及原来的"辽东外徼"地区,箕氏朝鲜也并未完全控制,当时这里主要居住一些燕、齐、赵旧民,所以称为"秦故空地上下障"。所谓燕的羁縻地区、秦的辽东外徼、秦故空地上下障实际基本是同一块地区,大体从清川江口至大同江口一带的沿海平原。

4. 武帝开设朝鲜四郡后大宁江长城遂被废弃

元封三年,汉武帝灭卫氏朝鲜,开设乐浪、玄菟、真番、临屯四郡,大宁江长城一线大体成为辽东郡与乐浪郡的分界线。从西汉讫到魏晋乐浪地区一直处于中原政权的直接统治之下,在乐浪发现的城址、墓葬和遗物表明乐浪的考古学文化基本特征与一般中原郡县无异,甚至到高句丽313年占领乐浪郡的一百多年后,在乐浪地区还有砖室墓和奉东晋年号的墓葬铭砖发现,足见乐浪地区受中原文化影响之深远。因此,武帝以后大宁江长城绝无存在的必要,始筑于战国燕的大宁江长城至此彻底失去了边塞的作用。

长期以来对东北地区燕秦汉东段长城的具体走向和沿革关系、燕秦汉三代的东部边界、燕秦汉三代与箕氏朝鲜的关系等问题的认识一直比较笼统,尽管对文献史料和考古遗存的解释仍然可以见仁见智,但是大宁江长城的发现对上述问题的解决无疑具有重要的启示作用。

原载《史学集刊》1997年第1期

从汉墓材料透视汉代乐浪郡的居民构成

《汉书·武帝纪》记载，西汉武帝元封三年（前108年）"朝鲜斩其王右渠降。以其地为乐浪、临屯、玄菟、真番郡"，其中乐浪郡是朝鲜四郡的首郡。其后直至西晋愍帝建兴元年（313年）高句丽南下，汉晋政府在西北朝鲜一直设置乐浪郡这一行政区划，其郡治（首县朝鲜县治）即今朝鲜平壤大同江南岸的土城洞城址。

《汉书·地理志》记乐浪郡辖境最为辽阔时期"县二十五"，根据《后汉书·东夷传》"昭帝始元五年（前82年），罢临屯、真番，以并玄菟、乐浪。玄菟复徙居句丽。……后以境土广远，复分岭东七县，置乐浪东部都尉。……建武六年（30年）省都尉官，遂弃岭东地"和《三国志·魏书·乌丸鲜卑东夷传》"建安中，公孙康分屯有县以南荒地为带方郡"等记载，乐浪郡地亦曾伸缩，但其中心地域是在平壤附近的大同江下游和载宁江流域。

朝鲜以平壤市为中心分布一批具有中原式文化特征的汉晋墓葬，习惯上称为乐浪汉墓。乐浪汉墓主要分布在平壤市、平安南道、黄海北道和黄海南道，在平安北道和咸镜北道亦有零散发现。笔者在撰写博士毕业论文《中国东北地区汉墓研究》时和从事东北考古工作中分别接触到若干乐浪汉墓材料，本文试图根据这些材料对汉代乐浪郡的居民构成情况进行初步探讨。需要说明的是，日占朝鲜时期和朝鲜建国以后刊布的考古报告国内不易查阅[①]，因此依据的材料有限，只是希望借此机会表达对此问题的关注。

一

从1909年起，日本学者对平壤对面大同江南岸的汉式墓葬进行了有计划地调查发掘，判定这些墓葬是汉代以讫西晋乐浪郡居民的遗存，在朝鲜考古学上提出"乐浪郡时代"的概念。据《乐浪古坟文化研究》一书总结，日占朝鲜期间乐浪汉墓的调查发掘工作主要包括1909年大同江面墓葬发掘，1913年梧野洞木椁墓调查，1916年贞柏里、石岩里墓葬调查，1924年石岩里墓葬调查，1925年石岩里M205（王盱墓）调查，1930年梧野里墓葬调查，1931年南井里M116（彩箧冢）调查，1932年贞柏里M127

[①] 国内关于乐浪汉墓的考古报告主要集中在中国社会科学院考古研究所、国家图书馆，主要有：《乐浪——五官掾王盱之坟墓》、《乐浪彩箧冢》、《乐浪王光墓》、《朝鲜古迹图谱·第一册》、《平壤附近乐浪郡时代遗迹》、《乐浪郡时代的遗迹》、《乐浪汉墓·第一册》、《古迹调查概报第一、二、三、五册》等。

（王光墓）调查和 1933~1935 年贞柏里、将进里、石岩里墓葬调查，1942 年石岩里 M219（王根墓）调查等。朝鲜民主主义人民共和国成立以后继续开展关于乐浪汉墓的发掘调查工作，主要包括 1954 年云城里 M1 发掘，1955 年乐浪里 M85 发掘，1957 年台城里墓葬调查，1958 年贞柏洞 M1（夫租秽君墓）调查，1962 年贞柏洞 M2（高常贤墓）调查，1966 年云城里墓葬调查，1967~1971 年贞柏洞、贞梧洞、土城洞、南寺里墓葬调查，1973 年和 1976 年贞柏洞墓葬调查，1978 年乐浪洞、贞柏洞墓葬调查和 1981~1984 年平壤地区墓葬调查等[①]。

日本学者高久健二根据敞口深腹罐、圈足罐、广口短颈壶、壶、瓮等随葬陶器的型式变化，结合对铜镜、花纹砖的分析，将乐浪汉墓划分为五期。第一期，公元前 2 世纪末至公元前 1 世纪前半，乐浪汉墓萌生期；第二期，公元前 1 世纪后半，发展期；第三期，公元 1 世纪，兴盛期；第四期，公元 1 世纪末至 2 世纪，衰退期；第五期，公元 3 世纪前半，乐浪汉墓复兴期。既往学界使用"乐浪汉墓"这一称谓，旨在突出其中原式文化特征，因此也包括魏晋墓葬，本文讨论的仅是其中的汉墓（汉代纪年范围内的汉式墓葬），即上举前四期，年代大致分别对应为西汉中期、西汉后期、新莽和东汉前期、东汉中后期。

乐浪汉墓主要是木椁墓和砖室墓。木椁墓从西汉中期延续至东汉后期，土坑竖穴，设置墓道，椁室有单室和双室两种，放置单棺、双棺、三棺甚至四棺。砖室墓出现在东汉中后期，单室或前后双室，有的附侧室，穹隆顶，有的以花纹砖砌筑。另外，还有木结构天井的砖室墓。乐浪汉墓的随葬器物包括陶器、武器、漆器、青铜容器、铜镜、车马具、农工具、服饰品、模型明器、印章、货币等。陶器有罐、壶、鼎、盘、瓮、案、甑、釜等，武器有细形青铜短剑、铁矛、环首铁刀、铁剑、铁戟、铜戈、铜弩机、铜铁镞、木剑等，漆器有奁、碗、盘、豆、壶、耳杯、匜等，铜容器有鼎、壶、尊、盘、碗、豆、奁、釜、鐎斗、博山炉等，铜镜种类包括星云纹镜，内行花纹镜、方格规矩镜、浮雕兽带镜、盘龙镜、神兽镜等，车马具包括铜铁车轴头、鎏金铜当卢、鎏金铜衔、鎏金铜镳、铜铃等，农工具有铁斧、铁凿、铁镰、铁锤等，服饰品出有漆履、漆枕、铜带钩、琉璃耳珰、琥珀佩玉、银指环、石黛砚、玳瑁梳、玳瑁簪等，模型明器见有陶井、陶灶、陶鸡、陶鹅、陶犬、陶猪、木人、木马等，货币见有五铢、货泉、大泉五十等，印章有银、铜、木、陶等质地。

二

乐浪汉墓的形制、棺椁制度、随葬器物及其发展演化线索与中原地区基本相同，属于汉式墓葬。但是乐浪郡地取自卫氏朝鲜，墓葬制度存在前期文化因素的孑遗，同时又受到地域相邻的东北地区汉墓和隔海相望的东南沿海汉墓的影响，具有边远地区

---

① 〔日〕高久健二：《乐浪古坟文化研究》，学研出版社，1995 年。

的地方特点。

在中原和关中地区，以长方形小砖夹杂楔形砖和榫卯砖砌筑的砖室墓出现在西汉中期，随即普及，至东汉在许多地区已经流行并且取代了木椁墓。而在朝鲜，约在东汉中后期出现砖室墓以后，木椁墓仍然相当流行（贞梧洞M4、石岩里M20等），沿用至魏晋时期。在东南沿海，东汉前期已经出现砖室墓，但是木椁墓一直存在，如江苏扬州七里甸墓[①]（东汉前期）、仪征石碑村墓[②]（东汉晚期）、浙江杭州漓渚墓地[③]（东汉中期至东汉晚期），广州汉墓中木椁墓也一直沿用至东汉中后期[④]。在辽东地区，砖室墓大约出现在新莽前后，其后木椁墓基本绝迹，不过辽宁盖州九垅地M1在砖室中仍然设置木椁，墓砖纪年为东汉顺帝"永和五年"（140年）[⑤]。乐浪汉墓的石岩里M120、梧野里M25等为木结构天井砖室墓，约在东汉中期，在逻辑序列上是木椁墓与砖室墓间的过渡形式。东北地区汉墓中亦有一类木结构平顶砖室墓，以小砖砌筑墓壁，顶部盖以木板，如大连营城子M8、M45[⑥]等，年代约在新莽前后。

汉代花纹砖墓最集中的分布地区是河南南部和四川盆地，东南沿海、辽东半岛和朝鲜也有发现。东汉时期朝鲜的花纹砖墓发达，有的木椁墓甚至在木椁外壁砌筑花纹砖壁，如贞柏里M1、石岩里M253、石岩里M99、石岩里M6、贞梧洞M4、梧野里M19等，花纹主要有菱格、同心圆、折线、网格、"S"形等几何形纹饰。在东北地区，辽东半岛碧流河西南的渤海湾沿岸东汉中后期流行以花纹砖（包括画像砖、钱文砖、文字砖等）砌筑墓室，有些与绳纹砖或石板混筑，如金州董家沟M5和M7[⑦]、盖州九垅地M1和M4、旅顺南山里M4[⑧]、大连营城子M52[⑨]等。纹饰主要有圆圈、同心圆、菱格、叶脉、网格等几何形纹饰，其他有动物纹饰、人物头像、钱币图案、文字、狩猎场面等。在东南沿海，江苏高淳固城M1和M2[⑩]、丹阳宗头山墓[⑪]、溧水柘塘墓地[⑫]、浙江杭州铁佛寺墓[⑬]等地有花纹砖分布，纹饰包括菱格、圆圈、十字、网格、折线等几何形纹饰和动物纹饰、车马出行、历史故事、钱币图案和文字等。

高久健二将乐浪汉墓的木椁划分为三类，并且分析了其与华北、华南汉墓木椁的联系。高久健二指出属于A类木椁的贞柏洞M53、云城里M9等均是隔出头厢，或

---

① 南京博物院、扬州市博物馆：《江苏扬州七里甸汉代木椁墓》，《考古》1962年第8期。
② 南京博物院：《江苏仪征石碑村汉代木椁墓》，《考古》1966年第1期。
③ 浙江省文物管理委员会：《浙江绍兴漓渚东汉墓发掘简报》，《考古通讯》1957年第1期。
④ 广州市文物管理委员会、广州市博物馆：《广州汉墓》，文物出版社，1981年。
⑤ 许玉林：《辽宁盖县东汉墓》，《文物》1993年第4期。
⑥ 于临祥：《营城子贝墓》，《考古学报》1958年第4期。
⑦ 〔日〕三宅俊成：《关东州董家沟古坟调查报告书》，《满洲学报》（第七册），1944年。
⑧ 〔日〕滨田耕作：《南山里——南满洲老铁山麓的汉代砖墓》，（日本）东亚考古学会，1933年。
⑨ 许明纲：《旅大市营城子古墓清理》，《考古》1959年第6期。
⑩ 镇江市博物馆：《江苏省高淳县东汉画像砖墓》，《文物》1983年第4期；南京市博物馆：《江苏高淳固城东汉画像砖墓》，《考古》1989年第5期。
⑪ 镇江市博物馆、丹阳县博物馆：《江苏丹阳东汉墓》，《考古》1978年第1期。
⑫ 吴大林：《江苏溧水出土东汉画像砖》，《文物》1983年第11期。
⑬ 王士伦：《杭州铁佛寺清理了一座东汉墓葬》，《文物参考资料》1955年第6期。

是留出相当于头厢的位置,这种形制的木椁主要见于北京怀柔城北 M63、昌平史家桥 M39~M40、朝阳袁台子 M52、大连营城子 M35 等地;属于 B 类木椁的贞柏洞 M11、石岩里 M20 等均是在木棺的左右方向隔出副椁,或者是留出相当于副椁的位置,在东汉时期乐浪汉墓中最常见,这种形制的木椁在东南沿海相当流行,见于山东临沂银雀山 M8、金雀山 M1、江苏盱眙东阳 M5、邗江胡场 M5 等地;C 类木椁平面呈 "T" 字形,副椁横前突出,前后连筑,这种形制的木椁亦见于广州汉墓 M3031。

乐浪汉墓若干陶器与东北地区周汉时期土著居民的陶器相似,如贞柏洞 M92 与吉林榆树老河深墓地[①]、黑龙江海林河口遗址[②]等地的敞口深腹罐,石岩里 M205 与辽宁铁岭邱台 M2[③]、吉林榆树老河深 M89 等地的圈足罐等。《朝鲜古迹图谱》收录大同江面汉墓出土的肩双耳罐、肩双耳壶,前者见于河北滦平梨树沟门战国墓地[④]和内蒙古敖汉水泉北区战国墓地[⑤],后者见于滦平梨树沟门和内蒙古凉城崞县窑子战国墓地[⑥]。同书收录的大同江面汉墓竹节颈壶颇有特点,见于新金县碧流河石盖墓[⑦](西周末年至春秋时期)和王屯石棺墓[⑧](春秋至战国时期)。乐浪汉墓亦有若干陶器与东北地区汉墓相似。例如石岩里 M205 与大连前牧城驿 M802[⑨]的敞口折腹罐、石岩洞砖室墓与营城子 M1[⑩]的敞口弧腹罐、贞柏洞 M37 与大连牧城驿东坟[⑪]的敞口扁腹罐、石岩里 M205 与辽阳上伯官屯 M2[⑫]的瓮等均相近似(图一)。

由于部分土著居民在燕汉政权经略东北的过程中融为燕民和汉民,因此东北地区燕汉墓葬也存在土著文化因素,前举肩双耳罐亦见于唐山贾各庄战国燕墓(M16)[⑬],肩双耳壶亦见于唐山贾各庄(M11)和喀左北山根战国燕墓[⑭],系非燕文化因素在战国燕墓中的孑遗。竹节颈壶更是大连地区西汉墓葬中的重要器类,大连营城子墓地出有 32 件,大连刘家屯 M811[⑮]和旅顺李家沟 M20[⑯]等墓也有发现,是土著文化因素在西汉墓

---

① 吉林省文物考古研究所:《榆树老河深》,文物出版社,1987 年。
② 黑龙江省文物考古研究所、吉林大学考古学系:《黑龙江海林市河口遗址发掘简报》,《考古》1996 年第 2 期。
③ 铁岭市文物管理办公室:《辽宁铁岭市邱台遗址试掘简报》,《考古》1996 年第 2 期。
④ 承德地区文物保护管理所、滦平县文物保护管理所:《河北滦平县梨树沟门墓群清理发掘简报》,《文物春秋》1994 年第 2 期。
⑤ 郭治中:《水泉墓地及相关问题之探索》,《中国考古学跨世纪的回顾与前瞻——1999 年西陵国际学术研讨会文集》,科学出版社,2000 年。
⑥ 内蒙古文物考古研究所:《凉城崞县窑子墓地》,《考古学报》1989 年第 1 期。
⑦ 旅顺博物馆:《辽宁新金县碧流河大石盖墓》,《考古》1984 年第 8 期。
⑧ 许明纲:《大连古代石筑墓葬研究》,《博物馆研究》1990 年第 2 期。
⑨ 旅顺博物馆:《辽宁大连前牧城驿东汉墓》,《考古》1986 年第 5 期。
⑩ [日]关东厅博物馆:《营城子——前牧城驿附近的汉代壁画砖墓》,(日本)东亚考古学会,1934 年。
⑪ [日]滨田耕作:《南山里——南满洲老铁山麓的汉代砖墓》,(日本)东亚考古学会,1933 年。
⑫ 佟俊岩:《沈阳上伯官汉墓清理报告》,《辽海文物学刊》1991 年第 2 期。
⑬ 安志敏:《河北唐山市贾各庄发掘报告》,《考古学报》(第六册),1953 年。
⑭ 傅宗德、陈莉:《辽宁喀左县出土战国器物》,《考古》1988 年第 7 期。
⑮ 刘俊勇:《辽宁大连刘家屯西汉贝墓》,《博物馆研究》1995 年第 3 期。
⑯ 于临祥:《旅顺李家沟西汉贝墓》,《考古》1965 年第 3 期。

葬中的孑遗。因此，乐浪汉墓中的这类陶器也可能是直接受到东北地区燕汉墓葬的影响（图一）。

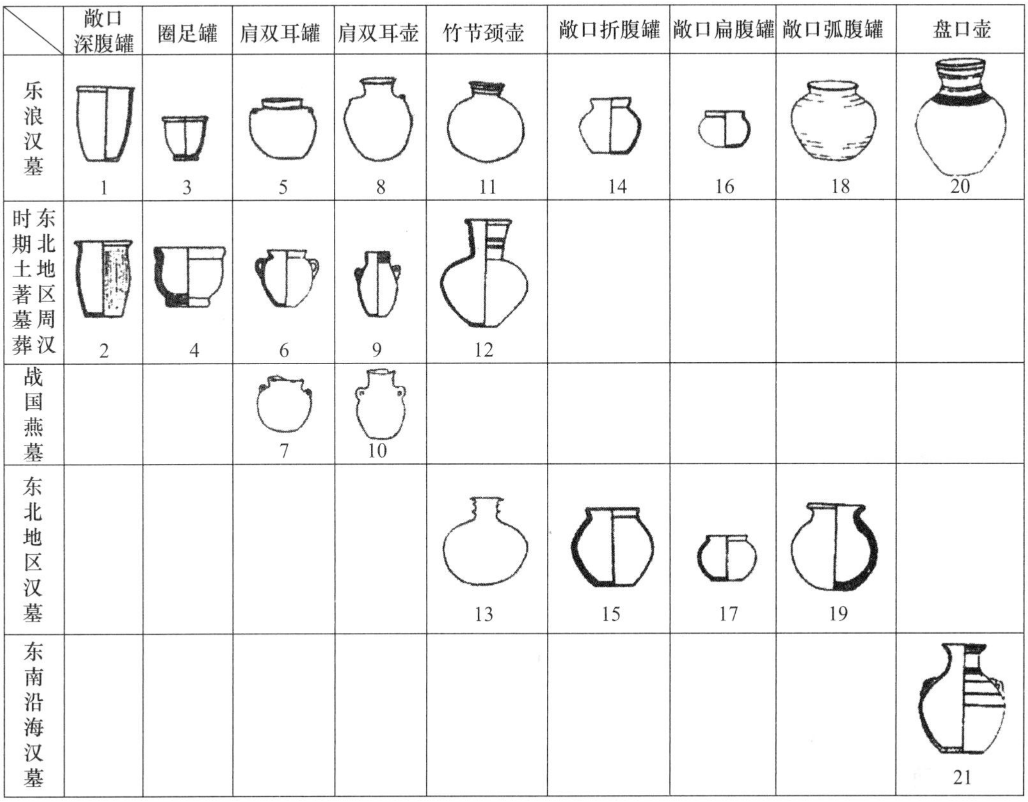

	敛口深腹罐	圈足罐	肩双耳罐	肩双耳壶	竹节颈壶	敛口折腹罐	敛口扁腹罐	敛口弧腹罐	盘口壶
乐浪汉墓	1	3	5	8	11	14	16	18	20
东北地区土著墓葬时期汉	2	4	6	9	12				
战国燕墓			7	10					
东北地区汉墓						13	15	17	19
东南沿海汉墓									21

图一　乐浪汉墓部分陶器比较示意图

1. 贞柏洞 M92　2. 科左后旗舍根墓地　3、14. 石岩里 M205　4. 铁岭邱台 M2　5、8、11. 大同江面汉墓　6、9. 滦平梨树门墓地　7. 唐山贾各庄 M11　10. 喀左北山根墓　12. 新金王屯石棺墓　13. 大连营子墓地　15. 大连前牧城驿 M802　16. 贞柏洞 M37　17. 大连牧城驿东坟　18. 石岩里砖室墓　19. 大连营城子 M1　20. 南寺里 M29　21. 歙县西村墓

乐浪汉墓亦有部分陶器受到东南沿海汉墓的影响。王培新先生指出朝鲜半岛土城洞 M45 的青釉双领陶罐、青釉陶坛、硬陶斜领罐、绿釉双耳陶罐一组器物在朝鲜极罕见，分别与江苏邗江甘泉墓、广州汉墓 M5080、湖南常德常南 M2 和广东佛山澜石 M1 等地东汉墓的同类陶器相同或相似；并举南寺里 M29 的陶壶以为与安徽歙县西村和淮南刘家古堆东汉墓相似[1]。诸如南寺里 M29 这类釉陶壶若在肩部附上双耳，则与山东临沂金雀山 M10[2]、崂山古庙墓[3]、浙江杭州临平墓[4]、绍兴漓渚 M76[5] 等地陶壶相似，这种

---

[1] 王培新：《公元 2—4 世纪西北朝鲜砖室墓初步研究》，《边疆考古研究》（第 2 辑），科学出版社，2004 年。
[2] 临沂市博物馆：《山东临沂金雀山周氏墓群发掘简报》，《文物》1984 年第 11 期。
[3] 孙善德、刘璞：《青岛崂山县发现一座西汉夫妇合葬墓》，《文物资料丛刊》（9），文物出版社，1985 年。
[4] 金祖明：《杭州临平发现汉墓》，《文物参考资料》1958 年第 10 期。
[5] 浙江省文物管理委员会：《绍兴漓渚的汉墓》，《考古学报》1957 年第 1 期。

盘口或侈口、束颈、鼓肩、双耳、平底的陶壶在汉代东南沿海相当流行（图一）。

就其他随葬器物而言，高久健二指出，贞柏洞 M62、台城里 M8 等墓的铁矛刃幅相对较宽、刃部剖面呈扁圆菱形、骹部平齐没有尾叉，是受到战国燕系铁矛的影响。西汉中期乐浪汉墓往往出有细形青铜短剑（贞柏洞 M97、葛岘里墓等），西汉后期仍然时有发现（贞柏洞 M1、台城里 M10 等），这种以"节间束腰"剑身为特征的青铜短剑大约是中国东北系青铜短剑的分化发展形式。

三

乐浪汉墓中存在土著文化因素、故燕文化因素、东北地区汉文化因素和东南沿海汉文化因素，从中可以透视汉代乐浪郡的居民构成情况。

乐浪汉墓中的敞口深腹罐（西汉颇见）、圈足罐（东汉有一定数量）、竹节颈壶、肩双耳罐、肩双耳壶等陶器在周汉时期东北地区非中原系遗存中时有发现，其中敞口深腹罐、圈足罐、竹节颈壶基本分布在东夷范围以内。西汉时期比较普遍的细形青铜短剑，是"大致分布在朝鲜、秽、貊、夫余地区"[①]的中国东北系青铜短剑的同源分化形式。以上情况说明乐浪汉墓中存在东夷文化因素。《史记·朝鲜列传》记述西汉初年卫满东走朝鲜建立政权时依从夷俗，"聚党千余人，魋结蛮夷服"、并称"稍役属真番、朝鲜蛮夷"。乐浪置郡以后，《汉书·地理志》仍称玄菟、乐浪"皆朝鲜、濊貊、句骊蛮夷"。按照中国史书的传统划分，"真番、朝鲜蛮夷"和"朝鲜、濊貊、句骊蛮夷"可以宽泛地归入东夷。这说明乐浪郡中属于东夷系统的居民占有相当比例，他们主要是当地战国汉初居民的后裔，可能也有一些是汉代从东北地区进入乐浪郡地的。

乐浪汉墓的铁矛受到战国燕系铁矛的影响，作为土著文化因素孑遗的肩双耳罐和肩双耳壶亦见于战国燕墓，说明乐浪汉墓存在故燕文化因素。战国燕与箕氏朝鲜联系密切，大宁江长城表明战国燕的东境边界已经到达朝鲜清川江口一线，燕与箕氏朝鲜并且存在羁縻关系[②]。《魏略》记"天下乱，燕、齐、赵民愁苦，稍稍亡往（箕）准，准乃置之于西方"，《后汉书·东夷列传》亦记"汉初大乱，燕、齐、赵人往避地者数万口"，证明秦末汉初箕氏朝鲜已有燕国流民。《史记·朝鲜列传》称卫满"故燕人也"，卫氏朝鲜也有"故燕、齐亡命者"。因此乐浪郡居民中亦有相当部分属于燕人后裔。

乐浪汉墓源自东北地区汉墓或通过东北地区进入朝鲜半岛的文化因素则反映出汉代乐浪郡与辽东郡的密切联系。早在置郡以前"辽东太守即约满为外臣"（《史记·朝鲜列传》），置郡以后，"都邑颇放效吏及内地贾人，……郡初取吏于辽东"（《汉书·地理志下》）。乐浪郡与辽东郡地域相邻，从辽东郡治襄平县东南行经居就县（辽阳亮甲山汉城）、武次县（凤城刘家堡汉城）、西安平县（丹东叆河尖汉城）通往乐浪郡治朝

[①] 林沄：《中国东北系青铜短剑初论》，《考古学报》1980 年第 2 期。
[②] 郑君雷：《大宁江长城的相关问题》，《史学集刊》1997 年第 1 期。

鲜县的陆路交通是连结东北地区与朝鲜的重要通路。同时从辽东半岛南端的"马石津"（旅顺老铁山）傍海岸东北行至"安平口"（鸭绿江口），再南下朝鲜半岛"列口"（大同江口）的海路交通也是联系辽东半岛和朝鲜半岛的重要路线[①]。通过海陆两路移入乐浪郡的辽东郡官吏、商贾、百姓当有相当数量。

值得注意的是乐浪汉墓与东南沿海汉墓的联系。《魏略》记载秦末汉初箕氏朝鲜已有齐国流民，《史记·朝鲜列传》记卫氏朝鲜属下有"故燕、齐亡命者"。汉晋时期东南沿海与朝鲜半岛的海路交通畅达，《史记·朝鲜列传》记"遣楼船将军杨仆从齐浮渤海。……楼船将军将齐兵七千人，先至王险。……楼船将军亦坐兵至洌口（大同江口）"，《三国志·吴书·吴主传》注引《吴书》记嘉禾三年（234年）孙权遣谢宏、陈恂乘海拜高句丽王位宫为单于，"恂等到安平口（鸭绿江口）"，文献可征。推断汉代乐浪郡亦有一定数量来自东南沿海的汉民。

四

根据乐浪汉墓文化因素构成情况，结合文献记载推断，汉代乐浪郡居民主要是由战国汉初东夷后裔、战国燕民后裔、东北地区汉民和东南沿海汉民组成的复合体。乐浪郡居民渊源和成份不一，文化背景和历史传统各异，乐浪汉墓显示出一定地域特点。至于不同阶段各种文化因素的比例构成差别，则直接反映着乐浪居民的构成变化和民族融合情况。

乐浪汉墓有代表性的东夷文化因素是细形青铜短剑和敞口深腹罐，以前者更具典型。高久健二分析的12座西汉中期和17座西汉后期例墓中分别有6例和4例出有细形青铜短剑，分别有6例和14例出有敞口深腹罐；而22座东汉前期例墓和24座东汉后期例墓中细形青铜短剑已经绝迹，分别只有4座和1座出有敞口深腹罐。乐浪初期东夷后裔仍然占有重要比例，其后土著居民逐渐汉化，汉民成份亦不断增加，所以西汉中期乐浪汉墓东夷文化因素相对强烈，西汉后期仍然比较显著，东汉前期尚有残余，至东汉后期则基本消失。

与此相似的是故燕文化因素。虽然在基质上燕文化属于中原系统，但是燕文化与黄河流域的典型中原文化仍有差别，乃至被中原诸侯贬称为"燕貉邦"[②]，有似于"秦戎"和"楚蛮"。乐浪汉墓中的燕式陶器几乎未见，燕系铁矛趋于绝迹，故燕文化因素占有的百分比不突出，表明战国燕民后裔亦存在相似的汉化过程。

一般而言，西汉中后期乐浪汉墓的等级越高，汉式文化因素就越强烈。高久健二列举的西汉中期属于第一阶层的土城洞M4等两座例墓均随葬铜镜和漆器；属于第二阶层的贞柏洞M81等5座例墓只有1座出有漆器，没有铜镜；属于第三阶层的云城里

---

① 王绵厚、李健才：《东北古代交通》，沈阳出版社，1990年。
② 林沄：《"燕亳"和"燕亳邦"小议》，《林沄学术文集》，中国大百科全书出版社，1998年。

M3 等两座例墓则未见铜镜和漆器。西汉后期属于第一阶层的贞柏洞 M2 等 6 座例墓中，有 4 座出有铜镜，没有漆器，属于第三阶层的贞柏洞 M62 等 9 座例墓则没有铜镜和漆器。说明乐浪郡设置初期较高等级的居民受汉文化影响更为深远些，这些较高等级的居民有些或即"取吏于辽东"的东北地区汉民。

从西汉中期至东汉后期，在土著文化因素逐渐减少的同时，乐浪汉墓的汉式文化因素逐渐增加。以铜镜和漆器为例，西汉中期铜镜和漆器基本出于第一阶层汉墓，西汉后期第二阶层汉墓也出现铜镜，东汉前期铜镜、漆器在第二阶层汉墓中已经非常普遍，至东汉后期铜镜和漆器在第三阶层汉墓中也比较常见。随着朝鲜纳入郡县体制日久，汉式文物制度浸润日深，土著民族逐渐汉化，外来汉民逐渐增多，战国汉初东夷后裔、战国燕民后裔、东北地区汉民和东南沿海汉民在文化和血液上逐渐融合，终于成为形成中的汉族的一部分。

从自然地理、历史沿革、民族构成、风俗习尚和行政设置等背景因素分析，东北诸郡与乐浪郡关系最为密切。东北地区与朝鲜山川相连，自然条件相似；战国时期或隶属燕国郡县，或受到燕国羁縻；汉代东北郡县和乐浪郡县外缘地区均有东夷分布，郡县以内汉民均有故燕和东夷成份。杨雄《方言》以为"燕代朝鲜洌水之间"是汉语的一个方言区，同时在行政区划上辽西、辽东、玄菟、乐浪等郡均属于汉代幽州刺史部。因此乐浪汉墓中源自东北地区的文化因素一直占有重要地位。而东南沿海文化因素对乐浪汉墓的影响主要是在自东汉以后，而且有逐渐加强和深入的趋势，至吴晋南朝时期，东南沿海与包括朝鲜半岛在内的海东诸国的联系已是非常密切。

从文献记载看，汉代乐浪郡居民当不止以上四个来源。《魏略》记新莽地皇年间（20~23 年）辰韩右渠帅廉斯鑡"闻汉乐浪土地美，人民饶乐"，即来归化；《后汉书·光武帝纪下》记建武二十年（44 年）"东夷韩国人率众诣乐浪内附"，表明乐浪郡中也有来自朝鲜半岛南部的三韩居民，这是研究乐浪郡居民构成情况时应该注意的方面。

概而言之，乐浪郡的原住居民是东夷系的战国汉初"真番、朝鲜、秽、貊、句丽蛮夷"后裔和中原系的战国燕民后裔，外来居民主要是中原系的东北地区汉民、东南沿海汉民和东夷系的汉代内附秽、貊、韩民。中原系和东夷系居民的文化交流和民族融合可以上溯至箕氏朝鲜和卫氏朝鲜。在汉代大一统的历史背景下，乐浪郡内不同文化渊源、不同民族血源的各类居民逐渐融合，成为形成中的汉族的一部分，这种情况与汉代巴蜀、夜郎、南越、三楚等地区的情况似无二致。

原载《北方文物》2005 年第 2 期，郑君雷、赵永军合作

刘贤墓志的若干问题

1965年在辽宁朝阳发现一座北朝墓葬,该墓早期被盗,墓中出有石制碑形墓志,墓主刘贤。曹汛先生对墓志作了介绍并对刘贤的族属、籍贯、职官等问题做了颇有见地的考证,认为这是一座北魏墓葬,墓志有二点堪可注意:首先墓志为上有螭首、下有龟趺的碑形,与一般北魏墓志不同,仍存晋制,阳面天宫题"刘戍主墓志",可能是墓内刻石中最早自题墓志的,为研究早期墓志的发展演变提供了重要实例。其次志文内涵丰富,涉及若干史实,对于十六国北魏时期民族关系的研究有所裨益,并认为刘贤是鲜卑族或具有鲜卑族血统的别支部族①。其后王金炉先生考证刘贤不但是汉族,而且是汉宗室后裔②。刘凤君先生在讨论南北朝时期石刻墓志的形制时也涉及刘贤墓志③。刘贤墓志具有重要的学术价值,在此试对刘贤的族属、活动时代和墓志时代等问题略陈己见。

为讨论方便,先将曹汛先生断句标点后的志文转录如下:"君讳贤,字洛侯,朔方人也。其先出自轩辕黄帝,下及刘累,豢龙孔甲,受爵于刘,因土命氏。随会归晋,留子处秦,还复刘氏,以守先祀。魏太武皇帝开定中原,并有秦陇,移秦大姓,散入燕齐,君先至营土,因遂家焉。但营州边塞,地接六番(藩),君枭雄果毅,忠勇兼施,冀阳白公,辟为中正,后为临泉戍主,东面都督。天不吊善,歼此名喆(哲),春秋六十有四,奄致薨俎(徂)。州闾悲慂(痛),镌石文铭。其辞曰:芒乙(茫茫)天汉,胶乙(皎皎)恒娥,呜呼哀哉,渠可奈何!呜呼哀哉!君息僧沼,州西曹;息多兴,进士、都督;息貮(贰)兴,息康仁。孙高和,孙德素,孙法爱。"

一、关于刘贤的族属

曹文考证刘贤不是汉族,极有见地,但认为他是鲜卑族或具有鲜卑族血统的别支部族,并提及他是属于冒姓刘氏的刘虎、刘卫辰、赫连勃勃的支庶。而刘贤似非出自鲜卑,即使他是具有鲜卑血统的别部支族,亦应该属于匈奴族系。王文认为刘贤不但是汉族,而且是汉宗室之后则不能成立。

王文考虑不周之处在于:①曹文已经指出刘贤虽是汉姓汉名,"但'洛侯'则系鲜卑语之汉字记音,鲜卑人士以洛侯为名的例子不少"。王文于此点未予注意。②志文称

---

① 曹汛:《北魏刘贤墓志》,《考古》1984年第7期。
② 王金炉:《刘贤族属之管见》,《辽海文物学刊》1995年第1期。
③ 刘凤君:《南北朝石刻墓志形制探源》,《中原文物》1988年第2期。

刘贤"朔方人也",曹文已经指出北方边地民族本出于游牧部落,原无所谓籍贯,"《魏书》入传,一般只书'代人也'、'朔方人也'、'焉耆胡人也'、'辽东胡人也',等等,一般都是泛指区域兼指族属",并不可确考。王文却具体考证北魏朔方县所在,认为刘贤是秦地南部人。其实即使刘贤是秦地南部人也并不能证明他更有可能是汉族,当时关中地区的民族构成是"率其少多,戎狄居半"①。③志文中有"移秦大姓"句,王文认为只有刘贤是汉族大姓,且是汉宗室后裔,"才能担当中正、戍主、都督等官职"。曹文已经详细论证了北朝时期郡中正、戍主、都督品级甚低,谈不上什么门第世家。《新唐书·柳冲传》:"魏氏立九品,置中正,尊世胄,卑寒士,权归右姓矣。晋宋因之,过江则为侨姓,王、谢、袁、萧为大,东南则为吴姓,朱、张、顾、陆为大,山东则郡姓,韦、裴、柳、薛、杨、杜首之,代北则为虏姓,元、宇文、于、陆、源、窦首之。"显然北方边地民族中也有大姓,汉族大姓也未必就是汉宗室之后。《魏书·地形志上》记冀阳郡"领县二,户八十九,口二百九十六",《隋书·地理志中》记"辽西郡统县一,户七百五十一",显然这一时期营土之地非常荒凉,不能与内地郡县相比,任郡中正也谈不上需什么大姓。而且志文所称"秦地大姓"也可能是墓志中习有的夸耀之辞,不值得当真。总之,分析志文并不能得出刘贤不但是汉族,而且是汉宗室之后的结论。

考证刘贤是否为汉族,志文中"移秦大姓"中的"秦"字实际更值得辨析——是在指"秦人大姓"还是在指"秦地大姓"?在汉迄魏晋的史书、刻石、简牍和文学作品中常可以见到把汉族称为秦人的说法,方诗铭先生于此考释甚详②。或称秦人,或是秦胡对举,东晋时期仍然有这种用法。北朝以后则把汉族称为汉民、华人,例如高欢"每号令军士,……其语鲜卑则曰:汉民是汝奴,……其语华人则曰:鲜卑是汝作客,……"③因此志文"魏太武皇帝开定中原,并有秦陇,移秦大姓,散入燕齐"里的"秦"字指秦地,与"秦陇"、"燕齐"一样都是指地域。

实际上志文先称刘贤"朔方人也",下面叙述"下及刘累,豢龙孔甲,受爵于刘,因土命氏。随会归晋,留子处秦,还复刘氏,以守先祀",其后又是"秦地大姓",既然一直生活在秦地,又何来"朔方人也"之谓。这是北地民族依汉族刘姓推源于刘累后难免露出的穿凿痕迹。刘贤先世应该是出自北方边地民族,最早游牧于塞外,其后内附居于朔方,近世为"秦地大姓",本人则可能生于营州(详见第二部分)。

刘贤究竟出自哪支北地民族呢?汉晋北朝时期有铁弗、屠各、稽胡、卢水胡、拓跋鲜卑、乌丸、西域杂胡等北地民族改用汉姓刘氏④。乌丸在东汉末年曹操北征之后已经众种离散,《魏书·官氏志》记"其诸方杂人来附者,总谓之乌丸",至有称铁弗刘虎为"乌丸刘虎"者⑤,乌丸已是泛称,不可指实。卢水胡和西域杂胡太过边远,与刘

---

① 《晋书·江统传》。
② 方诗铭:《释"秦胡"》,《中国历史博物馆馆刊》1979年第1期。
③ 《资治通鉴·梁纪十三》。
④ 陈连庆:《中国古代少数民族姓氏研究》,吉林文史出版社,1993年,第39、48~51、367页。
⑤ 《资治通鉴考异·晋纪中》"怀帝永嘉三年"条。

贤籍贯"朔方人也"不合。拓跋鲜卑是北魏国族，太武帝"并有秦陇"后不会被"移秦大姓，散入燕齐"。余下的铁弗、屠各、稽胡均属于匈奴族系，这里面只有铁弗具有鲜卑血统（《魏书·铁弗刘虎传》记"北人谓胡父鲜卑母为铁弗，因以为号"）。曹文已经指出刘贤可能是冒姓刘氏的刘虎、刘卫辰、赫连勃勃的支庶，《十六国春秋》即称赫连勃勃为朔方人，因此刘贤确有可能出自铁弗。汉晋时期的朔方郡治均在河套一带，北魏朔方郡治南移至今无定河以南的黄河西岸，这一带地区广义上均可以称为朔方，《晋书·刘元海载记》称屠各"刘氏虽分居五部，然皆居于晋阳汾涧之滨"，因此刘贤也有出自屠各的可能。另外曹文举《汉魏南北朝墓志集释》中鲜卑刘玉"祖可洛侯"，而刘玉可能是稽胡[①]，此例证明"洛侯"不仅是鲜卑的名字，稽胡亦用。无论铁弗、屠各、稽胡，均属于匈奴族系。秦地概念只是一个大致范围，东周时期的秦国中心在关中地区，西晋至北朝的秦州均在天水附近，因此志文中的秦地除指今关中地区以外，可能也包括更西的地区，所以志文"并有秦陇，移秦大姓"连述。西晋太康年间有匈奴十余万口降居关中，十六国时期屠各刘曜的前赵并以长安为郡，铁弗赫连氏的夏亦曾占有长安和上邽（天水以南），北魏正是击破赫连定才夺取关中，当时秦地确有许多匈奴系的居民。

刘贤虽然可能出自匈奴族系，志文却依拓跋鲜卑开国传说称"其先出自轩辕黄帝"，墓葬制度亦受到鲜卑影响。拓跋鲜卑的棺木绝大多数呈前宽后窄的梯形，三燕时期东部鲜卑的棺木基本亦为梯形，刘贤的棺木残迹是梯形，受到鲜卑墓葬制度的影响。这是反映当时北方民族存在鲜卑化趋势的又一实例。汉晋北朝是民族融合时期，随着鲜卑的强大和北魏的建立，北方民族中出现鲜卑化的进程。例如，匈奴宇文部发展为东部鲜卑[②]，乞伏鲜卑起源于高车[③]；史书径称柔然首领社仑为河西鲜卑[④]，称铁弗赫连为鲜卑别种[⑤]；汉人冯跋"既家昌黎，遂同夷俗"[⑥]，高欢"既累世北边，故习其俗，遂同鲜卑"[⑦]。刘贤像鲜卑世家一样依托轩辕，使用鲜卑式的棺木，当属自然。

二、关于刘贤活动的年代

曹文和王文都以为刘贤本人由秦陇迁至燕齐，似忽略了对刘贤生地的考证。志文云："魏太武皇帝开定中原，并有秦陇，移秦大姓，散入燕齐，君先至营土，因遂家焉。""君先至营土"句不是说刘贤先到了营州，而是说他的父祖（君先）到了营土，

---

① 陈连庆：《中国古代少数民族姓氏研究》，吉林文史出版社，1993年，第51页。
② 《周书·文帝纪上》。
③ 马长寿：《乌桓与鲜卑》，上海人民出版社，1962年，第251页。
④ 《晋书·赫连勃勃载记》记有"时河西鲜卑杜仑献马八千匹于姚兴"，此事件《资治通鉴·晋纪三十六》记为"柔然可汗社仑献马八千匹于秦"。
⑤ （唐）张楚金：《翰苑·蕃夷部·鲜卑》雍公叡注"王琰《宋春秋》曰：赫连者，鲜卑别种，本匈奴左贤王后也"。
⑥ 《魏书·海夷冯跋传》。
⑦ 《北齐书·神武帝纪上》。

"先"字是名词而非副词。这仍是在接着前面叙述家世源流，否则既然刘贤先至营土，墓志又出在营土，那么中间到了什么地方，志文全无交代（志文中"君先至营土"与"后为临泉戍主"中间隔有"但营州边塞，地接六蕃，君枭雄果毅，忠勇兼施，冀阳白公，辟为中正"数句，显然不是将"后为临泉戍主"作为"君先至营土"的接应，而是将此句顺应"辟为中正"来叙述前后官职的变化，否则文意语词全不相联）。另外，志文中有"魏太武皇帝开定中原"句，这是追述刘贤父祖时事，言魏太武帝，正是后朝追述前朝北魏事（北周李贤墓志云："十世祖俟地归监知魏圣帝齐圣广渊，奄有天下，乃率诸国定扶戴之计。"① 与此例同）。

因此"移秦大姓，散入燕齐，君先至营土，因遂家焉"是指刘贤的近世父祖，并非刘贤本人。刘贤既然生在营州，刘贤的活动时代就需要重新考虑。

志文中有"冀阳白公，辟为中正"句，曹文认为刘贤在 426 年或 427 年北魏攻占赫连夏长安城或统万城后被掳东走，北燕包括"冀阳"在内的"营土"至 432 年才被北魏攻占，冀阳郡太平真君八年（447 年）撤销，志文中使用世祖拓跋焘谥号"太武皇帝"，知墓志制作必在拓跋焘卒年 452 年之后，认为刘贤很可能死在北魏文成帝拓跋濬在位期间（452～465 年）。王文根据北魏太平真君五年（444 年）置营州，冀阳郡太平真君八年撤销，认为刘贤任冀阳郡中正一职在太平真君五年至八年之间；以刘贤四十岁左右任中正，志文记"春秋六十有四"计，推断刘贤的生卒年代约在公元 400 年至 464 年前后。果此，则刘贤活动时间与其近世父祖迁移营土时间（432 年以后来到营土）间距太近，似与志文追述"君先至营土，因遂家焉"不合。而且刘贤移居营州未久，何以成为察访本地人物家世声名的中正？按冀阳郡东魏、北齐时复置，《魏书·地形志上》记冀阳郡"真君八年并昌黎，武定五年（547 年）复"，北齐代东魏后仍置冀阳郡，《隋书·地理志中》辽西郡柳城县条记"后齐唯留建德、冀阳二郡"。刘贤出任的或是复置后的冀阳郡中正，这时刘贤父祖迁移到营州已约百年，成为营州土著，所以才被辟为中正，刘贤可能主要历仕于东魏、北齐。另外，曹文所举几个北方边地民族人物都是名为"洛侯"，只有刘贤字"洛侯"，略觉特殊。北齐司马遵业墓志称遵业字子如，《北齐书》传则名字互易，赵万里先生解释说："考北魏北齐俗尚，上下通称人字，如万俟受洛干（洛）、可朱浑道元（元）、高乾邕（乾）、高敖曹（昂）、……之类，见于纪传碑志者，不一而足"②，所以刘贤也有可能名为洛侯，此可作为刘贤是东魏、北齐人物的旁证。

三、关于刘贤墓志的年代和形制

刘贤墓志的志文体例比较特殊，志文不书刘贤的卒葬年代，《汉魏南北朝墓志集释》收录的晋以后至隋的数百通墓志中不书卒葬年代者颇为罕见，仅有北魏元彧、元

---

① 宁夏回族自治区博物馆、宁夏固原博物馆：《宁夏固原北周李贤夫妇墓发掘简报》，《文物》1985 年第 11 期。
② 赵万里：《汉魏南北朝墓志集释》（卷七·北齐），科学出版社，1956 年。

瑗等数例,其中元彧死于孝庄帝永安三年尔朱兆袭京城之乱,至孝武帝时始得昭雪。《雪堂金石文字跋尾二》说元彧墓志"石质粗顽,镌刻亦劣,……及彧之死难,志但称'崩榱之祸奄臻,舍瑛之慕空结',盖亦不敢直言也"①。元瑗墓志从行文和志石布局上看似未完成,所以赵万里先生说:"志文三十余字,于瑗历官卒葬年月俱不书,似镌勘未毕即草草入圹者,此一奇也。"②刘贤墓志亦不书其仕历朝代国号,更觉特殊(前面指出志文中"魏太武帝开定中原"句是追述刘贤父祖时事,乃后朝追述前朝北魏事)。

北周灭北齐后,"建德六年(577年)十二月,是月,北营州刺史高宝宁据州反"③,北齐营州刺使高保宁(高宝宁)"还据黄龙,竟不臣周"④,不久(581年)隋代北周,高保宁不敌隋军,北走契丹,为部下所杀,营土遂安。齐末隋初营州动荡,高保宁偏居一隅,势难保全。刘贤子孙在高保宁治下自然不敢奉北周或隋正朔,依高保宁使用的国号和纪年又恐日后有所不测,心有隐衷,可能有意回避国号和纪年以避免麻烦。因此,刘贤墓志有可能属于齐末隋初高保宁时期。

墓志称"但营州边塞,地接六蕃,君枭雄果毅,忠勇并施",所以担任"临泉戍主,东面都督"的军事官职,表明当时营州边塞局势动荡。验之史事,北魏初期"及开辽海,置戍和龙,诸夷震惧,各献方物"⑤。北魏太和年间以后虽有边地部族寇边,但是经过北魏的军事征伐,至武定年间仍得少安。而北齐隋初东北边塞颇不安宁,如天保三年(552年)"(文宣)帝亲讨库莫奚于代郡,大破之"⑥,天保四年(553年)文宣帝经白狼城、昌黎城等地"掩袭契丹"⑦,北齐营州刺史王峻击破来犯室韦和东徙柔然⑧,高宝宁"遂连结契丹、靺鞨举兵反。……开皇初,又引突厥攻围北平"⑨。北齐隋初营州边塞局势紧张,所以《北齐书·王峻传》称"营州地接边城,贼数为民患",与墓志中"营州边塞,地接六蕃"互证。

刘贤墓志上有螭首、下有龟趺,形制确与一般南北朝墓志有别,有较早期墓志的特征。但南北朝仍是墓志发展时期,并未完全定型,如志盖就尚未普及。曹文指出刘贤墓志志文据事直书、简洁清通,不同于太和以后直到隋唐墓志常见的四六骈体、堆砌典故的繁缛文风。但是北朝后期内容质朴、文辞简约、未循定例的墓志并不少见,例如北周大象二年梁嗣鼎墓志仅91字,"序无后铭,父祖名位及嗣鼎年寿亦不具,皆古志罕见之例",同年李雄墓志仅55字,"父子合志,亦志石罕见之例"⑩。北朝甚至隋代,碑形墓志时有发现,如太原南郊北齐天保九年(558年)□子辉墓志(碑额左右

---

① 赵万里:《汉魏南北朝墓志集释》(卷三·北魏·宗室上)引《雪堂金石文字跋尾二》,科学出版社,1956年。
② 赵万里:《汉魏南北朝墓志集释》(卷四·北魏·宗室下),科学出版社,1956年。
③ 《周书·武帝纪上》。
④ 《北齐书·高保宁传》。
⑤ 《魏书·库莫奚传》。
⑥ 《北齐书·文宣帝纪》。
⑦ 《北齐书·文宣帝纪》。
⑧ 《北齐书·王峻传》。
⑨ 《隋书·阴寿传》。
⑩ 赵万里:《汉魏南北朝墓志集释》(卷七·北周),科学出版社,1956年,图版三六〇、三六一。

各有螭首一对)①、合肥五里岗隋开皇六年(586年)某君墓志(额头雕二龙相绞,抹角方跌,有长方形基座)②、山东淄川隋开皇八年(558年)淳于俭墓志(碑首两侧浮雕双凤,中间浮雕一人站于莲花上,失跌)③、湖北沙市隋开皇二十年(600年)龙山公□质墓志(碑首阴刻四龙,方跌)④,唐贞观五年(631年)李寿墓甚至出有龟形墓志⑤,可见刘贤墓志如此形制并不甚奇。刘贤墓志若果是北齐甚至隋初墓志⑥,则不能早于目前所见最早自称墓志铭的刘宋孝武帝大明八年(464年)刘怀民墓志,但仍不失为研究墓志发展演变的重要实例。

刘贤墓志学术价值颇大,唯其人史书无载,志文又相当简略,因此上面考述多系在几位先生文章启发下结合历史背景作的推测,聊备一说而已。

原载《博物馆研究》1998年第3期

---

① 王玉山:《太原市南郊清理北齐墓葬一座》,《文物》1963年第6期。
② 安徽省展览、博物馆:《合肥西郊隋墓》,《考古》1976年第2期。
③ 刘凤君:《南北朝石刻墓志形制探源》,《中原文物》1979年第1期。
④ 刘凤君:《南北朝石刻墓志形制探源》,《中原文物》1979年第1期。
⑤ 陕西省博物馆、文管会:《唐李寿墓发掘简报》,《文物》1974年第9期。
⑥ 王力春先生近时从"始置进士科的时间"、"置临泉县的时间"、"冀阳撤郡时间与志中所及职官"等方面考证刘贤墓志为隋代墓志。参见王力春:《辽宁出土〈刘贤墓志〉入窆年代献疑》,《兰台世界》2012年第18期。

战国时期燕墓陶器的初步分析

目 次

一、怀柔城北墓地的分析　　　五、东区战国燕墓陶器的分析
二、中区战国燕墓陶器的分析　六、东南区战国燕墓陶器的分析
三、北区战国燕墓陶器的分析　七、辽宁地区战国燕墓陶器的分析
四、东北区战国燕墓陶器的分析　八、若干问题的讨论

迄今发表的战国时期燕国墓葬材料遍及河北、北京、天津、辽宁、内蒙古等地，有的是墓群，有的是零星小墓，也有等级较高的大墓。有些墓葬是比较纯粹的燕文化，有些墓葬则有燕文化的地方特点，而且在有些墓葬中燕文化与非燕文化因素共存。其中发表时间较早的贾各庄墓地[①]和型式划分较细致的怀柔城北墓地[②]，经常被作为战国燕墓分期断代的参考标尺。近年有学者对战国燕墓陶器分期进行了新尝试[③]。随着材料的积累，对战国燕墓陶器演变规律的研究实有可能更加深入细致。本文试图对此作进一步分析，对战国燕墓的分期等问题提出新的看法。

一、怀柔城北墓地的分析

1959年冬至1960年春，北京市文物工作队在怀柔城北发掘东周墓葬23座。这批墓葬随葬陶器数量丰富，型式划分较细致，附线图和照片较多，宜于从中着手，对战国燕墓陶器的演变关系做一分析，作为对全部战国燕墓陶器进行分期、寻找其墓葬陶器演变规律的基点。

怀柔墓地分为随葬陶礼器的墓葬和随葬日用陶器的墓葬两类，前者随葬陶器以鼎、盖豆、壶、盘、匜、小口壶等陶礼器为主，在怀柔墓地中占大多数；后者随葬陶器则为燕式陶鬲、燕式釜等日用陶器。我们将从随葬陶礼器的墓葬着手对怀柔墓地进行分析。

怀柔墓地共出土陶匜15件，分为四式。其中Ⅰ～Ⅲ式附有线图，Ⅳ式仅有文字叙述。根据类型学原理，怀柔匜的逻辑演变顺序显然为Ⅱ⇄Ⅰ⇄Ⅲ式。假设Ⅱ式匜为序列起点，匜的演变规律可以归纳为：①匜口俯视从椭圆形渐成接近圆形；②流从长渐

[①] 安志敏：《河北省唐山市贾各庄发掘报告》，《考古学报》（第六册），1953年。
[②] 北京市文物工作队：《北京怀柔城北东周两汉墓葬》，《考古》1962年第5期。
[③] 贺勇：《试论燕国墓葬陶器分期》，《考古》1989年第9期。

短；③心从深渐浅；④匜口线和匜底线侧视从弧曲渐趋平直（图一）。

出有Ⅱ、Ⅰ、Ⅲ式匜的各墓墓号依次为：Ⅱ式匜组为 M4、M5、M38、M56；Ⅰ式匜组为 M40、M41、M50、M54、M64；Ⅲ式匜组为 M25。各组与诸墓同出的鼎、盖豆、壶、盘、小口壶等陶器的组合关系见表一。

表一　怀柔墓地陶器组合关系对照表

组别 器类 墓号	Ⅱ式匜组				Ⅰ式匜组					Ⅲ式匜组
	M56	M38	M5	M4	M40	M50	M54	M64	M41	M25
匜	Ⅱ	Ⅱ	Ⅱ	Ⅱ	Ⅰ	Ⅰ	Ⅰ	Ⅰ	Ⅰ	Ⅲ
鼎	ⅢB	ⅢC	ⅢC	ⅢA	Ⅰ	Ⅰ	Ⅰ	Ⅰ	Ⅰ	Ⅱ
盖豆	Ⅲ	Ⅱ	Ⅱ	Ⅱ	Ⅰ	Ⅰ	Ⅰ	Ⅰ	Ⅰ	Ⅰ
壶	Ⅴ	Ⅳ	Ⅳ	Ⅳ	Ⅰ	Ⅰ	Ⅰ	Ⅰ	Ⅱ	Ⅲ
小口壶	Ⅱ	Ⅱ	Ⅱ	Ⅰ	Ⅰ	Ⅰ	Ⅰ	Ⅰ	Ⅰ	Ⅰ
细柄盘状豆			√	√	√	√	√	√		
燕式鬲		√	√				√		√	
燕式釜				√				√		

注：原报告正文中说 M41 出土Ⅲ式燕式鬲 1 件，M64 出土Ⅱ式燕式釜 1 件，而墓葬登记表中则无。"√" 表示出有此类陶器，与式别无涉，本文后面各表例同。

从表一可知，第一，根据匜的形式变化将怀柔诸墓划分为Ⅱ式匜组、Ⅰ式匜组和Ⅲ式匜组后，各组内诸墓对应的鼎、盖豆、壶、盘、小口壶等陶器的式别基本一致，而各组别之间则表现出阶段性的差别，证明以匜为线索划分Ⅱ式匜组、Ⅰ式匜组和Ⅲ式匜组成立。第二，以小口壶等共出陶器检验各组的逻辑顺序也应该为Ⅱ式匜组 ⇌ Ⅰ式匜组 ⇌ Ⅲ式匜组，与匜的演变顺序相同。因为若是假设Ⅰ式匜组 ⇌ Ⅱ式匜组 ⇌ Ⅲ式匜组，则小口壶相应的演变顺序如表二。

表二　小口壶式别演变序列表

组别	Ⅰ式匜组					Ⅱ式匜组				Ⅲ式匜组
墓号	M40	M50	M54	M64	M41	M56	M38	M5	M4	M25
小口壶	Ⅰ	Ⅰ	Ⅰ	Ⅰ	Ⅰ	Ⅱ	Ⅱ	Ⅱ	Ⅰ	Ⅰ

又若假设Ⅰ式匜组 ⇌ Ⅲ式匜组 ⇌ Ⅱ式匜组，则陶盘相应的演变顺序如表三。

表三　陶盘式别演变序列表

组别	Ⅰ式匜组					Ⅲ式匜组	Ⅱ式匜组			
墓号	M40	M50	M54	M64	M41	M25	M56	M38	M5	M4
小口壶	Ⅰ	Ⅰ	Ⅰ	Ⅰ	Ⅰ	Ⅲ	Ⅳ	Ⅰ	Ⅰ	Ⅰ

这样所出现的小口壶和盘的式别变化都与类型学相矛盾，以小口壶检验第一种假设逻辑顺序和以盘检验第二种假设逻辑顺序证明都不成立。唯有Ⅱ式匜组⇌Ⅰ式匜组⇌Ⅲ式匜组这种逻辑顺序可以同时经受匜、鼎、盖豆、壶、盘、小口壶等诸类陶器的检验（表一），于类型学角度无矛盾之处，说明可以成立。

从上面讨论中可确知怀柔墓地陶器的逻辑演变顺序应该是Ⅱ式匜组⇌Ⅰ式匜组⇌Ⅲ式匜组。其中Ⅲ式匜组 M25 的Ⅱ式鼎与北京怀柔城北西汉墓葬鼎相近[①]，Ⅲ式壶无图，从"壶颈较细高，口略直，肩稍向上耸。盖顶端隆起，上有三个尖状钮"的文字描述看与河北易县燕下都6号遗址西汉墓葬壶相近[②]，鼎和壶的演变趋势一脉相承，说明Ⅲ式匜组在战国燕墓陶器的演变序列中处于靠后的位置，年代较晚。由此可以证明Ⅱ式匜组为怀柔墓地陶器实际演变序列的起点，即该墓地陶器以Ⅱ式匜组→Ⅰ式匜组→Ⅲ式匜组的顺序演变。那么以怀柔墓地的陶器为基础，可将战国燕墓陶礼器的演变规律归纳如图一。

匜　如前述。

鼎　鼎盖从平渐鼓。较早的鼎钮常见卧羊钮，或者比较高大突出，数目多为三个；较晚的鼎钮不见卧羊钮，比较矮小，数目多为一个。鼎耳从大、方耳渐成小、圆耳。较早的鼎耳不是紧贴鼎身，而是先斜横出一段然后上折；较晚的耳则紧贴鼎身，外斜向上。鼎足从高渐矮，较早的鼎足多为兽面蹄足。

盖豆　豆盖把手从高、大渐矮、小，豆柄从高渐矮。

壶　壶盖渐鼓，壶钮渐小，壶颈渐短。束颈幅度渐变小，趋于直颈。下腹内收幅度由剧趋缓，圈足渐矮。

盘　外侈附耳渐消失，盘身渐深，圈足退化。

小口壶　壶盖从覆杯式渐成覆钵式，壶柄从高渐矮。

细柄盘状豆　在Ⅱ式匜组晚期出现，在Ⅰ式匜组中流行。

怀柔墓地还出有Ⅳ式匜，M10、M27、M30、M32、M35各一件，未附线图和照片。从文字叙述看，其圜底、流长的特点接近Ⅱ式，匜心较浅的特点似晚于Ⅱ式。

这五座墓均出现的Ⅳ式鼎只发表了一件，其盖、钮、耳和足都有与Ⅲ式相近的特点，唯鼎盖的鼓起程度和Ⅰ式接近。盖豆均为Ⅳ式，形态介于Ⅱ式和Ⅰ式之间。壶均为Ⅵ式，未附线图和照片，从描述特点为"壶颈高，口外侈，肩上耸。盖矮平，上有三个钮"来看，和Ⅳ式略同，只是盖钮同于Ⅱ式。盘均为Ⅱ式，无图，从"圜底，盘心较浅"的特点来看应晚于有圈足的Ⅳ式，或可早于"小平底，盘心较深"的Ⅰ式。

[①]　这里和后面行文中涉及的西汉墓葬请参阅北京市文物工作队：《北京昌平史家桥汉墓发掘》、《北京昌平白浮村汉、唐、元墓葬发掘》、《北京昌平半截塔村东周和两汉墓》，均见《考古》1963年3期；北京市文物工作队：《北京怀柔城北东周两汉墓葬》，《考古》1962年第5期；河北省文物研究所：《燕下都"6"号遗址汉墓发掘简报》，《文物春秋》1990年第3期；河北省文化局文物工作队：《1964~1965年燕下都墓葬发掘报告》，《考古》1965年第11期。

[②]　河北省文物研究所：《燕下都"6"号遗址汉墓发掘简报》，《文物春秋》1990年第3期。

图一、A 中区战国燕墓陶器示意图

1.M29:13 2.M16:65 3.匜 4.Ⅱ式 5.M2 6.Ⅰ式 7.Ⅲ式（M25） 8.M31:1（铜） 9.M29:7 10.Ⅱ式（M16:57） 11.Ⅲ式（M16:94） 12.B型Ⅲ式（M56） 13.C型Ⅲ式 14.A型Ⅱ式（M4） 15.Ⅳ式 16.M2 17.Ⅰ式 18.Ⅱ式（铜） 19.M31:33 20.M29:3 21.M16:71 22.Ⅱ式 23.Ⅲ式（M56） 24.Ⅳ式 25.Ⅰ式（M50） 26.（M29:14 27.Ⅲ式（M19:103） 28.Ⅴ式（M56） 29.M31:M56) 30.M2 31.Ⅰ式 32.Ⅰ式（M41）（1、9、20、26.东斗城 2、10、11、21、27.九女台 3.松园 4、6、7、12~15、17、18、22~25、28、29、31、32.怀柔 5、16、30.周仁村 8、19.郎井村）

器类\\期别	盘	小口壶	细柄盘状豆	尊	燕式甗	敞口豆
第Ⅰ期	1　2　3			15		23
第Ⅱ期	4　5	7　8　9		16	19　20	
第Ⅲ期	6	10　11	13	17	21	
第Ⅳ期		12	14	18	22	

图一，B　中区战国燕墓陶器示意图

1.M29:2　2.M16:74　3.M1　4.Ⅳ式（M56）　5.M2　6.Ⅰ式（M50）　7.M29:12　8.M16:8　9.M1　10.Ⅱ式（M56）　11.M2　12.Ⅰ式（M50）　13.Ⅱ式（M50）　14.Ⅰ式（M50）　15.M31:5　16.M5　17.M2　18.M2　19.M29:1　20.M2　21.Ⅲ式（M10）　22.Ⅲ式（M50）　23.M31:6
（1、7、19.东斗城　2、8.九女台　3、9.松园　4、6、10、12～14、21、22.怀柔　5、11、17.周仁村　15、23.郎井村　16、20.半截塔村　18.燕下都21号遗址）

小口壶均为Ⅲ式，亦无图，从"壶柄较高，腹作椭圆形，壶盖细高作复杯形"的特点来看，接近Ⅱ式。

综上所述，Ⅳ式匜组的年代大体相当于或略晚于Ⅱ式匜组，而有个别特点接近Ⅰ式匜组。这样可以确定怀柔墓地诸墓的年代顺序为Ⅱ式匜组（Ⅳ式匜组）→Ⅰ式匜组→Ⅲ式匜组。

参照前面总结的该墓地陶器的演变规律，还可以判断在Ⅱ式匜组中M56最早，M4最晚；在Ⅰ式匜组中，M41从壶的形态看要晚于其余诸墓。

在这些以随葬陶礼器为主的墓葬中，有的还随葬少量日用陶器燕式鬲或燕式釜，其演变规律在怀柔墓地尚不清楚。另一类随葬日用陶器的墓葬数量较少，包括M3、M6和M12，仅出有燕式鬲或燕式釜，其演变规律亦不清楚。

我们以怀柔城北墓地的陶器演变规律为线索，再对其他若干战国燕墓进行分析，上下伸沿，当可建立一条比较完整的战国燕墓陶器的演变序列。但考虑到燕国地域广阔，不同地区的文化结构有所差异，故有必要分区进行讨论。

二、中区战国燕墓陶器的分析

北京琉璃河燕上都和河北易县燕下都附近地区是燕文化分布的中心地区，包括今天从河北易县到北京周围地区，我们称之为中区，前面分析的怀柔墓地即属此区。中区的燕文化最为典型，中区也是对其他各区进行分析讨论的基点地区（图一）。

东斗城M29[①]、九女台M16[②]、松园M1和M2[③]，这几座墓葬的陶器组合及形制比较接近，与怀柔诸墓有一定差异。

东斗城M29匜口为椭圆形，与怀柔Ⅱ式比较，看起来更加扁圆，长流，鸟状鋬，下附三条兽面蹄足，表现出较怀柔Ⅱ式年代更早的特征。鼎盖相当扁平，卧羊钮，耳高大，兽面蹄足较高。豆盖上有三个呈反置支足状钮，豆盘两侧附对称环耳，均与怀柔M56不同，柄部细长。壶钮为简化的鸟状钮，束颈较长，圈足较高。盘附耳外侈，盘身较浅，高圈足。小口壶与怀柔M56形制相近，但盖有所不同。以上这些特征说明该墓陶器在战国燕墓陶器的演变序列中处于较怀柔M56更早的位置，年代早于怀柔M56。

九女台M16是一座大型墓葬，早期被盗，但随葬陶器群仍相当完整。匜口为椭圆形，与东斗城M29比显得鼓圆，较东斗城M29匜更接近怀柔M56，长流，鸟状鋬，下附三条兽面蹄足。Ⅱ式鼎盖微鼓，Ⅲ式鼎盖较平，钮、耳均高大，兽面蹄足均较矮。盖豆形态与东斗城M29相似，但柄部略为短粗。Ⅱ式壶四个鸟状钮高大，束颈较长，

---

① 河北省文化局文物工作队：《1964～1965年燕下都墓葬发掘报告》，《考古》1965年第11期。
② 河北省文化局文物工作队：《河北易县燕下都第十六号墓发掘》，《考古学报》1965年第2期。
③ 苏天钧：《北京昌平区松园村战国墓发掘记略》，《文物》1959年第9期。

高圈足。Ⅲ式壶盖较鼓，短颈，高圈足，盘附耳外侈，盘身较东斗城 M29 略深，高圈足。小口壶与东斗城 M29 形制相近。从这些特征看，该墓略晚于东斗城 M29 而略早于怀柔 M56。

松园 M1、M2 匜仍为长流，鸟状鋬，侧视匜口线弧曲，但底为小平底，而不是三条兽面蹄足，与前两座墓相比整体形态发生变化，接近怀柔 M56。鼎盖为卧兽钮，足上部为兽面。盖豆"腹部有两环形，盖上有三足，反置成鼎形"，与东斗城 M29 和九女台 M16 相似，盘附耳外侈，盘身较浅，高圈足。小口壶接近怀柔 M56，唯其腹部仍较扁圆。这两座墓年代约与九女台 M16 相当而略早于怀柔 M56。

这四座墓随葬陶器组合及形制有相近之处。除上面分析的外，九女台 M16 和松园 M1、M2 都出方壶、甗和方座簋，东斗城 M29 和九女台 M16 都出小鼎，东斗城 M29 和松园 M1、M2 还都出燕式鬲。这些情况说明这四座墓年代间距不大，其中东斗城 M29 约略早一些，而松园 M1、M2 更接近怀柔 M56。

易县周仁村 M2[①] 匜口俯视形状介于怀柔Ⅱ式和Ⅰ式之间，长流，尾部有钮，侧视匜口线弧曲趋直，圜底，整体形态处于怀柔Ⅱ式和Ⅰ式之间，位置约与怀柔Ⅳ式相当。鼎盖较平，方耳，足较高，鼎身扁平，均属怀柔Ⅲ式的特征，唯单钮较小同于怀柔Ⅱ式。壶盖平，颈较短，兼有怀柔Ⅳ式和Ⅱ式的特征。盘附耳外侈，盘身略浅，矮圈足。小口壶相当于怀柔Ⅰ式。周仁村 M2 年代相当于怀柔Ⅳ式匜组，唯其盖豆把比较细高，稍显特殊，或是受到细柄盘状豆的影响。

易县郎井村 M31[②] 随葬品以铜礼器为主，陶器仅尊、豆各一件。铜礼器是仿铜陶礼器的祖型，因而在战国燕墓陶器的演变序列中可以适当参考铜器。该墓铜鼎较东斗城 M29 陶鼎盖更平，耳更外侈，兽面蹄足更高，其形制应该处于战国燕墓陶鼎演变的初始位置上，年代早于东斗城 M29 陶鼎。该墓陶尊与河北徐水大马各庄春秋时期燕墓[③] 陶尊相近，侈口，短颈，折肩，平底。陶豆深腹，侈壁，矮圈足。铜戈具有春秋晚期至战国早期的特征。该墓仿铜陶礼器尚未取代铜礼器，随葬日用陶器尊和豆，陶器的数量和种类都与东斗城 M29、九女台 M16、松园 M1 和 M2 有较大差别，年代早于这几座墓。

中区有些墓葬仅出尊、燕式鬲、燕式釜等日用陶器，而不出演变规律比较清楚的鼎、盖豆、壶、盘、匜、小口壶等陶礼器，判断年代比较困难，但也有线索可寻。年代较早的郎井村 M31 和年代较晚的周仁村 M2 都出尊，前者口径明显小于肩径，颈较短，腹扁；后者口径略等于肩径，颈较长，腹瘦长。由此可知尊是以口径趋大、颈趋长、腹趋瘦长的规律演变的。

---

① 河北省文化局文物工作队：《燕下都遗址外围发现战国墓葬群》，《文物》1965 年第 9 期。
② 河北省文化局文物工作队：《1964～1965 年燕下都墓葬发掘报告》，《考古》1965 年第 11 期。
③ 河北省文物研究所、保定地区文物管理所、徐水县文物管理所：《河北徐水大马各庄春秋墓》，《文物》1990 年第 3 期。

昌平半截塔村 M5[①] 陶器组合为尊和燕式鬲。尊口径略等于肩径，颈较长，腹宽扁。一鬲一尊的陶器组合与徐水大马各庄春秋燕墓的陶器组合传统相同，该墓年代介于郎井村 M31 和周仁村 M2 之间。

易县燕下都第 21 号遗址 2 号瓮棺[②] 葬具为对扣的尊和燕式釜。尊与周仁村 M2 相近，但口径更大，颈更长。燕式釜近于怀柔Ⅱ式匜组年代最晚的 M4 和Ⅰ式匜组 M64 的Ⅱ式燕式釜。该墓年代略晚于周仁村 M2。

通过前面的分析，可以将出有陶器的中区战国燕墓划分为五期。第一期包括郎井村 M31。第二期包括东斗城 M29、九女台 M16、松园 M1 和 M2、半截塔村 M2。第三期包括怀柔Ⅱ式匜组诸墓（M56、M38、M5 和 M4），怀柔Ⅳ式匜组诸墓（M10、M27、M30、M32 和 M35），周仁村 M2。第四期包括怀柔Ⅰ匜组诸墓（M40、M50、M54、M64 和 M41），燕下都第 21 号遗址 M2。第五期包括怀柔Ⅲ式匜组，即 M25。中区西汉早期墓葬的陶器组合及形制均与第五期战国燕墓有相当差距，例如燕下都 6 号遗址西汉早期墓葬的陶器组合（表四）。

该西汉墓群出有"四铢半两"，壶的形制、纹饰接近战国燕式壶，年代为西汉早期。部分墓葬以随葬陶礼器为主，零散出有鼎、盒、壶、罐（瓮），而且随葬陶俑；部分墓葬随葬日用陶器，仅出罐（瓮）。从后面对燕墓其他诸区的讨论中可以看到，其他诸区多数存在晚于中区第五期而早于西汉的燕墓。因此有理由推断中区也应该存在这一时期的燕墓，为行文讨论方便，附记于此，称之为中区第六期。综合中区西汉早期墓葬以及其他诸区第六期燕墓的材料，我们推测中区第六期时陶礼器墓鼎、盖豆、壶、盘、匜、小口壶的标准组合已经松动，盒可能开始取代盖豆，有些墓葬同出罐、瓮等日用陶器。日用陶器墓主要随葬罐、瓮等陶器。陶器继续以前面总结的规律演变，形制开始接近西汉早期的陶器。

表四　燕下都 6 号遗址西汉早期墓葬陶器组合表

墓号 \ 器类	鼎	盒	壶	罐（瓮）	俑
M3		√	√	√	√
M4	√		√	√	√
M7	√		√	√	√
M1				√	
M2				√	
M5				√	
M6				√	

---

① 北京市文物工作队：《北京昌平半截塔村东周墓和两汉墓》，《考古》1963 年第 3 期。
② 河北省文物管理处：《河北易县燕下都第 21 号遗址第一次发掘报告》，《考古学集刊》（2），中国社会科学出版社，1992 年。

中区随葬陶器的战国燕墓可以分为占大多数的陶礼器墓和占少数的日用陶器墓两类。常见随葬陶器为鼎、盖豆、壶、盘、匜、小口壶、细柄盘状豆等，其次为尊、燕式鬲、燕式釜等，较高级墓葬中还出有方壶、盨、方座簋等。其中演变规律比较清楚的是鼎、盖豆、壶、盘、匜、小口壶。以上陶器是典型的战国燕式陶器，其形制有着典型的战国燕式陶器的特点，各期的标准陶器组合是典型的战国燕墓陶器组合，它们代表着纯粹典型的战国燕文化（图一）。

三、北区战国燕墓陶器的分析

战国燕墓分布的北区包括河北的张家口地区、承德地区的北部和内蒙古的赤峰等地。这个地区的考古学文化面貌在春秋时期便已经有某些共性。

张家口下花园墓地[①]M2匜口椭圆形，流长和侧视匜口线的曲度均与怀柔Ⅱ式最接近。鼎盖较平，钮似为略加简化的卧羊钮，鼎耳长度和外侈程度都和怀柔Ⅱ式匜组中较早的鼎一致。壶的整体形态和怀柔Ⅴ式一致，唯盖钮非支足式。将报告所称高足罐和小杯相扣合实际是小口壶，按怀柔分式标准属Ⅱ式无疑。M2年代大体与怀柔Ⅱ式匜组相当，约当中区第三期。下花园M1、M3出土陶器图发表不全，M1鼎的形状和M2有较大差别，鼓盖、单钮、耳紧贴鼎身外斜向上的特点与怀柔Ⅱ式相近，但长方形的鼎耳显示出更早特点。壶长颈而作球形腹为怀柔所未见，但支足钮、高圈足则是中区燕墓壶演变序列中较早的特点。

综合考虑，M1相当于中区第四期。M3盖豆把手颇矮小，柄较矮。壶单钮较矮，下腹内收较缓，矮圈足，多为中区燕墓壶较晚的特点。M3相当于中区第五期（图二）。这三座墓的陶器组合关系如表五。

表五　下花园墓地陶器组合关系表

器类 墓号	匜	鼎	豆	壶	盘	小口壶	罐形鬲
M2	√	√	√	√	√	√	
M1		√	√	√			√
M3			√	√			

这三座墓均为陶礼器墓，在组合关系上，M1鼎、盖豆、壶加上罐形鬲的组合具有燕文化的地方特点。从陶器形制看，这三座墓的鼎、盖豆、壶、盘、匜、小口壶均为燕式陶器，但是部分陶器的形制与中区有所不同。中区怀柔盖豆柄和小口壶柄均为空心，而下花园盖豆柄和小口壶柄仅圈足略上部分为空心。与怀柔同期比较，下花园壶束颈较长、腹部较圆的特点更加突出。中区第三期盘附外侈耳并有圈足，M2盘则平底

---

① 张家口市文管所、下花园区文教局：《张家口市下花园区发现的战国墓》，《考古》1988年第12期。

无耳，M1 鼎足上部附有乳状凸出。以上陶器形制仅是个别墓例的差异，还是可以视为地方特点，还有待于更多的材料。M1 的罐形鬲侈口，鼓腹，平底附三乳状足，若在口沿下加上双耳便接近本区年代约为春秋晚期至战国早期"军都山类型"①的罐形鼎，属于非燕文化因素（图二）。

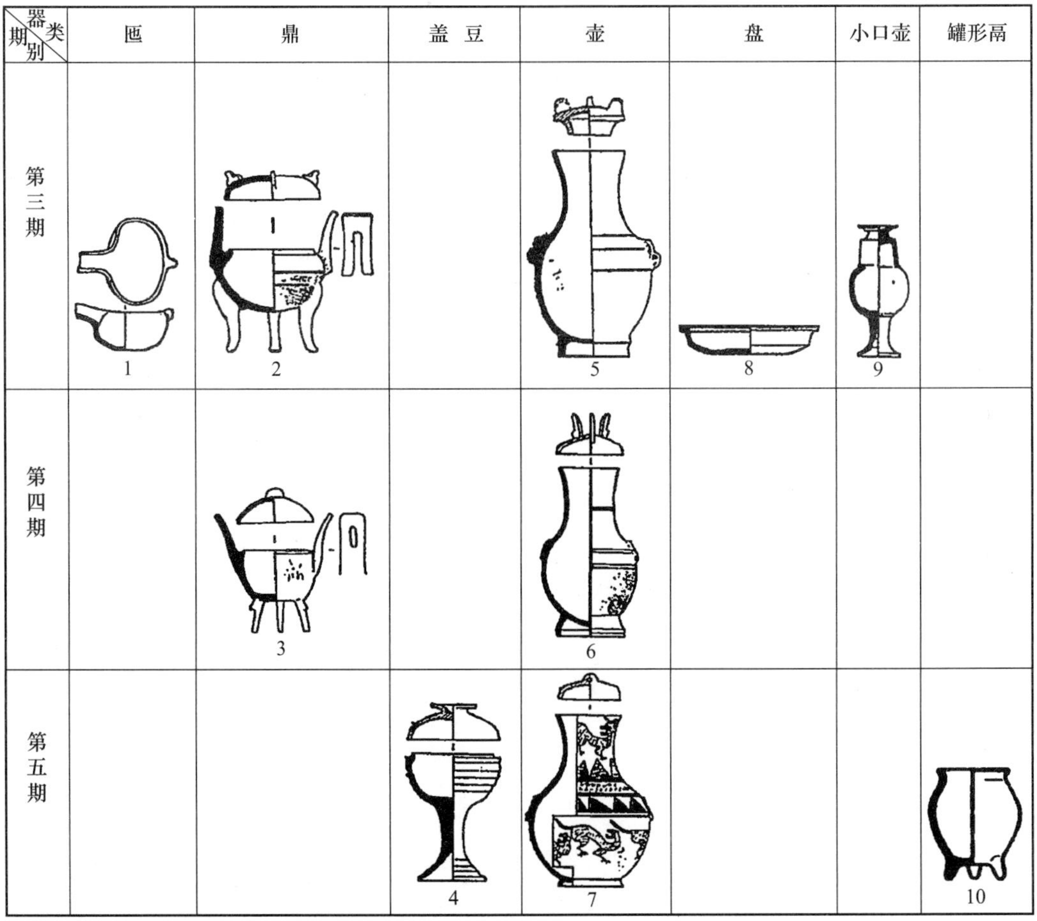

期别\类别	匜	鼎	盖豆	壶	盘	小口壶	罐形鬲
第三期	1	2		5	8	9	
第四期		3		6			
第五期			4	7			10

图二 北区下花园战国燕墓（陶礼器墓）陶器示意图
1. M2∶6 2. M2∶9 3. M1∶1 4. M3∶4 5. M2∶2 6. M1∶5 7. M3∶1 8. M2∶5 9. M2∶11 和 M2∶8② 10. M1∶7

北区报道有一定数量的日用陶器墓。由于中区日用陶器的演变规律尚不清楚，并不能像陶礼器墓那样详细划分出六期，因此对北区的日用陶器墓仅能酌情加以分析。

河北怀来洪沟梁墓地③采集到燕式鬲、簋、罐形鼎、双耳罐等陶器，没有明确组

---

① 北京市文物研究所山戎文化考古队：《北京延庆军都山东周山戎部落墓地发掘纪略》，《文物》1989 年第 8 期；靳枫毅：《军都山山戎文化墓葬制与主要器物特征》，《辽海文物学刊》1991 年第 1 期。
② 原报告分别称为豆和杯，实际两件陶器当扣合为小口壶。
③ 张家口考古队：《河北怀来官厅水库沿岸考古调查简报》，《考古》1988 年第 8 期。

合关系。燕式鬲为典型的燕式陶器,这种簋虽为燕式陶器,但中区战国墓葬中已不见,是燕文化的地方因素(图三)。罐形鼎和双耳罐源于军都山类型,属于非燕文化因素(图四)。

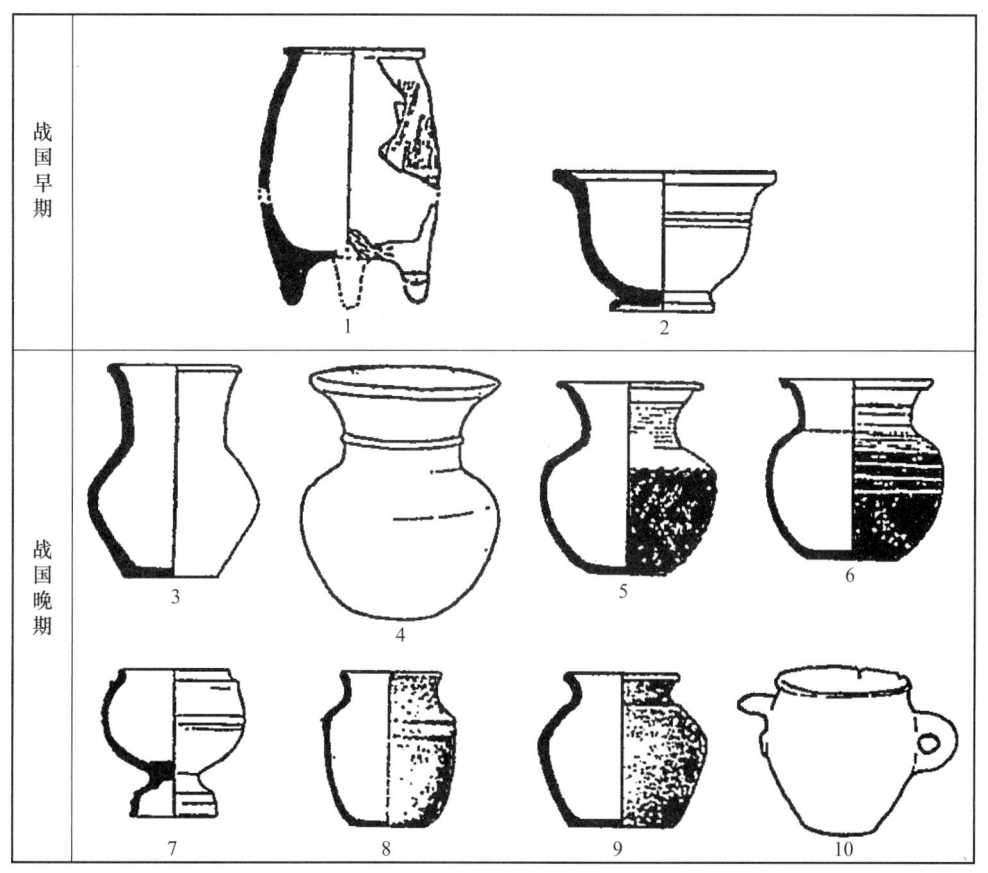

图三 北区战国燕墓日用陶器示意图
1.燕式鬲(81HH采:6) 2.簋(81HH采:4) 3.壶 4.尊(M14) 5.罐 6.罐 7.豆 8.罐(M6:2) 9.双耳罐(M25:1) 10.双耳罐(M27)(1、2.洪沟梁 3.北门外 4、10.东台子 5~7.箭亭子 8、9.白庙)

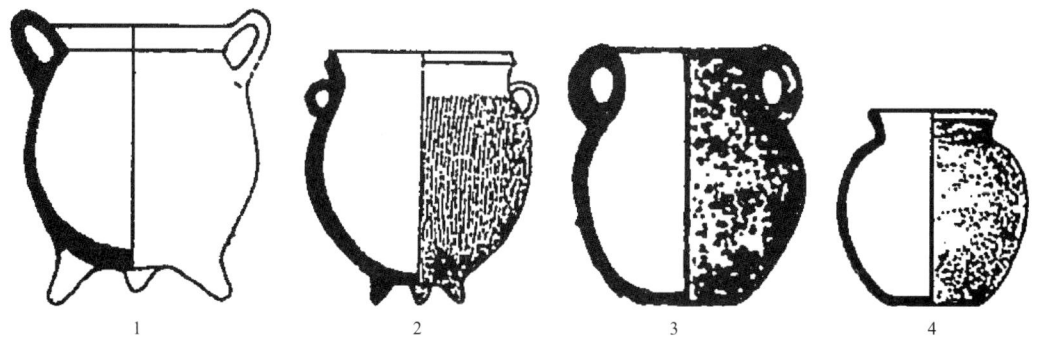

图四 北区军都山类型陶器示意图
1.罐形鼎(81HH采:1) 2.罐形鼎(81HH采:3) 3.双耳罐(M2:2) 4.罐(M23:2)
(1、2.洪沟梁墓地 3、4.白庙墓地)

承德地区北部围场东台子墓地①和张家口地区白庙墓地②在随葬陶器组合及形制上存在许多共性，故一并讨论（图三、图五）。这两个墓地的墓葬陶器组合可以分为两种。

图五　北区东台子墓地、白庙墓地与燕下都遗址陶器比较示意图

1. 壶（M14）　2. 豆（M14）　3. 簋（M14）　4. 盆（M27）　5. 鼓腹罐（M26）　6. 壶（M1∶1）　7. 豆（M1∶2）　8. 簋（M1∶3）　9. 盆（M9∶2）　10. 杯（M4∶1）　11. 鼓腹罐（M9∶3）　12. 豆（H14∶13）　13. 豆（T4③∶22）　14. 盆　15. 杯　16. 鼓腹罐（12、13. 燕下都13号、22号遗址　14～16. 燕下都城址）

第一种包括东台子 M14 和白庙 M1，均出有壶、豆、簋，另外东台子 M27 出有壶、豆，M26 出有簋，可以归入第一种组合（表六）。其中壶的形制比较特殊，器形略似中区九女台 M16 和松园 M1、M2 的方壶。但是壶口却是喇叭形的，圈足簋在中区陶礼器墓中未见，豆的形制则不同于中区作为陶礼器的盖豆和细柄盘状豆。这些陶器在北区其他陶礼器墓中未见，另外东台子 M14 还出有尊，M27 还出有盆和双耳罐。所以尽管第一种墓葬似略有陶礼器墓特点，但是整体上还是应该以视为日用陶器墓为妥。

表六　第一种陶器组合关系表

器类 墓号	壶	豆	簋	尊	盆（盂）	鼓腹罐	双耳罐
M14	√	√	√	√			
M26			√	√		√	

---

① 围场县文物管理委员会：《河北围场东台子战国晚期至秦代墓地出土文物》，《文物资料丛刊》（10），文物出版社，1987年。
② 张家口市文物事业管理所：《张家口市白庙遗址清理简报》，《文物》1985年第10期。

续表

墓号＼器类	壶	豆	簋	尊	盆（盂）	鼓腹罐	双耳罐
M27	√	√			√		√
M1	√	√	√				

注：M1 属于白庙墓地，东台子 M26 陶器组合可能不完整。

第二种包括白庙 M4、M6、M9、M10、M11、M14、M24、M25 等墓，以随葬鼓腹罐为主，有的还出有尊、盆、杯等（表七），显然属于日用陶器墓。

表七　第二种陶器组合关系表

墓号＼器类	尊	盆（盂）	杯	鼓腹罐
M4			√	
M6				√
M9		√		√
M10				√
M11				√
M14				√
M24	√			
M25				√

东台子墓地和白庙墓地壶、簋、盆和鼓腹罐形制相近，东台子 M14、M27 和白庙 M1 的组合也比较接近，因此它们年代大体相当。白庙 M1 壶接近张家口市北门外墓地[①]采集的西汉早期壶，东台子 M26 鼓腹罐也接近燕下都西汉早期墓葬罐，以罐作为随葬品亦与易县燕下都和北京昌平等地西汉早期墓葬组合一致，因此这两个墓地年代相当于战国晚期。

这两个墓地的随葬陶器多为罐、盆、尊等日用陶器，东台子 M27 同出双耳罐，在组合关系上有燕文化的地方特点。东台子 M14、M27 豆，M27 盆，M26 罐以及白庙 M1 豆，M4 杯，M9 盆（报告称盂）和罐均与燕下都遗址陶器相近，属于燕式陶器（图五）。簋系从早期类似洪沟梁墓地的簋加圈足而来，壶则有可能是在尊一类陶器的下部加圈足发展而来，簋、尊、壶均有燕文化的地方特点。东台子 M27 双耳罐与军都山类型不同，其耳不在靠近口沿紧下方处，而在最大腹径处，承袭的是东北区河北滦平"梨树沟门类型"[②]的传统，也是非燕文化因素。

赤峰箭亭子墓[③]的陶器组合为两件罐和一件豆。其中一件罐形制接近东台子 M14

---

① 陶宗冶：《河北张家口市考古调查简报》，《考古与文物》1985 年第 6 期。
② 承德地区文物保护管理所、滦平县文物保护管理所：《河北省滦平县梨树沟门墓群清理发掘简报》，《文物春秋》1994 年第 2 期。
③ 王兆军：《内蒙古昭盟赤峰市发现战国墓》，《考古》1964 年第 1 期。

尊，豆座的形态接近东台子、白庙的簋座，显示出一致的时代特征。该墓年代相当于战国晚期，陶器形制有燕墓北区的地方特点（图三）。

张家口市北门外墓地采集到罐、壶、豆等日用陶器，没有明确的组合关系。罐和豆的形制分别与白庙墓地的罐和燕下都22号遗址战国晚期地层中的豆相近，相当于战国晚期。罐、豆、壶都是燕式陶器（图三）。

北区战国燕墓的一个显著特点是主要源于本区军都山类型的非燕文化因素始终比较强烈。以双耳罐为代表的非燕文化因素承袭了本区春秋以来的土著文化传统，在燕文化进入这个地区后一直顽强地保持着自己的影响。

四、东北区战国燕墓陶器的分析

战国燕墓分布的东北区包括河北的承德附近、辽宁西部的喀左附近以及京津之间的河北三河这一带地区。

承德市滦河镇墓[①]匜附有三条兽面蹄足，整体形态近似东斗城M29和九女台M16。鼎盖较平，卧羊钮，耳残，兽面蹄足较高，与东斗城M29形态相近。豆盖的顶上有三条反置支足式钮，豆盘附有对称环耳，柄部较细，与东斗城M29形态相近。盘虽为平底，但是外侈程度较大的附耳和较浅的盘身也与东斗城M29和九女台M16相近。小口壶缺盖，但壶身部分与九女台M16相同。该墓与中区的九女台M16、松园M1和M2都出方壶、盨和方座簋，与东斗城M29和九女台M16都出小鼎，该墓也出燕式鬲。因此，滦河镇墓的年代应与这几座墓年代相近，相当于中区第二期。该墓陶器组合及形制均与中区第二期陶礼器墓相当，属于典型的燕文化。

三河北淀M3[②]匜口为椭圆形，长流，鼻钮，匜底有足的孑遗，未完全退化干净，整体形态与中区第三期相当。鼎盖较平，三个圆孔小钮，长方形鼎耳略外侈，蹄足，形制与怀柔Ⅲ式比较接近。盖豆与怀柔Ⅱ式接近。壶钮高大作支足式，束颈较长，圈足较高，除出肩较大外，形态近似怀柔Ⅴ式。小口壶除盖上附一个兽形把手外，与中区周仁村M2小口壶相同，同时也出细柄盘状豆。该墓年代相当于中区第三期。北淀M3在燕墓标准整齐的鼎、盖豆、壶、盘、匜、小口壶、细柄盘状豆的陶礼器组合基础上，增加了中区燕墓所不见的罐和三足罐。与中区同期燕墓比较，小口壶盖上附兽形捉手，匜仍保留着足的孑遗，壶颈较长、出肩较大以及罐附外撇实尖的三足等表现了燕文化的地方特点。其余陶器均为典型的燕式陶器（图六）。

承德县旗杆沟墓[③]鼎耳为紧贴鼎身、外斜向上的圆耳，与怀柔Ⅱ式相近，但是三个卧羊钮以及与怀柔M56鼎相近的腹部团状花纹等特征要早于怀柔Ⅱ式。壶下腹内收较

[①] 承德离宫博物馆：《承德市滦河镇的一座战国墓》，《考古》1961年第5期。
[②] 廊坊地区文物管理所、三河县文化馆：《河北三河大唐迴、双村战国墓》，《考古》1987年第4期。
[③] 李林、刘朴：《承德县西三家村、旗杆沟村发现战国墓葬》，《文物春秋》1990年第3期。

缓，矮圈足，与怀柔Ⅰ式相近，纹饰风格也相同。该墓年代相当于中区第四期。旗杆沟墓以鼎、盖豆、壶等陶礼器和罐、盆等日用陶器相组合，与中区同期燕墓有所不同。盖豆的盖上附三禽首状捉手，中区不见。圆形鼎耳斜直外侈，鼎足为简单圆柱状，也与中区同期鼎不同（图六）。

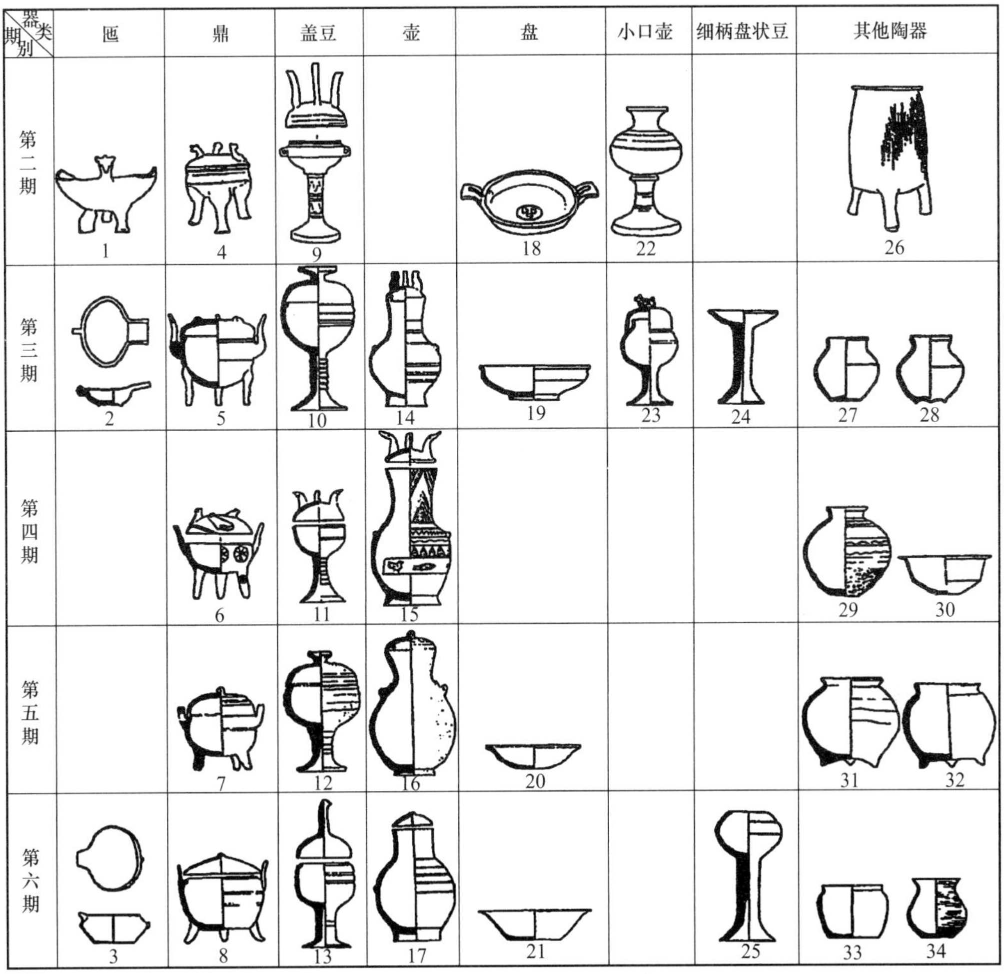

期别\类	匜	鼎	盖豆	壶	盘	小口壶	细柄盘状豆	其他陶器	
第二期	1	4	9		18	22		26	
第三期	2	5	10	14	19	23	24	27	28
第四期		6	11	15				29	30
第五期		7	12	16	20			31	32
第六期	3	8	13	17	21		25	33	34

图六　东北区战国燕墓陶器示意图

1、4、9、18、22、26. 燕式鬲（滦河镇墓）　2. 北淀M3：2　3、8、13、17、21、25. 西三家村砖厂墓地　5、10. 北淀M3　6、11、15、29. 罐　7、12、14. 北淀M13　16. 北淀M1　19. 北淀M3：13　20. 眉眼沟M1：8　23. 北淀M3：7　24. 北淀M3：2　27. 罐（北淀M3：14）　28. 三足罐（北淀M3：9）　30. 盆（旗杆沟墓）　31. 鬲（眉眼沟M1：1）　32. 鬲（眉眼沟M1：2）　33、34. 罐（西三家村边家沟墓地）

喀左眉眼沟M1[①]鼎盖隆鼓，钮、耳、足均较矮小，形制接近中区怀柔Ⅱ式。盖豆柄较矮，盖捉手甚小。盘无附耳，圜底。该墓陶器具有燕墓陶器演变的较晚特征，年代相当于中区第五期。这座陶礼器墓在鼎、盖豆、壶、盘的组合基础上加上罐形鬲，

---

① 朝阳地区博物馆、喀左县文化馆：《辽宁喀左大城子眉眼沟战国墓》，《考古》1985年第1期。

组合关系与中区有所差异。罐形鬲可能是由三河北淀 M3 这类罐和三足罐发展而来，形制有燕文化的地方特点。壶与中区同期比较，具有束颈、垂腹的特点，与东北区其他燕墓壶直颈较长的特点也不相同，地方特点突出。

承德县西三家村砖厂战国墓地①的陶器确切归属不明。其中匜口比较圆，流、钮都很小，侧视匜口线和匜底线都比较平直。Ⅰ式鼎圆耳，单钮甚小，深腹，足比较矮小。盖豆柄比较矮壮。这三件陶器的形制均晚于怀柔 M25，而Ⅰ式鼎与北京地区西汉墓葬鼎形制接近，这三件陶器相当于中区第六期。虽然组合关系不明确，但是鼎、盖豆、壶、盘、匜这几种随葬陶器种类与中区燕墓相同。罐作为随葬陶器则承袭了北淀 M3 和眉眼沟 M1 所表现的东北区的地方传统。从陶器形制看，砖厂墓地匜心较深，与中区匜心从深变浅的规律有悖。盖豆的盖上附细长钩状捉手以及细柄盘状豆的豆盘敛口、鼓腹均为中区燕墓所不见。壶与中区比较，直颈的特点比较突出，有的壶附蝴蝶形耳也是燕墓陶器中仅见。罐似乎承袭着喀左眉眼沟罐形鬲的发展线索，三足消失。而鼎、豆、壶的器表多见凹弦纹。以上陶器的形制和装饰风格表现了燕文化的地方特色。

与砖厂墓地相似，西三家村边家沟两座墓②的陶器也未明确介绍归属关系。边家沟墓的Ⅰ式、Ⅱ式鼎与中区第五期鼎形制差别较大，而某些特点与北京地区西汉墓葬鼎有相近之处。盖豆柄矮壮，Ⅱ式罐与砖厂墓地形制相同，这些陶器相当于中区第六期。边家沟两墓的随葬陶器包括鼎、盖豆、壶、罐，组合关系与砖厂墓地相似。颈较长的壶和Ⅱ式罐的形制均有燕文化的地方特点。Ⅰ式罐在梨树沟门类型中有近似形制，属于非燕文化因素（图六）。

喀左北山根墓③出有燕式鼎和小石板④、盆和青铜短剑，在徐水大马各庄春秋燕墓、喀左眉眼沟墓以及唐山贾各庄战国燕墓中都出有长条状小石板，因此可以判断这是一座燕墓。该墓随葬陶器组合为鼎、盆、双耳壶和大口罐，与中区燕墓显然不同，地方色彩浓厚。该墓受到梨树沟门类型的明显影响，盆、Ⅰ式双耳壶、Ⅱ式双耳壶以及大口罐的形制均与河北滦平梨树沟门墓地相近。残鼎和盆一样，属于燕式陶器。Ⅰ式、Ⅱ式双耳壶和大口罐则属于非燕文化因素（图七）。

东北区燕墓以陶礼器墓发现较多，在组合关系和陶器形制等方面均比较接近中区，燕文化的地方特点在陶器的装饰风格上表现较多，非燕文化因素主要源于本区梨树沟门类型。

---

① 李林、刘朴：《承德县西三家村、旗杆沟村发现战国墓葬》，《文物春秋》1990 年第 3 期。
② 李林、刘朴：《承德县西三家村、旗杆沟村发现战国墓葬》，《文物春秋》1990 年第 3 期。
③ 傅宗德、陈莉：《辽宁喀左县出土战国器物》，《考古》1988 年第 7 期。按，该墓系当地市政园林处在挖菜窖时发现，笔者原误称为"园林处墓"，乔梁已指正当称为"北山根墓"。见乔梁：《燕文化进入前的辽西》，《内蒙古文物考古》2010 年第 2 期。
④ 原报告未说明出有小石板，而《辽宁喀左大城子眉眼沟战国墓》一文介绍说该墓出有此种小石板。

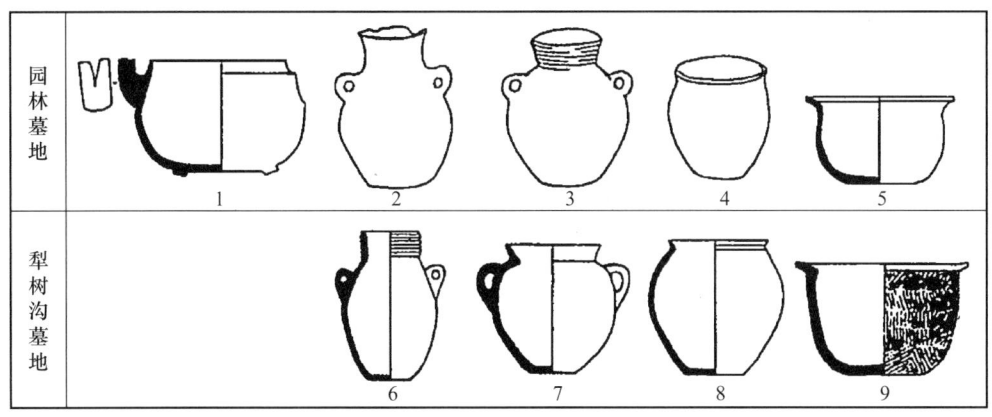

图七 东北区北山根墓与梨树沟门墓地陶器比较示意图
1. 鼎 2. Ⅰ式双耳壶 3. Ⅱ式双耳壶 4. 大口罐 5. 盆 6. 双耳壶（L：1706） 7. 双耳罐（L：1841） 8. 大口罐（L：1845） 9. 钵（L：1654）

五、东区战国燕墓陶器的分析

战国燕墓分布的东区指河北唐山附近地区，最集中的材料是唐山贾各庄墓地。贾各庄 22 座战国墓葬的陶器型式划分比较简略，如Ⅰ式盖豆形制差别很大。从发表的 M8 和 M15 的Ⅰ式盖豆图版看，M8 的Ⅰ式盖豆柄部高度超过通高一半以上，M15 的Ⅰ式盖豆柄部甚矮，两者差别明显，实际可以区分为不同的式别。仅据发表的器物图和尺寸表对各墓陶器形制的细微差异难以全面了解。从发表的材料分析，贾各庄墓地的年代不仅局限于原报告所认为的战国初期。

贾各庄报告 M23 Ⅱ式豆，实际上与怀柔Ⅰ式小口壶相同，为讨论方便，这里改称Ⅰ式小口壶。M32 Ⅲ式小口罐实际上是Ⅰ式小口壶的遗型，这里改称Ⅱ式小口壶。M30 Ⅲ式豆实即怀柔细柄盘状豆，这里改称细柄盘状豆。M16 Ⅱ式小口罐肩附双耳，可将同墓所出夹砂粗陶双耳罐称为Ⅰ式双耳罐，将其称为Ⅱ式双耳罐。M11 Ⅲ式壶短颈，肩上双耳明显，形制与燕式壶不同，这里改称双耳壶（表八）。

检照上表，可以对若干墓葬的年代进行讨论（图八）。M18 和 M28 随葬品以铜礼器为主，陶器均仅为Ⅰ式尊。M28 铜礼器的形制及组合均与中区郎井村 M31 相近。M18 铜匜口部为椭圆形，鸟首状流，鸟状鋬，下附三条兽面蹄足；铜盘附耳外侈，盘身较浅，高圈足，M18 铜匜、铜盘显然是战国燕墓仿铜陶匜、陶盘的祖型，年代早于东斗城 M29 陶匜、陶盘。M18 和 M28 陶器很少，仅出Ⅰ式尊，与郎井村 M31 陶器仅为尊和豆相似。M18 的Ⅰ式尊与郎井村 M31 比较，形制近似，尺寸稍大，唯其圜底。这两座墓年代与郎井村 M31 接近，相当于中区第一期。M18 和 M28 说明贾各庄墓群中确有战国初期的墓葬。

M8 盖豆柄部甚高，其占器高的比例大于中区第三期的怀柔 M56。筒腹鼎形体颇觉特殊，但是从鼎盖甚平、鼎钮高大、鼎耳长大外折、鼎足高大等特征仍可看出与中

表八　贾各庄墓地陶器登记表

器类\墓号	M18	M28	M2	M6	M8	M16	M30	M31	M23	M11	M12	M24	M13	M21	M36	M9	M32	M34	M15	M7	M1
尊	Ⅰ	Ⅰ	Ⅰ	Ⅰ	Ⅰ																
鼎					Ⅲ	粗Ⅰ	Ⅰ	Ⅰ、粗Ⅰ	Ⅳ	Ⅰ	Ⅰ	Ⅲ	Ⅲ	Ⅳ	Ⅳ	Ⅳ	Ⅱ	Ⅰ	Ⅱ		
盖豆					√		√	√	√		√	√					√	√	√	√	
壶						Ⅰ	Ⅰ	Ⅱ	Ⅰ	Ⅱ								Ⅱ	Ⅰ		Ⅰ
小口壶									Ⅰ								Ⅱ				
细柄盘状豆					√		√														
小口罐						√															
大口罐																				√	
簋						Ⅰ、Ⅱ															
双耳罐										√											
双耳壶																					

注：墓葬登记表中M34没有Ⅰ式鼎，而陶鼎登记表中则有。图版四M8簋似应出自M9。

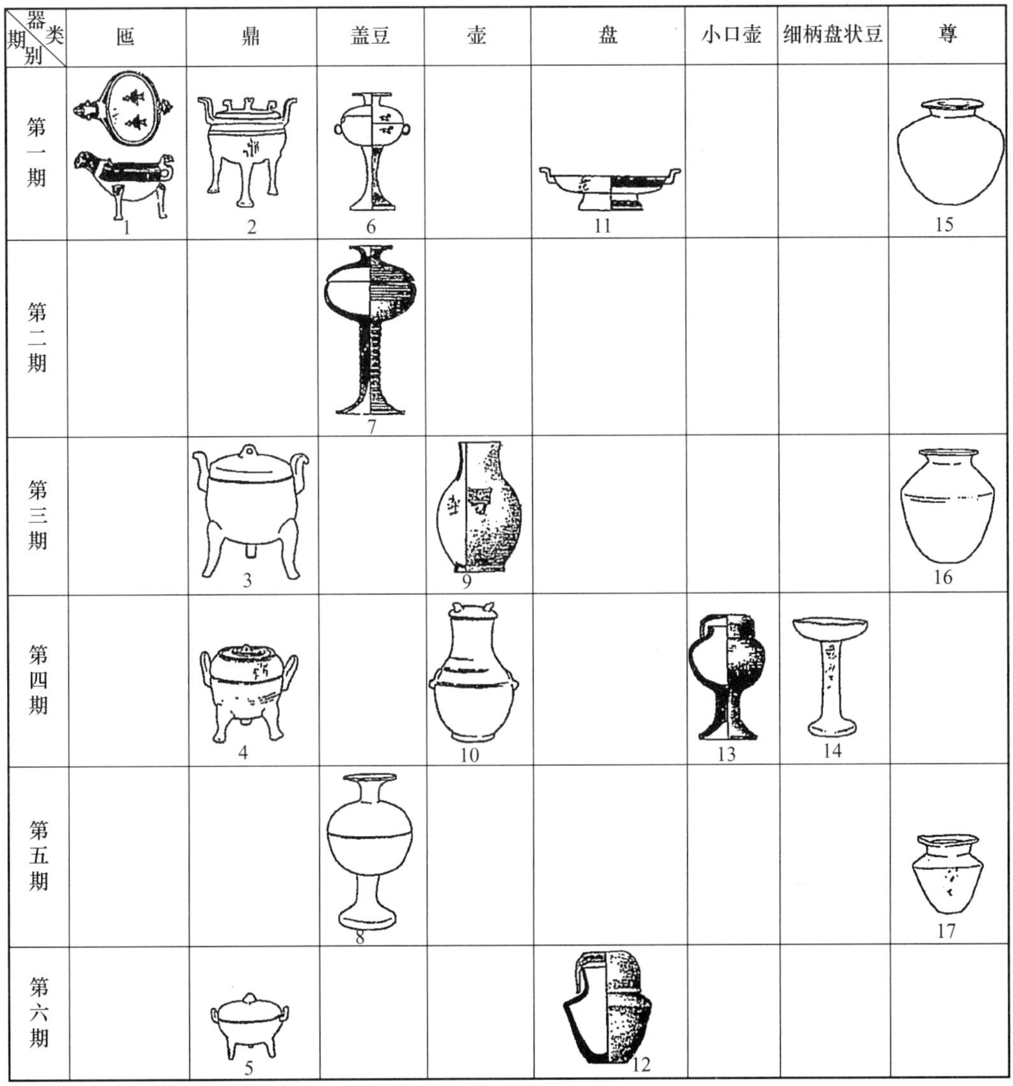

期别\器类	匜	鼎	盖豆	壶	盘	小口壶	细柄盘状豆	尊
第一期	1	2	6		11			15
第二期				7				
第三期		3		9				16
第四期		4		10		13	14	
第五期				8				17
第六期		5				12		

图八 东区战国燕墓贾各庄墓地陶器示意图

1. M18:4（铜） 2. M28:42（铜） 3. Ⅰ式鼎（夹砂粗陶，M16:2） 4. Ⅰ式鼎（M31:8） 5. Ⅱ式鼎（M32:5）
6. M18（铜） 7. M8:11 8. M15:16 9. Ⅰ式壶（M16） 10. Ⅰ式壶（M23） 11. M18:5（铜） 12. Ⅰ式小口壶（M23:12） 13. Ⅱ式小口壶（M32:9） 14. M30:4 15. Ⅰ式尊（M18:1） 16. Ⅰ式尊（M6:1）
17. Ⅲ式尊（M15:23）

区燕墓偏早的陶鼎具有相似之处，因此M8相当于中区第二期。M16的鼎盖较M8为鼓，演变特征晚于M8，该鼎的整体形态与中区第三期周仁村M2鼎相似；Ⅰ式壶亦与周仁村M2相似，因此M16的年代相当于中区第三期。M31的Ⅰ式鼎盖较鼓，耳较小，蹄足较矮，除单钮较小外整体形态与怀柔Ⅰ式相近。M23壶钮较小，颈较长，下腹内收较缓，与怀柔Ⅰ式接近。小口壶与怀柔Ⅰ式相同。这两座墓的年代可相当于中区第四期。M30的细柄盘状豆与怀柔Ⅰ式相仿，相当于中区第四期。M15的盖豆柄部甚短，演变特征晚于中区第四期怀柔M25，但是豆盖捉手相当高大，并非盖豆的最晚特征，因此M15的年代相当于中区第五期。该墓Ⅱ式尊与M18、M16比较，口径明显变大，颈部变长，亦符合中区陶尊的演变特征。M32 鼎单钮，小耳，扁腹，短足，较怀柔Ⅱ式更加接近北京地区西汉墓葬鼎；Ⅱ式小口壶实际上是战国燕墓小口壶演变的遗型，与怀柔城北西汉墓葬形制相近。该墓可相当于中区第六期。M6 的Ⅰ式尊较第一期 M18 腹部明显变得瘦长，演变特征晚于 M18 尊；颈部较第五期 M15 尊短，演变特征早于 M15，介于两者之间，暂附第三期。这几座墓说明贾各庄墓地中也存在战国中期和晚期的墓葬。

从上面的分析可知，贾各庄墓地从战国初期到战国末年，是一处延续时代较长的墓地。以往的研究者多依据报告笼统地将贾各庄墓地视为战国初期是不全面的。

依照贾各庄墓地陶器的组合及形制特点，这些墓葬可以分成如下几类（图八、图九）。

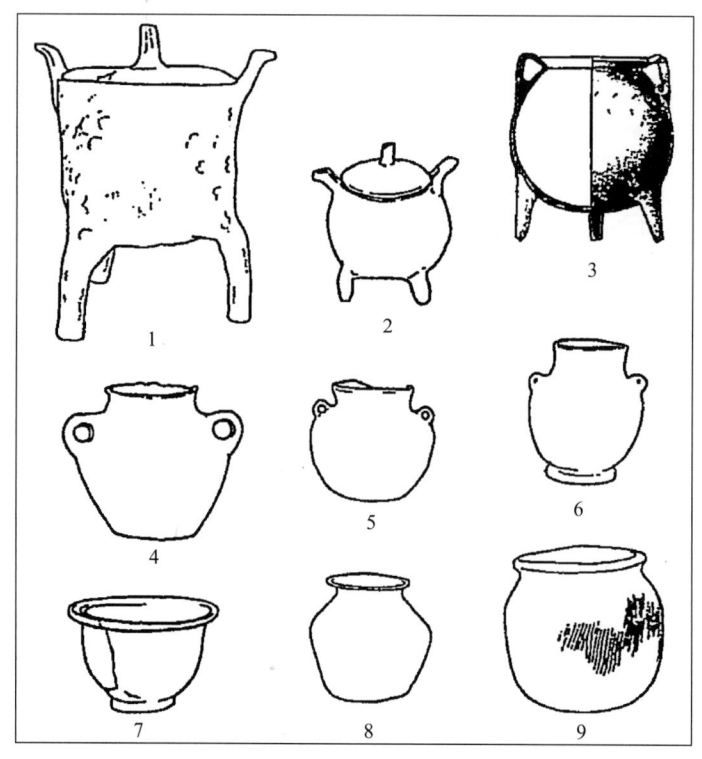

图九　东区战国燕墓中的燕文化因素和非燕文化因素

1. Ⅲ式鼎（M8:10）　2. Ⅲ式鼎（M8:13）　3. Ⅳ式鼎（M24:1）　4. Ⅰ式双耳罐（夹砂粗陶，M16:4）
5. Ⅱ式双耳罐（M16:6）　6. 双耳壶（M11:1）　7. 簋（M9:3）　8. 小口罐（M8:9）　9. 大口罐（M7:2）

贾各庄 M18 和 M28 出Ⅰ式陶尊，随葬品以铜礼器为主，组合与中区第一期铜礼器墓所出陶尊和陶豆相近，是比较典型的燕墓。M18 尊与中区比较，形制相似，唯略呈圜底，有燕文化的地方特点。

贾各庄 M31、M30、M12、M32、M34、M15 和 M1 等墓葬以随葬陶礼器为主，是比较典型的燕墓。出有鼎、盖豆、壶、小口壶、细柄盘状豆、尊等，基本组合为鼎、盖豆、壶，但是组合关系相当松散，如 M1 仅出壶，未见一墓出有标准整齐的鼎、盖豆、壶、盘、匜、小口壶组合者，尤其是不见盘、匜这两类陶器，却较中区多见尊。鼎、盖豆、壶、小口壶、细柄盘状豆是典型的燕式陶器。尊为圜底。M31 粗陶 I 式鼎形制为燕式，唯陶质为夹砂粗陶，均有燕文化的地方特点。

M8 是一座燕文化地方特点比较突出的墓葬，盖豆和小口罐是燕式陶器，尊为圜底，有燕文化的地方特点。而两件Ⅲ式鼎的形制有燕文化浓厚的地方特点。M7 随葬盖豆和大口罐，也较有地方特点。

M23、M24 和 M11 等墓葬中燕文化占主要地位，同时存在少量非燕文化因素。随葬陶器除燕式陶器鼎、盖豆、壶、小口壶和尊外，M23 和 M24 出夹砂粗陶的Ⅳ式鬲形鼎，M11 出双耳壶。Ⅳ式鬲形鼎受到北区非燕文化因素的影响，可能是在北区类似洪沟梁罐形鼎的基础上受燕文化的影响发展而来。双耳壶短颈，肩上双耳，受到东北区非燕文化因素的影响。Ⅳ式鬲形鼎和双耳壶属于非燕文化因素。

M16 存在着比较强烈的非燕文化因素。陶器组合为鼎、壶、簋、I 式和Ⅱ式双耳罐，与中区同期燕墓组合关系不同。壶为燕式陶器，鼎的形制与中区相似，唯其夹砂粗陶的陶质显示了燕文化的地方特点。簋虽为燕式陶器，但这种簋在中区战国燕墓中不见，也属于燕文化的地方因素。I 式夹砂粗陶双耳罐和Ⅱ式双耳罐则是非燕文化因素，特别是 I 式夹砂粗陶双耳罐是受到东北区梨树沟门类型的影响。M9 陶器组合为尊、Ⅳ式鬲形鼎和簋，M21 和 M36 仅出Ⅳ式鬲形鼎，非燕文化因素也很强烈。

M2、M6、M13 仅出尊，是随葬日用陶器的典型燕墓。尊为圜底，有燕文化的地方特点。

贾各庄墓地燕文化的地方特点和非燕文化因素比较强烈。陶礼器墓中多见尊，不见盘和匜，陶器组合关系比较松散。陶器形制多有地方特点，而非燕文化因素，主要是受到北区军都山类型和东北区梨树沟门类型的影响。以贾各庄墓地为代表的东区的考古学文化面貌比较复杂。

六、东南区战国燕墓陶器的分析

战国燕墓分布的东南区指天津附近地区（图一〇）。东南区燕墓以张贵庄墓地[①]材料最集中，其中陶礼器墓包括 M3、M4、M10 和 M23，陶器组合关系如表九。

该墓地陶礼器墓只有 M4 鼎、盖豆、壶的组合关系比较完整，但同出灰陶三足器，组合关系与中区不同，且多数墓葬陶器组合关系简单，似是南区燕墓的地方特点。

---

① 天津市文物组、天津市历史博物馆联合发掘组：《天津东郊发现战国墓简报》，《文物参考资料》1957 年第 3 期；天津市文化局考古发掘队：《天津东郊张贵庄战国墓第二次发掘》，《考古》1965 年第 2 期。

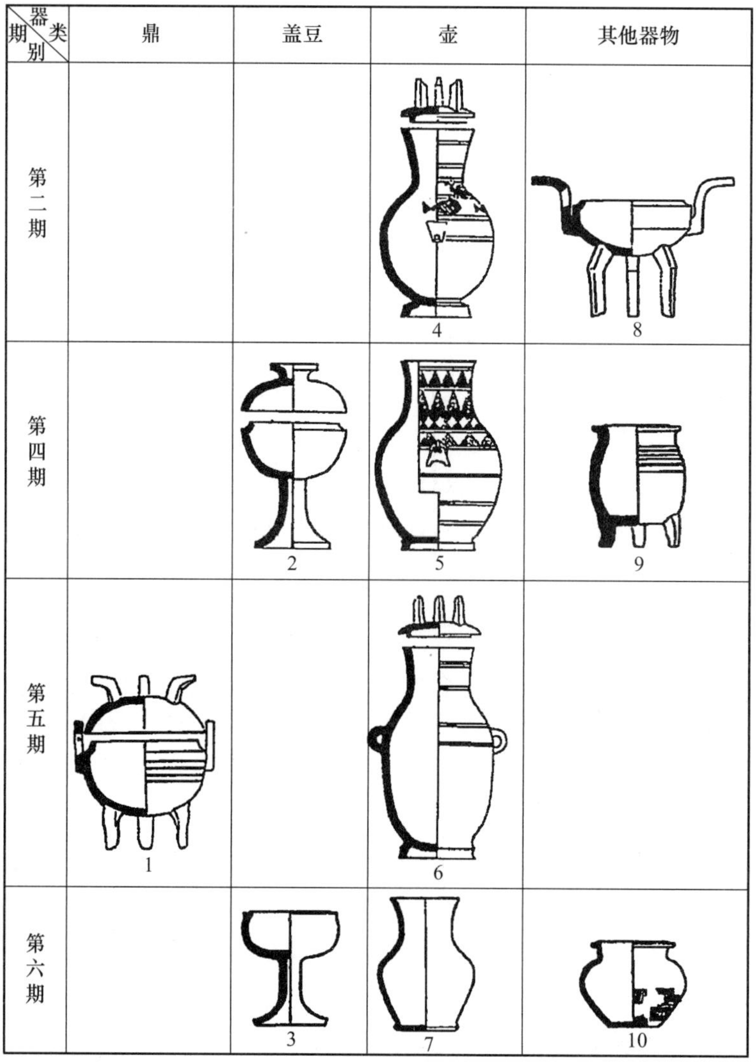

期别\器类	鼎	盖豆	壶	其他器物
第二期			4	8
第四期		2	5	9
第五期	1		6	
第六期		3	7	10

图一〇　东南区战国燕墓（陶礼器墓）陶器示意图
1. M10∶1　2. M4∶4　3. M3　4. M3∶2　5. M4∶2　6. M10∶3　7. M4　8. M3∶1　9. M4　10. M3
（1、2、4~6、8、9.张贵庄　3、7、10.巨葛庄）

表九　张贵庄墓地陶礼器墓陶器组合关系表

墓号\器类	鼎	盖豆	壶	灰陶三足器
M3	√		√	√
M4	√	√	√	√
M10	√		√	
M10		√		√

M3 壶颈较长，束颈明显。收腹较剧，圈足明显，与怀柔Ⅴ式相似程度较大，年代相当于中区第三期。M4 壶颈较短，近似怀柔Ⅱ式；盖豆柄不高，近似怀柔Ⅰ式，因此

M4年代相当于中区第四期。M10鼎盖较鼓，鼎耳较小，直立，鼎足短小，略显蹄足，形态与怀柔Ⅱ式相似；壶颈很短，束颈较小，收腹很不明显。在燕墓陶壶的演变序列中位置居后，因此M10的年代相当于中区第五期（图一〇）。

在陶器形制上，M4壶和盖豆均与中区陶器形制一致，属于燕式陶器。M3和M10壶三个壶钮高大直立，M10壶收肩长腹，与中区略有差别。M10鼎双耳直立，盖附三支足，与其他燕墓形制稍异。以上陶器表现了南区的地方特点。M3鼎耳宽大外侈，三足扁平中折，浅腹，形制与燕式鼎迥然有别，与山东平度岳石村战国齐墓[①]鼎略似，属于非燕文化因素。

巨葛庄商家岑子墓地[②]M3陶器组合为盖豆、平盘豆和罐，M4组合为平盘豆和壶。M3罐与昌平白浮西汉墓葬接近，M4壶与北区张家口市北门外墓地壶相近。而且这两座墓葬的陶礼器组合十分松散，盖豆和壶的形制逐渐脱离陶礼器的演变线索，盖豆的子口很小，且无盖。壶为耸肩，形制均与日用陶器接近。因此，这两座墓的年代相当于中区第六期（图一〇）。具有相似陶器组合的墓葬在十八岑子等地亦存在[③]。

除商家岑子M3罐外，其他盖豆、浅平盘豆和壶并不是典型的燕式陶器，有可能是受到齐、赵文化因素的影响。典型燕式盖豆的豆盘剖视呈弧腹内收，而在战国齐墓中，常见有豆盘剖视呈折腹内收的例子，M3盖豆即与山东沂水埠子村墓[④]相似。M4壶耸肩的作风与邯郸百家村M32[⑤]相似。南区遗址和墓葬中经常出有形制相似的平盘豆，M3平盘豆没有发表线图，参照伏漪城遗址出土的一件看，与山东沂水上常庄M1战国齐墓[⑥]相似（图一一）。

张贵庄墓地的陶器墓包括M1、M6、M7、M8、M14、M25、M30等，陶器组合如表一〇。

表一〇　张贵庄墓地日用陶器墓陶器组合关系表

墓号 \ 器类	燕式鬲	灰陶三足器
M1	√	
M6		√
M7	√	
M8		√
M14		√
M25		√
M30		√

---

① 中国科学院考古研究所山东发掘队：《山东平度东岳石村新石器时代遗址与战国墓》，《考古》1962年第10期。
② 天津市文化局考古发掘队：《天津南郊巨葛庄战国遗址和墓葬》，《考古》1965年第1期。
③ 天津市文化局发掘考古队：《渤海湾西岸古文化遗址调查》，《考古》1965年第2期。
④ 沂水县博物馆：《山东沂水县埠子村战国墓》，《文物》1992年第5期。
⑤ 河北省文化局文物工作队：《河北邯郸百家村战国墓》，《考古》1962年第12期。
⑥ 沂水县文物管理站：《山东沂水发现两座战国墓》，《文物》1986年第6期。

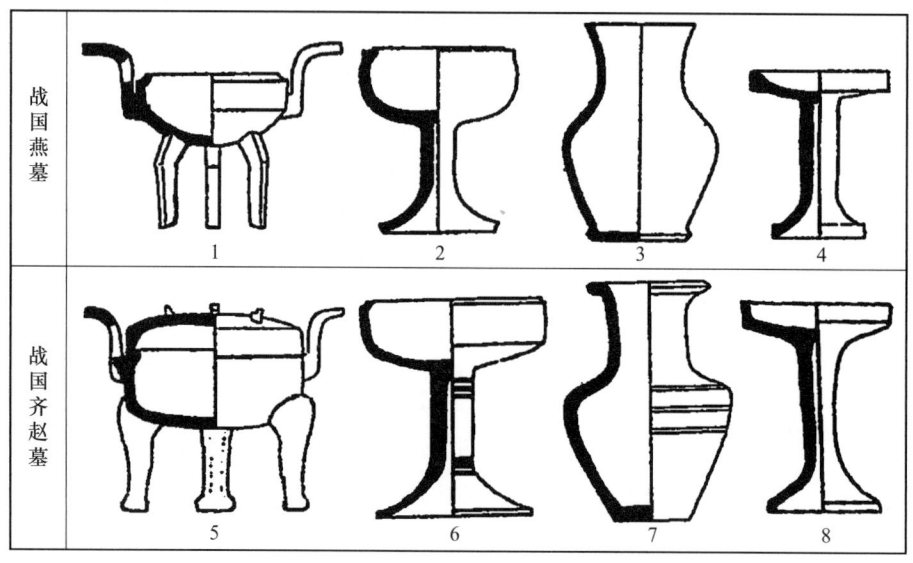

图一一　东南区战国燕墓与战国齐、赵墓陶礼器比较示意图
1.鼎（M3∶1） 2.豆（M3） 3.壶（M4） 4.豆 5.鼎（M1∶1） 6.豆 7.壶（M32∶1） 8.豆（M1）
（1.张贵庄　2、3.巨葛庄　4.伏漪城　5.东岳石村　6.埠子村　7.石家村　8.上常庄）

在这些墓葬中出有燕式鬲和灰陶三足器，而灰陶三足器是最有地方特点的陶器。与燕式鬲比较，燕式鬲是夹砂红陶，腹部和足部均较长，而它是灰陶，腹部和足部均较短。与北区的罐形鬲比较，罐形鬲腹径明显大于口径，足部更矮小，而它腹径不很突出甚至小于口径，足部更高。因此灰陶三足器与燕式鬲和罐形鬲属于不同器类。不过有的灰陶三足器形制与燕式鬲相似，表明其间可能存在某种影响。在张贵庄墓地燕式鬲与灰陶三足器不共出，有可能存在相互替代的关系。关于灰陶三足器的沿用年代和演变规律尚不清楚，仅M4的一件可根据共出的盖豆和壶定于第四期。

在巨葛庄商家岑子墓地采集的尊口径明显小于肩径，颈较短，腹宽扁，与郎井村M31相近。鬲陶胎羼杂贝壳屑，侈口，短颈，鼓腹，实足，应为燕式鬲的雏形（详下文），因此，这两件陶器相当于战国早期。在商家岑子和中塘墓地存在尊和盂组合的墓葬，其陶器形制与该地西汉陶器略似，因此，这类陶器组合的墓葬年代相当于战国晚期。在商家岑子墓地还采集到圜底罐、高领罐和折腹罐等陶器，年代亦相当于战国晚期（图一二）。

从目前材料看，东南区燕墓与中区燕墓的共性较之其他诸区与中区的共性要少一些，但从巨葛庄、北仓[①]等地的战国遗址看，东南区的燕文化因素还是比较浓厚的。东南区还可以见到齐、赵文化因素的影响。

---

① 天津市文物管理处：《天津北仓战国遗址清理简报》，《考古》1982年第2期。

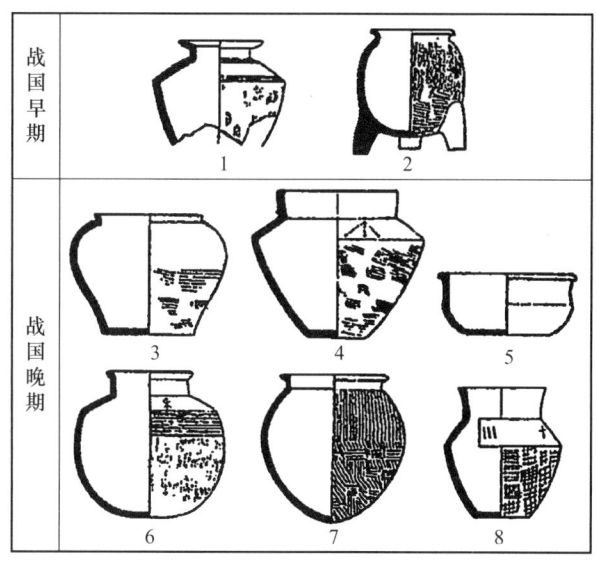

图一二　东南区战国燕墓（日用陶器墓）陶器示意图

1.尊　2.燕式鬲　3.罐　4.罐　5.盂　6.尊　7.罐　8.罐（1、2、7、8.商家岑子　3.十八岑子　4~6.中塘）

七、辽宁地区战国燕墓陶器的分析

除辽西喀左一带属战国燕墓分布的东北区外，辽宁的大部分地区在文化背景上与战国燕墓其他诸分布区有所不同，考古学文化面貌存在差异，而且辽西与辽东的土著文化也多有差别。辽宁地区战国燕墓材料发表较少，所以暂将辽宁地区的材料一并加以讨论（图一三）。

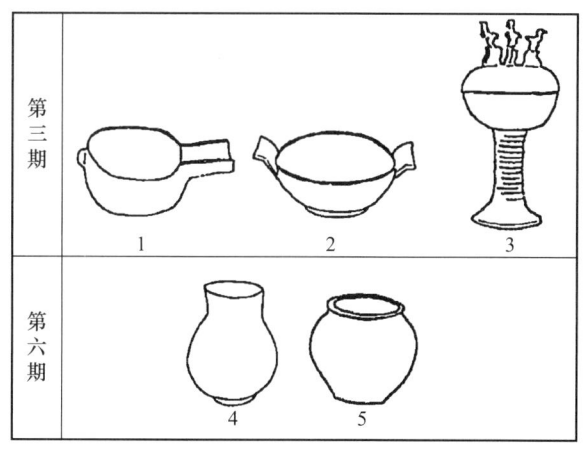

图一三　辽宁地区战国燕墓陶器示意图

1.匜　2.盘　3.盖豆　4.壶　5.罐（1、2.热闹街　3.袁台子　4、5.台集屯）

朝阳袁台子墓地未见正式报告，据介绍墓葬分为两期，"第一期鼎、豆、壶均接近唐山贾各庄春秋晚期墓，但这里不见陶尊；第二期墓与这里发现的西汉初期墓（早于武帝）有明显缺环，即辽西一带发现的以鼎、盒、壶为主要组合的战国晚期墓这里未见，据此，袁台子出鼎、豆、壶的第二期当在战国中期，第一期则可能到战国早期"①。前面已分析，贾各庄墓地年代不仅局限于战国初期，因此袁台子墓地第一期的具体情况还不清楚。从发表的一件属于第二期的盖豆照片看，高柄、盖上附三个鸟状钮，相当于中区第三期。豆盖上附鸟状钮，中区虽不见，却仍是典型的燕文化作风。袁台子墓地出现"外叠唇手制罐与典型战国陶鼎、豆、壶、匜伴出或交错分布的情况"。因此该墓地除存在典型的燕式陶器外，外叠唇手制罐属于非燕文化因素。这种外叠唇手制罐是存在于大、小凌河流域的土著文化"凌河类型"②的典型陶器。

与袁台子墓地性质相近的战国燕墓在朝阳十二台营子等地也存在③。

沈阳南市区热闹街墓④匜口略呈椭圆形，长流，鼻钮，侧视匜口线和匜底线均略呈弧曲。鼎盖中心有半圆形钮，长方形穿孔鼎耳，鼎身半圆形。壶盖较平，小钮，束径，圈足。盘附耳外侈，圈足。该墓与周仁村 M2 近似，相当于中区第三期，组合关系和陶器形制均属于典型的燕文化。

锦西台集屯墓⑤陶器组合为罐和壶，与北京地区西汉墓葬相同。壶与贾各庄 M34 相似，罐接近北京地区西汉墓葬，均为燕式陶器。该墓相当于中区第六期。报告介绍该墓以东另有一墓，似为同坟异穴，出有彩绘灰陶壶和绳纹方足红陶鼎，已不能复原。

在辽宁地区存在着相当数量的战国燕墓，如辽阳新城战国燕墓⑥等，遗憾的是正式发表材料较少。

八、若干问题的讨论

综合以上对各区战国燕墓的分析，首先将各区年代比较明确的陶礼器墓的期别对应关系列表一一。

表一一 陶礼器墓对应关系表

期别\区域	中区	北区	东北区	东区	东南区	辽宁地区
第一期	易县郎井村 M31			唐山贾各庄 M18、M28		
第二期	易县东斗城 M29 易县九女台 M16 昌平松园 M1、M2		承德滦河镇墓	唐山贾各庄 M8		

---

① 辽宁省文物普查训练班：《1979 年朝阳地区文物普查发掘的主要收获》，《辽宁文物》1980 年第 1 期。
② 王成生：《辽河流域及邻近地区短挺曲刃剑研究》，《辽宁省考古、博物馆学会成立大会会刊》，1981 年。
③ 见朝阳市博物馆展出材料。
④ 金殿士：《沈阳市南市区发现战国墓》，《文物》1959 年第 4 期。
⑤ 锦州市博物馆：《辽宁锦西县台集屯徐家沟战国墓》，《考古》1983 年第 11 期。
⑥ 见辽宁省博物馆展出材料。

续表

区域 期别	中区	北区	东北区	东区	东南区	辽宁地区
第三期	怀柔Ⅱ式匜组诸墓 怀柔Ⅳ式匜组诸墓 易县周仁村M2	张家口下花园M2	三河北淀	唐山贾各庄M16	天津张贵庄M13	沈阳热闹街墓
第四期	怀柔Ⅰ式匜组诸墓	张家口下花园M1	承德旗杆沟墓	唐山贾各庄M23、M31、M30	天津张贵庄M4	
第五期	怀柔Ⅲ式匜组诸墓	张家口下花园M3	喀左眉眼沟M1	唐山贾各庄M15	天津张贵庄M10	
第六期			承德砖厂墓地、边家沟墓地	唐山贾各庄M32	天津巨葛庄M3、M4	锦西台集屯墓

第一期燕墓以随葬鼎、盖豆、壶、盘、匜等铜礼器为主，仅随葬尊、豆等少量日用陶器，铜器的形制和纹饰具有春秋战国之际的风格，因此第一期年代为春秋战国之际。

第二期燕墓开始以陶礼器取代铜礼器，随葬有鼎、盖豆、壶、盘、匜、小口壶、方壶、盉、方座簋、小鼎等陶礼器。九女台M16未见铜礼器和铜兵器，虽然该墓早期被盗，但从出有陶编钟看，已经以陶乐器代替了铜乐器，而且东斗城M29、松园M1和M2、滦河镇墓均不出铜礼器。而这几座墓从规模、随葬品种类及数量看等级应该相当于郎井村M31等铜礼器墓，说明第一期燕墓较第二期燕墓随葬较多的铜礼器是时代的差异而非等级的差异。第二期鼎、盖豆、盘、匜等陶礼器直接模仿铜礼器，制作精细，形制逼真，因此，第二期年代紧随第一期之后，为战国早期。

第三期燕墓中年代较早的怀柔M56鼎、壶和小口壶的形态接近第二期，尤其匜接近第二期松园M1和M2，因此第三期年代应该与第二期相接。

第三期和第四期燕墓一些陶器的演变特征混杂，如第三期周仁村M2鼎、壶表现出两期共有特征，第三期怀柔ⅢA鼎近似第四期怀柔Ⅰ式鼎，第三期怀柔Ⅳ式匜组的陶器在很多方面显示出两期的中间特征，因此第四期年代应该与第三期相接。

第五期燕墓陶器形制与第四期相比有一些变化，如陶器的动物装饰少见，但第五期怀柔M25盖豆、壶、盘和小口壶均与第四期相同，说明两期间距不大。

从分析可知，第三至五期前后相连，中间没有缺坏，年代依次紧随在战国早期之后，而与西汉墓葬显有差距，因此年代大略可分别对应为战国中期早段、战国中期晚段和战国晚期。

第六期燕墓陶器在组合关系和形制上趋近于西汉墓葬。陶礼器墓鼎、盖豆、壶、盘、匜、小口壶的组合关系明显松散，盘、匜等陶器在该期组合中趋于消失，增加了罐、盆等日用陶器，但是大部分陶器形制与西汉初年墓葬仍有差别，因此第六期年代为战国末期。

日用陶器墓发表较少，认识不如陶礼器墓清楚。其中中区昌平半截塔村M2已判断为相当于陶礼器墓第二期，燕下都第21号遗址M2已判断为相当于陶礼器墓第四期，东区贾各庄M6已判断为相当于陶礼器墓第三期，结合其他各区情况，可将日用陶器墓大致划分为战国早期、战国中期和战国晚期计三期（表一二）。

表一二　日用陶器墓对应关系表

区域 期别	中区	北区	东区	东南区	备注
第一期	易县半截塔村 M2	怀来洪沟梁墓地		商家岑子墓地部分陶器	相当于陶礼器墓第一、二期
第二期	易县燕下都遗址 M2		唐山贾各庄 M6		相当于陶礼器墓第三、四期
第三期		张家口白庙墓地 张家口北门外墓地 围场东台子墓 赤峰箭亭子墓		商家岑子、十八岑子、中塘墓地部分陶器	相当于陶礼器墓第五、六期

随葬陶器的战国燕墓从等级上可以分为陶礼器和日用陶器墓两类，以前者发现最多，认识也最清楚。第一期铜礼器墓以随葬鼎、盖豆、壶、盘、匜等铜礼器为主，仅随葬尊、豆等少量日用陶器。从第二期开始，陶礼器墓开始取代铜礼器墓。陶礼器墓的标准组合为鼎、盖豆、壶、盘、匜和小口壶，常见的基本组合为鼎、盖豆和壶，较高级陶礼器墓中还出有方壶、甗、方座簋和小鼎等。但中区以外各区在组合关系上都有地方特点。至第六期时，陶礼器墓的组合明显松散，同出罐、盆等日用陶器。参考北京地区西汉墓葬，第六期陶礼器墓的标准组合可能为鼎、盒、壶。日用陶器墓发现较少，认识不很清楚，较早期以随葬尊、燕式鬲、燕式釜为主，至第六期则多见罐、豆、盆等，发现数量也明显增多。

夹砂红陶质羼杂云母片、贝壳粉和粗砂粒的燕式鬲和燕式釜是燕文化有自身特点的陶器（俗称为鱼骨盆）。许多学者对燕式鬲曾予以注意，比较通行的一个看法是认为燕式鬲可以区别为平底和圜底，在墓葬中不共出，判断平底鬲早于圜底鬲，可相当于春秋时期，并认为这是一个分期断代的线索[1]。燕式鬲可以从春秋时期的燕墓陶器中寻找到源头，鬲作为春秋时期以来退化的器类，在演变过程中同时出现平底加三足和圜底加三足的趋向，这就是平底鬲和圜底鬲的雏形。前者标本如徐水大马各庄 M13：1，后者标本如燕下都 13 号遗址 F1：1[2]，而且燕下都另一件采集的陶质就是夹砂红陶，显然是圜底鬲的雏形[3]，这种雏形燕式鬲的年代可约在春秋战国前后。在燕下都 22 号遗址的战国晚期地层中出有平底鬲[4]，而且同属燕墓第二期的东斗城 M29 为圜底鬲，松园 M1、M2 则为平底鬲[5]，因此两者不存在分期断代的意义。南区的灰陶三足器或许是受燕式鬲影响的一种地方性变体（图一四）。

燕式釜在随葬陶器中少见，多用作瓮棺墓的葬具，演变线索不清楚。燕式釜也可

---

[1] 北京市文物工作队：《北京怀柔城北东周两汉墓葬》，《考古》1962 年第 5 期。
[2] 河北省文物研究所：《河北易县燕下都第 13 号遗址第一次发掘》，《考古》1987 年第 5 期。
[3] 中国历史博物馆考古组：《燕下都城址调查报告》，《考古》1962 年第 1 期。
[4] 河北省文化局文物工作队：《燕下都第 22 号遗址发掘报告》，《考古》1965 年第 11 期。
[5] 原报告未说明该墓所出燕式鬲为平底，而《北京怀柔城北东周两汉墓葬》一文注释 3 介绍其为平底。

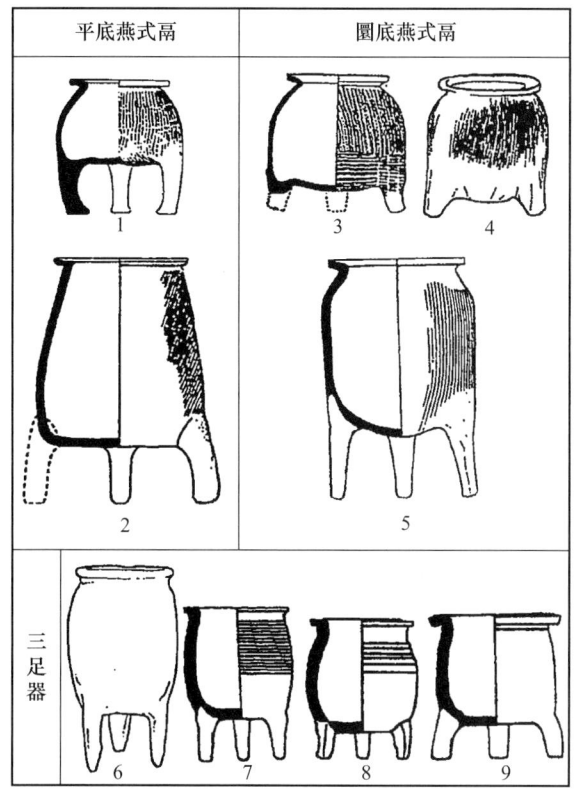

图一四 燕式鬲演变示意图

1.M13:1 2.T4③:31 3.F1:1 4.鬲 5.M29:1 6.三足器 7.M8:1 8.M4 9.M6（1.大马各庄 2.燕下都22号遗址 3.燕下都13号遗址 4.燕下都城址 5.东斗城 6～9.张贵庄）

以从春秋时期的燕墓陶器中寻找到源头。徐水大马各庄 M36Bb Ⅲ式鬲器形似釜，三足很小，可能是燕式釜的雏形。燕下都13号遗址年代较早的F1釜除底部尚有明显的鬲的三足退化的痕迹外，已经颇为接近典型的燕式釜。这种雏形燕式釜的年代可约在春秋战国之际前后。从13号遗址 F1釜看，早期的釜形体宽矮，口径约等于釜高，垂腹，宽斜沿。而燕下都23号遗址[①]等一般认为属于战国晚期地层中的釜多为形体瘦长，口径明显小于釜高，斜直腹，窄立沿。属于战国中期怀柔Ⅱ式釜的特征近似前者。而东北地区墓葬和遗址中（喀左眉眼沟、梨树二龙湖、奈曼沙巴营子、建平水泉、建平喀喇沁河东、抚顺莲花堡）[②]釜的形制多近似后者，而且也有陶质为灰陶。虽然燕文化进入东北地区的年代尚不可确指，但是东北地区燕文化的整体面貌总不会与中区的早期相当。因此，可以归纳出燕式釜是由宽矮向瘦高、垂腹向斜直腹、宽斜沿向窄立沿的

---

① 河北省文物管理处：《燕下都第23号遗址出土一批铜戈》，《文物》1982年第8期。
② 四平地区博物馆、吉林大学历史系考古专业：《吉林省梨树县二龙湖古城址调查简报》，《考古》1988年第6期；李殿福：《吉林省西南部的燕秦汉文化》，《社会科学战线》1978年第3期；王增新：《辽宁抚顺市莲花堡遗址发掘简报》，《考古》1964年第6期；辽宁省博物馆、朝阳市博物馆：《建平水泉遗址发掘简报》，《辽海文物学刊》1986年第2期；辽宁省博物馆文物工作队、朝阳地区博物馆文物组：《辽宁建平县喀喇沁河东遗址试掘简报》，《考古》1983年第11期。

趋向发展的（图一五）。

战国时期燕墓的陶器组合与中原地区基本一致，陶器形制属于中原文化系统，陶器组合关系和形制演变的大势亦与中原地区相符。但是战国燕墓陶器在组合关系、形制以及演变规律等方面仍然有着自身的特点，这既是各诸侯国在各自相对独立的区域内文化发展自然分化的结果，又是燕国较为特殊的文化传统和民族构成的结果。

燕山南北地区春秋战国时期活跃着文化传统及特征各不相同的东北夷、山戎、貊、东胡等众多部族，燕国境内及其东北外缘地带的文化因素和民族关系相对比较复杂。燕国在这种历史环境下不断开疆拓土，最终成为燕、辽、渤、碣间的一个大国，此种民族和文化背景在燕国的考古学文化面貌上当然留有深刻的烙印。燕墓可以划分为不同的分布区即是受这种民族和文化背景的影响。燕国开设上谷、渔阳、右北平、辽西、辽东五郡，其郡县的辖界或亦与此有关。

中区燕墓所代表的燕文化最为纯粹和典型。燕渔阳郡治在今北京密云县西南①（或在怀柔附近②），燕墓中区与燕渔阳郡的辖境颇有重合，燕渔阳郡的设置或许与中区的历史文化背景有关。

北区燕墓的非燕文化因素强烈，从战国早期至晚期，非燕文化因素一直顽强地保持着自身的特征。这种非燕文化因素主要是承袭了军都山类型的影响，以富有特色的紧贴口沿的双耳罐、罐

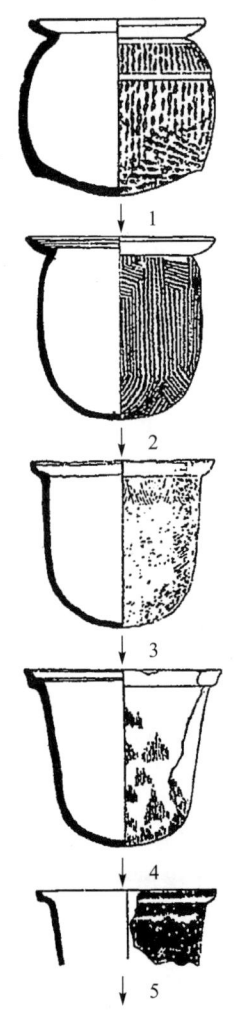

图一五　燕式釜演变示意图

1. Bb型Ⅲ式鬲（M36∶2）　2. 釜（F∶12）　3. Ⅱ式釜　4. 釜（M2∶1）　5. 釜（T2④∶2）
（1. 徐水大马各庄　2. 燕下都13号遗址　3. 怀柔　4. 燕下都21号遗址　5. 燕下都23号遗址）

形鼎、罐形鬲为代表。一般认为军都山类型的族属是山戎，林沄先生则认为它是赵襄子所灭代③。不过自公元前475年赵襄子灭代，将代地封给其侄代成君赵周，至公元前228年秦灭赵，赵公子嘉出奔至代，自立为代王，后六年为秦所灭，文献中未见赵退出和燕攻取这一地区的记载，而这一地区广泛存在的却是燕文化，姑且存疑。可以指出的是，军都山类型受北方草原游牧文化系统的影响很大，如盛行"鄂尔多斯式"铜牌饰，殉牲，随葬陶器不丰富等。北区燕墓的材料在张家口地区，《括地志》云："燕上

---

① 此处和以下有关燕汉五郡的相关历史地理考证均见王绵厚：《秦汉东北史》，辽宁人民出版社，1994年。
② 郭仁：《关于渔阳城的位置及其附近河道的复原》，《考古》1963年第1期。
③ 林沄：《关于中国对匈奴族源的考古学研究》，《内蒙古文物考古》1993年第1/2期合刊。

谷，秦因不改，汉为沮阳县。"①沮阳县即今怀来县大古城村古城，燕上谷郡的设置或与北区的历史文化背景有关。

东北区的非燕文化因素主要是受到梨树沟门类型的影响。这类遗存的红褐陶侈口鼓腹罐与军都山类型相同，但罐的双耳距口沿有一段距离，在最大腹径处，而不是与口沿平齐或稍高于口沿，与军都山类型差别明显。梨树沟门类型与辽西地区的凌河类型邻近，文化面貌也有一些联系。这类遗存的族属尚有待研究。目前发现年代最早的东北区燕墓是第二期滦河镇墓，该墓陶器组合及形制均为纯粹典型的燕文化。东北区燕墓的陶器组合及形制在燕墓外围诸区中与中区最为接近。燕秦右北平郡治无终在今河北玉田县西北，西汉右北平郡的无终、俊靡、平刚、石城、字县、白狼等均大体位于燕墓东北区的范围内，燕墓东北区既与西汉右北平郡大体相当，或与燕右北平郡也大体相当。燕右北平郡的设置或与东北区的历史文化背景有关。

东区燕墓的陶器组合和形制的演变过程大体与中区相同，但是陶礼器墓的陶器组合非常松散，未见盘、匜，却多见尊，墓葬中也未见燕式鬲。以Ⅳ式粗陶鼎以及双耳罐、双耳壶为代表的非燕文化因素则是受到北区军都山类型和东北区梨树沟门类型的影响。东区燕墓尤其与东北区燕墓的非燕文化因素联系比较密切。燕秦辽西郡治阳乐在今唐山地区东邻的辽宁绥中附近，西汉辽西郡的海阳、令支、肥如、絫诸县均在唐山地区，燕墓东区既与西汉辽西郡的相当一部分重合，当亦与燕辽西郡的相当一部分重合。燕辽西郡的辖界或许与东区的历史文化背景有一定关系。今天唐山地区的迁安、卢龙一带在春秋时期存在令支、孤竹等一些小国，东区的历史文化背景受此影响也未可知。

东南区天津地区燕墓的材料比较零散，燕文化的地方因素以灰陶三足器为代表。不见北区、东北区和东区的非燕文化因素，表现出历史文化背景上与北方地区和东北地区的疏远。东南区考古学文化与地理毗近的齐、赵文化有一定联系，属于渔阳郡的南部地区。

辽西地区燕墓中的非燕文化因素源于自西周中后期以来即存在于大、小凌河流域的凌河类型，其文化内涵为火候较低的夹砂红褐陶单把罐、外叠唇罐、外侈口罐等陶器群且与东北系曲刃青铜短剑共出②。凌河类型向西约在喀左一带与梨树沟门类型相邻。这一时期辽西地区的土著民族是貊，《山海经·海内西经》记："貊国在汉水东北。地近燕，灭之。"林沄先生从"陈璋圆壶"铭文中的"燕亳邦"连读推断亳即为貊字，进而认为燕辽西郡取之于貊③。从"陈璋圆壶"铭文中齐人称燕国为"燕亳邦"来看，至少在公元前315年齐伐燕之前燕已经部分取有貊地，并且燕文化与貊文化已经有了相当程度的交融。

---

① 《史记·绛侯周勃世家》张守节《正义》引《括地志》。
② 王成生：《辽河流域及邻近地区短挺曲刃剑研究》，《辽宁省考古、博物馆学会成立大会会刊》，1981年。
③ 林沄：《"燕亳"和"燕亳邦"小议》，《史学集刊》1994年第2期。

沈阳热闹街墓对研究燕文化进入辽宁腹地的时间颇为重要。《魏略》记："昔箕子之后朝鲜侯，见周衰，燕自尊为王，欲东略地，朝鲜侯亦自称为王，欲兴兵逆击燕以尊周室。……后子孙稍骄虐，燕乃遣将秦开攻其西方，取地二千余里，至满番汗为界，朝鲜逐弱。"推测燕辽东郡的一部分取自箕子朝鲜。热闹街墓的年代为第三期，而且该墓的陶器组合及形制属于纯粹典型的燕文化，说明至迟在战国中期燕文化就已经进入辽宁腹地。由于辽宁腹地燕墓材料较少，这一地区燕墓的整体面貌尚不清楚。

燕国在东北地区设置五郡，为随后秦汉时期东北地区经济文化的繁荣昌盛和中原文化在东北亚洲的广泛流布奠定了基础。燕在东北地区建立政权管辖，至少经历了灭貊、走东胡、击朝鲜三件事，而燕文化因素在东北地区发生影响比燕在东北地区建立政权管辖年代更早。目前貊、东胡、箕子朝鲜和东北地区其他部族小国的考古学文化面貌尚不清晰，燕民与土著民族交往融合的过程也不明了，因此从考古学上研究燕文化进入东北地区和燕在东北地区建立政权管辖的时间、形式和过程尤其重要。一则有些陶器的演变规律尚不清楚，二则有些燕墓材料颇为简略，三则收集材料或有疏漏，分析研究难免舛误，因此对战国燕墓陶器的分析并不详尽，希望能够见到更多的燕墓材料对本文加以检验和修正。

附记：本文承蒙林沄先生指导，林雪川同志绘制部分插图，谨表谢意。

原载《考古学报》2001年第3期

北方长城地带汉墓发现与研究述要

考古学上习惯称谓的北方长城地带大体包括今天内蒙古东南部、河北北部、山西北部、陕西北部、内蒙古中南部、宁夏、甘肃东北部,这一地带从生态地理的角度来说是"农牧交错带",从族群和文化地理方面可以理解为中原农业社会与北方游牧社会共同构建的"内陆边疆"。

北方长城地带汉代遗存的考古调查发掘,始于 20 世纪 30 年代①。新中国成立以后田野工作迅速开展起来,20 世纪 50~70 年代在内蒙古包头市郊、乌拉特前旗公庙子、巴彦淖尔临河区黄羊木头、鄂托克旗、广衍故城,宁夏银川市平吉堡、吴忠市关马湖,山西山阴县广武、浑源县毕村,河北怀安县耿家屯等地有过许多调查发掘。其中,20 世纪 70 年代初发掘的和林格尔东汉壁画墓是汉代考古的重要发现,对于汉代壁画艺术和北方民族关系史研究有着重要价值。80 年代以来,内蒙古包头市郊、杭锦旗乌兰陶勒盖、凉城县北营子、和林格尔城子,宁夏盐池县张家场和宛记沟、吴忠市韩桥、灵武县横城,陕西定边县郝滩、靖边县张家坬、甘泉县鳖盖峁,山西广灵县北关,河北阳原县三汾沟等地有大量汉墓发现。其中,80 年代山西朔县汉墓的发掘②,建立起长城地带汉墓分期研究的参考标尺。90 年代内蒙古中南部汉代墓葬的发掘与研究③,是在汉匈关系的历史背景下将内蒙古中南部汉墓作为整体考察的初步尝试。2000 年以来见有关于鄂尔多斯高原汉墓、张家口地区汉墓研究,以及在这一地区汉墓中识别南匈奴遗存的专题论文④。陕北高原画像石墓的专题著录和研究始自 50 年代⑤,其后的研究视角仍然集中在艺术史方面。在北方长城地带的汉代考古学研究中,汉代城塞和北方游牧遗存的成果相对突出,汉墓研究比较薄弱,尤其是缺乏关于长城地带汉墓的整体性认识⑥。

汉匈关系是北方长城地带秦汉时期历史背景的主线索。秦代名将蒙恬北击匈奴略取"河南地"以后,秦帝国的版图推进到阴山南麓,汉初匈奴占领内蒙古中南部和银川平原,

---

① 日本学者江上波夫、水野清一等 20 世纪 30~40 年代在长城地带调查著录战国秦汉遗存,1946 年以东亚考古学会名义出版《万安北沙城——蒙疆万安县北沙城及怀安汉墓》;1990 年以东方考古学会名义出版《阳高古城堡——中国山西省阳高县古城堡汉墓》。
② 平朔考古队:《山西朔县秦汉墓发掘简报》,《文物》1987 年第 6 期。
③ 内蒙古文物考古研究所、魏坚:《内蒙古中南部汉代墓葬》,中国大百科全书出版社,1998 年。本文关于河套平原和鄂尔多斯高原汉墓的基本材料和基础认识均出自该书,不再逐一出注。
④ 蒋璐:《内蒙古鄂尔多斯地区汉墓》,《边疆考古研究》(第 5 辑),科学出版社,2006 年;蒋璐:《张家口地区两处汉代墓地相关问题探讨》,《文物春秋》2007 年第 1 期;张海斌:《试论中国境内东汉时期匈奴墓葬及相关问题》,《内蒙古文物考古》2000 年第 1 期;杜林渊:《南匈奴墓葬初步研究》,《考古》2007 年第 4 期。
⑤ 陕西省博物馆、陕西省文物管理委员会:《陕北东汉画像石刻选集》,文物出版社,1959 年。
⑥ 近年见有对北方长城地带汉墓进行综合研究的学位论文,见蒋璐:《中国北方地区汉墓研究》,吉林大学博士学位论文,2008 年。

雁代地区也时常遭受寇扰。汉武帝以后西汉王朝比较稳固地控制住长城地带。宣帝时呼韩邪内附，其后昭君出塞，北边安定。王莽至东汉初年，汉匈矛盾再度激化，卢芳割据势力在此活动。汉光武帝时期东汉政府重新控制这一地区，南匈奴随而附汉，乌桓也入居塞内，北边诸郡出现汉民与南匈奴、乌桓杂居的状况。东汉中后期鲜卑入主草原，南匈奴和乌桓叛附无常，北方长城地带陷于动荡，边郡内徙，至东汉末年大部沦弃为牧地。

本文所述北方长城地带的汉墓，根据自然地理和历史背景，分为河套平原、鄂尔多斯高原、银川平原、陕北高原和雁代地区五部分论述。

一、河套平原汉墓

河套平原在两汉时期大致属于朔方、五原、云中和定襄郡的范围，是北方边塞的前沿地带，巴彦淖尔、包头和呼和浩特地区均有汉墓发现。

巴彦淖尔汉墓分布在巴彦淖尔临河区、五原县、乌拉特前旗、磴口县等地，以磴口县陶生井[①]、纳林套海、沙金套海、包尔陶勒盖和补隆淖墓地最集中。西汉中期至东汉初期有土坑木椁墓、木椁砖壁墓和砖室墓三类，绝大多数为长方形单室墓，带斜坡或斜坡阶梯墓道，多为夫妻合葬。木椁砖壁墓一般在椁外四壁和椁顶、椁底砌砖，木椁三壁以方木平放垒砌，墓门一侧排立木柱。砖室墓基本为纵向并列式券顶，有些墓以大砖砌筑墓室并以大梯形砖砌出横券顶。乌拉特前旗公庙子砖室墓由斜坡墓道、甬道、前后主室和六个耳室组成，时代为东汉晚期[②]。巴彦淖尔汉墓出土的陶扁壶、陶鸮壶很有特点；陶仓房和陶灶上模印持戟武士或烧火人物，伞式盖圆筒或四面坡盖方筒的陶仓也富有地域特色。巴彦淖尔汉墓见有在棺底或棺内铺草木灰的习俗。

包头汉墓以包头南郊最集中，其中召湾墓地从西汉中期延续至东汉晚期，有土洞墓、土坑木椁墓、木椁砖壁墓、砖洞墓、砖室墓几类。土洞墓以斜坡或斜坡阶梯墓道的长方形直洞室居多，有的带耳室或设前堂。土坑木椁墓的坑壁往往填塞陶瓦片。召湾M51是由双出斜坡墓道和两椁室组成的大型并穴土坑木椁墓，覆有圆丘状封土；甲椁室埋葬较深，由棺室和两侧室组成，平面呈"凸"字形，西侧室多出车马明器；乙椁室居东，内置棺，东壁有彩绘车马图，陶器主要出自乙室。砖室墓一般有长斜坡墓道，有长方形单室、横前室、主室穹隆顶带耳室和中轴线布局的前中后三室穹隆顶等形制。东汉后期的召湾M91、观音庙M1、张龙圪旦M1等墓出有石屋、石碑、石雕等石制品以及画像砖散件。包头汉墓的彩绘陶器有一定数量（图一），召湾、召潭等墓地有随葬羊、牛、马、猪骨骼的情况[③]。

---

① 内蒙古文物工作队：《内蒙古磴口县陶生井附近的古城古墓调查清理简报》，《考古》1965年第7期；侯仁之、俞伟超：《乌兰布和沙漠的考古发现和地理环境的变迁》，《考古》1973年第2期。
② 李逸友：《乌拉特前旗公庙子汉墓》，《文物参考资料》1954年第4期。
③ 张海斌：《包头汉墓若干问题述论》，《内蒙古文物考古》2000年第1期；张海斌：《包头汉墓的分期》，《内蒙古文物考古文集》（第三辑），科学出版社，2004年。

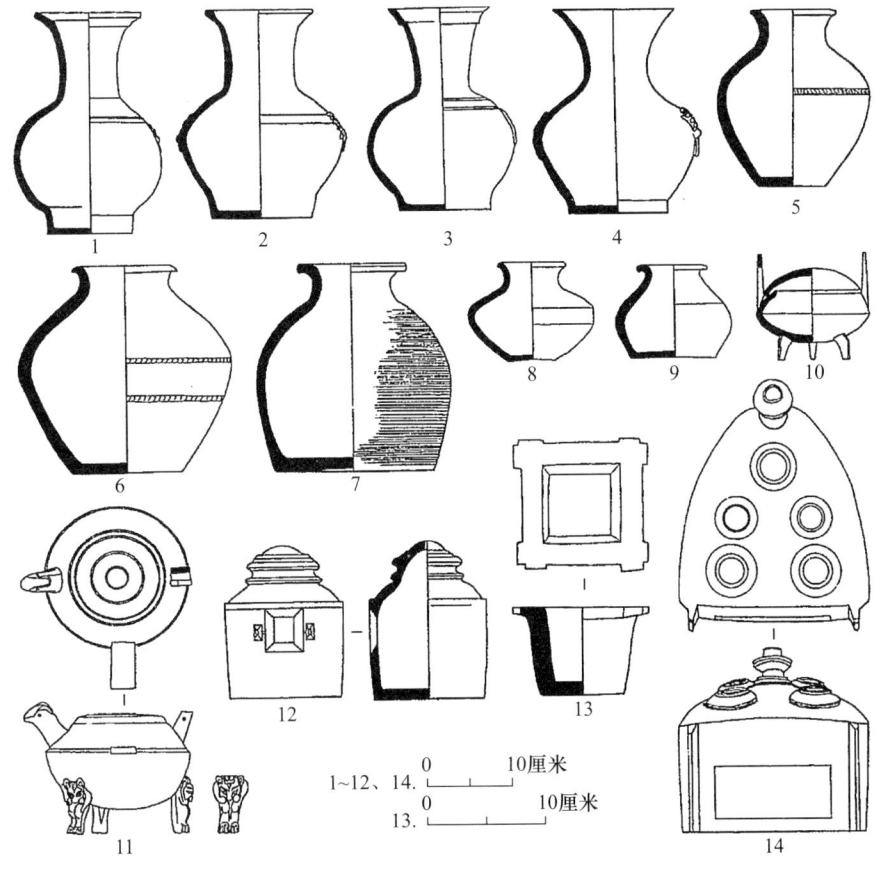

图一 包头召湾汉墓出土陶器

1.壶（M59∶17） 2.壶（M77∶1） 3.壶（M59∶18） 4.壶（M89∶1） 5.罐（M79∶1） 6.罐（M73∶4） 7.罐（M74∶1） 8.罐（M84∶4） 9.罐（M73∶3） 10.釉陶鼎（M77∶9） 11.鐎壶（M89∶2） 12.釉陶仓（M77∶7） 13.井（M59∶5） 14.灶（M77∶2）

呼和浩特市郊[①]、托克托县、和林格尔县等地见有西汉中期至东汉前中期的土坑墓、土坑木椁墓和砖室墓，东汉晚期的砖室墓有的绘壁画。和林格尔壁画墓[②]的前中后三室呈中轴线布局，由57幅画面组成46组内容，面积达百余平方米，表现墓主从举孝廉至任西河长史、繁阳县令、护乌桓校尉的仕宦生涯和宁城幕府图、出行图等场面，还有牧牛图、牧马图以及圣贤弟子、历史故事和神话传说等内容。托克托县闵氏墓[③]仅残存车马图和庖厨图等画面。

河套平原汉墓大致可以分为五期。西汉中期见有土坑墓、土洞墓、土坑木椁墓、木椁砖壁墓，以各种陶罐为基本组合，土坑木椁墓常出钟、鼎、壶、钫等铜器。西汉晚期汉墓数量最多，出现小砖墓和木椁壁画墓，多为夫妻合葬，以壶、罐、井、灶为陶器基本组合。西汉末年至东汉初年汉墓数量减少，出现横前室带耳室或以大梯形砖

---

① 内蒙古博物馆：《内蒙古呼和浩特市郊格尔图汉墓》，《文物》1997年第4期。
② 内蒙古自治区博物馆文物工作队：《和林格尔汉墓壁画》，文物出版社，1978年。
③ 罗福颐：《内蒙古自治区托克托县新发现的汉墓壁画》，《文物参考资料》1956年第9期。

砌出横券顶的砖室墓，随葬器物与西汉晚期相似。东汉前期汉墓集中在包头地区，见有方形墓室带耳室或小龛的土洞墓和穹隆顶砖室墓，多为夫妻合葬，陶器基本组合为罐、井、灶，出现土洞壁画墓。东汉后期流行穹隆顶的前中后三室砖室墓，见有砖室壁画墓，有丛葬现象，出土罐、案、耳杯、樽等陶器和仓、井、灶、人物俑、家禽家畜俑、房屋楼榭等陶模型明器。

河套平原汉墓以包头和呼和浩特地区发现最多，从西汉中期至东汉中后期未曾中断，形制和出土器物等级也较高，显现出其地域的重要性。西汉晚期的包头下窝尔吐壕 M6 以十字隔墙将木椁分为四室。巴彦淖尔地区的砖壁木椁墓、陶扁壶、陶鸮壶和伞式盖陶仓等陶器以及棺底或棺内铺草木灰的习俗显示出与包头、呼和浩特地区的不同。

二、鄂尔多斯高原汉墓

鄂尔多斯高原汉城分布比较密集，汉城附近往往有大量汉墓发现，以广衍故城[①]、杭锦旗乌兰陶勒盖墓地[②]、鄂托克前旗三段地墓地、乌海市新地墓地和鄂托克旗凤凰山壁画墓比较重要。

墓葬形制见有土坑墓、土坑木椁墓、土洞墓、砖洞墓、岩洞墓、砖室墓等。土坑木椁墓一般有斜坡墓道，椁壁用方木或圆木垒筑，椁顶以圆木或半圆木平搭，有的椁顶或四周积炭或封白膏泥。长斜坡墓道土洞墓占绝大多数，主要是拱形顶的直洞室，也有偏洞室，有些带耳室或设前堂，有些设壁龛，以砖、瓦、木头、石块封门，个别有木椁，还见有仅在墓底铺砖的情况。竖井墓道土洞墓有直洞室和偏洞室两种，竖井与洞室间排立分隔圆木。砖洞墓和岩洞墓亦是长斜坡墓道的直洞室。三段地墓地的砖洞墓平面呈长方形或梯形，用砖砌筑墓壁和券顶，少数墓顶为圆木或方木平搭。凤凰山墓地的岩洞墓开凿在红砂岩层上，平面多呈长方形，一般呈硬山式顶。砖室墓发现不多，由墓道、甬道、前室、后室和数个耳室组成，主室均为穹隆顶，耳室为穹隆顶或券顶。

西汉前期汉墓数量很少，见有竖井墓道的土洞墓，陶器有鼎、罐、釜、甑等，新地墓地的屈肢葬当受到了秦文化影响。西汉中期见有竖井或斜坡墓道土洞墓，夫妻合葬，陶器有壶、罐、灶、瓮等。西汉晚期见有土坑墓、斜坡墓道土洞墓和砖洞墓，均为单人葬，陶器主要有鼎、罐、壶、瓮、魁、仓、井、灶、方炉、博山炉等。王莽至东汉初期墓例较多，见有土坑竖穴木椁墓、斜坡墓道土洞墓、砖洞墓和岩洞墓，陶器与此前大体相同，弧腹罐、鼓肩罐、扁腹罐、盘口壶、喇叭口壶等陶器的演变线索比较清楚（图

---

① 内蒙古语文历史研究所、崔璿：《秦汉广衍故城及其附近的墓葬》，《文物》1977 年第 5 期；李逸友：《内蒙古西部地区的匈奴和汉代文物》，《文物参考资料》1957 年第 4 期。
② 伊克昭盟文物工作站：《杭锦旗乌兰陶勒盖汉墓发掘报告》，《内蒙古文物考古》1991 年第 1 期。

二),也出有黄釉陶器。铜器主要是车马器、镜和钱币,铁器有釜、刀、剑等,漆器有盘和耳杯。广衍故城八响地梁和壕赖梁墓地发掘的18座土坑墓绝大多数设置生土二层台,个别有壁龛,分为战国至西汉中期的五期,大半为屈肢葬,显示出秦文化的深刻影响。

鄂尔多斯高原两汉时期大致属于朔方、西河、上郡范围,高原东北部的准格尔旗

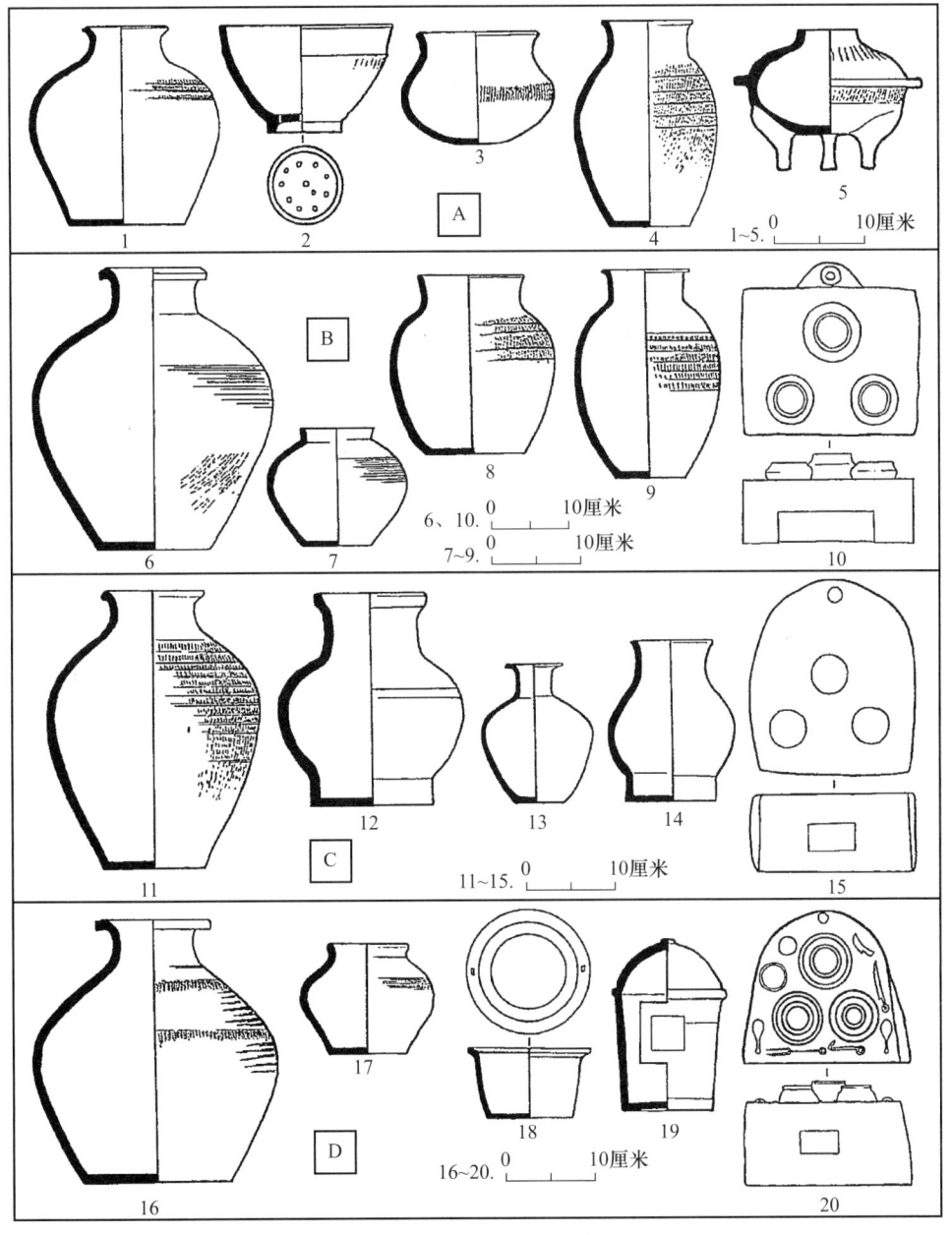

图二 乌海新地汉墓出土陶器

A.西汉前期 1.罐(M7:1) 2.甑(M7:3) 3.釜(M1:4) 4.罐(M7:8) 5.鼎(M7:10) B.西汉中期 6.罐(M11:5) 7.罐(M11:9) 8.罐(M10:2) 9.罐(M2:5) 10.灶(M2:7) C.西汉晚期 11.罐(M6:2) 12.壶(M5:2) 13.壶(M6:1) 14.壶(M5:6) 15.灶(M5:3) D.新莽至东汉初期 16.罐(M4:2) 17.罐(M4:4) 18.井(M4:7) 19.仓(M4:3) 20.灶(M4:10)

西沟畔和东胜县补洞沟发现过匈奴墓地。三段地墓地的陶扁壶和以马头骨、牛头骨、羊骨、猪骨殉牲的习俗以及新地墓地随葬桦树皮器的现象，应该是受北方游牧文化的影响。鼓盖小口圆筒陶仓和小口折肩圆筒陶仓亦颇有特色。

三、银川平原汉墓

银川平原在汉武帝以后属于北地郡，处于汉朝与匈奴的拉锯地带，经王莽时期开发初具规模。正式发表的汉墓材料比较零散，初步统计不足百座，大都为中小型汉墓，集中在银川至吴忠一线，主要包括吴忠市韩桥墓地和关马湖墓地、灵武市横城墓地以及银川平吉堡汉墓[①]。

汉墓类型主要有土坑木椁墓、土洞墓、砖室墓三类。土洞墓有竖井墓道偏洞室和斜坡墓道直洞室两种，后者一般为长方形拱券顶，数量较多。砖室墓出现在西汉末年，单室或前后双室，有些在前室一侧或两侧带耳室，前室一般为四隅券进式穹隆顶或小平顶，后室和耳室券顶。另外，中卫市张家山发现过汉代石室墓群。

银川平原缺乏西汉中期以前的汉墓材料，大体分为三期。西汉晚期的平吉堡墓为土坑木椁墓，出有釉陶壶、盒、钫、樽、博山炉、仓和灰陶罐、灶、鸮壶，以及铜车马器、木动物俑和漆器等；韩桥M2为斜坡墓道土洞墓。西汉末年至东汉前期以韩桥M9、关马湖M27、横城M19为代表，东汉中晚期以韩桥M17、关马湖M29为代表，见有单室砖室墓、前后双室砖室墓或斜坡墓道土洞墓，出有陶罐、壶、瓮、樽、鼎、耳杯、盘、盆、釜、灯、磨、灶、仓、井、楼阁、人物俑、家禽家畜俑、陶车马器、陶头盔、铜车马器、铜弩机、铜镜、铜印等器物，彩绘陶和绿釉陶也有一定数量。关马湖M29前室四壁的券门两侧有仿木结构的斗拱模型，地面残存绳纹瓦片、云纹瓦当和筒瓦，等级较高。

银川平原汉墓见有一些特殊葬俗。平吉堡墓人骨架下铺竹席，席下有厚丝织物，上撒金箔片。横城墓地双棺多颠倒置放，M19墓室底部四角以芦席围成圆角，并用芦席裹棺。横城和韩桥墓地还发现棺内或棺底铺草木灰的现象。银川平原汉墓出土陶鸮壶、伞式盖圆筒和鼓盖小口圆筒陶仓，陶灶亦模印烧火人物，表现出与巴彦淖尔和鄂尔多斯汉墓的联系。陶壶、陶罐的波浪纹饰则是匈奴文化因素的影响。

四、陕北高原汉墓

陕北高原汉时属上郡，汉武帝击破匈奴以后的社会局势比较稳定。安帝永初二年

---

① 姚蔚玲：《略论宁夏两汉墓葬》，《考古与文物》2002年第1期；宁夏文物考古研究所：《吴忠市韩桥汉墓发掘简报》、《灵武横城汉墓发掘简报》，《宁夏考古文集》，宁夏人民出版社，1994年；宁夏博物馆、关马湖汉墓发掘组：《宁夏吴忠县关马湖汉墓》，《考古与文物》1984年第3期；宁夏回族自治区博物馆：《银川附近的汉墓和唐墓》，《文物》1978年第8期。

（108年）羌人袭扰陕北，东汉政府加强了对这一地区的经略，顺帝永和五年（140年）为避羌乱，郡治南迁。陕北高原西汉墓材料发表很少，东汉画像石墓本文暂不涉及。

宁夏东北隅的盐池至陕西定边、靖边、榆林、神木一线位于鄂尔多斯高原与陕北高原的交界地带，盐池汉墓的面貌与鄂尔多斯高原相似。盐池张家场墓地[①]多见斜坡墓道土洞墓，长方形拱券顶直洞室，有的残存木椁。简报介绍的砖室墓、石室墓和土坯室墓似可称为砖洞墓、石洞墓和土坯洞墓。张家场墓地见有埋葬时往棺上撒盐镇邪的迹象，有的棺底用白礓石垫高1米，有的棺底铺草木灰，出有罐、壶、鼎、盘、扁壶、魁、博山炉、仓、灶等陶器，并出有大牲畜骨骼，大多数墓葬年代在西汉晚期。盐池宛记沟墓地[②]年代约在两汉之际，长斜坡墓道直洞室墓以外，还见有斜坡墓道与竖穴间掏有过洞的土坑墓，以及斜坡墓道直洞室接竖穴土圹的形制，出有铜礼器和铜车马器、陶扁壶、鼓盖小口圆筒陶仓、肩双耳圆筒陶仓表现出与鄂尔多斯高原的密切联系。

陕西靖边张家坬M3[③]为斜坡墓道的直洞室土洞墓，出土鼎、盒、壶、钫、樽、罐、盆、盘、灯、薰炉、灶、仓、跽坐俑和陶扁壶等一组彩绘陶器（图三），年代在西汉中期。简报称为"囷"的陶仓，小口、折肩、深腹直壁、平底，榆林地区比较常见，与鄂尔多斯汉墓的小口折肩圆筒陶仓相似。陕西甘泉墓地M6[④]等西汉早期墓均为竖井墓道直洞室，出有茧形壶、钫、罐、釜等陶器；M8木椁隔出头箱和边箱，出有钫、鼎、壶、罐、甑等陶器，部分陶器有彩绘，属西汉中期；M1前室穹隆顶，后室券顶，属东汉中期。甘泉墓地显示出与关中地区秦文化传统的较密切联系。此外，陕北高原的安塞县、黄陵县、黄龙县等地也有汉墓发现。

陕北高原的绥德、米脂、榆林等地汉画像石墓比较集中，一般为砖石混合结构的前后双室墓，有些在前室一侧或两侧带耳室。画像石墓往往遭到破坏，出有少量壶、罐、盆等陶器和井、灶等模型明器，以石灶最有地方特点。陕北画像石墓题材包括社会生产生活、神话传说、历史故事和装饰图案等，反映了汉代长城地带的历史背景和陕北高原的社会形势，其繁荣时段在和帝永元至安帝永初年间，顺帝以后基本消失。绥德四十里铺画像石墓"大高平令郭夫人室宅"的榜题似可说明与山东画像石的某些联系[⑤]。墓主姓名前均不刻官职，推测为有爵无官的中小地主兼牧主，牛耕、嘉禾、放牧、狩猎等画面反映出边塞地区农牧兴旺的勃勃生机。1999年发掘的神木大保当墓

---

① 宁夏文物考古研究所、宁夏盐池县文体科：《宁夏盐池张家场汉墓》，《文物》1988年第9期。
② 宁夏文物考古所、盐池县博物馆：《盐池县宛记沟汉墓发掘简报》，《宁夏考古文集》，宁夏人民出版社，1994年。
③ 陕西省考古研究所、榆林市文物考古研究所：《陕西靖边县张家坬西汉墓发掘简报》，《考古与文物》2006年第4期。
④ 陕西省考古研究所、延安地区文管会、甘泉县文管所：《西延铁路甘泉段汉唐墓清理简报》，《考古与文物》1995年第3期。
⑤ 陈根远：《再谈陕北东汉画像石的来源问题》，《碑林集刊》（第11辑），陕西人民美术出版社，2006年。

地^① 半数以上为画像石墓，从中可以见到陕北高原文化因素在内附匈奴汉化过程中产生的影响。另外，陕西定边县郝滩发现东汉壁画墓^②，庭院图、农作图、狩猎图和西王母饮乐图保存完整，星宿图也显示出东汉时期的天文学水平。

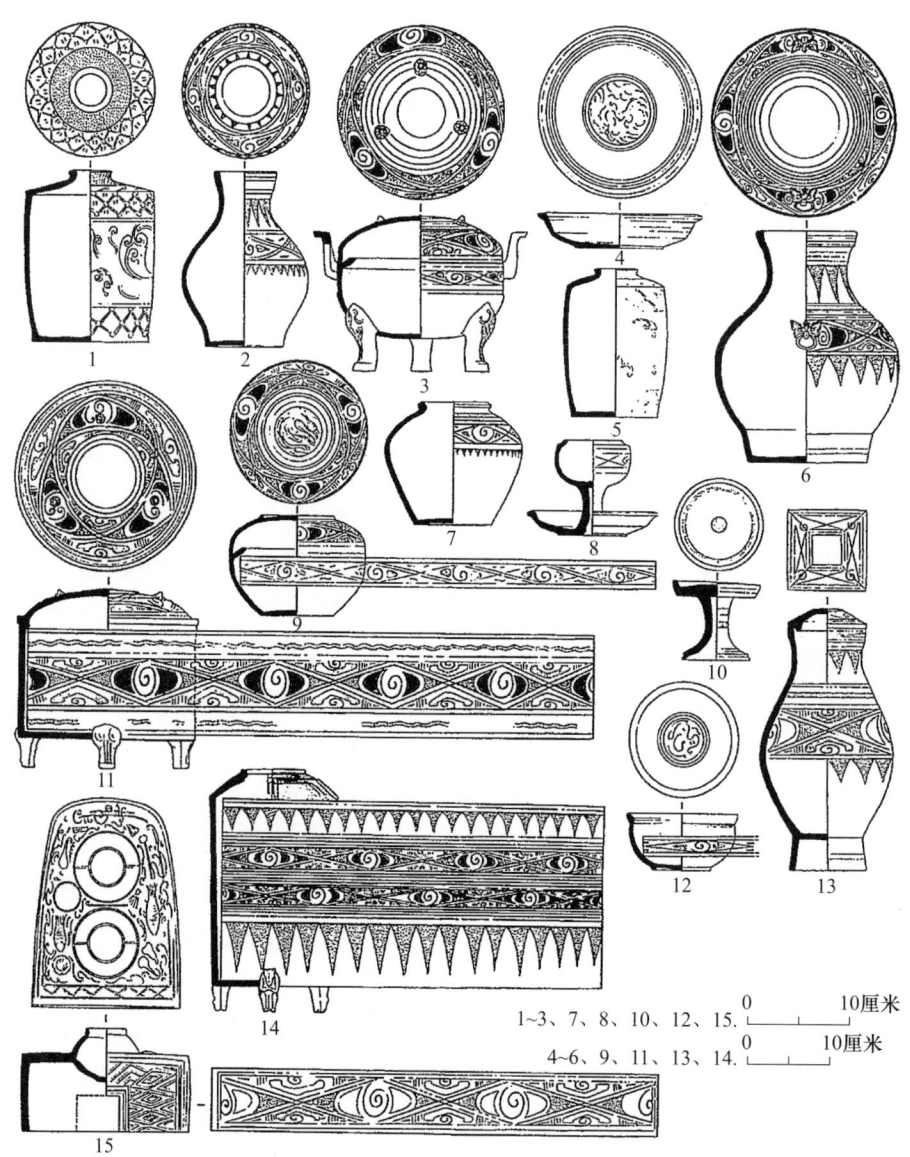

图三　靖边张家坬汉墓 M3 出土彩绘陶器

1.仓（M3：20） 2.壶（M3：11） 3.鼎（M3：17） 4.盘（M3：28） 5.仓（M3：8） 6.壶（M3：26） 7.罐（M3：24） 8.熏炉（M3：3） 9.盒（M3：25） 10.灯（M3：15） 11.樽（M3：2） 12.盆（M3：14） 13.钫（M3：27） 14.仓（M3：10） 15.灶（M3：4）

---

① 陕西省考古研究所、榆林市文物管理委员会办公室：《神木大保当——汉代城址与墓葬考古报告》，科学出版社，2001年。
② 陕西省考古研究所、榆林市文物管理委员会：《陕西定边郝滩发现东汉壁画墓》，《考古与文物》2004年第5期。

总体而言，陕北高原大部地区与关中地区汉墓较具相似性，彩绘陶器和画像石墓较多则是当地特点。只有北部边缘地带的汉墓与鄂尔多斯高原存在较大相似性，但是从绥德苏家圪坨画像石墓[①]陶罐上的波浪纹饰以及绥德黄家塔画像石墓[②]的匈奴式陶罐也可以见到北方长城地带文化因素在陕北高原的流布。

五、雁代地区汉墓

以山西雁北地区为中心，东抵河北省张家口地区的怀安、阳原、蔚县一线，北至内蒙古自治区乌兰察布集宁区的凉城和察右前旗一线，大致属于汉代雁门郡、代郡和定襄郡辖地。山西朔县在秦汉时期属于雁门郡马邑县，是边塞军事重镇，此地发掘秦汉墓近1300座，自秦至东汉晚期自成发展序列，并且具有强烈的地方特色，反映出雁代地区汉墓的基本情况。

秦至西汉初期墓[③]数量极少，见有土坑墓和土坑木椁墓，木椁墓有的分隔出棺室和头厢。一般只出壶、罐、釜等陶器一至三件。西汉前期前段墓见有少量仰身屈肢葬，陶器一般为三五件，以壶、罐占多数；后段墓数量剧增，以土坑墓和土坑木椁墓为主，出现竖井墓道土洞墓、偏洞室和直洞室。直洞室墓均无木椁，有些带双耳室或前堂，出有壶、罐、盒、钵、盘等陶器。

西汉中期汉墓数量较多，前期各型墓继续流行，竖井墓道的直洞室墓增加，出现斜坡墓道的土坑木椁墓。绝大多数为仰身直肢葬。陶器以壶、罐、盒、鼎、瓿、钵为主，壶、盒、鼎、瓿等陶器多施彩绘（图四）。锺、钫、鼎、銷、鐎壶、洗、灯、熏炉等成组铜器增多，较大型墓一般有杯、盘、案等漆器。以成组铜器为主的器物组合见于有头厢的木椁墓；以壶、罐等陶器为主的器物组合多见无墓道的土坑木椁墓和竖井墓道的直洞室墓，一般不足10件，壶多以3件成套。有些墓无随葬品。西汉晚期墓数量亦大，以竖井墓道直洞室墓和斜坡墓道土坑木椁墓占多数，出现斜坡墓道的直洞室墓，有的墓道开有拱顶过洞和天井；陶器组合基本同于西汉中期，出现灶，陶器多施彩绘；大件铜器逐渐衰退。朔县5M1[④]为大型土坑木椁墓，由斜坡墓道、木构甬道和椁室组成，前部椁壁以木柱排立，后部椁壁以横木叠墙，十字隔墙将木椁分为四室，各室有门相通。

西汉末年至东汉初期汉墓数量很大，流行斜坡墓道土坑木椁墓和竖井或斜坡墓道直洞室墓，出现单室小砖券墓，较大型木椁墓往往积石、积瓦、积炭。朔县2M5为双竖井墓道双墓室的土洞墓。朔县GM116为对称斜坡墓道的土洞墓，北墓道为

---

① 绥德县博物馆：《陕西绥德汉画像石墓》，《文物》1983年第5期。
② 戴应新、魏遂志：《陕西绥德黄家塔东汉画像石墓群发掘简报》，《考古与文物》1988年第5期。
③ 有学者认为此期墓最早为战国晚期，国别为赵。见黄盛璋：《朔县战国秦汉墓若干文物与墓葬代断代问题》，《文物》1994年第5期。
④ 山西省平朔考古队：《山西省朔县西汉木椁墓发掘简报》，《考古》1988年第5期。

斜坡式，南墓道有拱顶过洞和天井。陶器以壶、罐、盒、鼎、钵、瓿、灶为主，出现盘、薰炉、井和釉陶器，彩绘陶趋于衰退，铜器趋于小型化，大中型墓出有漆器。在随葬器物组合方面，大型土坑竖穴木椁墓以陶器为主，壶、钫、鼎、灯、炉等成组铜器为辅，陶壶多以7件或5件成套。其他汉墓亦以陶器为主，陶壶以5件或3件成套出现。

东汉中晚期墓数量锐减，均为砖室墓，见有单室、前后双室、前后双室带左右耳室等形制，其中前后双室墓的前室为穹隆顶，后室券顶，其他均为穹隆顶；出有壶、罐、钵、碗、盆、尊、方奁、耳杯、盘、案、魁、勺、井、灶等陶器和少量绿釉陶。

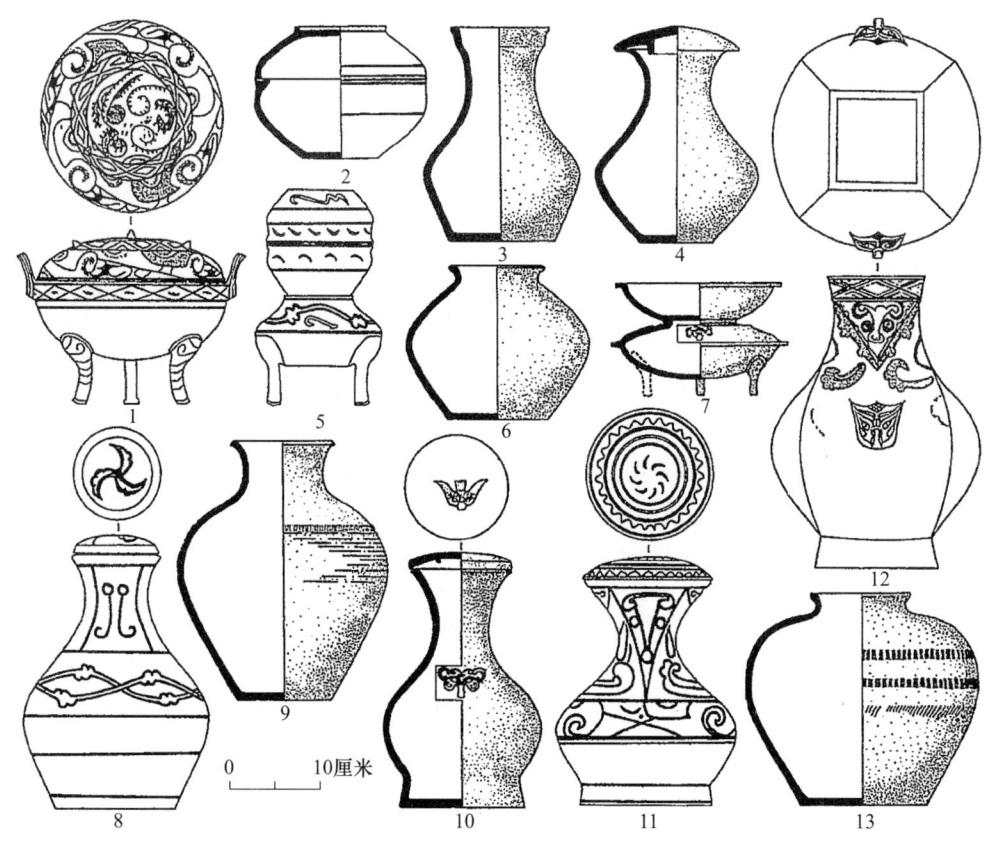

图四　朔县汉墓出土陶器

1. 鼎（3M69∶1） 2. 盒（6M16∶3） 3. 壶（6M131∶4） 4. 壶（6M133∶8） 5. 瓿（9M21∶9） 6. 罐（9M67∶11） 7. 瓿（6M12∶6） 8. 壶（9M20∶1） 9. 壶（6M15∶1） 10. 壶（8M37∶2） 11. 壶（3M63∶4） 12. 钫（6M16∶6） 13. 罐（9M21∶2）

山西浑源毕村 M1 和 M2①均是土坑木椁墓，M1 椁室四周积沙积石，为驻县官吏的夫妇合葬墓；M2 出有铁甲片和铜弩机，墓主为武职官吏。这两座墓均出成组青铜器，年代在西汉中期。张家口地区西部边缘的阳原三汾沟、阳原北关、怀安耿家屯等地汉

---

① 山西省文物工作委员会、雁北行政公署文化局、大同市博物馆：《山西浑源毕村西汉木椁墓》，《文物》1980 年第 6 期。

墓①面貌与朔县相似。西汉晚期的三汾沟墓地以斜坡墓道和竖井墓道土洞墓为主，陶器多为壶、罐组合，洞室木椁墓的边壁也有排立木柱的情况。乌兰察布地区汉墓发现较少，西汉中期的呼和乌素墓地以土坑墓为主，也有竖井墓道土洞墓和砖室墓，有木棺，单人葬，出有壶、罐等陶器。西汉晚期的凉城县北营子墓地②绝大多数为斜坡墓道土洞墓，不足半数有木棺或木椁，多为夫妻合葬，陶器以壶、罐为主，仓、井、灶等陶模型明器也较多，有些陶器彩绘。

雁代地区汉墓的边塞特点不及内蒙古中南部强烈，山西广灵北关墓地③东汉中晚期陶盆上的"田收万石"戳印反映出当地农业经济的繁荣景象。雁代地区汉墓见有少量北方游牧文化因素，如朔县墓地出有波浪纹陶罐和动物纹铜牌饰，三汾沟墓地也见有波浪纹陶罐和匈奴风格的方形铁带扣。

六、北方长城地带汉墓的区域特征及相关问题

北方长城地带汉墓分布区的基本地域可以确定在河套平原、鄂尔多斯高原、银川平原和雁代地区，陕北高原整体上与北方长城地带疏远，其北部边缘附属于鄂尔多斯高原。分布区内暂可以划分为四个区块，雁代地区为东区，以包头至呼和浩特一线为轴心的河套平原为北区，西区包括巴彦淖尔地区的黄河转曲一带和银川平原，南区为鄂尔多斯高原中南部和陕北高原的北部边缘。这一地区的汉墓整体上可以划分为秦至西汉初年、西汉前期、西汉中期、西汉晚期、两汉之际至东汉初期、东汉中晚期计六期。雁代地区汉墓期别序列较完整。其他地区均未见秦至西汉初年材料，汉墓发现集中在西汉中期至东汉初期。鄂尔多斯高原见有少量西汉前期墓，银川平原缺乏西汉早中期材料，河套平原东汉中晚期汉墓材料比较丰富。

汉墓形制主要包括土坑木椁墓、土洞墓和砖室墓三类。西汉中期至东汉初期以斜坡或斜坡阶梯墓道的直洞室土洞墓最为常见，有些设置木椁。砖洞墓、岩洞墓、石洞墓等可以理解为土洞墓的特殊形式。西汉晚期，东区和北区比较流行椁外积炭、积瓦、积陶片的土坑木椁墓。砖室墓大致出现在西汉末年，以北区发现最多，规模也比较宏大。砖壁木椁墓集中发现于西汉晚期的巴彦淖尔地区，可以视作土坑木椁墓的特殊类型而与砖室墓明确区别。陶壶和陶罐是长城地带最重要的器类（图五）。陶罐以弧腹罐、鼓腹罐和扁腹罐为主，陶壶以平底为特点。东区以陶壶为主，南区以陶罐为主；西区和南区陶仓出现比例较高；东区和北区西汉中期常见成组铜器。长城地带汉墓比较多见彩绘陶器。

---

① 河北省文物研究所、张家口地区文化局：《河北阳原三汾沟汉墓群发掘报告》，《文物》1990年第1期；河北省文物研究所：《河北阳原县北关汉墓发掘简报》，《考古》1990年第4期；《河北怀安耿家屯清理了两座西汉墓葬》，《文物参考资料》1954年第12期。

② 内蒙古文物考古研究所、乌兰察布盟文物工作站：《凉城县北营子汉墓发掘简报》，《内蒙古文物考古》1991年第1期。

③ 大同市考古研究所：《山西广灵北关汉墓发掘简报》，《文物》2001年第7期。

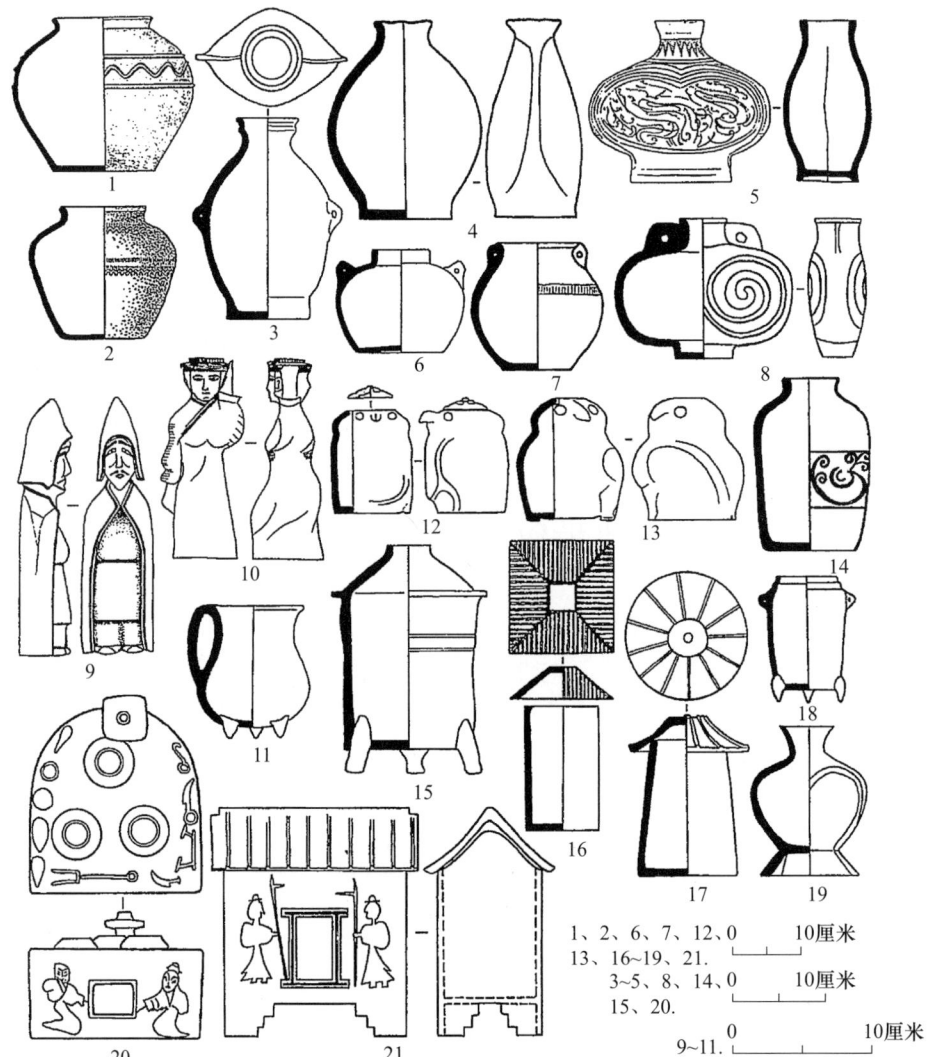

图五 长城地带汉墓出土具有地方文化因素的陶器

1、2.波浪纹罐（朔县 9M67：9、绥德县苏家圪坨画像石墓） 3～5.扁壶（盐池县张家场 M8：7、鄂托克前旗三段地 M7：9、靖边县张家圳 M3：13） 6.肩双耳罐（朔县 GM233：6） 7.颈双耳罐（磴口县补隆淖 M14：3） 8.扁壶（磴口县纳林套海 M27：22） 9、10.男俑（鄂托克前旗三段地 M6：1、包头召湾 M84：5） 11.三足罐（鄂托克前旗三段地 M6：4） 12、13.鸮壶（磴口县纳林套海 M21：314、磴口县纳林套海 M26：3） 14.小口折肩圆筒仓（鄂托克前旗三段地 M13：2） 15.鼓盖小口圆筒仓（盐池张家场 M8：8） 16.四面坡盖方筒仓（磴口县沙金套海 M32：4） 17.伞式盖圆筒仓（磴口县包尔陶勒盖 M19：4） 18.肩双耳圆筒仓（盐池县宛记沟 M1：19） 19.扁壶（广灵县北关 M96：9） 20.灶（磴口县包尔陶勒盖 M19：12） 21.仓房（磴口县沙金套海 M16：8）

长城地带汉墓在葬俗方面表现出边塞地区的特点。例如，鄂尔多斯高原和雁代地区见有在竖井墓道与偏洞室间排立分隔圆木的情况，巴彦淖尔地区、银川平原和宁夏盐池汉墓棺底或棺内铺草木灰，包头汉墓、鄂尔多斯汉墓和盐池汉墓见有殉牲，盐池墓地往棺上撒盐镇邪，新地墓地许多陶器底部凿小圆孔。陶扁壶是长城地带汉墓颇具地域特色的陶器，陶罐、陶壶的波浪纹饰则属于北方游牧族群的文化因素。包头汉墓木椁外填塞的"单于和亲"、"单于天降"、"四夷尽服"瓦当是汉匈关系的生动写照。

和林格尔壁画墓"宁城幕府图"绘有鲜卑和乌桓髡头人物，凤凰山壁画上的双鬟垂发人物以及包头汉墓出土的两鬓垂发头顶结髻的男女俑表现的可能是匈奴人物[①]。此外，有些学者认为长城地带汉墓中包括南匈奴遗存。

从中原农业社会和北方游牧社会互动的角度观察，长城地带的重心在内蒙古中南部的河套平原和鄂尔多斯高原。汉王朝实行实边屯戍的政策，武帝曾经"徙关东贫民处所夺匈奴河南地新秦中以实之"[②]，又在上郡、朔方郡、西河郡等地"开田官，斥塞卒六十万人戍田之"[③]，这一地区得以迅速开发，宣帝以来"数世不见烟火之警，人民炽盛，牛马布野"[④]，僻远的银川平原东汉时已经是"沃野千里，谷稼殷积"[⑤]，成为中原移民的新家园和内附游牧族群的侨居地。长城地带汉墓的文化面貌与中原相似的根本原因，在于移民和军卒来自内地。根据现有材料，东区和北区汉墓更具共性，西区和南区汉墓则有较多相同特点。陕北高原北部边缘以外的大部地区只是偶见长城地带的文化因素，整体上与长城地带汉墓分布区面貌差别较大。

  原载中国社会科学院考古研究所编著《中国考古学·秦汉卷》（中国社会科学出版社，2010年），原文为第八章《汉代官吏与平民墓葬》中的第四节《北方长城地带汉墓》

---

① 马利清：《关于匈奴人种的考古学和人类学研究》，《中央民族大学学报》2007年第4期。
② 《汉书·匈奴传上》。
③ 《史记·平准书》。
④ 《汉书·匈奴传下》。
⑤ 《后汉书·西羌传》。

乌桓遗存的新线索

  1990年在河北滦县塔坨村发现一处墓地，破坏比较严重，简报认为是东汉末年的鲜卑墓地[①]，这是在河北境内首次公开报道的被认为是属于鲜卑的墓地。

  东北地区是东部鲜卑和早期拓跋鲜卑的主要活动地区，近年来对鲜卑遗存的认识逐渐趋于统一。20世纪50年代在内蒙古呼盟发现扎赉诺尔墓地，相似墓葬在呼伦贝尔一带和大兴安岭东侧已经发现10余处，目前学界一般认为是东汉时期的早期拓跋鲜卑遗存。70年代在内蒙古哲盟发现舍根墓地，相似墓葬在内蒙古赤峰地区和辽宁朝阳地区等地亦有发现，多数学者认为这是东汉曹魏西晋时期的早期东部鲜卑遗存。从扎赉诺尔和舍根等墓地中可以看到，早期东部鲜卑和早期拓跋鲜卑遗存之间在具有共性的同时亦有一些不同。由于文献记载鲜卑各部的世系源流、活动地域、民族习俗和自我意识等有所差别，而且尚有与东部鲜卑同源同俗、异流分支的乌桓存在，因此对塔坨墓地这样具有鲜卑文化特征的墓葬进行细致的文化因素分析，进而确定其具体族属就尤其有必要。

  早期东部鲜卑墓葬主要有内蒙古哲盟的舍根墓地、六家子墓地、北玛尼吐墓地、吉林大安渔场墓地、辽宁北票房身村墓地和朝阳十二台乡砖厂墓地等[②]，陶器主要有侈口弧腹罐（图一，5~8）、侈口鼓腹罐（图一，15~18）、侈口舌唇壶（图一，25~27）和截颈壶或截颈罐（图一，45~47）。早期拓跋鲜卑墓葬主要有内蒙古呼盟扎赉诺尔墓地、拉布达林墓地和孟根楚鲁墓地等[③]，陶器主要有侈口弧腹罐（图一，1~4）、侈口鼓腹罐（图一，11~14）和短颈鼓肩壶（图一，22~24）。

  在早期东部鲜卑和早期拓跋鲜卑的陶器中，侈口弧腹罐都是最为常见的陶器，但是前者口部均为斜直沿，后者还有许多口部为折立沿或弧立沿的形制，并常压印一周锯齿纹或附加一周花边堆纹；早期东部鲜卑的典型陶器侈口舌唇壶和截颈壶（罐）不

[①] 唐山市文物管理处、滦县文物管理所：《滦县塔坨鲜卑墓群清理简报》，《文物春秋》1994年第3期。

[②] 张柏忠：《哲里木盟发现的鲜卑遗存》，《文物》，1981年第2期；张柏忠：《内蒙古科左中旗六家子鲜卑墓群》，《考古》1989年第5期。钱玉成、孟建仁：《科右中旗北玛尼吐鲜卑墓群》，《内蒙古文物考古文集》（第一辑），中国大百科全书出版社，1994年；吉林省博物馆文物队、吉林大学历史系考古专业：《吉林大安渔场古代墓地》，《考古》1975年第6期；陈大为：《辽宁北票房身村晋墓发掘简报》，《考古》1960年第1期；田立坤：《三燕文化遗存的初步研究》，《辽海文物学刊》1991年第1期。

[③] 郑隆：《内蒙古扎赉诺尔古墓群调查记》，《文物》1961年第9期；内蒙古文物工作队：《内蒙古扎赉诺尔古墓群发掘简报》，《考古》1961年第12期；王成：《扎赉诺尔圈河古墓清理简报》，《北方文物》1983年第3期；内蒙古文物考古研究所：《扎赉诺尔古墓群1986年清理发掘报告》，《内蒙古文物考古文集》（第一辑），中国大百科全书出版社，1994年；赵越：《内蒙古额右旗拉布达林发现鲜卑墓》，《考古》1990年第10期；内蒙古文物考古研究所、呼伦贝尔盟文物管理站、额尔古纳右旗文物管理所：《额尔古纳右旗拉布达林鲜卑墓群发掘简报》，《内蒙古文物考古文集》（第一辑），中国大百科全书出版社，1994年；程道宏：《伊敏河地区的鲜卑墓》，《内蒙古文物考古》1982年第2期。

见于后者；而早期拓跋鲜卑的其他陶器种类要较前者丰富。就墓葬结构形制而言，早期东部鲜卑存在土坑墓和石椁墓，以平面长方形为主，亦有平面梯形的墓葬；早期拓跋鲜卑均为土坑墓，平面基本为梯形。以上差异可以认为是早期东部鲜卑和早期拓跋鲜卑在起源和发展上存在差异，后者并具有某些匈奴血缘和文化因素的结果[①]。另外，六家子墓地部分陶器（图一，50、51）与其他早期东部鲜卑墓地有所差别，有些学者认为它是东部鲜卑中源出匈奴的宇文部遗存[②]。

塔坨墓地的陶器有罐和把杯两类，罐占多数。简报划分的 A 型罐侈口、鼓腹（图一，9、10），B 型罐侈口、弧腹（图一，19～21），Ⅰ式、Ⅱ式把杯敛口、鼓腹、四棱柄斜上伸（图一，36、37），Ⅲ式把杯敛口、弧腹、扁扳柄平伸（图一，35）。简报划分的 B 型罐是早期鲜卑遗存的主要陶器，A 型罐亦常见早期鲜卑墓葬，Ⅲ式把杯与大安渔场 M205 相似，因此塔坨墓地确有相当文化因素与早期鲜卑遗存相同。但是塔坨墓地有 A 型罐（图一，10）、B 型罐（图一，21）上堆塑小耳，Ⅰ式、Ⅱ式把杯则不见于早期鲜卑墓地，又与早期鲜卑陶器存在一些差别（塔坨墓地简报照片不清楚，这里参考简报文字绘出线图，有的细处例如图一，10 和图一，21 罐上的堆塑小耳只能作示意性表示，特此说明）。

判断塔坨墓地的族属须结合当地的具体历史背景，关键在于对墓地年代的判断。

塔坨墓地出有一面"位至三公"铜镜，这类铜镜在东汉晚期至西晋墓葬中常见，塔坨墓地年代大体在此范围。塔坨墓地 B 型罐的形制与舍根、扎赉诺尔等东汉时期鲜卑墓地的同类陶罐相似，北票房身村鲜卑墓地的同类陶罐已经趋于宽矮（图一，18、47），房身村墓地的时代一般认为约在西晋，从这点看，塔坨墓地的年代下限不至晚到西晋。因此塔坨墓地的年代可以大致判定在东汉晚期至曹魏时期。

东汉晚期至曹魏时期活跃在北方边塞地区的主要是鲜卑和乌桓两支游牧民族。在此期间，鲜卑曾先后建立过檀石槐和轲比能两次联盟，其活动中心均在匈奴故地，未必深入冀东近海一带。而东汉献帝以后，辽西一带的乌桓则非常活跃。例如东汉中平年间，"会乌桓反畔，与贼张纯等攻击蓟中，……张纯复与畔胡丘力居等寇渔阳、河间、勃海，入平原，多所杀略"（《后汉书·公孙瓒传》）；建安年间辽西、辽东、右北平三郡乌桓强盛，"三郡乌丸承天下乱，破幽州，略有汉民合十余万户。袁绍皆立其豪酋为单于，……辽西蹋顿尤强，……数入塞为寇"（《三国志·魏书·武帝纪》）。这一时期的滦县一带约当辽西郡西部地，地近边塞，正在乌桓活动区域内，因此塔坨墓地的族属首先应该考虑有可能是乌桓。

冀东地区还有约在同时期的其他具有北方游牧民族文化因素的墓葬发现。玉田县大李庄汉墓[③]是座砖室墓，由墓道、甬道、前室、后室组成，结构布局与一般汉墓无异，

[①] 郑君雷：《早期东部鲜卑与早期拓跋鲜卑族源关系概论》，《青果集——吉林大学考古系建系十周年纪念文集》，知识出版社，1998 年。

[②] 田立坤：《三燕文化遗存的初步研究》，《辽海文物学刊》1991 年第 1 期。

[③] 唐山市文物管理所、玉田县文教局：《河北玉田县大李庄村汉墓清理简报》，《文物春秋》1991 年第 1 期。

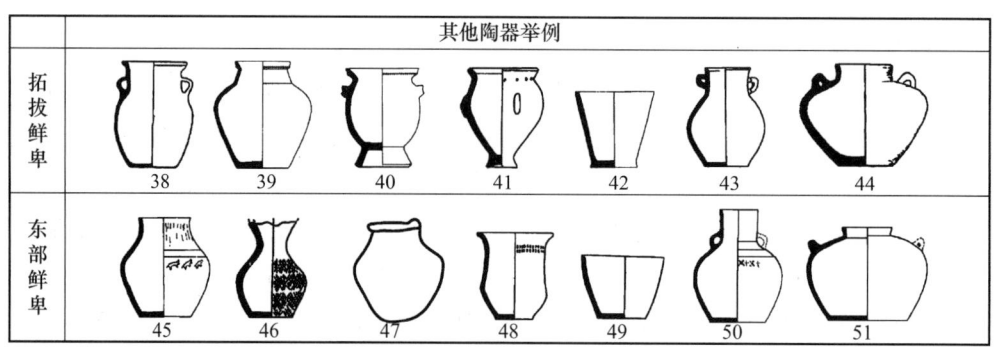

图一　东部鲜卑墓葬出土陶器

1、11、43.扎赉诺尔（四）　2、13、24、31.扎赉诺尔（二）　3、32、42.拉布达林（二）　4、38.拉布达林（一）　5、15、25.舍根　6、17、28、33.大安渔场　7、26、45、50、51.六家子　8、16、17、27、34、46、48、49.北玛尼吐　9、10、19～21、35～37.塔驼　12、22、39、40.扎赉诺尔（三）　14、23.孟根楚鲁　18、47.房身村　29、30.大李庄　41、44.扎赉诺尔（一）

注：扎赉诺尔等墓地经过多次发掘，现以扎赉诺尔（四）表示该墓地第四次的发掘材料，依此类推，详细出处见相关注释

随葬有壶、盆、盘、灶、甑等陶器和铜灯、"位至三公"铜镜，除两件陶壶的形制外，其他随葬器物的种类、形制与一般汉墓亦无差别。值得注意的是这两件陶壶均为侈口舌唇，这种形制的陶壶在早期东部鲜卑的舍根墓地和六家子墓地陶器中占有重要比例，

是早期东部鲜卑的典型陶器。大李庄墓陶灶的灶面呈梯形，这种梯形灶面是冀东及周邻地区东汉晚期至曹魏时期墓葬中普遍出现的形制，例如冀东地区的迁安于家村M1[①]、北京地区的平谷西柏店M1[②]、锦州地区的凌海市西网墓[③]，加上同出的"位至三公"铜镜，可以判断大李庄墓的年代与塔坨墓地基本相当。所以大李庄墓陶壶的形制亦有可能是受到乌桓文化因素的影响。

乌桓和东部鲜卑源出东胡，西汉初年匈奴冒顿单于破东胡，乌桓退保乌桓山，东部鲜卑退保鲜卑山，各自以山名号。西汉武帝元狩四年（前119年）乌桓迁移至上谷、渔阳、右北平、辽西、辽东五郡塞外。西汉昭帝以后，乌桓逐渐强盛，与匈奴、东部鲜卑或互相攻击，或联兵寇塞。东汉晚期，乌桓极盛，至曹操建安十二年征伐三郡乌桓之后，乌桓众种离散，逐渐消失于史籍。塔坨墓地陶器中的A型罐、B型罐、Ⅲ式把杯与东部鲜卑相似，但是有的A、B型罐上有堆塑的小耳，而Ⅰ式、Ⅱ式把杯则不见于东部鲜卑，陶器与东部鲜卑既有共性，又有差别，似正是文献记载乌桓与东部鲜卑同源同俗、异流分支的写照。大李庄墓的陶壶似又可表明乌桓遗存中亦存在与东部鲜卑相似的侈口舌唇陶壶，该墓可以认为是座受到乌桓文化因素影响的汉墓。作更进一步的推测，简报认为："铁兵器的普遍出现和草率的埋葬方式，说明这个墓群不是家族茔地"，"应是鲜卑人战场将士死亡之墓地"，并介绍在滦南县小贾庄出有与塔坨墓地一致的金饰件和陶器，"根据采集的标本和地貌概况，核实为古战场遗址"。这类墓地可能与寇塞乌桓或曹操北征三郡乌桓有关。曹操北征后将被掠去的汉人和乌桓迁入内地，大李庄墓的墓主或有可能属于这类居民。从附图中不难看出，就陶器而言，乌桓与东部鲜卑的亲缘关系较之与拓跋鲜卑更相近一些。

乌桓是汉魏时期北方地区活跃的一支游牧民族，寻找比定乌桓的遗存一直是考古学者关心的事情。目前确知的乌桓遗存尚是空白，而在东北地区和河套地区陆续有鲜卑遗存的发现报道。由于文献记载东部鲜卑与乌桓同源同俗，时代和地域又有很大程度的重合，因此应该考虑这里面存有乌桓遗存的可能性[④]。《后汉书》和《三国志》注引王沈《魏书》中对乌桓习俗有一些记载，但是乌桓亦有具体复杂的发展过程，汉末曹魏时期已是乌桓活动的尾声，所以塔坨墓地未必能够与其完全比附。笔者无意将塔坨墓地肯定视为乌桓遗存，但是塔坨墓地和大李庄墓仍然为寻找比定乌桓遗存提供了有价值的线索。

原载《文物春秋》1999年第2期

[①] 迁安县文物保管所：《河北迁安县丁家村一号汉墓清理》，《文物》1996年第10期。
[②] 北京市文物工作队：《北京平谷县西柏店和唐庄子汉墓发掘简报》，《考古》1962年第5期。
[③] 傅俊山：《锦县西网汉墓发掘简报》，《辽宁文物》1981年第2期。
[④] 田立坤先生认为大同南郊墓群M78盘口壶"颈部有凸棱的作法并非鲜卑早期遗存的特点。具有这种特点的陶壶在朝阳十二台乡砖厂东部鲜卑墓中也经常出现，可能与乌桓有关"。此亦是有关乌桓遗存的一个值得注意的线索，参见田立坤：《鲜卑文化源流的考古学考察》，《青果集——吉林大学考古专业成立二十周年考古论文集》，知识出版社，1993年。

早期东部鲜卑与早期拓跋鲜卑族源关系概论

鲜卑是活跃在汉晋北朝时期的北方民族，通常将其分为东部鲜卑和北部（西部）鲜卑两大部分。

东部鲜卑源出东胡。西汉初年，匈奴冒顿单于击破东胡，东胡一支退保鲜卑山，以山名号。鲜卑东汉初年见于史籍，"或降或畔，与匈奴、乌桓更相攻击"[①]。东汉桓、灵时期和曹魏时期，檀石槐和轲比能先后建立鲜卑联盟，入据"匈奴故地"。3世纪后期，在东北地区兴起了慕容部、段部和宇文部三部鲜卑，其中宇文部出自匈奴。自337年慕容皝建立前燕，先后有西燕、后燕、南燕、北燕等政权，至436年北燕亡于北魏。上述鲜卑称为东部鲜卑。从西汉初年退保鲜卑山至337年前燕建立，是东部鲜卑的早期历史阶段，其历史主要见于《后汉书》《三国志》及其注引王沈《魏书》。

与其相对，另有北部鲜卑或称西部鲜卑，主要包括拓跋部、秃发部、乞伏部等，其中拓跋部建立北魏政权，成为北部鲜卑的代表。拓跋部最初"国有大鲜卑山，……统幽州之北，广漠之野"，其后南迁"大泽"，又南迁"匈奴故地"[②]河套阴山地区。338年什翼犍即代王位后，拓跋部开始具有国家性质。386年拓跋珪即代王位，改国名为魏，统一北方。494年孝文帝迁都洛阳，走上了彻底汉化的道路。约在东汉末年南迁"匈奴故地"以前，是拓跋鲜卑的早期历史阶段，其历史主要见于北齐魏收《魏书》。

在文献记载中，早期东部鲜卑和早期拓跋鲜卑的源流世系、活动地域、风俗习惯、民族意识等方面都有所差别，但是既然均称为鲜卑，亦应该存在某种联系。早期东部鲜卑的发展线索相对清楚，而对早期拓跋鲜卑的族源和最初分布地区、两次南迁的时间和路线等问题的认识则多有分歧。就两部分鲜卑的族源关系而言，便有许多不同意见，概而言之，可归纳为"同源说"和"异源说"。"同源说"认为拓跋鲜卑亦是东胡之后，战国中期燕将秦开破东胡和西汉初年匈奴冒顿单于破东胡这两起历史事件与拓跋鲜卑的起源和早期分布区域直接有关。"异源说"认为拓跋鲜卑别有世系渊源，上述两起历史事件与其起源没有直接关系。当然无论是持"同源说"，还是持"异源说"，不同学者在具体问题的看法上仍然多有不同。

东北地区是早期鲜卑的主要活动区。呼伦贝尔地区的鲜卑墓葬一般被认为是东汉时期的拓跋鲜卑遗存，哲里木地区和朝阳地区的鲜卑墓葬一般被认为是汉晋时期的东

---

① 《后汉书·乌桓鲜卑列传》。
② 《魏书·帝纪·序纪》。

部鲜卑遗存。此外在从呼伦贝尔至河套阴山的广阔地带，尚有若干一般认为是拓跋鲜卑第二次南迁途中的墓葬，情况更复杂一些①。本文拟以东北地区的早期鲜卑墓葬为基础，对早期东部鲜卑和早期拓跋鲜卑的族源关系进行探讨。

一

东北地区早期鲜卑墓葬的族属判定最初存在不同认识，近年来逐渐趋于统一②。

20 世纪 50 年代在内蒙古呼盟发现扎赉诺尔墓地③。相似墓葬在呼伦贝尔地区已经发现十余处，主要包括孟根楚鲁④、拉布达林⑤、伊和乌拉和七卡⑥墓地。起初对扎赉诺尔墓地的族属存在匈奴、鲜卑、拓跋鲜卑等意见，近年来此类墓葬的族属意见已经基本统一为拓跋鲜卑，其最有说服力的三点证据是：① 1980 年在大兴安岭北段嘎仙洞发现北魏李敞刻石，可与《魏书·礼志》和《魏书·乌洛侯传》的记载比照。尽管对嘎仙洞祝文反映的拓跋鲜卑起源和南迁史实仍有不同认识，但是至少可以说明拓跋鲜卑确实在这一地区活动过。②此类墓葬附近的呼伦湖可与《魏书·帝纪·序纪》的"大泽"对应，是相对固定的地理坐标。③与匈奴墓葬比较，此类墓葬的文化面貌与东北地区早期东部鲜卑墓葬和河套地区鲜卑墓葬具有更多相似性。

1960 年发表的辽宁北票房村墓地简报即提出其族属有可能属于慕容鲜卑⑦，但是这类墓葬引起广泛注意却是在 1981 年内蒙古哲盟舍根墓地简报推测其族属为东部鲜卑以后⑧。

---

① 内蒙古巴林左旗南杨家营子墓地、察右后旗二兰虎沟墓地、达尔罕茂明安联合旗（百灵庙）墓地和林西县苏泗汰墓地一般认为是拓跋鲜卑第二次南迁遗迹，情况可能复杂。另据南杨家营子简报介绍说，其墓葬略呈长方形（登记表数据为长方形），有文章介绍是梯形。这几处墓地暂不讨论。

② 东北地区还有其他若干墓葬曾被认为属于鲜卑，主要包括黑龙江泰来县平洋墓地、内蒙古陈巴尔虎旗完工墓地、鄂温克旗伊敏车站墓地、吉林榆树县老河深墓地、东辽县石驿墓地和通榆县兴隆山墓等。根据近年认识，以上遗存的族属均不宜视为鲜卑。其中老河深墓地一般认为是夫余遗存，而以平洋墓地和完工墓地为代表的其他墓葬则存在较大争议，其高颈壶、颈双耳壶、鬲、鸭形壶等陶器很有特点，大体与辽宁西丰西岔沟墓地相似。对这类遗存中的不同墓葬曾有过东胡、匈奴、乌桓、鲜卑、夫余等意见，其中偏北分布的墓葬年代有早至春秋时期者，并且有线索与青铜时代的汉书二期文化相联系，而西岔沟及其周边墓地年代均在西汉时期，似有一个从北方南下的过程，时代、地域均不宜与鲜卑联系，文化面貌与其他比较明确的早期鲜卑墓葬差别也较大；而且平洋和完工墓地的人骨属于东北亚蒙古人种，与确知的鲜卑人种鉴定结果均不符合。

③ 郑隆：《内蒙古扎赉诺尔古墓群调查记》，《文物》1961 年第 9 期；内蒙古文物工作队：《内蒙古扎赉诺尔古墓群发掘简报》，《考古》1961 年第 12 期；王成：《扎赉诺尔圈河古墓清理简报》，《北方文物》1983 年第 3 期；内蒙古文物考古研究所：《扎赉诺尔古墓群 1986 年清理发掘报告》，《内蒙古文物考古文集》（第一辑），中国大百科全书出版社，1994 年；陈凤山、白劲松：《内蒙古扎赉诺尔鲜卑墓》，《内蒙古文物考古》1994 年第 2 期。

④ 程道宏：《伊敏河地区的鲜卑墓》，《内蒙古文物考古》1982 年第 2 期。

⑤ 赵越：《内蒙古额右旗拉布达林发现鲜卑墓》，《考古》1990 年第 10 期；内蒙古文物考古研究所、呼伦贝尔盟文物管理站、额尔古纳右旗文物管理所：《额尔古纳右旗拉布达林鲜卑墓葬发掘简报》，《内蒙古文物考古文集》（第一辑），中国大百科全书出版社，1994 年。

⑥ 呼伦贝尔盟文物管理站：《新巴尔虎左旗伊和乌拉鲜卑墓》；呼伦贝尔盟文物管理站、额尔古纳右旗文物管理所：《额尔古纳右旗七卡鲜卑墓清理简报》，《内蒙古文物考古文集》（第二辑），中国大百科全书出版社，1997 年。

⑦ 陈大为：《辽宁北票房身村晋墓发掘简报》，《考古》1960 年第 1 期。

⑧ 张柏忠：《哲里木盟发现的鲜卑遗存》，《文物》1981 年第 5 期。

相似墓葬在内蒙古哲盟和辽宁朝阳地区等地分布广泛,主要包括哲盟六家子[①]、北玛尼吐[②]、新胜屯[③],朝阳王子坟山[④],北票喇嘛洞[⑤]、房身村,吉林大安渔场[⑥]。目前一般认为此类墓葬是东汉以至西晋时期(有些墓葬可能更晚一些)的东部鲜卑遗存,除其分布区域与文献记载的早期东部鲜卑颇为相合外,其他有说服力的证据还在于:此类墓葬与东部鲜卑的三燕墓葬有比较清楚的承袭关系。六家子墓地并被认为是源出匈奴的宇文部遗存[⑦]。

二

早期东部鲜卑墓葬中,舍根墓地清理发掘墓葬数量不详,六家子约30座,北玛尼吐26座,房身村3座,新胜屯2座,喇嘛洞22座,王子坟山21座,大安渔场14座。其文化特征可以归纳如下:①土坑墓数量较多,石棺墓亦有一定数量。六家子、北玛尼吐、新胜屯、大安渔场、喇嘛洞、王子坟山墓地均为土坑墓,舍根、房身村墓地则为石棺墓。②墓葬平面多数为长方形,前宽后窄的梯形也有一定数量。舍根、六家子、北玛尼吐、喇嘛洞墓地(除M17)和王子坟山M9002均为长方形。王子坟山墓地(除M9002)和喇嘛洞M17则为梯形。③部分墓葬发现木棺。喇嘛洞墓地、新胜屯M2、房身村M2和王子坟山的5座墓葬均有木棺,六家子有的墓葬发现木质葬具。④多数墓地墓葬成排分布,但是不同墓地的墓向不统一,王子坟山等处同一墓地墓向亦不统一。有东—西向、东北—西南向、南—北向、西北—东南向、西南—东北向等。⑤殉牲不发达,种类有牛、羊、狗。北玛尼吐墓地有两座墓以羊距骨殉牲,3座墓以狗头骨殉牲,喇嘛洞和王子坟山有些墓葬以牛腿骨殉牲,大安渔场有两座墓以羊肩胛骨殉牲。⑥陶器以侈口弧腹罐、侈口鼓腹罐、侈口舌唇壶、侈口束颈壶、截颈壶为主。详见表一(仅统计形制明确者)。此外出有侈口直颈壶、侈口棱颈壶、折腹罐、尊、把杯等陶器。而六家子墓地陶器种类略有差别,出有小口长鼓腹罐、肩双耳罐、颈双耳壶、圜底罐等陶器(图一)。⑦动物牌饰不发达,仅六家子出有金马、金兽牌饰,王子坟山出有金兽牌饰。⑧骨制品和桦皮器皿不发达。仅王子坟山出有骨弓弭、骨镞,大安渔场出有骨镞、骨弓弭、桦皮箭囊、桦皮弓囊,北玛尼吐出有少量的骨镞、骨纺轮。

---

① 张柏忠:《内蒙古科左中旗六家子鲜卑墓葬》,《考古》1989年第5期。
② 钱玉成、孟建仁:《科右中旗北玛尼吐鲜卑墓群》,《内蒙古文物考古文集》(第一辑),中国大百科全书出版社,1994年。
③ 田立坤:《科左后旗新胜屯鲜卑墓地调查》,《文物》1997年第11期。
④ 辽宁省文物考古研究所、朝阳市博物馆:《朝阳王子坟山墓群1987、1990年度考古发掘的主要收获》,《文物》1997年第11期。
⑤ 张克举、田立坤:《辽宁发掘北票喇嘛洞鲜卑贵族墓地》,《中国文物报》1996年12月22日第1版。
⑥ 吉林省博物馆文物队、吉林大学历史系考古专业:《吉林大安渔场古代墓地》,《考古》1975年第6期。
⑦ 田立坤:《三燕文化遗存的初步研究》,《辽海文物学刊》1991年第1期。

表一　东部鲜卑墓葬陶器统计表　　　　　　　（单位：件）

	陶器总数	侈口弧腹罐和侈口鼓腹罐	侈口舌唇壶	侈口束颈壶	截颈壶
舍根等地	24	4	5	1	7
六家子	26	1	15		4
北玛尼吐	36	16	1	4	1
房身村	2	1			1
大安渔场	10	3		2	1
新胜屯	7	1		4	1
王子坟山	45	12		14	

在早期拓跋鲜卑墓葬中，扎赉诺尔墓地自1959年至1994年共计5次清理发掘56座，孟根楚鲁墓地1980年和1995年两次清理发掘10座，拉布达林墓地1985年和1992年两次清理发掘27座，伊和乌拉墓地1996年清理2座，七卡墓地1988年和1990年两次清理5座。

其文化面貌可以归纳如下：①均为土坑墓。②绝大多数墓葬平面为前宽后窄的梯形。③多数墓葬使用梯形木棺，制法一般为四角木柱插入生土，其上榫接棺板（或桦皮），多数有盖无底，有的纵侧棺板外加插木柱，木材未去皮，制作粗糙。有些在棺外四角再插立木柱，上置椁板形成椁架，而无四壁椁板。④绝大多数墓葬墓向朝北，亦有部分为北偏西者。⑤殉牲非常普遍，明确报道的至少有45座，种类有牛头骨、牛蹄骨、马头骨、马蹄骨、羊头骨、羊蹄骨、羊距骨、野猪头骨、鹿角茎骨、鹿蹄骨、狍蹄骨等。⑥陶器以侈口弧腹罐、侈口鼓腹罐、侈口束颈壶、圈足把杯、颈双耳罐、斜颈壶为主，详见表二（仅统计形制明确者）。此外出有肩双耳罐、颈双耳壶、侈口直颈壶、把杯、钵等陶器（图一）。⑦动物牌饰比较发达。扎赉诺尔出有马纹、鹿纹、羊纹、人物等北方系青铜牌饰10件。⑧普遍出有骨制品，种类有镞、弓弭、镳、簪、带扣等。普遍出有桦皮制品，种类有罐、箭囊、弓囊等。

表二　早期拓跋鲜卑墓葬陶器统计表　　　　　　（单位：件）

	陶器总数	侈口弧腹罐和侈口鼓腹罐	侈口束颈壶	圈足罐	颈双耳罐	斜颈壶
扎赉诺尔	70	36	7	4	2	8
孟根楚鲁	9	4	2			
拉布达林	15	10	1		1	
伊和乌尔	4	3	1			
七卡	2	1				

早期东部鲜卑和早期拓跋鲜卑墓葬文化面貌的联系和区别可以简要总结为：前者为土坑墓或石棺墓，平面长方形者较多，梯形者亦有一定数量，木棺不普遍，不同墓地墓向不统一，殉牲不发达，种类为牛、羊、狗；北方系金属动物牌饰、骨制品、桦皮器皿不发达。而后者均为土坑墓，平面绝大多数为梯形，多数墓葬使用梯形木棺，

类型	早期东部鲜卑			宇文部？	早期拓跋鲜卑			
侈口长腹罐	舍根	北玛尼吐	大安渔场	六家子	扎赉诺尔（四）	扎赉诺尔（二）	拉布达林（二）	七卡
侈口鼓腹罐	舍根	王子坟山	大安渔场		扎赉诺尔（二）	孟根楚鲁	扎赉诺尔（三）	伊和乌拉
侈口舌唇壶	舍根	舍根	北玛尼吐	六家子				
侈口束颈壶	大安渔场	北玛尼吐	王子坟山		拉布达林（二）	孟根楚鲁	扎赉诺尔（二）	伊和乌拉
截颈壶	舍根	北玛尼吐	大安渔场	六家子				
颈双耳壶				六家子	扎赉诺尔（四）			
肩双耳罐				六家子	扎赉诺尔（一）			
侈口棱颈壶	北玛尼吐	王子坟山	新胜屯					

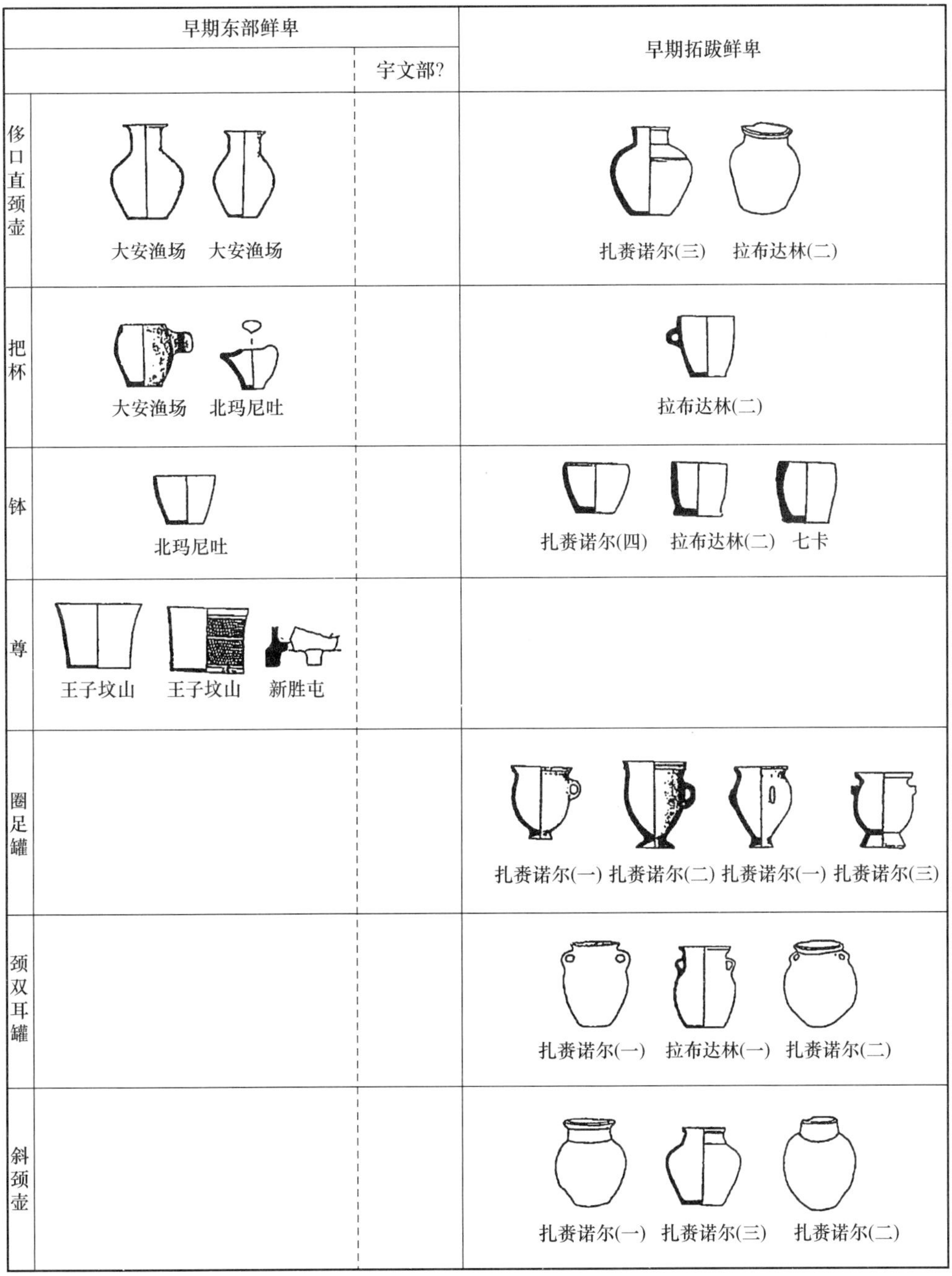

早期东部鲜卑与早期拓跋鲜卑族源关系概论

	早期东部鲜卑		早期拓跋鲜卑
		宇文部?	
侈口直颈壶	大安渔场　大安渔场		扎赉诺尔(三)　拉布达林(二)
把杯	大安渔场　北玛尼吐		拉布达林(二)
钵	北玛尼吐		扎赉诺尔(四)　拉布达林(二)　七卡
尊	王子坟山　王子坟山　新胜屯		
圈足罐			扎赉诺尔(一)　扎赉诺尔(二)　扎赉诺尔(一)　扎赉诺尔(三)
颈双耳罐			扎赉诺尔(一)　拉布达林(一)　扎赉诺尔(二)
斜颈壶			扎赉诺尔(一)　扎赉诺尔(三)　扎赉诺尔(二)

图一　早期东部鲜卑与早期拓跋鲜卑主要陶器比较图

[扎赉诺尔墓地经过多次发掘，以扎赉诺尔（一）表示材料出自第一次发掘报告，详见注释，余同]

有些并有梯形木椁，墓向主要朝北，殉牲发达，种类主要有牛、羊、马、野猪、鹿等，但是没有狗；北方系金属动物牌饰、骨制品和桦皮制品发达。就陶器而言，侈口弧腹罐和侈口鼓腹罐均是常见的陶器，有些形制完全相同，但是前者口沿均为斜直沿，后者则另有一定数量的折立沿和弧立沿，口沿常有一周锯齿纹、戳点纹或花边堆纹；前者均是平底或略有凹底，后者则有圈足的例子。侈口束颈壶和侈口直颈壶两者均有，但形制有所差别。在前者的陶器组合中，侈口舌唇壶和截颈壶是重要器类，尊亦有特色，均不见于后者；而在后者组合中，圈足罐、颈双耳罐、斜颈罐很有特色，均不见于前者。后者环耳和圈足较前者发达。早期东部鲜卑的六家子墓地略有特殊，其与早期拓跋鲜卑墓地均出有肩双耳罐和颈双耳壶。前者陶器中泥质陶数量较多，而后者较少。在纹饰上，除均有一定数量的竖向磨光暗纹外，前者其他纹饰要比后者发达，还有网格纹、重菱纹、篦点纹、八字纹、几何纹、马纹等。

扎赉诺尔等早期拓跋鲜卑墓地的年代一般认为在东汉。在早期东部鲜卑墓地中，舍根、六家子、北玛尼吐等墓地的整体年代要早于王子坟山、新胜屯、房山村、喇嘛洞和大安渔场等墓地，前组墓地中的部分墓葬可能晚至曹魏西晋，而后组墓地却不能早至东汉。由于东汉后期至曹魏时期恰有东部鲜卑檀石槐和轲比能入据蒙古高原、拓跋鲜卑南迁匈奴故地、慕容鲜卑徙居辽西、宇文匈奴东迁辽东塞外等事件发生，因此这些东部鲜卑墓葬的文化因素并不一定单纯，除了在整体上仍然保存有早期东部鲜卑的原生文化因素外，可能融有拓跋鲜卑和其他北方民族的文化因素，问题由此变得复杂，东部鲜卑墓葬中某些与拓跋鲜卑相同的文化因素，需要考虑是否为原生因素。

对朝阳地区魏晋时期东部鲜卑的人骨鉴定表明：朝阳组魏晋时期鲜卑族居民的基本种系成分应为北亚蒙古人种，只是在面宽略窄这样的个别体质特征上暗示出该群体也受到了来自东亚蒙古人种的影响[①]。可为早期东部鲜卑体质特征参考。而早期拓跋鲜卑存在两种体质类型，在对扎赉诺尔前两次发掘获得的颅骨材料进行研究时学者注意到："墓25颅骨与其余4例颅骨之间存在的差异，特别是颅骨之低是非常明显的。这种差异不能用个体变异来解释，而很可能意味着在该遗址的古代居民中，存在着体质类型可以区分的两种类型。"[②] 扎赉诺尔先后3次发掘获得的17例标本可以划分为两个比例大体相当的颅骨组，即以扎赉诺尔汉代A组为代表的北亚蒙古人种和以扎赉诺尔汉代B组为代表的北亚蒙古人种与东北亚蒙古人种的混血类型[③]。另外，文献记载东部鲜卑与乌桓均为髡发，和林格尔壁画墓"护乌桓校尉宁城幕府图"中的乌桓人物就是髡发[④]。而文献中常以"索头"（或即辫发）代称拓跋鲜卑，如《南齐书·魏虏传》说拓跋鲜卑"披发左衽，故称索头"。扎赉诺尔M29曾出有一节发辫，发式不失为识别古代民族的参考。

三

考古学研究表明，早期拓跋鲜卑与早期东部鲜卑的考古文化既存在联系，也有差别，这对研究两者的族源关系应有所启迪。

---

① 朱泓：《朝阳魏晋时期鲜卑墓葬人骨研究》，《辽海文物学刊》1996年第2期。
② 潘其风、韩康信：《东汉北方草原游牧民族人骨的研究》，《考古学报》1982年第1期。
③ 朱泓：《从扎赉诺尔汉代居民体质差异探讨鲜卑族的人种构成》，《北方文物》1982年第2期。
④ 内蒙古文物工作队、内蒙古博物馆：《和林格尔发现一座重要的东汉壁画墓》，《文物》1974年第1期。

早期拓跋鲜卑墓葬与匈奴墓葬①文化面貌有若干相似点。例如北方系动物纹金属牌饰均发达,以马、牛、羊为主的殉牲均发达,多数墓葬均有木质葬具,墓向均以北向为主,均常出有织物、铜镜、货币等汉式文物,均发现发辫等。在体质类型上,"外贝加尔匈奴组与扎A组之间的联系最为密切,这种接近程度远远超过了后者同其他各对比组(也包括扎B组)之间的联系,从而反映出两组在体质特征上异乎寻常的相似性"②。另外源出匈奴的宇文部遗存六家子墓地在早期东部鲜卑诸墓地中与早期拓跋鲜卑的相似性更多一些,亦颇耐人寻味。

在文献记载中,可以见到早期拓跋鲜卑与匈奴存在某些联系。《宋书·索虏传》:"索头虏姓托跋氏,其先汉将李陵后也。陵降匈奴,有数百千种,各立名号,索头亦其一也。"《南齐书·魏虏传》:"魏虏,匈奴种也,姓托跋氏。晋永嘉六年,……猗卢入居代郡,亦谓鲜卑。披发左衽,故呼为索头。猗卢孙什翼健,字郁律旃。后还阴山为单于,领匈奴诸部。"《周书·独孤信传》:"魏氏之初,有三十六部,其先伏留屯者,为部落大人,与魏俱起。"而《通志·氏族略(第五)》称"(独孤氏)本姓刘,北蕃右贤王之后,其先尚公主,因从母姓刘氏"。《南齐书·魏虏传》:"初,匈奴女名托跋,妻李陵,胡俗以母名为姓,故虏为李陵之后。"北周拓跋鲜卑贵族李贤墓志:"本姓李,汉将李陵后也。十世祖俟地归,……知魏圣帝齐圣广渊,奄有天下,乃率诸国定扶戴之议。凿山开路,南越阴山,建国拓跋,因以为氏。"③

史家在当时已有鲜卑概念的情况下,将拓跋鲜卑称为匈奴,当有原因,而且只在众所周知拓跋鲜卑具有匈奴祖源的情况下,才会将拓跋鲜卑附会为李陵之后。考古材料与文献记载相互印证,推测拓跋鲜卑的祖源可能与匈奴有某种联系。

据嘎仙洞祝文推导大兴安岭北段地区是拓跋鲜卑发源地"大鲜卑山"的观点实可商榷,对此学者已有论述④,还可以补充如下。扎赉诺尔这类墓葬在克尔伦河、伊敏河、辉河、根河、额尔古纳河流域以及岭东的阿伦河流域都有发现⑤,均距嘎仙洞不甚远,视为同一个地域亦无不可,而《序纪》将领导两次南迁的两个推寅并举,第二次南迁从"大泽"呼伦湖出发,行经数千里,"九难八阻"方"始居匈奴之故地";第一次南迁若从嘎仙洞抵达呼伦湖,绝难与第二次南迁相提并论。而且嘎仙洞内出土的侈口长腹罐⑥与扎赉诺尔等墓地相似,并无明显的年代差别。再者虽然呼伦湖在嘎仙洞的西南

---

① 乌恩:《试论汉代匈奴与鲜卑遗迹的区别》,《中国考古学会第六次年会论文集》,文物出版社,1990年;乌恩:《论匈奴考古研究中的几个问题》,《考古学报》1990年第4期。
② 朱泓:《从扎赉诺尔汉代居民体质差异探讨鲜卑族的人种构成》,《北方文物》1982年第2期。
③ 宁夏回族自治区博物馆、宁夏固原博物馆:《宁夏固原北周李贤夫妇墓发掘简报》,《文物》1985年第11期。墓志引文断句据萧璠:《北周李贤墓志一处断句的商榷》,《文物》1993年第3期。
④ 陶克昭:《论嘎仙洞刻石》,《民族研究》1991年第6期;郑君雷:《拓跋鲜卑早期历史的考古学研究》,吉林大学硕士学位论文,1992年;张博泉、魏存成:《东北古代民族·考古与疆域》,吉林大学出版社,1998年,第10~12页。
⑤ 赵越:《游牧民族的历史摇篮——呼伦贝尔少数民族遗存简述》,《内蒙古文物考古》1991年第1期。
⑥ 呼伦贝尔盟文物管理站:《鄂伦春自治旗嘎仙洞遗址1980年清理简报》,《内蒙古文物考古文集》(第二辑),中国大百科全书出版社,1997年。

方向，但是额尔古纳右旗七卡墓地已在嘎仙洞西北方向，谈何南迁？因此嘎仙洞祝文只能说明早期拓跋鲜卑在这一地区活动过，并不能证明其起源地就在这里。

拓跋鲜卑"帝室十姓"中，至少有纥骨氏和乙旃氏出自高车（丁零）①，因此笔者颇疑拓跋鲜卑起源地靠近汉代高车分布的贝加尔湖地区，在第一次南迁后方到达包括嘎仙洞在内的呼伦贝尔一带。若然，则拓跋鲜卑的最初起源当与东部鲜卑无涉，而是源自呼伦贝尔西北方向的民族。有些学者认为文献记载中的拓跋鲜卑与匈奴、高车的联系是在第二次南迁过程中发生融合造成的②，但是显然此前呼伦贝尔地区早期拓跋鲜卑的文化面貌和体质特征已与匈奴具有某些联系。

拓跋鲜卑第一次南迁的时间没有明确记载。游牧民族有相对稳定的活动区域，一般只是在较大的政治变动和气候变化破坏了原有的统治秩序和生活环境时，才会引发大规模迁徙。公元87年，东部鲜卑大破北匈奴，漠北蝗灾，北匈奴大乱。至公元91年，耿夔大破北匈奴，北匈奴单于西遁中亚，漠北陷入大混乱时期。王沈《魏书》所记"匈奴及北单于遁逃后，余种十余万落，诣辽东杂处，皆自号鲜卑兵"，就是当时部族流动之一例。推测拓跋鲜卑第一次南迁的时间约在东汉前中期。

自呼伦贝尔地区以讫嫩江流域，从春秋直至西汉时期的原住居民以平洋墓地③和完工墓地④为代表，人骨鉴定主要属于东北亚蒙古人种⑤。而经过战国中期秦开却东胡千余里和西汉初年匈奴冒顿单于破东胡两次历史事件后，早期东部鲜卑的活动区域亦可能抵达呼伦贝尔地区。当东汉前中期某些与匈奴存在文化或族源联系的部族南迁至呼伦贝尔地区后，与原住居民发生民族融合，形成新的民族集团，由此早期拓跋鲜卑墓葬呈现出既有与匈奴相似的因素、又与早期东部鲜卑存在某些共性，而且可能亦继承有平洋和完工墓地文化因素的复合性状⑥，而在体质上也呈现出部分居民仍与"外贝加尔匈奴"组"异乎寻常"地相似、部分居民出现北亚蒙古人种与东北亚蒙古人种混血类型的复杂情况。

四

拓跋鲜卑的先祖约于东汉前中期南迁"大泽"，在呼伦贝尔地区与包括早期东部鲜卑在内的原住居民融合后，形成新的民族集团，其后约在东汉末年再次南迁"匈奴故地"河套阴山地区，在这一地区发迹，建立代国和北魏政权，逐渐统一北方。

---

① 陈连庆：《中国古代少数民族姓氏研究》，吉林文史出版社，1993年，第176、177、181、182页。
② 马长寿：《乌桓与鲜卑》，上海人民出版社，1962年，第247、248页。
③ 黑龙江省文物考古研究所：《平洋墓葬》，文物出版社，1990年。
④ 潘行荣：《内蒙古陈巴尔虎旗完工索木发现古墓葬》，《考古》1962年第11期；内蒙古文物工作队：《内蒙古陈巴尔虎旗完工古墓清理简报》，《考古》1965年第6期。
⑤ 黑龙江省文物考古研究所：《平洋墓葬》（附录一《平洋墓葬人骨的研究》），文物出版社，1990年；潘其风、韩康信：《东汉北方草原游牧民族人骨的研究》，《考古学报》1982年第1期。
⑥ 例如斜颈壶是平洋墓地很有特点的陶器，而完工墓地的骨镞和骨弓弭亦发达。

在这一历史进程中,"拓跋鲜卑"的名称是后世史家以北朝时期的视角对他们的称谓,而在记述十六国至北朝历史的文献史料上对其则有拓跋、魏虏、魏氏、索头、索头虏、匈奴、鲜卑等各种称谓。在不同的历史阶段,他们的"族自称"和"族他称"的发源演变过程尚是有待研究的问题。仅就拓跋的称谓而言,林干先生认为依《魏书·帝纪·序纪》"北俗谓土为托,谓后为跋,故以为氏",拓跋是其远古以来的名称[1],若此,则在南迁"大泽"之前就可以称为拓跋。马长寿先生推测是在草原上同匈奴发生融合,"鲜卑父胡母",故称拓跋[2]。《魏书·铁弗刘虎传》称"北人谓胡父鲜卑母为'铁弗'",姚薇元先生推测拓跋即铁弗之异译[3],若然,则是在完成民族融合之后才有拓跋的名称。李贤墓志称"南越阴山,建国拓跋,因以为氏",似是说南迁河套阴山后才使用拓跋这一名称。而《南齐书·魏虏传》记西晋永嘉六年(312年)"猗卢入居代郡"之后"亦谓鲜卑"的记载也值得注意,依此,其前并不自称为鲜卑。拓跋部自称为鲜卑以后,便自居鲜卑正胤,将东部鲜卑称为"东部"或"徒何"。《魏书》体例,称东部鲜卑为"徒何慕容廆"、"徒何段就六眷",对同出的秃发部和乞伏部则称为"鲜卑乞伏国仁"、"鲜卑秃发乌孤"。东部鲜卑则往往称拓跋鲜卑为"索头"(如《晋书·慕容廆载记》有"北伐塞外,远绥索头"句)。

在匈奴衰落,檀石槐、轲比能东部鲜卑联盟两次入主蒙古草原的情况下,蒙古草原及其周边地区发生着以东部鲜卑为中心的民族融合。这时的鲜卑称号,一方面具有民族意义,另一方面亦具有政治实体的意义,鲜卑旗号自然被包括拓跋部在内的种系各异的部族认同,在北方地区出现了鲜卑化的进程。拓跋部在"入居代郡"之后"亦谓鲜卑"就是在此历史背景下发生的。鲜卑种系复杂,例如《北史·匈奴宇文莫槐传》记载东部鲜卑的宇文部源出匈奴,马长寿先生考证北部鲜卑的乞伏部源出高车[4],《晋书·赫连勃勃载记》径称柔然可汗社仑为鲜卑[5],《三国志·魏书·鲜卑传》称轲比能"本小种鲜卑",王琰《宋春秋》谓匈奴左贤王后裔赫连氏为鲜卑别种[6],《魏书·海夷冯跋传》说汉人冯跋"既家昌黎,遂同夷俗",《北齐书·神武帝纪》云高欢"既累世北边,故习其俗,遂同鲜卑"等,均反映出汉晋北朝时期北方地区的鲜卑化进程。随着拓跋鲜卑的逐渐强大,其文化因素又对东部鲜卑产生影响,呈现"后来居上"和"反客为主"的趋势。朝阳地区的王子坟山、喇嘛洞等早期东部鲜卑后期墓地(约前燕建国之前的曹魏西晋时期)中与拓跋鲜卑相似的文化因素增多,就有可能是莫护跋入居辽西之前受到了河套地区拓跋鲜卑的影响。

---

[1] 林干:《鲜卑拓跋、秃发、乞伏三部的早期历史及其南迁路线的初步探索》,《北方文物》1989年第3期。
[2] 马长寿:《乌桓与鲜卑》,上海人民出版社,1962年,第31页。
[3] 姚薇元:《北朝胡姓考》,中华书局,1962年,第6页。
[4] 马长寿:《乌桓与鲜卑》,上海人民出版社,1962年,第251页。
[5] 《晋书·赫连勃勃载记》记"时河西鲜卑杜仑献马八千匹于姚兴",此事件《资治通鉴·晋纪三十六》记为"柔然可汗社仑献马八千匹于秦"。
[6] (唐)张楚金:《翰苑·蕃夷部·鲜卑》雍公叡注:"王琰《宋春秋》曰:赫连者,鲜卑别种,本匈奴左贤王后也。"

汉晋北朝时期的鲜卑名称在不同阶段有着不同的内涵。有些学者指出，大体说来，西汉曹魏时期的鲜卑，实际是指东部鲜卑；西晋十六国时期，由于东部鲜卑大量进入草原，鲜卑开始成为包括拓跋鲜卑在内的北方众多游牧部族的泛称；约在北魏统一前后，以拓跋鲜卑为主体的鲜卑民族正式形成[①]。北朝时期的鲜卑在文化和血液上同最早见于文献的汉代鲜卑是有相当区别的，拓跋鲜卑和东部鲜卑也只不过是北朝时期鲜卑民族形成的两个主要的源头而已。因此，在早期鲜卑考古、历史和民族研究中，应该注意鲜卑民族形成的轨迹，注意鲜卑一词在不同时期的内涵，用史籍中的东部鲜卑材料去比附拓跋鲜卑，势必有许多牵强之处，反之亦然。虽然拓跋鲜卑在形成和发展过程中与东部鲜卑有着密切联系，但是两者的世系源流、活动地域、文化面貌、风俗习俗、民族意识等方面均有所差别，以此观之，似以将早期东部鲜卑和早期拓跋鲜卑明确区别为两个民族为宜，其关系在某种程度上与东部鲜卑和乌桓的关系相似。

原载《青果集——吉林大学考古系建系十周年纪念文集》，知识出版社，1998年

---

① 王俊杰：《魏晋南北朝时期的鲜卑是不是一个民族》，《西北师院学报》1985年第3期。

内蒙古中南部拓跋集团的几种特殊葬式

东汉至北魏时期，内蒙古中南部地区鲜卑墓葬的葬式以仰身直肢最为常见，也有侧身直肢、仰身屈肢、侧身屈肢、俯身屈肢等情况，但是以"骑马步"、"进攻步"、"交叉步"等特殊葬式最值得关注。这三种特殊葬式和其他考古学证据表明，东汉中晚期至北魏时期，以内蒙古中南部为中心的中国北方长城地带与内陆欧亚[①]西部地区存在着密切的文化因素交流甚至人群集团流动。

一、内蒙古中南部鲜卑—北魏墓葬的特殊葬式

"骑马步"是指墓主仰身、双膝向外侧弯曲、下肢大致呈菱形的葬式，俄罗斯及中亚学者多描述为"骑手姿势"（поза《всадника》），也有"罗圈状"等描述[②]。"骑马步"目前在内蒙古中南部地区东汉至北魏时期的鲜卑墓葬中仅发现1例，即商都东大井SDM14[③]。长方竖穴土坑墓，女性墓主，仰身，葬式为"骑马步"（图一，1），年代为东汉中晚期，相当于檀石槐联盟时期。

"进攻步"是指墓主仰身、一条腿伸直、另一条腿膝部弯曲的葬式，俄罗斯学者多描述为"攻击"姿势。"进攻步"目前在内蒙古中南部地区东汉至北魏时期的鲜卑墓葬中仅发现1例，即大同南郊M8[④]。长斜坡墓道方室土洞墓，南北向，有木棺，男性墓主，头向西，仰身屈左腿，葬式为"进攻步"（图一，2）。

"交叉步"是指墓主仰身或侧身、腿部或足端大致呈交叉状的葬式，交叉处自膝部至足端不等。目前在内蒙古中南部地区东汉至北魏时期的鲜卑墓葬中已发现5例"交叉步"葬式，即七郎山ZQM18[⑤]、大同迎宾大道M69[⑥]、大同国营粮食原种场M5[⑦]、化德

[①] "内陆欧亚"作为地理名称，"大致东起黑龙江、松花江流域，西抵多瑙河、伏尔加河流域，具体而言除中欧和东欧外，主要包括我国东三省、内蒙古自治区、新疆维吾尔自治区以及蒙古高原、西伯利亚、哈萨克斯坦、乌兹别克斯坦、吉尔吉斯斯坦、土库曼斯坦、塔吉克斯坦、阿富汗、巴基斯坦和西北印度。其核心地带即所谓欧亚草原（Eurasian Steppes）"。参见余太山：《内陆欧亚古代史研究》，福建人民出版社，2005年，第1页。
[②] 新疆文物考古研究所：《2005年度伊犁州巩留县山口水库墓地考古发掘报告》，《新疆文物》2006年第1期。
[③] 李兴盛、魏坚：《商都县东大井墓地》，《内蒙古地区鲜卑墓葬的发现与研究》，科学出版社，2004年。
[④] 山西大学历史文化学院、山西省考古研究所、大同市博物馆：《大同南郊北魏墓群》，科学出版社，2006年。
[⑤] 王新宇、魏坚：《察右中旗七郎山墓地》，《内蒙古地区鲜卑墓葬的发现与研究》科学出版社，2004年。
[⑥] 大同市考古研究所：《山西大同迎宾大道北魏墓群》，《文物》2006年第10期。
[⑦] 山西省考古研究所：《大同县国营粮食原种场北魏墓》，《三晋考古》（第三辑），山西人民出版社，2006年。

县陈武沟 M9[①]、大同沙岭新村 M2[②]，墓葬形制包括土洞墓、竖穴偏室墓、竖穴土坑墓等。以大同迎宾大道 M69 为例（图一，3），长斜坡墓道偏置墓室土洞墓，南北向，墓室平面略呈梯形，洞口封土块，女性墓主，头向南，仰身，葬式为"交叉步"。

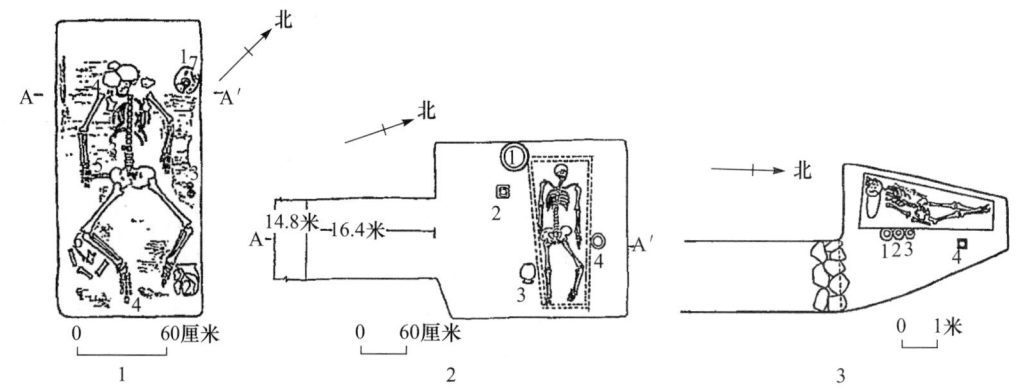

图一　东汉代魏时期内蒙古中南部鲜卑集团的骑马步、进攻步、交叉步葬式
1. 商都东大井 SDM14　2. 大同南郊 M8　3. 大同迎宾大道 M69

二、内陆欧亚西部的"进攻步"、"交叉步"和"骑马步"葬式

在内陆欧亚西部，"进攻步"、"交叉步"和"骑马步"葬式主要分布于黑海北岸—乌克兰草原、北高加索—库班、南乌拉尔—伏尔加河下游、顿河下游、中亚以及阿尔泰地区，此外新疆地区也有少量发现。

1."进攻步"葬式

黑海北岸—乌克兰草原的"进攻步"葬式主要见于斯基泰遗存，墓葬级别较高。例如 Талстая Могила 斯基泰古冢（图二，2），位于乌克兰第聂伯罗彼得罗夫斯克奥尔忠尼启则市郊（Орджоникидзе, Днепропетровская область, Украина），为结构复杂的土洞墓，封堆下有主、侧两座洞室，其中侧室北端女性人骨仰身、左腿伸直、右腿弯曲，为"进攻步"葬式，时代为公元前 4 世纪至公元前 3 世纪[③]。该古冢随葬马车，墓室内另有 3 具人骨呈"骑马步"葬式。公元前 1 世纪至公元 1 世纪，德涅斯特河下游及多瑙河下游地区的"进攻步"葬式属于萨尔马特遗存。在乌克兰草原，切尔尼亚霍夫文化（Черняховская Культура）"进攻步"葬式的时代约为公元 4 世纪至公元 5 世纪，可

---

　　① 内蒙古自治区文物考古研究所、乌兰察布市博物馆、化德县文物管理所：《化德县陈武沟鲜卑墓地发掘简报》，《草原文物》2014 年第 1 期。
　　② 大同市考古研究所：《山西大同沙岭新村北魏墓地发掘简报》，《文物》2014 年第 4 期。
　　③ МОЗОЛЕВСКИЙ Б. Н. Курган Толстая могила близ г. Орджоникидзе на Ураине (предварительная публикация). СА, 1972, №3: 269, 271, 295-298, 301, 304.

能与萨尔马特人群集团相关。

在北高加索地区,"进攻步"葬式时代出现年代较早(公元前6世纪至公元前4世纪),属于苗特人(Меоты)遗存;公元前3世纪至公元前1世纪的"进攻步"葬式属于萨尔马特遗存(图二,3)。在南乌拉尔—伏尔加河下游地区,"进攻步"葬式多属于萨尔马特遗存,时代为公元前2世纪至公元初叶,例如 Бузулук 1号封堆3号墓(图二,4);少数属于萨夫罗马特遗存,时代为公元前6世纪末至公元前5世纪初[①]。

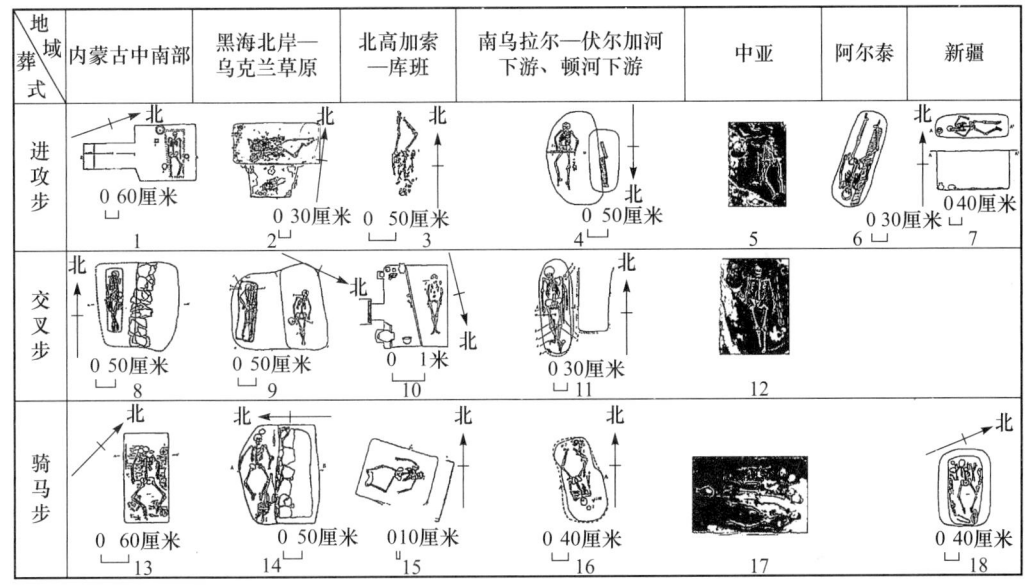

图二 欧亚内陆西部的"进攻步""交叉步""骑马步"葬式
1. 大同南郊M8　2. 傅墓　3. 12号封堆54号墓　4. 1号土封堆3号墓　5. 3号封堆14号墓　6. 25号墓　7. 恰甫其海　8. 七郎山　9. 47号墓　10. 29号墓　11. 19号封堆1号墓　12. 3号封堆5号墓　13. 东大井　14. 22号墓　15. 17号封堆2号墓　16. 11号封堆2号墓　17. 18号封堆　18. 萨恩萨伊

中亚地区的"进攻步"葬式主要见于塔什干绿洲阿雷西河流域(Арысь р.),例如 Кок-Мардан 3号封堆14号墓(图二,5)[②],时代为公元3世纪至公元5世纪,可能属于康居文化遗存。咸海地区花拉子模 Базар-кала 城墓地的"进攻步"葬式被认为与琐罗亚斯德教葬俗有关[③]。

新疆和阿尔泰地区亦存在少量"进攻步"葬式,例如 Обские Плесы-II 25号墓(图二,6)[④];伊犁河上游恰甫其海 AXM3(图二,7),封堆下有石堆,可能与早期乌

---

① СМИРНОВ К.Ф. Сарматы на Илеке. Москва: Наука, 1975:14, 36.

② НУРМУХАНБЕТОВ Б. Некрополь городища Кок-Мардан//Вопросы археологии Казахстана. 2011, вып. 3: 42-73.

③ ГУДКОВА Л. В., МАНЫЛОВ Ю. П. Могильник у городища Базар-Кала//ИТИНА М.А и др. (ред. коллегия) Культура и искусство древнего Хорезма. Москва: «Наука», 1981:154-169.

④ ВЕДЯНИН С. Д., КУНГУРОВ А. Л. Грунтовый могильник староалейской культуры Обские Плесы 2// КИРЮШИН Ю. Ф., КУНГУРОВ К. Л. (ред.) Погребальный обряд древних племен Алтая. Барнаул: АГУ, 1996: 88-114.

孙遗存相关，时代为公元前 2 世纪至公元前 1 世纪①。

2. "交叉步"葬式

内陆欧亚西部的"交叉步"葬式主要属于萨尔马特—阿兰人群集团，流行于公元前 1 世纪至公元 5 世纪。

在克里米亚半岛，"交叉步"葬式出现在方室土洞墓、竖穴偏室墓和竖穴土坑墓中。例如 Дружное 47 号墓（图二，9），设置双室，其中北室 1 号人骨呈"交叉步"葬式，时代为公元 3 世纪后半至公元 4 世纪②。在乌克兰草原，"交叉步"葬式时代稍早，例如 Беляусский 168 号洞室墓，时代约为公元前 3 世纪末至公元 1 世纪③。

在北高加索地区，"交叉步"葬式例如 Байтал-Чапкан 29 号墓（图二，10），竖穴墓道方室土洞墓，时代为公元 5 世纪，属于阿兰遗存④。

在顿河-伏尔加河下游地区，"交叉步"葬式例如 Сладковский 19 号封堆 1 号墓（图二，11），时代为公元 2 至公元 3 世纪前半⑤，属于晚期萨尔马特遗存。

中亚地区的"交叉步"葬式分布于南哈萨克斯坦及费尔干纳盆地，时代为公元前 1 世纪至公元 5 世纪，例如 Кок-Мардан 城 3 号封堆 5 号墓（图二，12），时代为公元 3 世纪至公元 5 世纪⑥。

3. "骑马步"葬式

内陆欧亚西部"骑马步"葬式主要流行于伏尔加河流域的萨尔马特遗存中，少量属于斯基泰、萨夫罗马特、塞人—玛萨革泰和康居遗存。

在乌克兰草原，"骑马步"葬式主要属于斯基泰遗存，晚期有部分属于萨尔马特遗存，墓葬形制包括竖穴偏室墓、竖穴土坑墓、土洞墓等。例如 Николаевна VIII 22 号墓（图二，14），竖穴偏室墓，位于德涅斯特河下游，属于公元前 4 世纪至公元前 3 世纪的斯基泰遗存⑦。

北高加索—库班草原发现的"骑马步"葬式不多，时代偏早。公元前 7 世纪至公元前 4 世纪的"骑马步"葬式属于早期斯基泰及苗特（Меоты）遗存；公元前 4

---

① 新疆文物考古研究所、新疆特克斯县文物管理所：《特克斯县恰甫其海 A 区 X 号墓地发掘简报》，《新疆文物》2006 年第 1 期。

② ХРАПУНОВ И. Н., МАСЯКИН В. В. Могила с двумя подбоями III в.н.э. из некрополя Дружное в Крыму. РА, 1998, №4: 133-149.

③ ДАШЕВСКАЯ О. Д., МИХЛИН Б. Ю. Четыре комплекса с фибулами из Беляусского могильника. Советская археология, 1983, № 3: 129, 140-141.

④ МИНАЕВА Т. М. Могильник Байтал-Чапкан в Черкесии. СА, 1956, XXVI: 236-261.

⑤ МАКСИМЕНКО В. Е., БЕЗУГЛОВ С. Л. Позднесарматские погребения в курганах на реке Быстрой. СОВЕТСКАЯ АРХЕОЛОГИЯ, 1987, №1: 183-192.

⑥ НУРМУХАНБЕТОВ Б. Некрополь городища Кок-Мардан. // Вопросы археологии Казахстана. 2011, вып. 3: 42-73.

⑦ МЕЛЮКОВА А. И. Население нижнего поднестровья в IV-III вв. до н.э. // ЛИБЕРОВ П. Д., ГУЛЯЕВ В. И. Проблемы скифской археологии. МИА, №177, М: Наука, 1971: 39-54.

世纪至公元前 1 世纪的"骑马步"葬式属于萨夫罗马特及早期萨尔马特遗存。例如 Циплиевский Кут I 7 号封堆 2 号墓（图二，15），位于南库班，为对角线方形竖穴土坑墓，时代为公元前 8 世纪前半，属于早期斯基泰遗存①。

乌拉尔山—伏尔加河下游地区出现"骑马步"葬式的墓葬地表多有封堆，包括竖穴土坑墓、竖穴偏室墓及竖穴墓道土洞墓等，以萨尔马特遗存为主，部分属于萨夫罗马特遗存。例如 Танаберген II 11 号封堆 2 号墓（图二，16），位于伊列克河（Илек, р.）左岸，墓主为"骑马步"葬式，属于中期萨尔马特遗存，时代约为公元 1 世纪至公元 2 世纪②。

中亚地区的"骑马步"葬式发现于南哈萨克斯坦、锡尔河三角洲和费尔干纳地区，包括竖穴墓道土洞墓、长斜坡墓道土洞墓、竖穴土坑墓等。例如 Борижар 18 号封堆（图二，17），位于南哈萨克斯坦巴达姆河（Бадам, р.）与阿雷西河（Арысь, р.）支流之间，多人葬，南壁处有一具人骨葬式为"骑马步"，А. А. Ержигитова 认为其时代为公元前 3 世纪末至公元 4 世纪③。

新疆地区出现"骑马步"葬式的墓葬地表常有石围封堆，封堆下置竖穴土坑墓或竖穴偏室墓，墓道多填石。例如，萨恩萨伊 M115（图二，18），位于乌鲁木齐市南郊，墓底有两具人骨，中部男性人骨为"骑马步"葬式，报告推断其时代大致为公元前 7 世纪④。

三、拓跋集团与内陆欧亚西部地区的某些关联

根据马艳的研究⑤，在内蒙古中南部地区，拓跋代（魏）时期的墓葬形制、陶器风格、铜鍑、磨花玻璃碗⑥、涡纹饰件⑦等方面也表现出内陆欧亚西部地区的考古学文化因素。将这些考古学文化因素与鲜卑集团的"进攻步"、"交叉步"、"骑马步"等特殊葬式联系在一起考虑，大概可以有根据地说，东汉至北魏时期北方长城地带与内陆欧亚西部存在着较为密切的文化因素交流甚至人群流动。

---

① ПЬЯНКОВ А. В. Комплекс кургана 7 могильника Циплиевский кут как новое свидетельство этнокультурных связей населения северо-западного Кавказа в раннескифскую эпоху. // Международные отношения в бассейне Чёрного моря в древности и Средние века: СБорник статей материалам XI Международной научной конференции. Ростов-на-Дону, 2006: 27-33.

② ГУЦАЛОВ С. Ю. К проблеме стыка Прохоровской и Сусловской культур в степях Южного Урала//В. М. Клепиков. (отв. ред.)Раннесарматская и среднесарматская культуры: проблемы соотношения: Материалы семинара Центра изучения истории и культуры сарматов. Вып. I. Волгоград: Волгоградское научное издательство, 2006: 70, 72-74.

③ ЕРЖИГИТОВА А. А. Вклад Б. Нурмуханбетова в исследование погребальных памятников Южного Казахстана//Вопросы археологии Казахстана. Вып. 3. Сборник научных статей, Алматы, 2011: 106-118.

④ 新疆文物考古研究所、乌鲁木齐市文物管理所：《乌鲁木齐市萨恩萨伊墓地发掘简报》，《新疆文物》2010 年第 2 期。

⑤ 马艳：《欧亚草原西部考古学文化与北魏平城时代》，中山大学博士学位论文，2014 年。

⑥ 马艳：《大同出土北魏磨花玻璃碗源流》，《中原文物》2014 年第 1 期。

⑦ 马艳：《商都东大井类涡纹装饰元素与内陆欧亚西部涡纹纹样》，待刊。

内蒙古中南部地区鲜卑集团的上述特殊葬式,时代多可明确在拓跋代(魏)时期。拓跋代(魏)时期的墓葬,大致分为以盛乐为中心和以平城为中心的两个区域。以盛乐—平城为中心的云代地区是拓跋集团的政治根基所在(398年拓跋魏迁都平城,并划定"京畿"范围),云代地区的考古遗存可以反映出拓跋集团及其核心北族人群的文化面貌。东汉中晚期仅见到商都东大井SDM14的1例"骑马步",约当檀石槐联盟时期,也不能绝对排除与拓跋集团的各种意义上的联系。

　　在拓跋集团进入内蒙古中南部地区以前,檀石槐鲜卑联盟是当地的主导,以东部鲜卑[①]为中心,北方长城地带先是发生着"东部鲜卑化"的过程,在拓跋集团南迁"匈奴故地"后又发生着"拓跋鲜卑化"的过程;拓跋集团"后来居上"、"反客为主",成为北朝鲜卑的"正胤"[②]。因此,拓跋集团的考古遗存实际包含拓跋、慕容鲜卑、宇文鲜卑、匈奴、高车、羯胡等众多北族文化因素,这其实就是我们以前讲到的[③],应该在"情境族群"[④]、"政治体"(即"以政治关系和政治权力为纽带构建起来的社会团体"[⑤])和地域体(前述"政治体"的进一步泛化,就是以"地域体"来指代"民族体")的层面上来理解北方民族史上匈奴、鲜卑这类民族集团(也包括拓跋这类鲜卑名号下的次级民族集团)。依此种认识论,拓跋集团与内陆欧亚西部地区的斯基泰、萨尔马特、阿兰等集团,以及与中亚南部康居境内相关人群集团的关系殊可玩味,有关拓跋集团发源、迁徙、族群关系等问题的再探讨也很有必要。

　　中国文献对乌桓、鲜卑等北方草原东部人群集团的移动记载较为明晰,但对于羯胡、高车等北方草原西部人群集团的记载则较为晦暗(而且与一些考古材料及西文记载无法相互印证、衔接)。从考古材料出发,我们认为北方长城地带与内陆欧亚西部地区考古学文化的密切联系主要发生在公元2世纪至公元4世纪末,而拓跋集团(包括其他北族)可能与内陆欧亚西部人群集团存在某些联系。

　　本文无意凿实拓跋集团与内陆欧亚西部斯基泰等集团的人群流动,也无意建构内蒙古中南部地区与内陆欧亚西部地区文化因素交流的具体线路,只是觉得内蒙古中南部鲜卑集团的"骑马步"、"进攻步"、"交叉步"等特殊葬式对于了解北方长城地带以及北方草原西部人群集团的源流、迁徙、融合等问题提供出非常值得关注的视角,遂在此作一简略介绍。因为旨在介绍材料以引起学术界关注,因此对于文中涉及考古学材料的时代、族属等认识基本依据原考古报告,并未加以详细讨论。

---

① 东部鲜卑"作为文化和族群分类概念确实不清晰。如果在考古学研究中继续使用这一概念,则需要作认真的界定"。参见郑君雷:《东部鲜卑"名实"与鲜卑考古学的族属研究》,《中国·乌珠穆沁边疆考古国际学术研讨会论文集》,科学出版社,2014年。本文仅是沿用习惯说法。

② 郑君雷:《早期东部鲜卑与早期拓跋鲜卑族源关系概论》,《青果集——吉林大学考古系建系十周年纪念文集》,知识出版社,1998年。

③ 郑君雷:《东部鲜卑"名实"与鲜卑考古学的族属研究》,《中国·乌珠穆沁边疆考古国际学术研讨会论文集》,科学出版社,2014年。

④ 郑君雷:《文化人类学的族群认同与考古学文化的族属研究——汉末魏晋河套阴山地区北方民族遗存族属研究的个案思考》,《思想战线》2007年第4期。

⑤ 罗新:《中古北族名号研究》前言,北京大学出版社,2009年。

附 图 出 处

1. 山西大学历史文化学院、山西省考古研究所、大同市博物馆：《大同南郊北魏墓群》，科学出版社，2006 年，图一四五，A。

2. МОЗОЛЕВСКИЙ Б. Н. Курган Толстая могила близ г. Орджоникидзе на Ураине (предварительная публикация). СА, 1972, №3: 268-307, рис.33.

3. ЛЕСКОВ А. М., БЕГЛОВА Е. А., КСЕИОФОНТОВА И. В., ЭРЛИХ В. Р. Меоты Закубанья в сер. VI - нач. III вв. до н. э.: Некрополи у аула Уляп: погребальные комплексы. Москва: Наука, 2005., рис.110.

4. БЛАВАТСКИЙ В. Д. Новые Сарматские памятники на Бузулуке. КИСА, 1962, вып. 89: 83-93, рис.33.

5. НУРМУХАНБЕТОВ Б. Некрополь городища Кок-Мардан//Вопросы археологии Казахстана. 2011, вып. 3: 42-73, Фото 11.

6. ВЕДЯНИН С. Д., КУНГУРОВ А. Л. Грунтовый могильник староалейской культуры Обские Плесы 2//КИРЮШИН Ю. Ф., КУНГУРОВ К. Л. (ред.) Погребальный обряд древних племен Алтая. Барнаул: АГУ, 1996: 88-114, рис.3-5.

7. 新疆文物考古研究所、新疆特克斯县文物管理所：《特克斯县恰甫其海 A 区 X 号墓地发掘简报》，《新疆文物》2006 年第 1 期，图三。

8. 王新宇、魏坚：《察右中旗七郎山墓地》，《内蒙古地区鲜卑墓葬的发现与研究》，科学出版社，2004 年，图二八。

9. ХРАПУНОВ И. Н., МАСЯКИН В. В. Могила с двумя подбоями III в. н.э. из некрополя Дружное в Крыму. РА, 1998, №4: 133-149, рис.1-2.

10. МИНАЕВА Т. М. Могильник Байтал-Чапкан в Черкесии. СА, 1956, XXVI: 236-261, рис.11.

11. МАКСИМЕНКО В. Е., БЕЗУГЛОВ С. Л. Позднесарматские погребения в курганах на реке Быстрой. Советская археология, 1987, №1: 183-192, рис.1.

12. НУРМУХАНБЕТОВ Б. Некрополь городища Кок-Мардан//Вопросы археологии Казахстана. 2011, вып. 3: 42-73, Фото 8.

13. 李兴盛、魏坚：《商都县东大井墓地》，《内蒙古地区鲜卑墓葬的发现与研究》，科学出版社，2004 年，图三一。

14. МЕЛЮКОВА А. И. Население Нижнего Поднестровья в IV-III вв. до н.э.//ЛИБЕРОВ П.Д., ГУЛЯЕВ В. И. Проблемы скифской археологии. МИА, №177, М: Наука, 1971: 39-54, рис. 4.

15. ПЬЯНКОВ А.В. Комплекс кургана 7 могильника Циплиевский кут как новое свидетельство этнокультурных связей населения северо-западного Кавказа

в раннескифскую эпоху//Международные отношения в бассейне Чёрного моря в древности и Средние века: СБорник статей материалам XI Международной научной конференции. Ростов-на-Дону, 2006: 27-33, рис.2-2.

16. ГУЦАЛОВ С. Ю. К проблеме стыка Прохоровской и Сусловской культур в степях Южного Урала//В. М. Клепиков. (отв. ред.)Раннесарматская и среднесарматская культуры: проблемы соотношения: Материалы семинара Центра изучения истории и культуры сарматов. Вып. I. Волгоград: Волгоградское научное издательство, 2006: 69-88, рис.2-II, рис.10-2.

17. ЕРЖИГИТОВА А. А. Вклад Б. Нурмуханбетова в исследование погребальных памятников Южного Казахстана//Вопросы археологии Казахстана. Вып. 3. Сборник научных статей, Алматы, 2011: 106-118, Фото 4.

18. 新疆文物考古研究所、乌鲁木齐市文物管理所：《乌鲁木齐市萨恩萨伊墓地发掘简报》，《新疆文物》2010年第2期，图二三。

原载《两个世界的徘徊——中古时期丧葬观念风俗与礼仪制度学术研讨会论文集》，科学出版社，2016年。马艳、郑君雷合作

西汉边远地区汉文化结构中的西域

关于考古学上汉文化的内涵（或者说学术内容），俞伟超[①]、刘庆柱[②]等先生有过深富启发的论述，但是应该说还有很大的思考空间。具体到西汉边远地区的汉文化，我们认为可以从"文化"的本质[③]出发，放在"统一"的维度上来考量[④]，即葛剑雄先生所谓"统一的主要标准应当是政治上的服从和一致，而不能仅仅根据制度上的相似和文化上的类同"[⑤]。因此，"西汉边远地区汉文化结构"中的"西域"是指西域都护管辖下的诸小国，也就是谷苞先生从政治地理角度解读的狭义西域[⑥]，所谓"皆在匈奴之西，乌孙之南。南北有大山，中央有河，东西六千余里，南北千余里。东则接汉，厄以玉门、阳关，西则限以葱岭"[⑦]的范围。

一

"西汉边远地区"是一个需要在学术层面进行界定的概念。"边疆无疑是国家内部的边缘区域，与国家的中心或中枢相对存在，这个'边缘区域'具有多重层次的内容，比如政治的、经济的、文化的、地理的，这些层次的边缘区域或彼此重合，或相互背离，边疆的概念因此显得丰富而又复杂"[⑧]。我们界定"西汉边远地区"的标准，应当不仅考虑地理边疆的属性，同时也应该考虑社会、文化、族群、经济等层面的边疆特征，以及考古学文化面貌与中原地区的差异性。

考古学者将关中和广义的中原地区视为考古学上的中心文化区，我们将此中心文化区宽泛地称为"中原"。中原以外的其他地区，均在不同层面上程度不同地表现出边远地区的面相，但是以西北朝鲜、辽西辽东、内蒙古中南部、河西河湟、四川盆地、云贵高原、岭南、东南沿海、西域等地区的边疆特征最显著。中原与边远地区之间还

[①] 俞伟超：《考古学中的汉文化问题》，《古史的考古学探索》，文物出版社，2002年。
[②] 刘庆柱：《关于当前汉代考古学研究的几个问题》，《汉代考古与汉文化国际学术研讨会论文集》，齐鲁书社，2006年；刘庆柱：《汉长安城考古与汉代考古学》，《汉长安城考古与汉文化》，科学出版社，2008年。
[③] 作为凝结和整合世界的途径，"文化"使得大千世界林林总总的人文事项纳入某种体制或者形成某些秩序规范。
[④] 郑君雷：《西汉边远地区汉文化的形成模式》，《人民论坛·学术前沿》2010年12月号（总第311期）。
[⑤] 葛剑雄：《统一与分裂——中国历史的启示》，三联书店，1994年，第85~94页。
[⑥] 谷苞：《西汉政府设置河西四郡的历史意义》，《新疆社会科学》1984年第2期。
[⑦] 《汉书·西域传上》。
[⑧] 汪洪亮：《民国时期边政学的兴起》，《四川师范大学学报》2010年第5期。

有一些表现出过渡性状的区域，如京津唐、陕北等地区，尤其以长江中游的鄂、湘、赣连片而成为一个大板块。可以理解为在"亚"、"次"、"准"这类概念上限定的边远地区，属于中原与边远地区之间的过渡地带。边远地区以远，朝鲜半岛南部的三韩、以第二松花江中游为中心的夫余、贝加尔湖地区的匈奴、越南北部汉代郡县以外的印度支那半岛等地，汉式文物有许多发现，但是西汉政府未曾行政管辖，可以视为汉文化的波及地带。

西汉边远地区与中原相互对应和相互作用，这两个社会文化区域构成了"环线"和"板块"两类结构，这两类结构层叠环套和叠互链接，累积成一个层次复杂、内涵丰厚的文化构造，我们称为"西汉边远地区汉文化的环套链接结构"①，其内容大致可以作如下概括。

①西北朝鲜、辽西辽东、内蒙古中南部、河西河湟、四川盆地、云贵高原、岭南、东南沿海八个边远地区依次链接，社会文化和族群结构逐渐变化，最终环绕成为一条西汉帝国的边疆地带。②这条边疆地带在政治经济和社会文化的各种层面上与西汉帝国畿内的中心文化区、过渡地带和西汉帝国的外部世界构成同心圆结构。以中原地区为圆心，过渡地带、边远地区和波及地区的汉文化层叠环套，仿佛西周的五服制——自甸服以次社会文化的边疆属性渐次加重。③以上八个边远地区各自拥有宽阔的地域范围、庞大的人口基数、发达的经贸功能和深厚的人文民俗传统，各自构成一个社会文化板块，联结起来作为一个"边远地区整体"的体量和能量更为巨大。④以上八个边远"板块"之间通过"北方长城地带"、"藏彝走廊"和"南方珠江地带"等民族走廊或考古学文化带发生文化交流，并且对中原地区和过渡地带发生着双向互动的政治影响和文化回馈。⑤在西汉边远地区汉文化的形成发展过程中，欧亚草原、中亚、高地东南亚、南岛语族（文化基因的积淀）等域外文化圈也会对边远地区的各个"板块"产生影响。

在此"环套链接结构"中考察西汉诸边远地区汉文化的形成过程和类型，西域悬置在这条由八个边远地区构成的西汉帝国边疆地带以外（仅与同属边远地区的河西走廊相联结），在同心圆结构中也脱离其他边远地区所处的圈层位置，情况较特殊。

二

西汉前期"楼兰、乌孙、呼揭及其旁二十六国皆已为匈奴"②，"匈奴西边日逐王置僮仆都尉，使领西域，常居焉耆、危须、尉黎间，赋税诸国，取富给焉"③。自武帝建元三年（前138年）张骞凿空西域至宣帝神爵二年（前60年）设置西域都护，以及元帝

---

① 郑君雷：《西汉边远地区汉文化形成的考古人类学研究》，教育部2005年度规划基金项目"西汉边远地区汉文化形成的考古学研究"结项报告（未刊稿）。
② 《汉书·匈奴传上》。
③ 《汉书·西域传上》。

初元元年（前48年）设置戊己校尉，经过数十年的争夺，西汉政府基本控制了西域。

西汉政府设置行政机构以来，考古学上的汉文化因素已经大规模地渗透进西域。西域诸国"自译长、城长、君、监、吏、大禄、百长、千长、都尉、且渠、当户、将、相至侯、王，皆佩汉印绶，凡三百七十六人"①，而且境内有很多汉人②。但是西汉政府、匈奴和西域诸国错综复杂的政治关系，以及西域诸国经济文化形态的各种差异，加之广袤特殊的地理环境，决定着西汉政府主要采取控制行政治所、屯戍据点和交通线路的经略方式，尤其是未设置郡县，成为与经略其他边远地区的最大差异。西域地区汉代考古学材料虽然不够系统，但是与其他边远地区比较，至少在两个方面显示出考古学文化面貌的特殊性。

第一，西域并未形成一个整体性的汉文化板块。

西域诸国及其与中原的联系依托几条主要交通线路及其孔线。"从鄯善傍南山北，波西河西行至莎车，为南道，……自车师前王庭随北山，波河西行至疏勒，为北道"③，"从玉门关西出……，到故楼兰，转西诣龟兹，至葱岭，为中道"④。西域汉文化因素相对集中地出现在主要交通线沿途的屯戍点和西域诸国的王城附近区域。

西汉政府的行政治所、田官系统下的屯田区和侯官系统下的烽燧障塞是西域汉文化因素最为显著的地区。西域都护治乌垒城（今轮台县），戊己校尉主管屯田事务，初治交河城，后移置高昌壁⑤，屯田区从轮台扩展到鄯善、渠犁、车师甚至锡尔河上游。烽燧障塞线则与河西汉塞隐然呼应，"自敦煌西至盐泽，往往起亭"⑥，"在罗布淖尔北岸以及在焉耆至拜城之间，发现许多大小不等的汉代城垒及烽燧遗址"⑦。不过汉文化只是在楼兰地区有比较集中的"面"上分布。

"楼兰地区在汉通西域之后，完全在汉、魏、晋和前凉政府的控制之下，到魏晋前凉时期又在楼兰城设置西域长史机构。从此楼兰地区汉族居民逐渐占到多数（长史机构官员、驻军、屯田者及一般汉族居民等），汉文化成为当地文化的主体"⑧。土垠遗址是西汉政府在楼兰道上设置的管理机构和中心，"是新疆目前所知唯一单纯的西汉遗址，也是唯一出土西汉木简的遗址"⑨。于志勇先生将LE城推定为"伊循城"，认为构筑

---

① 《汉书·西域传下》。
② 主要包括"流落西域的使者和军卒""汉公主随从""自由迁入西域的平民"和"屯戍人员及其家属、私从"几类，主要来自酒泉郡、张掖郡、武威郡、金城郡、京畿叁辅（京兆尹、左冯翊、右扶风）、南阳郡和上郡。参见贾丛江：《关于西汉时期西域汉人的几个问题》，《西域研究》2004年第4期。
③ 《汉书·西域传上》。
④ 《三国志·魏书·乌丸鲜卑东夷传》注引鱼豢《魏略·西戎传》。羊毅勇先生认为丝路中道大致是沿库鲁克塔格山南麓，波孔雀河、塔里木河的走向。参见羊毅勇：《论丝绸之路中道的兴衰》，《新疆文物》2003年第1期。
⑤ 周伟洲：《两汉时期新疆经济的开发》，《中国边疆史地研究》2005年第1期。
⑥ 《汉书·西域传上》。
⑦ 中国社会科学院考古研究所：《中国考古学·秦汉卷》第十二章第三节，中国社会科学出版社，2010年。
⑧ 孟凡人：《楼兰考古学的重要性与开展楼兰考古工作的紧迫性、艰巨性、复杂性和可行性》，《新疆文物》2003年第2期。
⑨ 孟凡人：《楼兰考古学的重要性与开展楼兰考古工作的紧迫性、艰巨性、复杂性和可行性》，《新疆文物》2003年第2期。

方法和规制与河西、居延和河套地区汉城相似①；将 LE 古城东北、北部以彩绘棺具为主要特征的墓葬推测为汉晋时期楼兰屯戍者军吏的墓葬②。城址、墓葬、烽燧障塞和大量汉式文物构成楼兰地区汉文化分布的有机整体。

西汉政府直接控制的屯戍区域以外，南疆地区的汉文化基本沿着串联西域诸国王城的交通线路呈点线状分布，尤其集中在丝路南道。哈密、焉耆、库车、和田、尼雅、若羌等地出有汉文铜印章、汉文简牍、汉代钱币、汉式漆器、中原纸等遗物③。北疆是游牧文化区，巴里坤草原和博格达山北麓草原的石结构建筑和石堆墓、伊犁地区"索墩布拉克文化"晚期遗存、昭苏县萨尔霍布草原和木札特草原的土墩墓，一般认为是月氏、匈奴、塞人和乌孙等游牧集团的遗存。虽然奇台、木垒等地出有汉代半两、货泉、五铢等钱币④，但是汉文化因素的发现较零散。

西域汉文化的分布态势与西汉其他边远地区汉文化整体性或大部性的覆盖有很大不同。在今天中华民族的分布格局中，"在少数民族地区的交通要道和商业据点一般都有汉人长期定居。这样汉人就大量深入到少数民族聚居地区，形成一个点线结合，东密西疏的网络，这个网络正是多元一体格局的骨架"⑤。西域汉文化的分布态势与此结构骨架相似。"从汉魏晋前凉西域史来看，其通西域均以敦煌为西进基地，以楼兰道为通西域的主要干道，以楼兰地区和高昌地区为经营西域的桥头堡。敦煌、楼兰、高昌这个铁三角形成鼎足之势，楼兰和高昌地区犹如从敦煌伸出的双臂，呈钳形控制西域腹地"⑥。自敦煌而西，西域汉文化的分布亦表现为一个点线结合，东密西疏的网络，未曾覆盖性地深入腹地而形成一个整体性的汉文化板块。

第二，西域并未形成一个汉文化的地方类型。

考古学上的汉文化在中原地区、过渡地区、边远地区表现出文化内涵的差异性，各自还可以划分出若干地方类型，比如中原地区（广义上的）汉文化可以划分出中原、关中、鲁南苏北等类型，西北朝鲜等八个边远地区亦大致可以各自独立为一个地方类型。这些文化内涵的差别可以理解为汉文化的层次性。

俞伟超先生关于"先秦各国考古学文化的层次性及主体族群文化的核心地位"⑦的论说，对于认识汉文化的地方类型很有启发。我们认为，中原汉文化相当于俞先生所谓的"第一层次"文化，此一层次的汉文化在西汉初年的六七十年间已经形成。过渡地区和边远地区的汉文化则可以理解为俞先生所谓"第二层次"即"各地土著文化与

---

① 于志勇：《西汉时期楼兰"伊循城"地望考》，《新疆文物》2010年第1期。
② 于志勇、覃大海：《营盘墓地M15及楼兰地区彩绘棺初探》，《西部考古》（第一辑），三秦出版社，2006年。
③ 中国社会科学院考古研究所：《中国考古学·秦汉卷》第十二章第三节，中国社会科学出版社，2010年。
④ 杜淑琴：《从昌吉出土古钱浅谈汉唐时期中央王朝与西域的关系》，《新疆文物》2008年第3/4期合刊。
⑤ 费孝通：《中华民族的多元一体格局》，《中华民族多元一体格局》（修订本），中央民族大学出版社，1999年，第32页。
⑥ 孟凡人：《楼兰考古学的重要性与开展楼兰考古工作的紧迫性、艰巨性、复杂性和可行性》，《新疆文物》2003年第2期。
⑦ 俞伟超：《考古学中的汉文化问题》，《古史的考古学探索》，文物出版社，2002年。

主体文化综合而成的区域性文化",此类区域性文化的核心,仍然为第一层次的主体族群文化(即中原汉文化,虽然在云贵高原等地表现出很强烈的土著色调),此一层次的汉文化一般是在武帝或者其后得以形成。

汉文化地方类型的划分在某种意义上就是汉文化的考古学分区,"在秦汉以后历史考古学文化分区中,墓葬(包括葬式和葬俗)的分区占有重要位置"[1]。我们注意到,西域地区的汉晋墓葬整体上并未表现出以汉文化为核心的特征。虽然有汉文化因素的大规模渗透,但是西域当地以独立政权形态或土著民族形态表现出来的文化体系并未整体性地、实质性地被颠覆。

"新疆秦汉时期的聚落往往是在早期文化的基础上发展起来的"[2]。汉代吐鲁番盆地的竖穴土坑墓属于春秋以来的当地土著文化传统;兴起于战国的偏洞室墓与竖穴土坑墓长期并存,成为吐鲁番盆地汉代以来墓葬形制的主流;竖穴木椁墓在吐鲁番盆地西部的兴起则与伊犁河流域的塞人迁徙有关[3]。尼雅N3南部西汉墓地的陶器"有大口双系罐、折腹圜底钵、侈口圜底钵、单耳罐、单耳带流平底罐、高领带流坠腹罐等,多夹砂黑陶,少夹砂红陶,手制,火候低,制作古朴厚重"[4]。交河沟西、沟北和洋海Ⅲ号墓地(车师)、尼雅遗址(精绝国)、扎滚鲁克墓地(且末国)、山普拉墓地(于阗国)、营盘墓地(墨山国)、和静县察汗乌苏墓地[5]等处材料说明,所谓三十六国(五十五国)的考古学文化在西汉政府掌控西域以后仍然循着土著文化的自身逻辑发展。

西域与欧亚草原和中亚两个域外文化圈的互动也很强烈。和静县察吾呼沟三号墓地的匈奴文化因素[6],以及吐鲁番交河沟北墓地的铜狼头饰、骨雕鹿首等显示了与欧亚草原的密切联系[7];新疆各地汉晋丝织物的西亚、罗马工艺图案和营盘墓地M15[8]希腊化风格的织物则表现出与中亚地区的联系。龚国强先生将塔里木盆地周缘汉晋墓的随葬品划分为本地特色、中原汉文化特色、西方异域(包括印度)文化特色和北方草原文化四组,"属于中原汉文化特色的器物主要有直接来自内地的汉式陶罐、铜镜、五铢、丝绸衣被、漆器、纸片文书等,以及在当地仿制的汉式铁镞、铁刀镰、木几案、木耳杯等"[9],这组文化因素在随葬器物中并未占据主导地位。

在西汉其他边远地区,内蒙古中南部和河西走廊两个地区的汉文化整体上从中原直接移入,在与当地社会环境和自然环境的调适中逐渐形成地域特色;其他地区在土

---

[1] 徐苹芳:《中国历史考古学分区问题的思考》,《考古》2000年第7期。
[2] 中国社会科学院考古研究所:《中国考古学·秦汉卷》第十二章第三节,中国社会科学出版社,2010年。
[3] 钟焓:《吐鲁番盆地汉代墓葬研究》,北京大学硕士学位论文,2005年。
[4] 于志勇:《关于尼雅聚落遗址考古学研究的若干问题》,《新疆文物》2000年第1/2期合刊。
[5] 新疆文物考古研究所:《和静县察汗乌苏古墓群考古发掘新收获》,《新疆文物》2004年第4期。
[6] 中国社会科学院考古研究所、新疆巴音郭楞蒙古自治州文管所:《和静县察吾呼沟口三号墓地发掘简报》,《考古》1990年第10期。
[7] 中国社会科学院考古研究所:《中国考古学·秦汉卷》第十二章第三节,中国社会科学出版社,2010年。
[8] 新疆文物考古研究所:《新疆尉犁县营盘墓地M15发掘简报》,《文物》1999年第1期。
[9] 龚国强:《试论新疆塔里木盆地周缘汉晋时期的墓葬》,《南京大学历史系考古专业成立三十周年纪念文集》,天津人民出版社,2002年。

著族群逐渐汉化的同时，汉人移民也经历着"在地化"的过程，不同人群集团相互整合而浑然一体，形成各具特色的区域性汉文化类型。而在西域，西汉政府直接控制区域的汉文化本质上是河西走廊汉文化地方类型的延伸，诸国王城附近的汉文化因素则是在土著文化底层上的"叠加"，很难认为西汉时期的西域存在着一个具有区域文化特征的汉文化地方类型。

三

西域汉文化分布势态和发展进程的特殊性，固然与当地青铜时代以降至早期铁器时代末期的土著文化传统和文化内涵有关，但是更根源于当地的政治环境和社会环境。否则就无法解释同样是以土著文化为根基的西北朝鲜、岭南、东南沿海等地区汉文化地方类型得以迅速形成的事实。

西汉政府在边远地区扩张的基础动因在于拓展农业资源以疏解人口压力。王明珂先生指出"华夏认同与中国边界的形成具有生态资源背景"[1]；东汉帝国疆域（行郡县地区）与今天中国大陆汉族主要分布区（少数民族自治区除外）有着惊人重叠，"这显示在汉代，'汉人'在亚洲大陆已扩张至其生态地理上的边缘"[2]，正仿佛费孝通先生所谓"农业上具备发展机会的地方，汉族几乎大都占有了"[3]。天山以南诸国的农业因素虽然是西汉政府掌控西域的生态资源基础，但是沙漠绿洲脆弱的生态环境限制了农业发展，农业潜力其实有限。

鄯善县苏贝希一号墓地[4]、哈密市寒气沟墓地[5]、和静县察吾乎沟一号墓地[6]和四号墓地[7]等处遗存说明农牧兼营是战国时期西域普遍的经济生活形态。周伟洲先生的统计表明，西域以"田畜"（农牧兼营）为主的城郭国人口多于以畜牧为主的行国[8]，两汉书《西域传》也记载一些行国"颇知田作"，或者"寄田"、"仰谷"（民族志材料说明游牧经济并不排斥农业和粮食）。魏晋时的且末国"（左末城）土地无雨，决水种麦，不知用牛，耒耜而田"[9]，农业生产技术落后。我们认为，汉晋西域的天山以南诸国大致相当于今天"绿洲耕牧"的经济文化类型——在绿洲上依靠人工灌溉系统种植农作

---

[1] 王明珂：《华夏边缘：历史记忆与族群认同》，社会科学文献出版社，2006年，第249～251页。
[2] 王明珂：《华夏边缘：历史记忆与族群认同》，社会科学文献出版社，2006年，第206页。
[3] 费孝通：《中华民族的多元一体格局》，《中华民族多元一体格局》（修订本），中央民族大学出版社，1999年，第34页。
[4] 新疆文物考古研究所、吐鲁番地区文管所：《鄯善苏贝希墓群一号墓地发掘简报》，《新疆文物》1993年第4期。
[5] 新疆文物考古研究所、哈密地区文物管理所：《哈密寒气沟古墓地发掘简报》，《新疆文物》1996年第2期。
[6] 新疆考古研究所：《和静县察吾乎沟一号墓地》，《新疆文物》1992年第4期。
[7] 新疆考古研究所：《和静察吾乎沟四号墓地1987年发掘简报》，《文物》1988年第4期。
[8] 周伟洲：《两汉时期新疆经济的开发》，《中国边疆史地研究》2005年第1期。
[9] 周祖谟：《洛阳伽蓝记校释》卷五《宋云行记》，上海书店出版社，2000年。

物，其农耕生活中普遍夹杂浓厚的畜牧因素①，新疆汉晋墓葬中普遍发现的殉牲和皮毛制品可为印证。

更重要的是，西汉帝国经略西域的目的是政治性的，而非经济性的。余太山先生指出，"两汉魏晋南北朝正史《西域传》记述的出发点从来就不是西域或西域诸国本身，而是中原王朝经营西域的文治武功，这决定了《西域传》的性质。……除葱岭以西诸国外，各史《西域传》关心较多的是乌孙、悦般等天山以北，伊犁河、楚河流域的游牧政权。这是因为中原王朝经营西域的契机是为战胜塞北游牧政权而寻求与其西方的敌国结盟。这些政权是作为中原王朝的天然盟友受到中原王朝、从而也受到《西域传》编者注意的"②。余先生对两汉魏晋南北朝正史《西域传》认知和阐述系统的解读，正是西汉政府经略西域历史背景的阐释。

在西汉边远地区的汉文化结构中，敦煌是西域和河西走廊两个边远板块的链接点。"东汉中期西域副校尉就常驻在敦煌，行使着西域都护的职权，后来由敦煌太守兼管西域事务。这种办法后来又为魏晋两朝所沿袭"，顾炎武在《天下郡国利病书》中把敦煌划入西域范围是有其历史根据的"③。西汉政府设置河西四郡的战略目的在于"隔绝羌胡"④，"以断匈奴右臂"⑤，并非着眼于农业生产。《汉书·地理志》记载河西四郡的户口数、人口数、辖县数在西汉北方边远地区各个人文地理区域中明显偏低，但是完备的塞防体系、严密的军屯组织和"咸以兵马为务"的社会风尚却成为突出特征。河西四郡的设置对西域社会经济发展和历史进程产生了重大影响，河西走廊的社会经济环境与西域汉文化的发展状态是紧密联系为一体的。

西汉政府经略西域的目的性，以及有限的农业潜力并且仅与同属边远地区的河西走廊相联结的两大背景，决定着西域汉文化的发展是渗透性的和渐进性的。经过西汉政府的开拓经略，西汉中晚期辽西辽东、内蒙古中南部、四川盆地、吴越地区的社会经济发展已经大致比同内地，西汉晚期西北朝鲜、河西走廊、岭南地区已经被汉文化全面或大部占据，边远地区的韵味只是更多地表现在地理空间层面。属于过渡地带的长江中游地区，东汉时期人口显著增长⑥，社会文化的边疆属性大幅消退。但是对比前后两汉书的记述，西域地区社会文化的变化并不明显。

西汉政府设置行政机构以后，虽然"西域的冶铸水平和生产规模得到了很大的提高"⑦，虽然塔里木盆地周缘地区由丛葬向夫妻合葬的转变透露出社会结构的深刻变化

---

① 参见林耀华：《民族学通论》，中央民族大学出版社，1997年，第88~96页。
② 余太山：《两汉魏晋南北朝正史西域传研究》绪说，中华书局，2003年。
③ 谷苞：《西汉政府设置河西四郡的历史意义》，《新疆社会科学》1984年第2期。
④ 《盐铁论·西域篇》。
⑤ 《汉书·西域传下》。
⑥ 零陵郡东汉人口是西汉的七倍余，豫章郡、长沙郡达四至五倍，桂阳郡是三倍多。劳干：《两汉户籍与地理之关系》，第208~209页，转引自许倬云：《汉代农业》，广西师范大学出版社，2005年，第135页。
⑦ 中国社会科学院考古研究所：《中国考古学·秦汉卷》第十二章第三节，中国社会科学出版社，2010年。

（血缘纽带的松弛），虽然尼雅遗址的丧葬礼俗受到中原礼制的巨大影响[①]，虽然扎滚鲁克第三期墓葬"完全不是本地所产的"漆品、玻璃器、贝饰、丝织品和木耜表明魏晋时期"且末国的商品交换和贸易活动已有了发展"[②]，但是这些墓葬材料反映的西域土著文化的底层和基质并未发生本质性变化。例如，尼雅遗址95MN I 号墓地（西晋时期[③]）的随葬器物"以具有本地特色的木器为主，……并在随葬的木盆中无一例外均放置羊腿（或羊头），……另外男性墓主均随葬弓、箭、箭箙、弓袋等武器，反映出十分明显的狩猎业经济的存在或战事的频繁"[④]；山普拉墓地"木器多为食用器，其出土量约占随葬器物的25%，……葬具很多是用羊毛制成的，……随葬品中的服装（衣、裤）、鞋、帽、袜、枕头……等也是用羊毛织物制成的"[⑤]。以本地陶器、木器和毛织物为代表的土著文化因素组合在塔里木盆地周缘的东汉晚期至魏晋墓地普遍存在。

从西汉至魏晋，西域社会文化的发展是在土著文化根基上多元文化因素共同作用的结果。魏晋尉犁营盘遗址群古城、佛寺、烽火台、古代墓群和大面积古代农田组成的文化景观，勾勒出这种文化结构的剪影。汉文化的大规模进入以外，还要注意佛教传播的深远意义以及察吾呼沟三号墓地显示出来的匈奴文化因素的顽强存在。

四

西域诸国处在分散性的部族政权结构中，城邦小国大抵数百千户，经济文化类型不一，人种来源更复杂[⑥]。爰及东汉，西域诸国或者役属于匈奴，或者更相攻伐、彼此兼并，与中原时绝时通。两汉书是将《西域记》放在《四夷传》中的，两汉政府对西域实施的是羁縻体制。正如西汉政府虽然在西南夷地区设置郡县，但是主要依靠当地王侯君长实行羁縻管理，"这种间接的统治，被认为是在边远地区扩张帝国领土最为有效和最低消耗的方式，反映了汉朝并无参与地方社会生活的愿望"[⑦]。

我们认为设置郡县是西汉政府稳固掌控边远地区的标志。"西晋末年，前凉政权占领西域，并正式在高昌地区设置郡县，在县以下设乡、里，与内地实施一体化统治，

[①] 阮秋荣：《尼雅遗址95MN1号墓地墓葬制度研究》，《新疆文物》2001年第3/4期合刊；赵丰：《汉晋新疆织绣与中原影响》，《新疆文物》2009年第3/4期合刊。

[②] 羊毅勇：《考古资料所见魏晋时期丝路南道的经济文化》，《新疆文物》2002年第1/2期合刊。

[③] 于志勇：《关于尼雅聚落遗址考古学研究的若干问题》，《新疆文物》2000年第1/2期合刊。

[④] 阮秋荣：《尼雅遗址95MN1号墓地墓葬制度研究》，《新疆文物》2001年第3/4期合刊。

[⑤] 羊毅勇：《考古资料所见魏晋时期丝路南道的经济文化》，《新疆文物》2002年第1/2期合刊。

[⑥] 刘宁：《新疆地区古代居民的人种结构研究——以楼兰、乌孙、车师、回鹘为例》，吉林大学博士学位论文，2010年。

[⑦] 〔美〕安赋诗著，赵德云译：《边疆和边界：汉帝国的南部边陲》，《南方民族考古》（第六辑），科学出版社，2010年。

肇古代中国的中原、大漠南北诸政权局部或全部郡县治理西域之先声"①，这又是一个标志性的历史阶段。其后西域汉文化发展的具体历史过程中仍然出现贾敬颜先生所谓"同而未化、融而未合，或半同化、半融合的情形"②，比如北朝高昌"服饰，丈夫从胡法，妇人略同华夏。……文字亦同华夏，兼用胡书。有《毛诗》、《论语》、《孝经》，置学官弟子，以相教授。虽习读之，而皆为胡语。……其刑法、风俗、婚姻、丧葬，与华夏小异而大同"③。西域汉文化更宜置放在此"环套链接结构"中边远地区与波及地区的交界位置，而以边远地区的社会文化属性为重。

西域汉文化的形成发展是一个延续至其后历史时期的漫长过程，其间甚至有反复，但是不同群体互动所决定出来的汉化方向却是明确的。新疆史前考古学中的西方文化因素影响的断裂性特征和东方文化因素影响的连续性特征④，亦适用于汉晋时期的西域。尼雅遗址 95MN I 号墓地"夫妻合葬、棺椁制度、铭旌制度、'裁定盖形'的被衾，死者穿戴，头枕鸡鸣，覆面衣，随葬铜镜等诸多习俗与中原地区汉魏以来的丧葬风俗保持一致"⑤，这是中原王朝礼仪制度的影响在器物层面的反映。塔里木盆地周缘汉晋墓地的汉文化因素在某种程度上"是判断墓葬主人富贵和贫贱等级（以及年代）的重要标准"⑥，表明了西域土著人群集团对中原文化和主流习尚的艳慕和认同，尼雅 95MN I 号贵族墓地出土的"五星出东方利中国"织锦⑦是著名的例子。随着西域汉文化的形成发展和丝路畅通，汉文化因素扩展至中亚乃至更远方⑧。

"秦汉帝国的形成"为中国考古学界近十数年来所特别关注。西汉边远地区汉文化的形成不但是西汉帝国形成的重要历史内容，而且是西汉帝国形成的重要历史步骤。西汉边远地区汉文化的形成，建构起统一性与多样性相结合的文化结构，在民族融合、文化构造和历史疆域等诸多层面表现出厚重的历史意蕴，这其中自然也有西域的贡献。"秦汉时各族改汉姓虽不普遍，但在许多族中都已开始"，这其中也有"西域，东汉有龟兹侍子白霸、龟兹刘平国"⑨的例子。

尤其要指出，西汉边远地区汉文化形成造就出来的西汉帝国的族群格局和文化结构，持久深远地决定了中国历史边疆和现今中国版图的基础范围，我们对这个问题曾

---

① 于逢春、干阳阳：《在历史、国际环境与现实间阐述新疆的历史与现状——评厉声主编〈中国新疆：历史与现状〉》，《中国边疆史地研究》2010 年第 3 期。
② 贾敬颜：《历史上少数民族中的"汉人成分"》，《中华民族多元一体格局》（修订本），中央民族大学出版社，1999 年，第 198 页注释 1。
③ 《周书·异域下·高昌传》。
④ 邵会秋：《新疆史前时期文化格局的演进及其与周邻地区文化的关系》，吉林大学博士学位论文，2007 年。
⑤ 于志勇：《关于尼雅聚落遗址考古学研究的若干问题》，《新疆文物》2000 年第 1/2 期合刊。
⑥ 龚国强：《试论新疆塔里木盆地周缘汉晋时期的墓葬》，《南京大学历史系考古专业成立三十周年纪念文集》，天津人民出版社，2002 年。
⑦ 新疆文物考古研究所：《1995 年新疆民丰尼雅遗址 95MN I 号墓地 M8 发掘简报》，《文物》2000 年第 1 期。
⑧ 中国社会科学院考古研究所：《中国考古学·秦汉卷》第十三章第二节，中国社会科学出版社，2010 年。
⑨ 陈连庆：《中国古代少数民族姓氏研究》，吉林文史出版社，1993 年，第 2 页。

经进行过简要讨论[①]。在西汉边远地区汉文化的"环套链接结构"中，西北朝鲜、辽西辽东、内蒙古中南部、河西河湟、四川盆地、云贵高原、岭南和东南沿海八个边远地区汉文化的形成，整体上奠定了中国历史边疆基础轮廓的内圈骨架。西域汉文化的发展，则在西北方向上对中国历史边疆基础轮廓的外圈骨架和外延轮廓产生深远影响，因此成为西汉帝国经略西域历史意蕴的最重要表达。

原载《北方民族考古》（第2辑），科学出版社，2015年

---

① 我们将中国历史边疆划分为既是历史过程（时间结构）又是空间结构的四个轮廓，即萌芽轮廓、基础轮廓内圈、基础轮廓外圈和外延轮廓，这四个轮廓与从秦汉帝国至清王朝直属体制、羁縻体制和藩属体制三个层次的边疆行政管理体制存在明显对应关系，此"四个轮廓"的地域范围就是兼具共时和历时双重属性的中国历史边疆地区。见郑君雷：《"中国边疆考古"的认识论》，《人民论坛·学术前沿》2011年4月号（总第324期）。

峡江地区西汉墓葬研究的若干线索

西陵峡西迄重庆的峡江地区，先秦以来即是联系江汉平原和川西平原的通道，在这一地带的长江及其支流沿岸分布着一些西汉墓葬。建立峡江地区西汉时期考古学文化序列，通过文化因素分析以了解这一地区的考古学文化结构，进而探讨其历史背景和民族背景，是一个值得注意的题目。从峡江地区的西汉墓葬材料中可以透视出有关这一方面的若干线索。

一、峡江地区西汉墓葬的类型学研究

笔者收集的峡江地区西汉墓葬主要包括如下材料：重庆临江支路墓地[1]、马鞍山M1和M2[2]、黄花园墓[3]、江北陈家馆墓[4]、南岸水泥厂崖墓[5]、巴县冬笋坝墓地[6]、涪陵黄溪M1和M2[7]、涪陵易家坝墓地[8]、丰都名山镇人民医院墓[9]、丰都汇南M7[10]、云阳李家坝M10和M37[11]、奉节风箱峡崖棺墓[12]、巫山麦沱墓地[13]、巫山瓦岗槽M10[14]、巫溪荆竹坝崖葬墓地[15]、秭归卜庄河墓地[16]等。这些汉墓的葬具情况多数不清楚，因此我们首先对墓葬形制和具有型式划分意义的器物进行类型学研究。其中冬笋坝墓地材料介绍比较简略，这

---

[1] 重庆市博物馆：《重庆市临江支路西汉墓》，《考古》1986年第3期。
[2] 龚廷万、庄燕和：《重庆市南岸区的两座西汉土坑墓》，《文物》1982年第7期。
[3] 胡人朝：《重庆市黄花园发现西汉墓葬》，《文物》1987年第12期。
[4] 胡人朝：《重庆江北陈家馆西汉石坑墓》，《文物》1987年第3期。
[5] 郭蜀德、王新南：《重庆水泥厂东汉岩墓》，《四川文物》1987年第2期。
[6] 四川省博物馆：《四川船棺葬发掘报告》，文物出版社，1960年；前西南博物院、四川省文物管理委员会：《四川巴县冬笋坝战国和汉墓清理简报》，《考古通讯》1958年第1期。
[7] 四川省文物管理委员会、涪陵县文化馆：《四川涪陵西汉土坑墓发掘简报》，《考古》1984年第4期。
[8] 重庆市博物馆、涪陵县文化局：《涪陵县易家坝西汉墓清理简报》，《考古与文物》1990年第5期。
[9] 吴天清：《丰都县名山镇汉墓清理简报》，《四川文物》1991年第3期。
[10] 四川省文物考古研究所、丰都县文管所：《丰都汇南墓群发掘简报》，《重庆库区考古报告集·1997卷》，科学出版社，2001年。
[11] 四川大学历史文化学院考古系、云阳县文物管理所：《云阳李家坝10号岩坑墓发掘报告》、《云阳李家坝37号岩坑墓发掘报告》，《重庆库区考古报告集·1997卷》，科学出版社，2001年。
[12] 李莉：《四川奉节县风箱峡崖棺葬》，《文物》1978年第7期。
[13] 湖南省文物考古研究所、巫山县文物管理所：《巫山麦沱汉墓群发掘报告》，《重庆库区考古报告集·1997卷》，科学出版社，2001年。
[14] 南京博物院考古研究所、巫山县文物管理所：《巫山瓦岗槽汉代墓地发掘报告》，《重庆区考古报告集·1997卷》，科学出版社，2001年。
[15] 四川大学历史系考古专业崖葬科研小组：《四川巫溪荆竹坝崖葬调查清理简报》，《考古与文物》1984年第6期。
[16] 宜昌地区博物馆、秭归屈原纪念馆：《秭归卜庄河古墓发掘简报》，《江汉考古》1991年第4期。

里只讨论线索比较清楚的墓葬。

(一) 墓葬形制

峡江地区西汉时期的墓葬形制包括土坑墓、岩坑墓、砖结构山坡式土洞墓、石结构山坡式土洞墓、崖墓和崖棺墓几种。

1. 土坑墓

A 型　不设置墓道。

Ⅰ式　长条形，即坑口长度与宽度之比约在 3∶1～2.1∶1 之间的长方形。包括巴县冬笋坝 M31、M37[①]、M39、M60 和涪陵黄溪 M1 等。

Ⅱ式　长方形，即坑口长度与宽度比约在 2∶1～1.5∶1 之间的长方形。包括重庆马鞍山 M1 和 M2，巴县冬笋坝 M20、M46、M62、M63，涪陵黄溪 M2 和巫山麦沱 M31、M32、M38 等。

Ⅲ式　宽方形，即坑口长度与宽度比约在 1.4∶1～1∶1 之间的长方形或近正方形。包括重庆临江支路 M5，重庆陈家馆墓，丰都汇南 M7，巫山麦沱 M39、M40，巫山瓦岗槽 M10 和巴县冬笋坝 M26、M67、M72 等。

B 型　设置墓道。

Ⅰ式　墓道设于中间，墓葬平面整体呈凸字形。包括重庆临江支路 M3，坑口长度与宽度之比约为 2∶1。

Ⅱ式　墓道偏于一侧，墓葬平面整体呈刀把形。包括巫山麦沱 M41，该墓底部并铺有石块，坑口长度与宽度之比约为 2∶1。

2. 岩坑墓

属于这一形制的墓葬均不设墓道，设置二层台。

Ⅰ式　长方形。即坑口长度与宽度比约在 2∶1～1.5∶1 之间的长方形。包括涪陵易家坝 M1、M4 和秭归卜庄河 M3。

Ⅱ式　宽方形。即坑口长度与宽度比约在 1.4∶1～1∶1 之间的长方形或近正方形，包括涪陵易家坝 M2、M3 和云阳李家坝 M10、M37。

3. 砖结构山坡式土洞墓

山坡式土洞墓是先在高坡前竖直挖出斜坡墓道和平底甬道，然后由平底甬道向高坡内挖出洞穴。

Ⅰ式　由斜坡墓道、平底甬道和洞穴式弧顶墓室组成；其中甬道偏于一侧，墓道与甬道呈凸字形连接，均为土结构；土洞内部为砖结构的墓壁和墓底。包括巫山麦沱

---

① 《四川船棺葬发掘报告》插图 29 文字说明与图示不符，从图示测算冬笋坝 M37 墓坑的长宽比约为 2.1∶1。

M29。

Ⅱ式　由斜坡墓道、平底甬道和洞穴式弧顶墓室组成；其中甬道偏于一侧，墓道与甬道呈凸字形连接，均为土结构；土洞内部为双券顶砖结构。包括巫山麦沱 M8。

4. 石结构山坡式土洞墓

由斜坡墓道、平底甬道和洞穴式弧顶墓室组成；其中甬道偏于一侧，平面呈刀把形，土洞内部为双券顶石结构。包括巫山麦沱 M10。

5. 崖墓

崖墓是在石崖断面以垂直角度向内开凿墓室的墓葬形制。重庆南岸水泥厂墓依岩凿穴，前置墓道，单室，墓室后半部较高成为棺台。

6. 悬棺墓

包括奉节风箱峡的两具崖桩式悬棺和巫溪荆竹坝崖葬区的崖墩式悬棺。

根据对四川地区汉墓形制的认识，四川地区砖、石室墓出现在新莽时期[①]，崖墓出现在西汉末期至东汉初年[②]。可以认为砖、石结构土洞墓在逻辑顺序上晚于土坑墓。参考四川地区巴蜀墓葬的形制，可以认为设置墓道的土坑墓在逻辑顺序上晚于不设墓道的土坑墓。分析巴县冬笋坝墓地和昭化宝轮院墓地随葬器物组合的变化情况，可以认为不设墓道的土坑墓的逻辑发展顺序是长条形→长方形→宽方形；石坑墓的逻辑发展线索可依此参照。

（二）随葬器物

峡江地区西汉墓葬的随葬器物包括陶器、铜器、铁器、漆器等。

1. 陶器

陶釜　根据底部形态分为三型。

A 型　圜底或平圜底。

Ⅰ式　侈口，弧领，垂腹，尖圜底。标本涪陵黄溪 M2：32。

Ⅱ式　敞口，束领，弧腹，圜底。标本重庆临江支路 M5：9。

参考巴县冬笋坝 M8：4（战国晚期）和丰都赤溪 M3：14（东汉前期）陶釜的形态，A 型陶釜的演变趋势是由侈口而敞口，由垂腹而弧腹，由圜底而趋平。

B 型　平底或平弧底。

Ⅰ式　敞口，溜肩，扁垂腹，圜底。标本巴县冬笋坝 M52：19。

---

① 罗二虎：《四川汉代砖石室墓的初步研究》，《考古学报》2001 年第 4 期。
② 罗二虎：《四川崖墓的初步研究》，《考古学报》1988 年第 2 期。

Ⅱ式　大敞口，弧颈，扁弧腹，圜底略平。标本重庆南岸水泥厂崖墓。

参考冬笋坝 M50：34（战国晚期至秦）和丰都赤溪①M3：26（东汉前期）陶釜的形态，B 型陶釜的演变趋势是由器形比较宽扁而渐隆鼓。

C 型　支足。

Ⅰ式　展沿，长颈，鼓肩，对称环耳，圜底，三个支足外撇。标本巴县冬笋坝 M30：16。

Ⅱ式　展沿，长颈，弧腹，对称环耳，底部较平，三个支足直立。标本巴县冬笋坝 M72。

根据巴蜀陶器的一般演变趋势，底部较平的形态应该晚于圜底的形态。

圜底陶罐　根据肩部形态分为两型。

A 型　弧肩。

Ⅰ式　敛口，方唇，矮领，溜肩，垂腹，圜底。标本涪陵黄溪 M1：9。

Ⅱ式　展沿，束颈，弧肩，直腹弧收，平底。标本冬笋坝 M20。

参考昭化宝轮院②M41：8 圜底陶罐（战国晚期至秦）的形态，A 型圜底陶罐的演变趋势是由侈口而展沿，由溜肩而弧肩，由垂腹而鼓腹，由圜底而平底。

B 型　广肩。

Ba 型　肩部略平。

Ⅰ式　展沿，口径略宽，收腹略缓，平圜底。标本巴县冬笋坝 M29。

Ⅱ式　侈口，口径较窄，平肩，收腹较剧，圜底。标本巴县冬笋坝 M20：1。

Bb 型　肩部较鼓。

Ⅰ式　展沿，口径较宽，鼓肩，弧腹，平圜底。标本巫山麦沱 M39：7。

Ⅱ式　展沿，口径较宽，弧肩，弧腹，圜底。标本巫山麦沱 M29：28。

参考丰都赤溪 M3：16（东汉前期）和奉节营盘包墓③（东汉前期）圜底陶罐的形态，Bb 型圜底陶罐的演变趋势是由平肩或鼓肩而弧肩，由收腹较缓而较剧，由平底而圜底。

圈足陶壶　根据颈部形态分为两型。

A 型　长颈。

Ⅰ式　有盖，侈口，直颈，弧腹，对称环状竖耳，矮圈足。标本巴县冬笋坝 M37：12。

B 型　短颈。

Ⅰ式　有盖，杯口，弧颈，突肩，扁腹，对称环状竖耳，矮圈足。标本巫山麦沱 M38：11。

---

①　四川省文物考古研究所：《丰都县三峡工程淹没区调查报告》，《四川考古报告集》，文物出版社，1998 年。
②　四川省博物馆：《四川船棺葬发掘报告》，文物出版社，1960 年。
③　吉林大学考古学系：《四川省奉节县营盘包东汉土坑墓清理简报》，《三峡考古之发现》（二），湖北科学技术出版社，2000 年。

Ⅱ式 有盖,盘口,弧颈,鼓肩,鼓腹,对称衔环耳,矮圈足。标本巫山麦沱M29∶48。

参考巴县冬笋坝M33∶10和M50∶30陶壶(战国晚期至秦)的形态,圈足陶壶是由四个系耳发展为两个系耳,其中A型圈足陶壶的演变趋势是由直口而杯口而盘口,由扁腹而鼓腹。

折肩陶壶
Ⅰ式 直口,斜沿,直颈,圆折肩,底部略凹。标本秭归卜庄河M5∶2。
Ⅱ式 斜口,斜沿,弧颈,折肩,底部略凹。标本巫山麦沱M38∶23。
Ⅲ式 敞口,展沿,弧颈,折肩,底部略凹。标本巫山麦沱M29∶6。

参考秭归卜庄河M4∶2(战国中晚期)和巫山麦沱M22∶11(东汉前期)陶壶的形态,折肩陶壶的演变趋势是由直口而敞口而展沿,由直颈而弧颈而束颈,由圆折肩而折肩,形体趋于宽扁。

陶钟
Ⅰ式 盖部较鼓,杯口,圆鼓腹,对称环状竖耳,覆钵状高圈足。标本巫山麦沱M40∶81。
Ⅱ式 盖部较鼓,杯口,圆鼓腹,对称铺首状耳,覆钵状高圈足。标本云阳李家坝M37∶60。

参考昭化宝轮院M13∶17(战国晚期至秦)和丰都赤溪M2∶27(东汉末年)陶钟的形态,陶钟的演变趋势是由杯口而盘口,由垂腹而鼓肩而扁腹,由环耳而铺首状耳。

陶豆 根据柄部形态分为两型。
A型 矮柄。
Aa型 盏状豆盘,喇叭形豆座略高。
Ⅰ式 豆盘较深,盏状,盘底中央凹窝较大。标本巴县冬笋坝M39∶22。
Ⅱ式 豆盘较浅,盏状,盘底中央凹窝较小。标本巴县冬笋坝M63∶23。
Ⅲ式 豆盘较浅宽,盏状,盘底中央较平缓。标本巴县冬笋坝M63∶13。
Ab型 盏状豆盘,喇叭形豆座较矮。
Ⅰ式 豆盘较深,敛口,盏状,盘底中央凹窝较大。标本涪陵黄溪M1∶4。
Ⅱ式 豆盘宽平,直口,盏状,盘底中央凹窝较小。标本巴县冬笋坝M46∶4。
Ac型 盘状豆盘,喇叭形豆座。
Ⅰ式 豆盘较宽平,斜口,弧壁。标本巴县冬笋坝M60∶10。
B型 高柄。
Ⅰ式 浅盘,有盖,细高柄。标本云阳李家坝M10∶10。

参考巴县冬笋坝M49∶46、M50∶20和M4∶14(战国晚期至秦)陶豆的形态,A

型陶豆的演变趋势是豆盘由较深向宽平发展，豆盘底部的凹窝由较大而较小而趋平。

陶鼎

Ⅰ式　鼓盖，盖上三个鸟状纽，浅弧腹，直折方耳，蹄足较高。标本云阳李家坝M10∶9。

Ⅱ式　鼓盖，盖上三个桥形纽，垂腹，直折方耳，蹄足较矮。标本巴县冬笋坝M21。

Ⅲ式　鼓盖，盖上三个桥形纽，深弧腹，弧折方耳，蹄足较矮。标本云阳李家坝M37∶35。

Ⅳ式　鼓盖略平，盖上三个盲纽，弧折弧方耳，锥足较矮。标本瓦岗槽M10∶21。

参考各地战国西汉陶鼎演变线索，从写实鸟状纽而桥形纽而盲纽、从直折方耳至弧折方耳至弧折弧方耳，从高蹄足而矮蹄足而锥足，显然是陶鼎退化趋势。

陶盒　根据底、盖形态分为两型。

A型　圈足式底、盖。

Ⅰ式　盒身部分弧折。标本云阳李家坝M10∶5。

Ⅱ式　盒身部分方折。标本巫山瓦岗槽M10∶21、云阳李家坝M37∶18。

B型　平台式底、盖。

Ⅰ式　盒身部分弧折。标本秭归卜庄河M5∶1。

鼓腹陶罐　根据底部形态分为两型。

A型　底部较大。

Ⅰ式　侈口，卷沿，弧肩，弧腹，平底较大。标本巴县冬笋坝M26∶1。

Ⅱ式　侈口，卷沿，鼓肩或耸肩，弧腹，大平底。标本丰都汇南M7∶1、重庆临江支路M3∶48，重庆陈家馆墓仅发表照片，暂附此式。

Ⅲ式　侈口，斜沿，耸肩，弧腹，大平底。标本重庆水泥厂崖墓。

参考昭化宝轮院M8∶8陶罐（战国晚期至秦）的形态，A型鼓腹陶罐的演变趋势是由卷沿而斜沿，由弧肩而鼓肩、耸肩。

B型　底部较小。

Ⅰ式　侈口，折肩，平底。标本涪陵黄溪M1∶12。

Ⅱ式　侈口，圆折肩，平底。标本重庆临江支路M1∶3。

Ⅲ式　侈口，鼓肩，平底。标本巴县冬笋坝M72∶7和重庆南岸水泥厂崖墓。

展沿陶罐　根据颈部形态分为两型。

A型　直颈。

Ⅰ式　展沿，弧肩，弧腹，略有凹底。标本云阳李家坝M10∶14。

Ⅱ式 展沿，折肩，弧折腹，圜底。标本巴县冬笋坝M72∶6。
Ⅲ式 展沿，弧肩，扁腹，尖圜底。标本云阳李家坝M37∶2。
B型 弧颈。
Ⅰ式 展沿，弧肩，收腹较剧，略有凹底。标本云阳李家坝M10∶15。
Ⅱ式 展沿，弧肩，收腹较缓，略有凹底。标本丰都汇南M7∶46
Ⅲ式 展沿，弧肩，收腹较剧，尖圜底。标本云阳李家坝M37∶3。

翻沿陶罐
Ⅰ式 尖唇，弧肩，筒腹折收，平底。标本巫山麦沱M32∶8和云阳李家坝M37∶4。
Ⅱ式 尖圆唇，弧肩，斜直收腹，平底。标本巫山麦沱M39∶6。

折肩陶罐 根据肩部和腹体形态分为两型。
A型 肩部宽广，腹体较高。
Ⅰ式 小口，尖唇，短颈，斜直收腹较剧，平底。标本涪陵黄溪M2∶24。
Ⅱ式 口部较大，尖方唇，短颈，斜弧收腹较缓，平底。标本巴县冬笋坝M29。
B型 肩部较窄，形体较矮。
Ⅰ式 侈口，尖方唇，短颈，斜直收腹，平底。标本涪陵黄溪M2∶30。
Ⅱ式 侈口，圆唇，颈部略高，斜弧收腹，平底。标本巴县冬笋坝M20。

鼓肩陶罐 根据肩部形态分为两型。
A型 圆鼓肩。
Ⅰ式 直口，矮领，广肩，斜直收腹，平底。标本涪陵黄溪M2∶23。
Ⅱ式 直口，领部略高，圆肩，斜弧收腹，凹底。标本重庆水泥厂崖墓。
B型 耸鼓肩。
Ⅰ式 侈口，斜唇，矮领，长腹，平底。标本巴县冬笋坝M72∶8。
Ⅱ式 侈口，方唇，领部略高，长腹，凹底。标本重庆南岸水泥厂崖墓。

长颈陶罐 根据肩部形态分为两型。
A型 圆肩
Ⅰ式 侈口，束颈，腹部扁鼓，平底略凹。标本巫山麦沱M31∶7。
Ⅱ式 侈口，束颈，腹部圆鼓，平底略凹。标本巫山麦沱M35∶8。
B型 弧肩
Ⅰ式 侈口，束颈，弧腹，平底。标本重庆南岸水泥厂崖墓。

立领陶罐 根据肩部形态分为两型。
A型 圆肩。

Aa 型　底部较小。

Ⅰ式　直口,圆肩,收腹较剧,小平底。标本涪陵黄溪 M2∶22。

Ab 型　底部较大。

Ⅰ式　侈口,圆折肩,收腹较缓,平底。标本巴县冬笋坝 M72∶7。

B 型　折肩。

Ba 型　立领外侈。

Ⅰ式　折肩,斜折收腹,平底,器形较矮。标本巫山麦沱 M35∶13。

Bb 型　立领内敛。

Ⅰ式　折肩,长弧收腹,平底,器形较高。标本巫山麦沱 M35∶17、巫山瓦岗槽 M10∶26。

敛口陶罐　根据腹体形态分为两型。

A 型　腹体较矮。

Ⅰ式　尖圆唇,圆肩,斜直收腹,平底。标本巫山麦沱 M39∶5。

Ⅱ式　方唇,折肩,斜直收腹,平底。标本巫山瓦岗槽 M10∶19。

B 型　腹体较高。

Ⅰ式　宽肩,斜直收腹,平底较大。标本巫山麦沱 M40∶3。

Ⅱ式　窄肩,斜直收腹,平底较小。标本巫山麦沱 M29∶10。

陶盆　根据腹部形态分为两型。

A 型　折腹。

Ⅰ式　展沿,颈部略凹,弧直腹,平底。标本重庆临江支路 M4∶11。

Ⅱ式　侈口,颈部一周凹槽,弧腹,略有凹底。标本巫山瓦岗槽 M10∶8。

B 型　直腹。

Ⅰ式　展沿,直腹,圜底。标本秭归卜庄河 M3∶1。

陶甑　根据腹部形态分为三型。

A 型　弧直腹。

Ⅰ式　宽折沿,颈部略凹,平底。标本巴县冬笋坝 M26。

Ⅱ式　窄斜沿,凹底。标本重庆南岸水泥厂崖墓。

B 型　弧腹。

Ⅰ式　窄斜沿,颈部略凹,平底。标本云阳李家坝 M37∶1。

C 型　浅腹。

Ⅰ式　敛口,圜底。标本云阳李家坝 M37∶12。

陶仓　根据底部形态分为两型。

A 型　支足。

Ⅰ式　方形底座，下附四个柱状或锥状足，仓壁刻划假门。标本巫山麦沱M40∶24 和 M40∶82。

B 型　平底。

Ba 型　形体宽扁。

Ⅰ式　敛口，直筒腹，腹壁数周凹槽，平底。标本重庆临江支路 M5∶5。

Ⅱ式　敛口，弧筒腹，腹壁数周凹槽，平底。标本云阳李家坝 M37∶8。

Bb 型　形体较高。

Ⅰ式　敛口或侈口，包括直筒腹、弧收筒腹、斜收筒腹等，腹壁数周凹槽，有的附盖，平底。标本巫山麦沱 M29∶65 和 M35∶17、云阳李家坝 M37∶15、重庆南岸水泥厂崖墓。

陶井

Ⅰ式　井台平面呈井字形，圆形井筒，井台上设井架。标本重庆临江支路 M5∶7。

Ⅱ式　井台平面呈井字形，圆形井筒。标本重庆南岸水泥厂崖墓。

陶灶

A 型　单釜眼。

Ⅰ式　方形灶台，一个釜眼，一个烟孔，一个半圆形灶口，灶口不及底。标本重庆临江支路 M5∶6。

Ⅱ式　长方形灶台，一个釜眼，一个烟孔，一个三角形灶口，灶口不及底。标本巫山麦沱 M38∶16。

Ⅲ式　长方形灶台，一个釜眼，一个烟孔，一个椭圆形灶口，灶口及底。标本巫山瓦岗槽 M10∶18。

B 型　双釜眼。

Ⅰ式　长方形灶台，两个釜眼，两个半圆形灶口，灶口不及底。标本巫山麦沱 M32∶3。

Ⅱ式　长方形灶台，两个釜眼，一个烟孔，两个半圆形灶口，灶口不及底。标本巫山麦沱 M40∶99。

Ⅲ式　长方形灶台，两个釜眼，一个烟孔，两个半圆形灶口，灶口及底。标本巫山瓦岗槽 M10∶17。

C 型　长梯形灶台，九个釜眼，三个烟孔，一个椭圆形灶口，灶口不及底。标本巫山麦沱 M40∶78。

2. 铜器

铜鍪　根据肩部形态分为两型。

A 型　弧肩。

Ⅰ式　敞口，环状竖耳，双耳偏于颈部，双耳不等，垂腹，圜底。标本巴县冬笋坝 M64∶1。

Ⅱ式　敞口，环状竖耳，双耳偏于肩部，双耳不等，扁腹，圜底。标本涪陵黄溪 M2∶18。

Ⅲ式　敞口，环状竖耳，双耳偏于肩部，双耳不等，扁腹，圜底。标本重庆临江支路 M5∶1 和云阳李家坝 M37∶63。

B 型　折肩。

Ⅰ式　敞口，环状竖耳，双耳偏于肩部，双耳不等，扁腹。标本重庆马鞍山 M2。

Ⅱ式　敞口，环状竖耳，双耳偏于肩部，双耳相等，扁腹，圜底。标本重庆临江支路 M4∶1。

Ⅲ式　敞口，环状竖耳，双耳偏于肩部，双耳相等，球腹，圜底。标本巫山麦沱 M29∶4。

铜釜　根据耳部和底部形态分为四型。

A 型　环状竖耳，平底或平圜底。

Aa 型　敞口，折沿。

Ⅰ式　双耳相等，垂腹，平底。标本涪陵黄溪 M2∶19。

Ⅱ式　双耳相等，鼓腹。标本重庆马鞍山墓地、临江支路 M3∶1 和陈家馆墓。

Ab 型　展沿。

Ⅰ式　双耳相等，垂腹，平底略圜。标本重庆临江支路 M4∶5。

B 型　无耳，圜底。

Ⅰ式　侈口，折沿，无耳，弧腹，圜底。标本巫山麦沱 M38∶18。

C 型　双耳，支足。

Ⅰ式　侈口，束颈，环状竖耳。双耳相等，位于肩部，鼓腹，圜底略平，附三支足。标本涪陵黄溪 M1∶2。

Ⅱ式　直口，束颈，环状竖耳，双耳相等，位于腹部，弧腹，圜底略平，附三支足。标本涪陵易家坝 M2。

Ⅲ式　敞口，斜直颈，方形立耳，位于口沿，双耳相等，平底，附四支足。标本重庆南岸水泥厂崖墓。

D 型　无耳，腹有突棱。

Ⅰ式　直口，直颈，弧折腹，平底，附三支足。标本涪陵黄溪 M1∶1。

Ⅱ式　立颈，弧腹，平底。标本秭归卜庄河 M3∶5。

铜钺

A 型　钺口呈对称式，钺腰尾翼斜展，与銎部形成明显肩角。

Ⅰ式 圆形刃口，肩角上耸，扁圆形銎口。标本冬笋坝 M65：2。

Ⅱ式 舌形刃口，肩角退化成对称角尖，扁圆形銎口。标本冬笋坝 M67：2。

参考昭化宝轮院 M13：8（战国晚期至秦）和什邡城关 M66：2（秦代）等地的铜钺形态，A 型铜钺的演变趋势是刃口由圆形而舌形，肩角由上耸而渐平至退化为角尖。

B 型 钺口呈不对称式，钺腰尾翼折收，与銎部形成不明显肩角。

Ⅰ式 圆刃起角，肩角略明显，銎部略弧长。标本马鞍山 M1。

C 型 钺口呈不对称式，钺腰尾翼折收，与銎部几乎不形成肩角。

Ⅰ式 圆刃起角。肩角不明显，銎部略短直，椭圆形銎口。标本巴县冬笋坝 M64：14。

Ⅱ式 钺口呈不对称式，圆刃起角，銎部极短，圆形銎口。标本巴县冬笋坝 M77：1。

参考 A 型铜钺的演变趋势，B 型铜钺的演变趋势是肩角退化，銎部由弧长而短直而趋于消失。

铜矛

A 型 叶面弧宽。

Ⅰ式 叶面弧宽，叶脊剖面呈菱方形，短骹，弓耳。涪陵黄溪 M2：11。

Ⅱ式 叶面弧宽，叶脊剖面呈圆形，短骹，弓耳退化近直。丰都汇南 M7：1。

B 型 叶面平直，前端残断，短骹，无耳。标本冬笋坝 M65：1。

铜剑

A 型 扁茎。

Ab 型 剑身较长。

Ⅰ式 中脊呈圆柱状隆起，两侧有血槽，无格，扁茎上有双穿，上穿偏于一侧，有的饰有巴蜀符号。标本奉节风箱峡悬棺葬。

Ⅱ式 中脊呈圆柱状隆起，两侧有血槽，有格，扁茎上有双穿，上穿偏于一侧，有的饰有巴蜀符号。标本马鞍山 M1。

Ab 型 剑身较短。

Ⅰ式 中脊呈菱弧状隆起，血槽似在中脊，无格，扁茎已残，上穿居于中央，有的饰有巴蜀符号。标本冬笋坝 M62：3。

A 型铜剑属于巴蜀式兵器，根据什邡城关、巴县冬笋坝、昭化宝轮院、大邑五龙等地巴蜀铜剑的发展线索来看，A 型铜剑的演变趋势是血槽由两侧至中脊，剑格从无至有。

B 型 圆茎。

Ⅰ式 从发表的照片观察，剑身较长，中脊隆起，有格。标本黄花园墓。

铜削

A 型　刃部平直。

Ⅰ式　刃身与柄部约略等长，直柄，扁圆环首。标本冬笋坝 M67∶1。

B 型　刃部弧凸。

Ⅰ式　刃身明显短于柄部，直柄，圆环首。标本黄花园墓。

铜斧

Ⅰ式　弧刃起角，长身束腰，长方形銎口。标本黄花园墓。

Ⅱ式　弧刃起角，长身细腰，銎部凸出，长方形銎口。标本冬笋坝 M72∶11。

上述随葬器物的演变线索或类型特征相对清楚，将其中部分器物与前期巴蜀墓葬中的祖型和东汉墓葬中的遗型相比较后证明，设定的逻辑演变序列即是其实际演变序列；其他器物亦可以根据共存关系确定其演变位置，因此式别号码的逐次增加即代表了年代顺序的渐次晚近。

二、峡江地区西汉墓葬期别序列

根据墓葬形制和随葬器物的组合关系，我们可以将这些墓葬划分为 5 组。

第 1 组：包括冬笋坝 M31、M37、M39、M60、M64、M65，黄溪 M1、M2 等。绝大多数墓葬为不设墓道的长条形土坑墓[①]，个别为不设墓道的长方形土坑墓。

第 2 组：包括冬笋坝 M21[②]、M26、M30、M46、M63、M67，马鞍山 M1、M2，易家坝 M1、M2、M3、M4，汇南 M7，李家坝 M10，卜庄河 M3 等。其中易家坝墓地、李家坝 M10 和卜庄河 M3 为长方形和宽方形岩坑墓，其他多数为不设墓道的长方形土坑墓，个别为不设墓道的宽方形土坑墓。亦包括风箱峡悬棺葬。

第 3 组：包括临江支路 M1、M2、M3、M4、M5，马鞍山 M1、M2，卜庄河 M5、麦沱 M31、M32 等。其中墓葬形制明确者绝大多数为不设墓道的长方形土坑墓，个别为设置墓道的长方形土坑墓和不设墓道的宽方形土坑墓。

第 4 组：包括重庆陈家馆墓，巴县冬笋坝 M72，巫山麦沱 M34、M38、M39 和 M40 等。均为不设墓道的宽方形土坑墓。

第 5 组：包括冬笋坝 M20、M29，重庆南岸水泥厂墓，丰都人民医院墓，李家坝 M37，巫山麦沱 M8、M10、M29、M35、M41 等。墓葬形制包括不设墓道的长方形土坑墓，刀把形斜坡墓道土坑墓、墓底铺有石块的长方形土坑墓、宽方形岩坑墓、砖结构山坡式土洞墓、石结构山坡式土洞墓、崖墓等。

各组墓葬与典型器物的型式对应关系列举如表一所示：

---

① 《四川船棺葬发掘报告》附图 35 和附图 30 说明介绍冬笋坝 M64 和 M65 墓坑已残。
② 《四川船棺葬发掘报告》附录介绍冬笋坝 M21 为残乱的方坑墓。

表一　墓葬与典型器物型式对应关系表

随葬器物 组别	陶釜			圜底陶罐			圈足陶壶		折肩陶壶	陶钟	陶豆				陶鼎	陶盒		鼓腹陶罐		翻沿陶罐
	A	B	C	A	Ba	Bb	A	B			Aa	Ab	Ac	B		A	B	A	B	
第1组	I			I			I				II	I	I	I	I	I			I	I
第2组		I	I								I III	II			II			I II		
第3组	II								I							I	II	II		I
第4组		II			I			I	II	I								II	III	II
第5组		II			II	I II		II		III	II				III IV	II		III	III	I

随葬器物 组别	展沿陶罐		折肩陶罐		鼓肩陶罐		长颈陶罐		长颈陶罐		立领陶罐				敛口陶罐		陶盆		陶甑			陶仓			陶井
	A	B	A	B	A	B	A	B	A	B	Aa	Ab	Ba	Bb	A	B	A	B	A	B	C	A	Ba	Bb	
第1组	I	I	I	I	I		I				I														
第2组		II													I	I									
第3组							I		I							I						I		I	
第4组	II			I		II		I			I		I					I							
第5组	III	III	II	II	II	II	II	II	I	III	II		I	II	II		I	II	II		II	II	II	II	II

随葬器物 组别	陶灶			铜鍪		铜釜				铜钺			铜矛		铜剑		铜削		铜斧
	A	B	C	A	B	Aa	Ab	B	C	D	A	B	C	A	B	Aa	Ab	A	B	
第1组		I II		I			I	I	I		I	I	I	I						
第2组		I				II		I	II		II			I II	I	I	I		I	
第3组	I	I		III	II	II	I													
第4组	II	II	I			II		I												II
第5组	III	III		III	III					III										

根据表一，组别之间随葬器物的种类和型式存在阶段性差异，同时墓葬形制亦逐次变化，说明组别差异即是期别差异。据此我们将峡江地区西汉墓葬划分为五期。

第一期：即第 1 组诸墓。各墓零散所出 A 型陶釜、A 型圜底陶罐、陶豆、陶鼎、A 型圈足陶壶、B 型鼓腹陶罐、展沿陶罐、Aa 型立领陶罐、A 型铜鍪、铜釜、铜钺、铜矛等器物均可以与战国晚期至秦汉之际的巴蜀器物直接比较，说明时代相去不远。黄溪 M1 和 M2 出有汉初私铸半两和荚钱，不出文帝四铢半两。因此年代为秦汉之际至西汉初年。

第二期：即第 2 组诸墓。冬笋坝 M67 的 B 型陶釜和 M26 的 A 型鼓腹陶罐仍然可以与战国晚期至秦汉之际的巴蜀器物直接比较；冬笋坝 M46 和 M63 的陶豆、汇南 M7 的展沿陶罐、易家坝 M2 的 C 型铜釜与前期具有明显演变关系；冬笋坝 M67、M77，马鞍山 M1，汇南 M7 和黄花园墓的铜钺、A 型铜矛、A 型铜剑、铜削、铜斧仍然属于比较典型的巴蜀器物。马鞍山 M1 出有文帝四铢半两；各墓均不出武帝半两和五铢。因此第二期年代为西汉前期。卜庄河 M3 所出铜鼎、铜钫具有西汉前期特征；风箱峡悬棺葬出有文帝半两和 Aa 型铜剑，亦属于此期。

第三期：即第 3 组诸墓。陶豆、铜钺、A 型铜矛、A 型铜剑、铜削等巴蜀器物几近绝迹；临江支路墓地出现仓、井、灶等陶制模型明器和卮、樵尊、熏、灯、耳杯、盘等铜器；麦沱 M31 和 M32 亦出有陶灶，并且出有武帝半两，临江支路 M1、M3 和 M5 出有五铢；临江支路 M3 并且出有星云纹铜镜和"清白"铭镜。因此第三期年代约为西汉中期。

第四期：即第 4 组诸墓。墓葬形制以宽方形土坑墓为主；Aa 型铜釜、A 型和 B 型鼓腹陶罐、A 型和 B 型陶灶等器物与前期形制相同或承袭演变；出现 B 型圜底陶罐、B 型鼓肩陶罐、敛口陶罐、B 型陶灶等器物；麦沱 M38、M40 出有昭明镜和日光镜。年代为西汉后期。荆竹坝墓地材料简略，报道者认为属于西汉晚期。

第五期：即第 5 组诸墓。冬笋坝 M20 和名山镇人民医院墓出现陶案、陶耳杯、陶熏等器物；重庆水泥厂墓的 B 型陶釜和 B 型鼓腹陶罐、麦沱 M29 的 B 型铜鍪等器物均与四川地区新莽时期墓葬相似[①]。麦沱 M8 和 M29 为砖结构山坡式土洞墓，其中 M29 未砌砖券，显系初始形式；M10 为石结构山坡土洞墓。重庆水泥厂墓系崖墓。四川地区砖、石室墓出现在新莽时期，崖墓出现在西汉末期至东汉初期。名山镇人民医院墓、麦沱墓地和李家坝 M37 普遍出有大泉五十或货泉。因此第五期年代为新莽时期。

三、峡江地区西汉墓葬文化因素分析

峡江地区汉墓中存在浓厚的巴蜀文化因素，尤以西汉初年至西汉前期更为明显。黄溪 M1 和 M2、冬笋坝 M37、M39、M46、M52、M60、M63 等墓葬均为不设墓道的长条形和长方形土坑墓，冬笋坝 M26、M67 等少量墓葬为宽方形土坑墓，墓坑长度与宽度比往往在 2∶1 以上甚至 3∶1。这种狭长方形的土坑墓在战国巴蜀墓葬中颇为流行，冬笋坝战国末年墓地甚至存在长宽比为 5∶1 左右的墓葬。这些墓葬主要出有陶釜、陶豆、铜釜、铜鍪、铜剑、铜矛、铜钺等器物，器物组合与形制颇与战国巴蜀墓葬相似。与这些墓葬出土的陶釜、A 型圜底陶罐、陶豆、鼓腹陶罐、展沿陶罐、A 型折肩陶罐、Aa 型立领陶罐、铜釜、铜鍪、铜钺、A 型铜剑、A 型铜矛、铜削等形制相似的器物在巴县冬笋坝、昭化宝轮院、大邑五龙、什邡城关、荥经同心村、犍为金井、成都龙泉驿等地的战国至秦代巴蜀墓葬中均有发现。

西汉中晚期峡江地区汉墓的巴蜀文化因素明显减退，但是有些器物显然存在承袭关系，仍然存在一定程度的巴蜀文化因素，例如，临江支路墓地的 A 型陶釜、铜鍪和 A 型铜釜，冬笋坝 M32 的 C 型陶釜、麦沱 M39 的 Bb 型圜底陶罐等。至新莽时期，峡

---

① 四川地区新莽时期墓葬情况参见何志国：《浅论四川地区王莽时期墓葬》，《考古》1996 年第 3 期。

江地区汉墓中的巴蜀文化因素局限在陶釜、B型圜底陶罐、铜鍪和A型铜釜等器物上，甚至东汉时期峡江地区仍然存在这些巴蜀器物的遗型，例如丰都赤溪M3（东汉前期）的陶釜、奉节营盘包墓（东汉前期）的B型圜底陶罐、巫山麦沱M22（东汉前期）的铜鍪和开县红华村M1[①]（东汉末年）的铜釜等。

与巴蜀文化因素不断减退相应，峡江地区的汉文化因素稳步增加。从西汉前期起，汉式的长方形、宽方形土坑墓便成为峡江地区西汉墓葬的主流，至新莽前后，出现砖、石结构的土洞墓。在随葬器物方面，圜底陶器的比例不断减少，泥质陶和细砂陶比例持续上升，青灰色陶逐渐取代赭红色陶，青铜兵器渐次绝迹，铁质兵器和工具流行，这一变化过程大约完成在西汉中期。临江支路M2设置斜坡墓道，椁底并且铺设纵向垫木；陶器均为灰陶，出有仓、井、灶等陶质模型明器，鼎、壶、盒、灯、熏、樵尊、卮、耳杯、鉴、盆、车马具等铜器，以及星云纹镜、"清白"铭镜等；从墓葬形制、随葬器物组合及其形制等方面看已经是相当典型的汉墓。

由于背景因素和地理环境的特殊性，峡江地区存在悬棺葬和崖墓。一般认为四川地区崖墓约在西汉末年至新莽时期首先出现在川西平原，重庆南岸水泥厂崖墓说明峡江地区崖墓的出现时间大体相当于或略晚于川西平原。

峡江地区西汉前期和中期汉墓中存在一定数量的秦文化因素。除黄溪M2和临江支路分别出有秦文化的典型器物铜蒜头壶和陶扁壶以外，与黄溪M2：24相似的Aa型立领陶罐见于什邡城关M59（战国晚期）和荥经同心村85M8；与临江支路M3：43和M4：11相似的A型陶盆见于广元昭化宝轮院M14（战国晚期）、大邑五龙M19和成都龙泉驿M20（秦代）；与冬笋坝M26相似的陶甗见于成都龙泉驿M8：6。均系秦举巴蜀之后出现的秦文化因素。峡江地区西汉前期墓葬亦存在楚文化因素，秭归卜庄河M5：2折肩陶壶便与当地战国楚墓的罐式陶壶（卜庄河M4：2）相似。

就先秦时期而言，峡江地区的考古学文化面貌仍有差别，而峡江地区西汉墓葬的文化因素构成情况亦有不同，大致可以奉节、云阳为界分为东、西两段。这大概既与历史背景有关，又与地理环境有关。东段主要包括湖北省秭归、巴东和重庆市巫山、奉节、云阳等地，是地势崎岖的峡谷地带，建议称为三峡亚区；西段主要包括重庆市的万县、涪陵、丰都、忠县、重庆、巴县等地，地形相对开阔，建议称为峡西亚区。

从巴蜀文化因素的构成情况来看，峡西亚区西汉初年至西汉前期存在浓厚的巴蜀文化因素，出有陶釜、A型和B型圜底陶罐、陶豆、A型立领陶罐、A型和B型鼓腹陶罐、铜釜、铜鍪、A型铜矛、铜钺、A型铜剑、铜削、铜斧等器物，在巴蜀文化影响下发展起来的A型圈足陶壶和秦举巴蜀以后为巴蜀文化吸收的A型折肩陶罐、A型陶盆、A型陶甗等器物亦多出于峡西亚区。三峡亚区的巴蜀文化因素不及峡西亚区浓厚，出有B型圜底陶罐、铜釜、B型铜鍪和A型铜剑等，而且三峡亚区存在以折肩陶

---

① 四川省文物管理委员会、开县图书馆：《四川开县红华村崖墓清理简报》，《考古与文物》1989年第1期。

壶为代表的楚文化因素。

西汉中期以后两个亚区随葬器物的种类及其形制仍有差别。陶釜、A 型和 B 型圜底陶罐、A 型和 B 型鼓腹陶罐、B 型长颈陶罐、折肩陶罐、鼓肩陶罐、A 型立领陶罐、陶井等器物基本出自峡西亚区；而 B 型圜底陶罐、折肩陶壶、A 型长颈陶罐、B 型立领陶罐、翻沿陶罐、敛口陶罐、B 型陶灶、A 型和 Bb 型陶仓等器物基本出自三峡亚区。其中折肩陶壶、B 型立领陶罐、翻沿陶罐、敛口陶罐、B 型陶灶、A 型和 Bb 型陶仓等器物与宜昌前坪等地的西汉墓葬陶器形制上颇有相通之处①，显示出与以宜昌地区为代表的江汉平原西汉墓葬的密切联系。

四、峡江地区西汉时期文化结构的若干背景因素

峡江地区西汉墓存在比较浓厚的巴蜀文化因素，尤以西汉初年至西汉前期最为强烈；同时存在一定程度的秦文化因素；西汉中期以后基本纳入中原文化范畴，与川西平原具有相似之处，但是具有地方特点。根据文化因素的构成情况，峡江地区汉墓可以划分为峡西亚区和三峡亚区，前者巴蜀文化因素更为强烈；后者则存在楚文化因素，西汉中期以后受到宜昌地区汉墓的影响。

春秋时期巴国势力曾经进抵江汉平原，其后在楚国的压迫下西退。《华阳国志·巴志》记载"其地东至鱼腹，西至僰道，北接汉中，南极黔、涪"，"与秦、楚、邓为比"，峡江地区东周时期属于战国巴地。秦惠文王后元九年（前 316 年）秦举巴蜀，占领了巴国的阆中、垫江（合川）、江州（重庆）等地，但是并未立即置郡，而是采取羁縻政策；而且巴子仍然据枳（涪陵）。其后巴地的豪酋大姓依然势力强大，汉魏时期尚称王、侯、君、长②。因此峡江地区尤其是初年至前期的西汉墓葬中存在浓厚的巴蜀文化因素，甚至川东达县地区的西汉前期墓葬亦是此种势态③；陶釜、B 型圜底陶罐、铜釜、铜鍪等巴蜀器物的遗型直至东汉时期尚且存在。同时峡江地区西汉前期和中期汉墓中存在一定数量的秦文化因素，但是并不强烈，而且主要出现在峡西亚区的重庆、涪陵等地。

随着峡江地区置郡日久，峡江地区西汉墓葬中的汉文化因素稳步增加，至西汉中期已经纳入中原文化的范畴。《汉书·地理志》记载"巴、蜀、广汉本南夷，秦并以为郡"，显然先秦时期巴蜀地区尚被视为西南夷地，而《史记·货殖列传》记载西汉时期的西南夷时已经不包括巴蜀之地。基于相似的历史文化背景，与周邻地区西汉墓葬比

---

① 宜昌地区博物馆：《1978 年宜昌前坪汉墓发掘简报》，《考古》1985 年第 5 期；宜昌市文物管理处、湖北省博物馆：《宜昌市前、后坪古墓 1981 年发掘简报》，《江汉考古》1985 年第 2 期；湖北省博物馆：《宜昌前坪战国两汉墓》，《考古学报》1976 年第 2 期；长江流域第二期文物考古工作人员训练班：《1973 年宜昌前坪古墓的清理》，《三峡考古之发现》，湖北科学技术出版社，1998 年。

② 参见段渝、谭晓钟：《涪陵小田溪战国墓及所见之巴、楚、秦关系诸问题》，《四川文物》1991 年第 2 期；孙华：《巴蜀为郡考》，《四川盆地的青铜时代》，科学出版社，2000 年。

③ 马幸辛：《四川达县市西汉木椁墓》，《考古》1992 年第 3 期。

较，峡江地区西汉墓葬的发展线索与川西平原具有更多共性，而与江汉平原西汉墓葬发展线索有别[1]。因此《史记·货殖列传》和《汉书·地理志》均将巴蜀视为一个人文地理区域有其背景因素。

不过巴地毕竟是边陲郡县，由于经济、文化发展水平以至民族构成的原因，西汉墓葬的文化面貌与中原地区自然有所不同，其墓葬形制、随葬器物组合以及型制均有特点。而且西汉前期的奉节风箱峡悬棺葬和西汉后期的巫溪荆竹坝悬棺葬显然不是汉人的遗存。川东地区汉代即是民族杂居地区，有些学者推测巫溪荆竹坝悬棺葬系濮人遗存[2]，有些学者将战国至西汉时期四川盆地东部及三峡地区与巴人相关的考古学遗存划分为冬笋坝类型、李家坝类型和盔甲洞类型[3]。

根据峡江地区西汉墓葬文化因素的构成情况可以将其划分为峡西亚区和三峡亚区，峡西亚区约略属于有些学者划分的冬笋坝类型分布区，三峡亚区约略属于李家坝类型和盔甲洞类型分布区。《华阳国志·巴志》记载"巴子时虽都江州（重庆），或治垫江（合川），或治平都（丰都），后治阆中（阆中）"，巴国都城均在三峡以西，峡西亚区巴蜀文化因素比较强烈。而战国时期江关（奉节）、阳关（云阳）以至枳（涪陵）等地曾经先后沦为楚地（奉节瞿塘峡盔甲洞的木梳图案风格颇类楚国漆器[4]，奉节宝塔坪等地发现有战国楚墓[5]，云阳李家坝Ⅰ区东周层位中出有典型楚式遗物[6]均可佐证），三峡亚区西汉墓葬存有楚文化因素，而巴蜀文化因素不及峡西亚区强烈。西汉中期以后，三峡亚区西汉墓葬仍然受到江汉平原的影响，峡西亚区与三峡亚区汉墓演变线索的某些差别至东汉时期仍然存在。东汉末年曾经将巴郡分析为巴西郡和巴东郡[7]，这种行政设置的变化或许是峡西亚区与三峡亚区汉墓文化面貌有所差异的反映。

附记：峡江地区已经报道的西汉墓葬数量不多，笔者收集材料时可能有所遗漏；而三峡文物保护工作开展以来，各家单位在库区发掘了大量汉墓，但是材料多数尚未发表。因此笔者掌握的材料确实有限，未必能够全面反映峡江地区西汉墓葬的实际，故而名为"峡江地区西汉墓葬研究的若干线索"。

原载《重庆·2001年三峡文物保护研讨会论文集》，科学出版社，2003年

---

[1] 江汉平原西汉墓葬属于魏航空先生划分的桐梓坡类型的西块——前坪亚类型，其分布以江陵一带为中心，西抵宜昌附近。参见魏航空：《三楚地区西汉墓葬的考古学文化谱系》，吉林大学硕士学位论文，1990年。
[2] 四川大学历史系考古专业崖葬科研小组：《四川巫溪荆竹坝崖葬调查清理简报》，《考古与文物》1984年第6期。
[3] 罗二虎：《初论晚期巴文化的类型（提纲）》，重庆市三峡历史文化遗产讨论会论文，2001年。
[4] 童恩正：《记瞿塘峡盔甲洞中发现的巴人文物》，《考古》1962年第5期。
[5] 吉林大学考古学系2000年发掘材料。
[6] 四川联合大学历史系考古专业：《1994～1995年四川省云阳李家坝遗址的发掘》，《三峡考古之发现》（二），湖北科学技术出版社，2000年。
[7] 《后汉书·郡国志》巴郡条下注引谯周《巴记》。

附表　峡江地区西汉墓随葬器物分期表（一）

器物分期	陶釜			圜底陶罐		
	A型	B型	C型	A型	Ba型	Bb型
战国至秦	冬M8:4	冬M50:34		冬M41:8		
第一期	Ⅰ式 黄M2:32			Ⅰ式 黄M1:9		
第二期		Ⅰ式 冬M67:6	Ⅰ式 冬M30:16			
第三期	Ⅱ式 临M5:9					
第四期			Ⅱ式 冬M72			Ⅰ式 麦M39:7
第五期		Ⅱ式 水泥厂崖墓		Ⅱ式 冬M20	Ⅰ式 冬M29 / Ⅱ式 冬M20:1	Ⅱ式 麦M29:28

附表　峡江地区西汉墓随葬器物分期表（二）

器物 分期	圈足陶壶		折肩陶壶	陶钟
	A型	B型		
战国至秦	冬M33:10	冬M50:30	卜M4:2	宝M13:17
第一期	Ⅰ式 冬M37:12			
第二期				
第三期			Ⅰ式 卜M5:2	
第四期	Ⅰ式 麦M38:11		Ⅱ式 麦M38:23	Ⅰ式 麦M40:8
第五期	Ⅱ式 麦M29:48		Ⅲ式 麦M29:6	Ⅱ式 麦M37:60

附表　峡江地区西汉墓随葬器物分期表（三）

器物\分期	陶豆				陶鼎		陶盒	
	Aa型	Ab型	Ac型	B型			A型	B型
战国至秦	冬M49:26	冬M50:20	冬M4:14					
第一期	Ⅰ式 冬M39:22	Ⅰ式 黄M1:4	Ⅰ式 冬M60:10	Ⅰ式 李M10:10	Ⅰ式 李M10:9		Ⅰ式 李M10:5	Ⅰ式 卜M5:1
第二期	Ⅱ式 冬M63:23　Ⅲ式 冬M63:13	Ⅱ式 黄M46:4			Ⅱ式 冬M21			
第三期								
第四期								
第五期					Ⅲ式 李M37:35	Ⅳ 万M10:21	Ⅱ式 李M37:18	

附表　峡江地区西汉墓随葬器物分期表（四）

器物分期	鼓腹陶罐 A型	鼓腹陶罐 B型	展沿陶罐 A型	展沿陶罐 B型	翻沿陶罐
战国至秦	宝M8：8	同85M9：12	冬M54：17		
第一期		Ⅰ式 黄M1：12	Ⅰ式 李M10：14	Ⅰ式 李M10：15	
第二期	Ⅰ式 冬M26：1 Ⅱ式 汇M7：1			Ⅱ式 汇M7：46	
第三期	Ⅱ式 临M3：48	Ⅱ式 临M1：3			Ⅰ式 麦M32：8
第四期	Ⅱ式 陈家馆墓	Ⅲ式 冬M72：7	Ⅱ式 冬M72：6		Ⅱ式 麦M39：6
第五期	Ⅲ式 水泥厂崖墓	Ⅲ式 水泥厂崖墓	Ⅲ式 李M37：2	Ⅲ式 李M37：3	Ⅰ式 李M37：4

附表 峡江地区西汉墓随葬器物分期表（五）

器物分期	折肩陶罐 A型	折肩陶罐 B型	鼓肩陶罐 A型	鼓肩陶罐 B型	长颈陶罐 A型	长颈陶罐 B型
战国至秦						
第一期	Ⅰ式 黄M2:24	Ⅰ式 黄M2:30	Ⅰ式 黄M2:23			
第二期						
第三期					Ⅰ式 麦M31:7	
第四期				Ⅰ式 麦M72:8		
第五期	Ⅱ式 冬M29	Ⅱ式 冬M20	Ⅱ式 水泥厂崖墓	Ⅱ式 水泥厂崖墓	Ⅱ式 麦M35:8	Ⅱ式 水泥厂崖墓

附表　峡江地区西汉墓随葬器物分期表（六）

器物分期	立领陶罐				敛口陶罐	
	Aa型	Ab型	Ba型	Bb型	A型	B型
战国至秦	宝M13:28					
第一期	Ⅰ式 黄M2:22					
第二期						
第三期						
第四期		Ⅰ式 冬M72:7			Ⅰ式 冬M39:5	Ⅰ式 麦M40:3
第五期			Ⅰ式 麦M35:13	Ⅰ式 瓦M10:26	Ⅱ式 瓦M10:19	Ⅱ式 麦M29:10

附表　峡江地区西汉墓随葬器物分期表（七）

器物 分期	陶盆		陶甂		
	A型	B型	A型	B型	C型
战国至秦	宝M14:2		龙M8:6		
第一期					
第二期		Ⅰ式 卜M3:1	Ⅰ式 冬M26		
第三期	Ⅰ式 临M4:11				
第四期					
第五期	Ⅱ式 瓦M10:8		Ⅱ式 水泥厂崖墓	Ⅰ式 李M37:1	Ⅰ式 李M37:12

附表 峡江地区西汉墓随葬器物分期表（八）

器物 分期	陶仓		
	A型	Ba型	Bb型
战国至秦			
第一期			
第二期			
第三期		Ⅰ式 临M5：5	
第四期	Ⅰ式 麦M40：24　麦M40：82		
第五期		Ⅱ式 李M37：8	Ⅰ式 李M37：15　水泥厂崖墓 麦M29：65　麦M35：17

附表 峡江地区西汉墓随葬器物分期表（九）

器物\分期	陶井	陶灶		
		A型	B型	C型
战国至秦				
第一期				
第二期				
第三期	Ⅰ式 临M5：7	Ⅰ式 临M5：6	Ⅰ式 麦M32：3	
第四期		Ⅱ式 临M38：16	Ⅱ式 麦M40：99	Ⅰ式 麦M40：78
第五期	Ⅱ式 水泥厂崖墓	Ⅲ式 瓦M10：18	Ⅲ式 瓦M10：17	

附表　峡江地区西汉墓随葬器物分期表（一○）

器物\分期	铜釜				
	Aa型	Ab型	B型	C型	D型
战国至秦					
第一期	Ⅰ式 黄M2：19			Ⅰ式 黄M1：2	Ⅰ式 黄M1：1
第二期	Ⅱ式 马鞍山墓地			Ⅱ式 易M2	Ⅱ式 卜M3：5
第三期	Ⅱ式 临M3：1	Ⅰ式 临M4：5			
第四期	Ⅱ式 陈家馆墓		Ⅰ式 麦M38：18		
第五期				Ⅲ式 水泥厂崖墓	

附表　峡江地区西汉墓随葬器物分期表（一一）

器物分期	铜鍪		铜钺		
	A型	B型	A型	B型	C型
战国至秦					
第一期	Ⅰ式 冬M64：1 Ⅱ式 黄M2：18		Ⅰ式 冬M65：2		Ⅰ式 冬M65：14
第二期		Ⅰ式 马M2	Ⅱ式 冬M67：2	Ⅰ式 马鞍山M1	Ⅱ式 冬M77：1
第三期	Ⅲ式 临M5：1	Ⅰ式 临M4：1			
第四期					
第五期	Ⅲ式 李M37：63	Ⅲ式 麦M29：4			

附表　峡江地区西汉墓随葬器物分期表（一二）

器物 分期	铜矛		铜剑			铜削		铜斧
	A型	B型	Aa型	Ab型	B型	A型	B型	
战国至秦								
第一期	Ⅰ式 黄M2:11	Ⅰ式 冬M65:1		Ⅰ式 冬M62:3				
第二期	Ⅱ式 汇M7:1		Ⅰ式　Ⅱ式 凤箱峡崖　马鞍山M1		Ⅰ式 黄花园墓	Ⅰ式 冬M67:1	Ⅰ式 黄花园墓	Ⅰ式 黄花园墓
第三期								
第四期								Ⅱ式 冬M72:11
第五期								

边远以远：云贵高原"羁縻类型"汉文化形成概略

本文拟对汉代云贵高原汉文化形成的历史进程和历史特征做些概括性考察，具体考古学材料从简。地形地貌的局促破碎和生态环境的复杂多样，直接影响着战国秦汉时代云贵高原的族群分布和社会结构，形成了多元化的经济文化类型和人文民俗景观，也运势产生了中央王朝在云贵高原的"羁縻"统治方式。云贵高原纳入帝国体制的历史过程与当地汉文化的形成过程（在很大程度上也是西南夷的汉化过程）不同步，两者之间有着较为明显的"时间差"，这与汉代其他边远地区的通常状况不同，成为比较特殊的历史现象。

一

西南边疆的云贵高原，地形崎岖，地貌复杂，大致以乌蒙山为界分为贵州高原和云南高原两大区块，小气候复杂，"一山有四季，十里不同天"。云贵高原与横断山地联结，地势整体自西北向东南方向倾斜，逐渐向湘西丘陵、广西盆地和越北山地过渡。

云贵高原北部的金沙江、乌江等河流属长江水系，东部的南、北盘江等河流属珠江水系，南流水系有元江—红河、澜沧江等。"由于云贵高原多为山地，沿河的谷地就成为古代联系各地的主要交通线路，而河流之间的崇山峻岭则成为难以逾越的天堑，……交通的便利与否对古代文化相互联系的影响十分巨大"[1]。云贵高原人文地理的另一个重要特点是，"人口的分布大体上是以坝子为核心，以坝子边缘山地为外围，形成一个个相对孤立的社会文化地理单元"[2]，所谓"三里不同俗，十里不同风"，不过"在空间关系上，多种文化交错分布或文化'飞地'的现象并不罕见"[3]。

在生态环境方面，瘴气作为历史生态现象，"在一定程度上对云南民族早期分布格局发挥了巨大影响，也对这些民族的社会生活、历史进程产生了重要影响"[4]。云贵高原生态资源和自然资源（包括铜、锡、银、汞、盐等矿产资源）丰富，在其中发挥的作

---

[1] 彭长林：《云贵高原的青铜时代》，广西科学技术出版社，2008年，第3页。
[2] 彭长林：《云贵高原的青铜时代》，广西科学技术出版社，2008年，第6页。
[3] 杨勇：《战国秦汉时期云贵高原考古学文化研究》，科学出版社，2011年，第21页。
[4] 周琼：《清代云南澜沧江、元江、南盘江流域瘴气分布区探索》，《中国边疆史地研究》2008年第6期。

用不能忽视，"句町县有桄榔木，可以为面，百姓资之"①，著名的"朱提堂狼洗"也是例子。

山川形势还决定了云贵高原与东南亚的密切族群交往和文化联系。童恩正指出："我国的西南地区，特别是云南省，恰好位于亚洲大陆与中南半岛的衔接之处。怒江、澜沧江、元江等南北向的大河，均由这里流入中南半岛。……大陆文化的向南传播，岛屿和滨海文化的北上渗透，都必须经过这一咽喉地带"②。有学者认为，"公元前500年以后，中国西南地区风格要素（或人口）乃源自'草原世界'"，"存在于滇西及滇中的南向交换网络，其将中亚、东南亚联系"③。

地理条件、生态环境的强烈影响表现在战国秦汉时代云贵高原社会文化的诸多方面，羁縻统治方式是对这些强烈影响的"再适应"。汉代郡县体制并没有立即切断土著青铜文化的根脉，土著青铜文化在汉文化较具规模地进入之后反而达到了发展高峰。羁縻体制决定了云贵高原汉文化形成的历史进程，而云贵高原纳入西汉帝国体系与当地汉文化形成过程的"不同步"现象，就是云贵高原"汉文化形成的羁縻类型"在考古学上表现出来的历史特征。

二

关于云贵高原战国秦汉时期考古学文化的区系类型划分和编年，以彭长林④和杨勇⑤较晚近的两部专著最具体系。彭长林将土著青铜文化分为滇池、滇南—滇东南、滇西、滇西北、黔西北—滇东北、黔西南和川西南计7区，杨勇分为贵州高原（黔西北和黔西南）、昭鲁盆地（滇东北—黔西北）、滇池、滇东高原、滇西高原、滇西横断山区和滇东南实际是8区。彭长林的分区包括川西南；杨勇则将滇东高原从滇池区独立出来，其滇西高原区、滇西横断山区的范围与彭的滇西区、滇西北区也有较大出入。虽然对于一些考古学文化的谱系关系和族属有不同认识，但是两种分区方案并无本质差别。

彭、杨两位的分歧主要在于土著青铜文化遗存的编年体系。彭长林虽然未进行型式划分，但是分期和谱系研究较为精细，当然某些认识还可以讨论（例如楚雄万家坝M23"架棺"方式与广州汉墓相似⑥，年代不会是战国早期⑦）。杨勇则是将土著青铜文

---

① 《后汉书·南蛮西南夷列传》。
② 童恩正：《中国西南地区民族研究在东南亚区域民族研究中的重要地位》，《南方文明》（童恩正文集·学术系列），重庆出版社，1998年，第193页。
③ 〔意〕罗伯特·强南、墨哥里劳·奥里柯利著，卢智基译，吕洪亮校：《中国西南游牧考古刍议》，《南方民族考古》（第七辑），科学出版社，2011年。
④ 彭长林：《云贵高原的青铜时代》，广西科学技术出版社，2008年。
⑤ 杨勇：《战国秦汉时期云贵高原考古学文化研究》，科学出版社，2011年。
⑥ 参见郑君雷：《岭南战国秦汉墓的"架棺"葬俗》，《考古》2012年第3期。
⑦ 参见彭长林：《云贵高原的青铜时代》，广西科学技术出版社，2008年，第82~86页。

化遗存"归堆"讨论，编年体系较粗略，但是有其逻辑基础①。杨勇认为"云贵高原的土著青铜文化遗存大多属战国中晚期至西汉时期，尤以西汉为盛"②，较之通常认识整体偏晚，若干遗存的年代判断与徐学书③、李龙章④较接近。

就一些遗存的年代而言，彭、杨两位的实质性差别不在于具体是属于战国早中期（彭）还是战国中晚期（杨），而是云贵高原战国中晚期至西汉繁盛的土著青铜文化与前期青铜文化的关系问题（亦即本土发生与受外部刺激而产生的关系问题）。因为按照杨勇的编年体系，云贵高原土著青铜文化在"战国早中期"阶段会出现较多缺环。

彭长林认为"云贵高原青铜文化借鉴了许多中原文化的因素而急速发展起来"，"发生直接接触的时期"开始于西汉早期⑤；杨勇则认为首推巴蜀文化的外部文化刺激"大致应在战国中晚期"⑥，似乎更符合实际。不过在云贵高原土著青铜文化鼎盛期的认识上，笔者同意彭长林"西汉早期至西汉晚期前段"的说法，也赞成白云翔云南地区进入东汉以后完成铁器化进程的意见⑦，但是对贵州地区在两汉之际已经铁器化有所怀疑。

土著青铜文化与汉文化是两个相互作用的文化系统。杨勇旨在考察社会文化变迁，仅涉及"早期汉文化遗存"（西汉至东汉早期）。云贵高原土著青铜文化结束于东汉早期，其后仍然存在比较浓厚的边远地区性状。云贵高原汉文化形成的讨论还涉及东汉中晚期的"汉文化遗存"，张合荣⑧、张勇⑨于此有相关论述。

三

云贵高原战国秦汉时代的考古学文化分区理当包括土著青铜文化与汉文化两大系统，但究竟是各自分区还是统一分区存在着技术层面甚至方法论的困惑⑩，而且不同时间截面的分区结果会有较大差异（以东汉早期与中晚期之间为界线的其前、其后两大阶段尤其为甚）。即便是在战国至东汉早期的时间范畴内，暂且也只能主要依托地理单元，并且以土著青铜文化为基础线索。这种分区严格说来并非严格考古学意义上的，但是基本框图清楚，不至影响说明问题。

云贵高原的战国秦汉考古学文化研究通常包括滇省大部和黔省中西部。地势向云

---

① 参见杨勇：《战国秦汉时期云贵高原考古学文化研究》，科学出版社，2011年，第41、142、336页。
② 杨勇：《战国秦汉时期云贵高原考古学文化研究》，科学出版社，2011年，第53页。
③ 徐学书：《关于滇文化和滇西青铜文化年代的再探讨》，《考古》1999年第5期。
④ 李龙章：《楚雄万家坝墓群及万家坝型铜鼓的年代探讨》，《文物》2003年第12期。
⑤ 彭长林：《云贵高原的青铜时代》，广西科学技术出版社，2008年，第149页。
⑥ 杨勇：《战国秦汉时期云贵高原考古学文化研究》，科学出版社，2011年，第339~341页。
⑦ 白云翔：《先秦两汉铁器的考古学研究》，科学出版社，2005年，第318~324页。
⑧ 张合荣：《夜郎文明的考古学观察——滇东黔西先秦至两汉时期遗存研究》，科学出版社，2014年。
⑨ 张勇：《云贵高原汉墓研究》，中山大学博士学位论文，2014年。
⑩ 由于土著青铜文化与汉文化在一些地区共存，各自分区会出现不同"文化区"地理空间上的重合；统一分区则可能出现同一"文化区"存在不同文化遗存的情况（考古学文化分区的目的就是将不同文化遗存的分布空间加以区分），当然，或许也可以将不同文化遗存的共存现象视为某种区域特征作为分区标准。

南高原过渡的川西南汉代为越嶲郡地，从行政地理考虑可以不纳入研究范畴；桂西北的西林普驮铜鼓墓①位于牂柯郡地，可以附在滇东南。滇西南方向，东汉增置哀牢、博南两县，目前发现"基本上都是青铜时代早期的遗存"②；黔东南战国秦汉遗存发现很少，且属于西汉荆州刺史部的武陵郡，见有楚、巴、越文化因素③，与云贵高原大部地区疏远。越南北部通常归入"东山文化"研究范畴，亦不涉及。

就战国至东汉早期阶段的现有材料而言，发现汉墓的黔北、黔中、黔西南（同时有属于土著文化的石板墓遗存④）可以各自划分为一区。黔西北的赫章可乐墓地⑤乙类墓与滇东北昭鲁盆地（包括黔西北威宁中水）的"银子坛一类遗存"⑥和"红营盘一类遗存"⑦差异很大，宜区别开来。滇东曲靖八塔台和横大路墓地⑧的"土堆叠葬"颇特殊，当与滇池周边的石寨山文化相区别。滇南元江流域受到上游礼社江方向的影响，而滇东南与桂西北联系较密切，宜各自划分，其中位于南盘江流域的泸西大逸圃和石洞村墓地⑨可归入滇东南。以楚雄万家坝墓地⑩为代表的遗存与祥云大波那⑪等墓地差异明显，分别划分为滇中区和洱海区。滇西区基本界定在澜沧江中游，滇西北横断山区与川西南具有某些共性。现结合前述学者的认识，将云贵高原战国至东汉早期考古学文化的分区情况列为下表。

文化区域 \ 文化系统	土著青铜文化遗存	汉文化遗存
黔北区（乌江等长江支流流域区）		务川大坪汉墓群、黔西汉墓群、芙蓉江和赤水河等地汉墓
黔中区		清镇和平坝汉墓群、安顺宁谷遗址和汉墓群
黔西南区（南北盘江流域）	普安铜鼓山遗址、望谟和兴义等地石板墓	兴仁、兴义汉墓群
黔西北区	赫章可乐乙类墓	赫章可乐粮管所遗址、赫章可乐甲类墓

---

① 广西壮族自治区文物工作队：《广西西林普驮铜鼓墓葬》，《文物》1978年第9期。
② 李昆声、陈果：《中国云南与越南的青铜文明》，社会科学文献出版社，2013年，第152页。
③ 参见杨勇：《战国秦汉时期云贵高原考古学文化研究》，科学出版社，2011年，第30页注释1。
④ 张合荣：《夜郎文明的考古学观察——滇东黔西先秦至两汉时期遗存研究》，科学出版社，2014年，第279页。
⑤ 贵州省博物馆考古组、贵州省赫章县文化馆：《赫章可乐发掘报告》，《考古学报》1986年第2期；贵州省文物考古研究所：《赫章可乐——2000年发掘报告》，文物出版社，2008年。
⑥ 参见李飞：《贵州威宁银子坛墓地分析》，四川大学硕士学位论文，2006年。杨勇认为"红营盘遗存"时代为战国至西汉早期，见《战国秦汉时期云贵高原考古学文化研究》第69页。
⑦ 参见李飞：《夷汉之间——从考古材料看贵州战国秦汉时代的文化格局》，《贵州民族研究》2009年第6期。
⑧ 云南省文物考古研究所：《曲靖八塔台与横大路》，科学出版社，2003年。
⑨ 云南省文物考古研究所、中共泸西县委、泸西县人民政府等：《泸西石洞村大逸圃墓地》，云南科技出版社，2009年。
⑩ 云南省博物馆文物工作队、四川大学历史系考古专业七四级学员：《云南省楚雄县万家坝古墓群发掘简报》，《文物》1978年第10期；云南省文物工作队：《楚雄万家坝古墓群发掘报告》，《考古学报》1983年第3期。
⑪ 云南省文物工作队：《云南祥云大波那木椁铜棺墓清理简报》，《考古》1964年第12期。

续表

文化系统 文化区域	土著青铜文化遗存	汉文化遗存
滇东北区（昭鲁盆地）	营盘墓地甲区、威宁中水银子坛墓地	昭通诸葛营城址、威宁中水汉墓群、昭通鸡窝院子墓
滇池区	晋宁石寨山、江川李家山、昆明羊甫头等墓地	晋宁晋城遗址、昆明羊甫头汉墓、呈贡小松山M1、嵩明梨花村墓
滇东区（曲靖盆地）	八塔台墓地、横大路墓地	
滇东南区（南盘江和右江上源）	泸西大逸圃和石洞村墓地、西林普驮铜鼓葬	广南牡宜木椁墓
滇南（元江流域）	元江打篙陡墓地、个旧石榴坝墓地、	个旧黑玛井墓地
滇中（龙川江流域）	楚雄万家坝墓地	
洱海区	祥云大波那墓地、弥渡苴力石棺墓地	
滇西北区	剑川鳌凤山墓地、宁蒗大兴镇墓地	
滇西区（澜沧江中游）	昌宁坟岭岗墓地	保山汉营古城

云贵高原战国秦汉时期土著青铜文化的谱系研究多数不是在类型学意义上展开，而且"在文化特征的探讨上，关注点过多地注意到出土的青铜器和铁器等金属器表现出的同一性，而对最能表现文化地域特征的陶器注意不够"[①]（刘弘曾经将西南夷陶器划分为四个亚区[②]，彭长林对陶器也有专节论述[③]），因此虽然有学者提出和使用石寨山文化、滇文化、红河流域青铜文化类型、可乐文化、银子坛文化、红营盘遗存、八塔台文化、万家坝文化等概念，但是考古学文化类型的划分和确认还有许多讨论空间和空白，文化关系也不是很清晰。

四

西南夷分属氐羌、百濮（濮僚）两大族系，或曰分属氐羌、百濮、百越三大族系。百濮（濮僚）与百越的关系历来有争议，有些学者认为百濮实际是越人。江应樑认为南方民族史中的濮就是越[④]，尤中认为夜郎、且兰、句町、漏卧和哀牢诸种都是百越支系[⑤]；方铁则认为"僚"早期主要是指濮、越混杂的居民，后来亦指濮、越的某些部

---

① 张合荣：《夜郎文明的考古学观察——滇东黔西先秦至两汉时期遗存研究》，科学出版社，2014年，第34页。
② 刘弘：《"西南夷"陶器及相关问题的研究》，《四川考古论文集》，文物出版社，1996年。
③ 彭长林：《云贵高原的青铜时代》，广西科学技术出版社，2008年，第188~194页。
④ 江应樑：《说"濮"》，《中国社会科学》1980年第5期。
⑤ 尤中：《汉晋时期的"西南夷"》，《历史研究》1957年第12期。童恩正认为汉代哀牢夷故地（永昌郡境）晋代出现的闽濮、躁濮等人群集团可能与现代孟—高棉语族各民族的先民有关，与江汉流域及迁徙至西南的濮人无涉。参见童恩正：《四川西南地区大石墓族属试探》，《考古》1978年第2期。

分,以言越者居多①。

《华阳国志》称蜀"其地东接于巴,南接于越"②,称"南中,在昔夷越之地"③,是百濮集团属于越人的有力证明。不过,战国秦汉时代的百濮分布在西南地区,与百越名称不同,考古学文化也有明显差别,显然是百越发展中族群分化的结果。现代族群理论更强调"社会边界"和"情境认同",因此在承认两者族源共性的前提下,还是以适当切分开较为妥当。

百越不仅局限在中国南方。方国瑜认为源于百越的古代族群可分为"越族"和"掸族"两大族团,古代"掸族"居住在红河以西到伊洛瓦底江上游、延伸至印度曼尼坡弧形地带④。李昆声认为壮侗语族源自百越语,国外属于这个语族的"泰族、老族、掸族、岱族、侬族分属泰国、老挝、缅甸和越南"⑤。复旦大学对"现代百越"群体的基因研究发现,"这些群体的Y染色体遗传结构体现出相当大的一致性"⑥。云贵高原与东南亚青铜文化的亲缘关系的族群基础,即源自百越族群在中国境域内外的广泛分布。

西夷、南夷是相对于巴蜀而言的方位统称,氐羌与百濮分布区域的差别大致也是西夷与南夷的分野。《史记》和《两汉书》上的南夷见有夜郎、且兰、句町、漏卧、滇、靡莫、劳浸、昆明、僰、哀牢、僄⑦等名目,《华阳国志·南中志》还提及哀牢境内有穿胸儋耳种、闽越濮、鸠僚、裸濮、僄越等部种。这其中有些是国号、地名,有些是族称、部种称号,其间关系纷杂,众说不一,尤中即认为僰、滇亦属氐羌部落⑧。

彭长林的概括很到位,"实际上,整个云贵高原的古代民族也基本上是百濮、百越、氐羌三大族群在不同时期迁徙而来后互相融合或分化而成的,这与该地区位于东西和南北几个方向的民族走廊的出口有关"⑨。杨勇认为"族属、族系、族源是不同的概念",他在考古学文化族属研究中只是落实到"滇、夜郎、昆明等"层面,暂不细究"濮、越"等族系、族源等更深层次问题⑩,是明智作法。

《史记·西南夷列传》记述"西南夷君长以什数,夜郎最大;其西靡莫之属以什数,滇最大;自滇以北君长以什数,邛都最大;……自冉駹以东北,君长以什数,白马最大",后面又讲"西南夷君长以百数,独夜郎、滇受王印。滇小邑,最宠焉",读

---

① 方铁:《百越在西南地区的分布新议》,《思想战线》1993年第6期。
② (东晋)常璩:《华阳国志·蜀志》。
③ (东晋)常璩:《华阳国志·南中志》。
④ 方国瑜:《元代云南行省傣族史料编年》,云南人民出版社,1958年,第6页。
⑤ 李昆声:《亚洲稻作农业的起源》,《社会科学战线》1984年第4期。
⑥ 黄颖、李辉、高蒙河:《古代基因:百越族群特征新证》,《东南考古研究》(第三辑),厦门大学出版社,2003年。复旦大学采样范围"包括印度的阿霍姆、泰国的兰那、东北泰和石族"。
⑦ 《汉书·地理志上》僄为郡僄道县下颜师古注引应劭曰:"故僄侯国也。"《华阳国志·蜀志》记僄道县"本有僄人,故《秦纪》言僄童之富,汉民多,渐斥徙之"。
⑧ 尤中:《汉晋时期的"西南夷"》,《历史研究》1957年第12期。
⑨ 彭长林:《云贵高原的青铜时代》,广西科学技术出版社,2008年,第213页。
⑩ 杨勇:《战国秦汉时期云贵高原考古学文化研究》,科学出版社,2011年,第26页。

来不甚通畅，笔者觉得可以从两个角度作些解释。

第一，起句"西南夷君长以什数"中的"西南夷"疑为"南夷"，"西"字衍。"庄蹻王滇"事迹有时记述为"（庄豪）既灭夜郎，因留王滇池"①、"既克夜郎，……遂留王之"②，表明夜郎地域广阔，所以滇和夜郎"各自以为一州主"③。《史记·西南夷列传》讲到的夜郎、南夷和牂柯郡指代地域大致相同，夜郎只是在"以什数"的南夷君长中最大，而西南夷君长则是"以百数"。

或者，起句"西南夷君长以什数"是指"大君长"，后面"以百数"是指"小君长"，夜郎与"靡莫之属"、"自滇以北君长以什数"的邛都联盟等为平行、平级的社会政治组织，滇属于次级组织，如此方可与"滇小邑"相照应。

王大道将云南高原以洱海—墨江—李仙江为界划分为两大青铜文化区域，其东和金沙江以南地区"呈现出一种发达的定居农耕民族文化的面貌"；其西"表现为非农业和不发达农业民族的经济文化形态"，认为"这与《史记·西南夷传》把战国至西汉前期的云南划分为从事农耕、有城镇、村落和随畜迁移、无固定住所的两个经济文化区域基本相符"④。贵州高原土著青铜文化居民的生计方式与前一区域相似。

结合童恩正⑤、蒋廷瑜⑥、孙华⑦和彭长林、杨勇、张合荣等学者的认识，笔者倾向于认为，曲靖盆地的八塔台等墓地与夜郎有关，黔西南的彭安铜鼓山遗址⑧、黔西北—滇东北的赫章可乐墓地、威宁中水银子坛墓地⑨等属于夜郎"旁小邑"，其中银子坛和营盘墓地甲区⑩属于僰人遗存；石寨山文化是"滇国"遗存，其中包括与滇王"同姓相扶"的劳浸、靡莫；滇东南泸西大逸圃、石洞村墓地或与漏卧有关，广南牡宜木椁墓⑪和西林普驮铜鼓葬属于句町；滇南元江打篙陡⑫和个旧石榴坝墓地⑬与骆越关系密切，多为濮僚之属⑭；滇中楚雄万家坝、洱海地区祥云大波那⑮和弥渡苴力⑯等墓地暂且归于

---

① 《后汉书·南蛮西南夷列传》。
② （东晋）常璩：《华阳国志·南中志》。
③ 《史记·西南夷列传》。
④ 王大道：《云南青铜文化及其与越南东山文化泰国班清文化的关系》，《考古》1990年第6期。
⑤ 童恩正：《近年来中国西南民族地区战国秦汉时代的考古发现及其研究》，《考古学报》1980年第4期。
⑥ 蒋廷瑜：《西林铜鼓与汉代句町国》，《考古》1982年第2期。
⑦ 孙华：《西南考古的现状和问题——代〈南方文物〉"西南考古"专栏主持辞》，《南方文物》2006年第3期。
⑧ 刘恩元、熊水富：《普安铜鼓山遗址发掘报告》，《贵州田野考古四十年》，贵州民族出版社，1993年。
⑨ 贵州省博物馆考古组、威宁县文化局：《威宁中水汉墓》，《考古学报》1981年第2期；贵州省博物馆考古组：《威宁中水汉墓第二次发掘》，《文物资料丛刊》（10），文物出版社，1987年。
⑩ 营盘发掘队：《云南昭通营盘古墓群发掘简报》，《云南文物》第41期，1995年。
⑪ 云南省文物考古研究所、文山州文物管理所、红河州文物管理所：《广南牡宜东汉墓清理报告》，《云南边境地区（文山州和红河州）考古调查报告》，云南科技出版社，2008年。
⑫ 云南省文物考古研究所：《云南元江县洼垤打篙陡青铜时代墓地》，《文物》1992年第7期。
⑬ 云南省博物馆文物工作队、个旧市群众艺术馆：《云南个旧石榴坝青铜时代墓葬》，《考古》1992年第2期。
⑭ （东晋）常璩：《华阳国志·南中志》记兴古郡"多鸠僚、濮"。
⑮ 云南省文物工作队：《云南祥云大波那木椁铜棺墓清理简报》，《考古》1964年第12期。
⑯ 云南省博物馆文物工作队：《云南弥渡苴力战国石墓》，《文物》1986年第7期。

"楪榆蛮夷",弥渡苴力等石棺墓地存在氐羌因素;滇西北剑川鳌凤山墓地[①]和滇西昌宁坟岭岗墓地[②]大致为僰、昆明遗存。

五

西南夷地区的开拓,可以追溯到传信传疑的庄蹻(或者庄豪[③])王滇(或者"王靡漠"[④]、"王夜郎"[⑤])。虽然司马贞以为"西南外徼,庄蹻首通"[⑥],太史公称"秦灭诸侯,唯楚苗裔尚有滇王"[⑦],但是许多学者并不视作信史[⑧]。昆明羊甫头墓地填埋青膏泥、设置二层台和腰坑等习俗虽然可能与百濮在迁徙过程中受到楚系民族的影响有关[⑨],但是填埋青膏泥却未必全是楚人葬俗[⑩],二层台和腰坑也可能是受到岭南越人的影响。

虽然童恩正认为楚文化与濮僚系统的滇文化有密切关系[⑪],李昆声推测云南地区的"T"形玉璧、环"应是春秋战国时期随着楚文化的传播而进入的"[⑫],张合荣也认为滇池周边出土大量精美的青铜器漆木柄"似乎表明楚风确实吹到了滇中高原"[⑬],云贵高原却未见楚文化西渐的更明确线索。不过,吴春明注意到战国秦汉时代南方地区流行来自北方的王族南下建立政权的开国传说[⑭],庄蹻王滇的说法自然有值得开掘的历史喻义在焉。

前316年秦举巴蜀,一些巴蜀居民南迁云贵高原,甚至有蜀王子辗转至越南北部建立安阳国的传说[⑮]。秦汉之际卓氏、程郑治铸铁器"倾滇蜀之民"、"贾椎髻之民"[⑯],秦代"略通五尺道,诸此国颇置吏焉"[⑰]。巴蜀连通僰滇之后,汉初中原政治势力暂时退出,巴蜀居民仍然"窃出商贾,取其筰马、僰僮、髦牛"[⑱],所以唐蒙能够在南越见到蜀

---

① 云南省博物馆文物工作队:《云南剑川鳌凤山墓地发掘简报》,《文物》1986年第7期;云南省文物考古研究所:《剑川鳌凤山古墓发掘报告》,《考古学报》1990年第2期。
② 云南省文物考古研究所:《云南昌宁坟岭岗青铜时代墓地》,《文物》2005年第8期。
③ 《后汉书·南蛮西南夷列传》。
④ (东汉)荀悦:《前汉纪》。
⑤ (东晋)常璩:《华阳国志·南中志》。
⑥ 《史记·西南夷列传》司马贞《索隐述赞》。
⑦ 《史记·西南夷列传》。
⑧ 张增祺:《庄蹻王滇的真伪》,《中国西南民族考古》,云南人民出版社,1990年,第273~297页。
⑨ 云南文物考古研究所、昆明市博物馆、官渡区博物馆:《昆明羊甫头墓地》,科学出版社,2005年。
⑩ 宋治民认为楚文化以外各地使用白(青)膏泥填塞墓室较为普遍,未必都是楚文化的影响。见宋治民:《巴蜀墓葬某些文化因素之分析》,《宋治民考古文集》,科学出版社,2004年。
⑪ 童恩正:《从出土文物看楚文化与南方诸民族的关系》,《童恩正文集·学术系列——南方文明》,重庆出版社,1998年,第527页。
⑫ 李昆声、陈果:《中国云南与越南的青铜文明》,社会科学文献出版社,2013年,第425页。
⑬ 张合荣:《夜郎文明的考古学观察——滇东黔西先秦至两汉时期遗存研究》,科学出版社,2014年,第123、124页。
⑭ 吴春明:《东山文化与"瓯骆国"问题》,《东南考古研究》(第四辑),厦门大学出版社,2010年。
⑮ 《水经注》"叶榆水"引《交州外域记》。
⑯ 《史记·货殖列传》。
⑰ 《史记·西南夷列传》。
⑱ 《史记·西南夷列传》。

地的"枸酱"①。

在秦汉文化的持续浸润下,武帝建元六年(前 135 年)诱迫夜郎归附,以夜郎"旁小邑"为犍为郡,开南夷道"指牂柯江",在西夷地区置都尉属县。为"专力事匈奴",元朔三年(前 126 年)"上罢西夷,独置南夷夜郎两县一都尉,稍令犍为自葆就"(《正义》谓"令犍为自葆而渐修成其郡县也")。元鼎六年(前 111 年)灭亡南越,"遂平南夷为牂柯郡",夜郎内属封王;元封二年(前 109 年)灭劳浸、靡莫,"于是以为益州郡,赐滇王王印,复长其民"②。西汉势力随即进入滇中和滇东南,"后数岁,复并昆明地"属益州郡③,昭帝始元五年(前 82 年)立亡波为句町王。句町不抵滇、夜郎闻名,但是受汉越文化的浸淫更深,世系较清楚,中心似在广南一带④。滇、夜郎和句町交界还有漏卧侯,西汉在其地置漏卧县⑤,属牂柯郡。

在滇西、滇西南方向,西汉益州郡不韦、嶲唐县已设置在澜沧江流域。东汉建武年间哀牢内附,"以为西部属国。其地东西三千里,南北四千六百里"⑥。明帝将新置哀牢、博南两县与益州西部都尉六县合为永昌郡⑦,加强了对昆明、哀牢部族的控制。至此,云贵高原基本纳入东汉郡县版图。

夜郎是南夷大国,滇地饶富,经略南夷主要围绕夜郎和滇展开。在夜郎方向,"牂柯地多雨潦,俗好巫鬼禁忌,寡畜生,又无蚕桑,故其郡最贫"⑧。置(犍为)郡开(南夷)道是为了从侧翼突袭南越,与开设河西四郡"以断匈奴右臂"⑨异曲同工,似可比拟称为"断南越左臂",因此牂柯郡的设置主要出自政治原因。滇池"旁平地,肥饶数千里"⑩,武帝平滇之役获"牛马羊属三十万"⑪,昭帝破益州"获畜产十余万"⑫,经济诱惑当是益州置郡的主要原因。

笔者赞成将夜郎视为百越支系,并且将黔西北—滇东北和黔西南的相关遗存在"大夜郎"概念下一并讨论。若以南盘江为牂柯江和夜郎豚水,曲靖盆地符合"夜郎者,临牂柯江"⑬和"夜郎县郡治,有遯水通广郁林"⑭两句较明确的地理坐标,而且八塔

---

① 《史记·西南夷列传》。
② 《史记·西南夷列传》。
③ 《后汉书·南蛮西南夷列传》。
④ 牡宜木椁墓规格较高,并出有"遣策"类竹简,或许与句町王侯有关。此外,广南阿章 1919 年出土著名的"广南竞渡鼓",2011 年牡宜 M4 出有形体最大的石寨山型铜鼓(参见李安民:《云南早期文明演进研究》,云南人民出版社,2013 年,第 278~280 页)。
⑤ 《汉书·地理志上》"漏卧县"颜师古注引应劭曰:"故漏卧侯国。"
⑥ (东晋)常璩:《华阳国志·南中志》。
⑦ 尤中以"其地东西三千里,南北四千六百里"为新设永昌郡地,似误。此"西部属国"范围大致即明帝设置的哀牢、博南县地。参见尤中:《中国西南边疆变迁史》,云南教育出版社,1987 年,第 12~15 页。
⑧ 《后汉书·南蛮西南夷列传》。
⑨ 《汉书·西域传下》。
⑩ 《史记·西南夷列传》。
⑪ 《华阳国志·南中志》。
⑫ 《汉书·西南夷两粤朝鲜传》。
⑬ 《史记·西南夷列传》。
⑭ (东晋)常璩:《华阳国志·南中志》。

台等墓地的"土堆叠葬"和釜形陶鼎属于百越文化因素（岭南可能是江浙土墩墓向滇东传布的媒介①），孙华、张合荣②的意见值得重视。夜郎中心及其"旁小邑"构成"大夜郎"，基本就是犍为郡南部和牂柯郡主体的范围。

西汉中期设置郡县后，"大夜郎"地区比较明显地出现了汉文化因素。赫章可乐粮管所遗址③被推定为西汉犍为郡汉阳县治，或元朔三年"独置南夷夜郎两县一都尉"的都尉治所④，出有成帝"建始"、"四年"瓦当⑤，"甲类墓"（汉式墓）数量较大，汉文化已具规模，但是"乙类墓"（土著墓）延续至东汉早期，两类墓葬并存共处、彼此影响。

滇国也有狭义和广义之分，《史记·西南夷列传》言"滇小邑"、"滇王者，其众数万人"，是指狭义滇国；讲滇"以为一州主"、劳浸、靡莫与滇王"同姓相扶"，是指"大滇国"，滇池区域青铜文化即其遗存。滇池区域青铜文化、滇国文化、滇文化、石寨山文化等概念往往混杂使用，内涵实有差异。蒋志龙认为滇池区域青铜文化中的甲群铜器、陶器"才是真正的石寨山文化"，年代在春秋早期（或更早）至东汉初期，乙群器物（汉文化）出现在第四期，"且局限于江川李家山、晋宁石寨山等墓地的少数墓葬"⑥。

六

云贵高原发现的主要汉文化遗址多为郡县治所，包括赫章可乐粮管所遗址（犍为郡汉阳县治或都尉治）、昭通昭阳诸葛营城址（朱提县治和犍为属国治）⑦、安顺宁谷遗址⑧（牂柯郡治）、晋宁晋城遗址⑨（益州郡治），何金龙认为保山汉营古城是东汉永平十年（67年）新设置的益州西部都尉治嶲唐城，不韦县亦移治，后为永昌郡治⑩。汉墓多与汉代郡县属国治所共存，包括清镇、平坝、安顺、黔西（鳖县），兴乐交仁（宛温县或谈指县）、昭通、晋宁晋城、保山等地；"还有一些汉墓群，主要依托当地矿产资源

---

① 广西合浦试掘、发掘两座西汉土墩墓，广州萝岗园岗山墓（战国晚期至秦汉之际）和广西桂平大塘城M3001（西汉晚期）构筑方式与江南土墩墓相似。参见广州市文物考古研究所：《广州市萝岗区园岗山越人墓发掘简报》，《华南考古》（2），文物出版社，2004年；广西文物考古研究所、桂平市博物馆：《桂平大塘城遗址汉墓发掘报告》，《广西考古文集》（第4辑），科学出版社，2010年；富霞：《合浦汉墓及相关问题研究》，中山大学博士学位论文，2015年，第25、156、157页。
② 张合荣：《夜郎文明的考古学观察——滇东黔西先秦至两汉时期遗存研究》，科学出版社，2014年，第34~40页。
③ 贵州省博物馆考古组、贵州省赫章县文化馆：《赫章可乐发掘报告》，《考古学报》1986年第2期。
④ 张合荣：《夜郎文明的考古学观察——滇东黔西先秦至两汉时期遗存研究》，科学出版社，2014年，第302页。
⑤ 张元：《贵州赫章可乐粮管所遗址出土的西汉纪年铭文瓦当》，《文物》2008年第8期。
⑥ 蒋志龙：《再论石寨山文化》，《文物》1998年第6期。
⑦ 参见张勇：《云贵高原汉墓研究》，中山大学博士学位论文，2014年，第116~119页。
⑧ 贵州省文物考古研究所：《贵州安顺市宁谷遗址与墓葬的发掘》，《考古》2004年第6期。
⑨ 云南省文物考古研究所、美国密歇根大学人类学系：《云南滇池地区聚落遗址2008年调查简报》，《考古》2012年第1期。
⑩ 何金龙：《西出嶲唐无故人——论保山汉营古城址应即嶲唐城并为"南丝路之阳关"》，《边疆考古研究》（第9辑），科学出版社，2010年。

存在，如务川大坪和个旧黑玛井"①。

笔者认为可以依照时间、空间、社会身份、族群关系等线索讨论汉墓在云贵高原汉文化形成问题上表现出来的意义，其中以汉墓所反映的族群关系最重要，不过这些考察角度会出现交叉。这些内容涉及"汉式墓"的界定及其性质、族属的认识，在此暂依从对"汉式墓"的通常理解，并且在一般意义上将"汉式墓"视为"汉墓"，其实"土著墓"、"土著文化"的说法也不严谨。

（1）在时间线索上，张勇将云贵高原汉墓划分为西汉早期、西汉中晚期、西汉末至东汉早期和东汉中晚期计四期②，其中前三期即杨勇所谓的"早期汉文化遗存"。属于"早期汉文化遗存"的汉墓主要是土圹墓，东汉早期出现砖室墓，东汉中晚期出现石室墓和崖墓。

"早期汉文化遗存"与东汉中晚期之间划出的时间界线是云贵高原汉墓发展演变的显著节点，在此节点前后墓葬制度层面表现出来的区域特征和社会文化意义有许多不同。受巴蜀地区影响，西汉早期汉墓首先出现在黔北，西汉中期设置郡县以后扩展至黔中、黔西北、黔西南、滇东北、滇池沿岸、滇南等地。"从汉式土圹墓的考古发现看，汉文化在云贵高原的早期发展，已出现一些地域化的倾向"③。

东汉早期土著青铜文化衰落，其后土著墓作为文化整体不复存在，汉墓分布则扩展至洱海、滇中和滇西（大理、姚安、保山等地）。"但是在远离汉人聚居区中心的一些偏远地区墓葬里，流露出土著文化踪迹"，例如云南昆明羊甫头 M425、M426 分层摆放器物的"叠葬"和会泽水城村墓地的"火葬"④。

（2）在空间线索上，云南高原汉墓主要分布在"南夷道"沿线及其延伸方向的滇东北昭通和滇池周边，滇南个旧黑玛井墓地⑤或许与自红河三角洲北上的汉文化因素有关，滇中地区东汉晚期砖室墓（大理市郊大展屯⑥和下关城北⑦）可能受到西昌方向的影响。

贵州高原汉墓主要集中在地理条件并不优越的"大娄山至乌蒙山一带"，说明"汉人进入今贵州地区选择居住地并不以自然环境为首要条件，而是由西汉中央王朝开发'西南夷'的政治进程和当时的政治重心所决定"；汉人移民进入贵州高原"更多的是从巴蜀南部沿赤水河走乌蒙山东缘的民间通道"，"由黔西向西经毕节、赫章至云南镇雄一带的汉文化遗存极有可能就是汉时邮路上的据点"，"北盘江岸边还发现有汉遗存通道上的据点"⑧。

---

① 张勇：《云贵高原汉墓研究》，中山大学博士学位论文，2014年，第126、127页。
② 张勇：《云贵高原汉墓研究》，中山大学博士学位论文，2014年，第65、66页。
③ 杨勇：《战国秦汉时期云贵高原考古学文化研究》，科学出版社，2011年，第310、321~327、366页。
④ 张勇：《云贵高原汉墓研究》，中山大学博士学位论文，2014年，第105页。
⑤ 云南省文物考古研究所、红河州文物管理所、个旧市博物馆：《个旧黑玛井古墓群发掘报告》，《云南考古报告集（之二）》，云南科技出版社，2006年；云南省文物考古研究所、红河哈尼族彝族自治州文物管理所、个旧市博物馆：《个旧黑蚂井墓地第四次发掘报告》，科学出版社，2013年。
⑥ 杨德文：《云南大理大展屯二号汉墓》，《考古》1988年第5期。
⑦ 杨德文：《云南大理市下关城北东汉纪年墓》，《考古》1997年第4期。
⑧ 张合荣：《夜郎文明的考古学观察——滇东黔西先秦至两汉时期遗存研究》，科学出版社，2014年，第276~278页。

按照张勇的汉墓分区，黔中和黔西南区"随葬器物在形态和风格方面受到巴蜀和岭南地区影响，东汉中晚期的墓葬较多受巴蜀地区汉文化影响"；黔西北和滇东北区"受到非汉族群影响较深"，东汉中晚期后受到四川地区汉文化影响；滇池周边区"受到滇文化或其他土著文化影响较大"；西昌地区"总的文化面貌十分接近成都平原为中心的川西地区"，滇西区"文化特点尚不能作出判断"；而黔北区和滇南区分别属于峡江汉文化区和岭南汉文化区的边缘地带①。

（3）社会身份方面。云贵高原汉墓往往见有巴蜀文化因素，东汉中晚期云贵高原北部崖墓也属于四川崖墓体系②，汉人移民主要来自巴蜀地区。实际上，发现早期汉墓的"黔北地区的务川、道真、赤水、习水一带，秦汉时期可能属巴郡所辖"，赤水、习水地界后来划归犍为郡③。兴仁交乐M14出土的"巴郡守丞"铜印章④，印证了汉代犍为、牂柯、益州诸郡的太守、都尉等官员多以巴蜀籍人士充任的文献记载⑤。

赫章可乐甲类墓的墓主至少包括"政治或军事统治人员"、"地位较低的属吏或兵卒"、"外来'豪民'等普通'田南夷'汉人"和"南夷原部族"几类，"交乐M14出土的'巴郡守丞'铜印章、万屯M8出土的铜车马等均表明墓主应系郡县一级统治者"，而务川大坪汉墓群与开采汞矿资源有关⑥。滇池和滇东北地区东汉以后出现的"梁堆墓"（有高大封土堆，其下埋葬多座砖室墓）往往成群分布，墓主是汉族移民及其后裔⑦，是当地汉人家族、宗族社会发育的见证。

（4）族群关系表现在汉式器物的出现、汉墓与土著墓的时空关系、汉墓和土著墓中不同文化因素的构成等方面。例如，滇池区域西汉晚期至东汉初年出现汉式陶器，"以呈贡小松山1号墓、晋宁石寨山9号墓为代表"⑧。整体而言，属于"早期汉文化遗存"的汉墓在云贵高原主要呈点、线分布，澜沧江以西的滇西南只是在保山坝子西部有汉城和汉晋砖室墓发现⑨，而贵州中东部至今还是汉式遗存发现的空白区⑩。

在具体个案中，赫章可乐墓地的甲类墓（汉式墓）和乙类墓（土著式）基本隔河分布，张合荣认为可乐河南侧混杂的少量所谓甲类墓有相当部分"即是被汉化了的原土著民

---

① 张勇：《云贵高原汉墓研究》，中山大学博士学位论文，2014年，第73～77页。
② 罗二虎：《四川崖墓的初步研究》，《考古学报》1988年第1期。
③ 张合荣：《夜郎文明的考古学观察——滇东黔西先秦至两汉时期遗存研究》，科学出版社，2014年，第284、287页。
④ 贵州省文物考古研究所：《贵州兴仁交乐汉墓发掘报告》，《贵州田野考古四十年》，贵州民族出版社，1993年。
⑤ 参见罗二虎：《秦汉时代的中国西南》，天地出版社，2000年，第91～93页。
⑥ 张合荣：《夜郎文明的考古学观察——滇东黔西先秦至两汉时期遗存研究》，科学出版社，2014年，第266、267、284、289、293页。
⑦ 孙太初：《云南梁堆墓之研究》，《云南铁器时代文化论》，云南人民出版社，1992年。
⑧ 王大道：《云南青铜文化的陶器及其与越南东山、泰国班清文化陶器的关系》，《南方民族考古》（第三辑），四川科学技术出版社，1991年。
⑨ 何金龙：《西出巂唐无故人——论保山汉营古城址应即巂唐城并为"南丝路之阳关"》，《边疆考古研究》（第9辑），科学出版社，2010年。
⑩ 张合荣：《夜郎文明的考古学观察——滇东黔西先秦至两汉时期遗存研究》，科学出版社，2014年，第290页。

族墓葬"①。张勇指出滇东北横江下游崖墓受到土著文化影响,云南崖墓的主人可能是汉化"夷人";个旧黑玛井墓地"不排除有当地土著居民加入矿业经济"②。杨勇则将赫章可乐甲、乙类墓的同时存在和文化因素的相互渗透称为"共存关系",将昆明羊甫头墓地"汉式土圹墓常打破滇文化墓葬,且未见双方有明显的交流和融合现象"称为"取代关系"③。

云贵高原汉墓中普遍存在土著文化因素,赫章、威宁汉墓"另一类陶器数量并不太多,其质地多系夹砂陶,火候较低,以红陶为主,器物种类单一,器形与前者显有不同,……其风格与当地青铜文化陶器类似";贵州西部汉墓出现"干栏式"陶屋,以及在铁三脚、"锅庄石"上置放铜釜、铁釜以代替陶灶随葬等,当是汉族受夜郎影响入乡随俗的产物④。反之,贵州西部"西南夷"墓也出有各类汉式器物⑤。

汉文化在云贵高原的渐次深入还有生业方式等其他观察侧面。战国至西汉滇池地区仍处在锄耕农业阶段⑥,云南牛耕起源约在西汉末年⑦,云贵高原铁器时代开端于西汉晚期至两汉之际。在铁农具普及的背景下,云南出土东汉陂池水田模型表现出渠灌、溢灌和串灌等成熟水利技术,甗"这种炊具说明,从东汉起,云南人对米饭的加工已由煮变为蒸,并且成为专一的米饭加工炊具。这是在稻谷产量稳定和米饭为主食的条件下才形成的"⑧。

七

西汉郡县体制并未立即切断云贵高原土著青铜文化的发展,西汉郡县的设置与土著青铜文化的整体衰落存在时间差。云贵高原青铜文化"鼎盛期开始于西汉早期,……前段和后段之间的区别在益州郡的设立之时,也是中原地区文化大规模进入之时,表明云贵高原在中原地区文化的推动下达到了其鼎盛期,延续至西汉晚期前段","衰落期在西汉晚期后段至东汉初期,中原地区文化逐渐占据主导地位"⑨。

以滇池区域为例,设置益州郡后"在社会生产和生活的各个层面都可以见到汉文化的影响,弩机在大、中型墓中出现。铜铁合制器和铁器的种类和数量增长较快,车马器大量出现,铜质生活用具基本为汉式器物,漆器、陶器和少量钱币",但是土著青铜文化也发展到顶峰⑩,"在公元前109年被汉朝征服之后大约一个世纪的西汉时期,墓葬情境

---

① 张合荣:《夜郎文明的考古学观察——滇东黔西先秦至两汉时期遗存研究》,科学出版社,2014年,第251页。
② 张勇:《云贵高原汉墓研究》,中山大学博士学位论文,2014年,第147、154页。
③ 杨勇:《战国秦汉时期云贵高原考古学文化研究》,科学出版社,2011年,第327~329页。
④ 宋世坤:《试论夜郎与汉文化的关系》,《中国考古学会第七次年会论文集》,文物出版社,1992年。
⑤ 参见宋世坤:《贵州赫章可乐"西南夷"墓族属试探》,《中国考古学会第一次年会论文集·1979》,文物出版社,1980年。
⑥ 王大道:《云南滇池区域青铜时代的金属农业生产工具》,《考古》1997年第2期。
⑦ 李昆声:《云南牛耕的起源》,《考古》1980年第3期。
⑧ 肖明华:《陂池水田模型与汉魏时期云南的农业》,《农业考古》1994年第1期。
⑨ 彭长林:《云贵高原的青铜时代》,广西科学技术出版社,2008年,第149页。
⑩ 彭长林:《云贵高原的青铜时代》,广西科学技术出版社,2008年,第146、147页。

（Funerary Contexts）中尽管包括汉式器物，但实质上仍然以滇式为主"①。汉文化与土著青铜文化共荣共存、并行发展，成为云贵高原汉文化形成过程中有别于多数边远地区的历史现象，这与汉帝国控制云贵高原的过程、目的，尤其是羁縻统治方式相关。

从秦代略属西南夷至武帝元封二年（前109年）设置益州郡，西汉政府控制云贵高原的主要部族方国历时百余年，政治、经济和军事手段并用（军事征伐持续三十年），这一渐次缓慢的进程，与通过战争方式迅速占领西北朝鲜、河湟谷地、岭南和闽越地区不同，与稳固控制住内蒙古中南部和河西走廊的情况也不一样，却与经略西域有些相似②。永昌郡的设立标志着云贵高原最终全部纳入帝国版图，这已经是东汉明帝永平十二年（69年）的事情了。

武帝开拓西南夷的初衷是为了侧击南越并从西南方向交通大夏，太史公因此讲"然南夷之端，见枸酱番禺，大夏杖、邛竹。西夷后揃，剽分二方，卒为七郡"③。云贵高原的郡县体制保障了"西南丝绸之路"的畅通，还打通了南、北盘江至岭南方向和元江—红河至交趾方向的贸易线路，盘江水道"一是将西南地区有机地联系在一起，二是将西南地区通过两广与域外相连接"，霍巍甚至认为"其价值确可和张骞'凿空'西域相提并论"④。满足于丰厚资源的获取和贸易网络的畅通，羁縻"这种间接的统治，被认为是在边远地区扩张帝国领土最为有效和最低消耗的方式，反映了汉朝并无参与地方社会生活的愿望"⑤。

汉帝国在郡县体制下主要依靠当地王侯君长进行管理。犍为郡设置后仍然有夜郎侯，牂柯郡设置后封夜郎王，益州郡设置后"滇王复长其民"，永昌郡设置后仍然有哀牢王；属于牂柯郡地的滇东南还有存续至的西晋句町王⑥、漏卧侯，"滇南、滇东南还保留着铜鼓这一礼乐重器，也有羊角钮钟和珠襦覆盖敛尸的做法，许多因素是继承滇池区而来，显示出本区在滇池区等区域被中央政府削弱后开始强大起来"⑦。西南夷"自为侯王、数为反畔"的局面持续有汉一代⑧，"滇王之印"最能够说明滇王与西汉政府的特殊关系⑨，曲靖八塔台M69出土的"辅汉王印"也是证据。

---

① 〔美〕安赋诗著，赵德云译：《边疆和边界：汉帝国的南部边陲》《南方民族考古》（第六辑），科学出版社，2010年。
② 郑君雷：《西汉边远地区汉文化结构中的西域》，《北方民族考古》（第2辑），科学出版社，2015年。
③ 《史记·西南夷列传》。
④ 霍巍、赵德云：《战国秦汉时期中国西南的对外文化交流》，巴蜀书社，2007年，第15、16页。
⑤ 〔美〕安赋诗，赵德云译：《边疆和边界：汉帝国的南部边陲》，《南方民族考古》（第六辑），科学出版社，2010年。
⑥ 《华阳国志》："句町县，故句町国名也，其置自濮王，姓毋，汉时受封迄今。"
⑦ 彭长林：《云贵高原的青铜时代》，广西科学技术出版社，2008年，第148页。
⑧ 《后汉书·南蛮西南夷列传》记"灵帝熹平五年，诸夷反叛"。
⑨ 栗原朋信认为"滇王之印"的印纽、印文表明滇王即非内臣，又非外臣，事例特殊。见栗原朋信：《文献所见秦汉玺印之研究》，《秦汉史研究》，吉川弘文馆，1960年；栗原朋信：《汉帝国与印章》，《古代史讲座》（4），学生社，1962年。

云贵高原"峭危峻险,百倍岐道"①,又有"瘴气之害"②。西南夷"散在溪谷,绝域荒外,山川阻深"③,设置郡县前多处在"既非部落又非国家的"酋邦阶段④,君长"以什数"、"以百数",甚或"毋君长"⑤,社会结构分散,社会发展也不平衡。滇、僰地区战国以来即明显领先,澜沧江中、下游则青铜器数量很少且未见铁器伴出⑥,而晋代牂柯郡尚称"畲山为田,无桑蚕"⑦,仍有不在编户的牂柯僚⑧。

汉代云贵高原居民的生计模式大概不出采集渔猎、山林刀耕火种、山地耕牧、山地耕猎、丘陵耕作等形态⑨。嶲、昆明可能是在山区依海拔高度而变换牧场⑩,滇、夜郎这类农耕族群也存在着浓厚的畜牧文化因素。值得注意的是《华阳国志·南中志》讲"滇濮、句町、夜郎、叶榆、桐师、嶲唐,侯王国以十数,编发左衽,随俗迁徙"的一段话,句町、夜郎等农耕族群的"随俗迁徙"可以理解为游耕。云贵高原青铜文化遗址数量少、面积小、内涵单薄,难于与墓葬规模和等级匹配,普遍存在的游牧、游耕在某种程度上可以解释这种矛盾。

西南夷族群关系复杂,夜郎与句町、漏卧"更相攻击",南中侯王"莫能相雄长"⑪,石寨山青铜贮贝器等文物上还有辫发昆明人的奴隶形象⑫。西汉郡县"募豪民田南夷"⑬,以"死罪及奸豪实之"⑭,还有来自岭南的越人移民⑮,汉人移民数量不大。东汉建武年间"以为西部属国"的哀牢"其地东西三千里,南北四千六百里"⑯;永平年间内属哀牢"户五万"余、"口五十五万"余⑰,以新置哀牢、博南两县统管如此广袤地域和大量人口,必然要依靠土著豪酋。

郡县设置以后"滇地富有阶层墓葬出土汉式器物"只是"滇文化随葬品组合的补

---

① 《后汉书·南蛮西南夷列传》。
② 王子今:《汉晋时期的"瘴气之害"》,《中国历史地理论丛》2006年第3期。《华阳国志·南中志》记兴古郡"特有瘴气"。《后汉书·南蛮西南夷列传》李贤注:"泸水一名若水,出牦牛徼外,经朱提至僰道入江,在今嶲州南。特有瘴气,三月四月经之必死。五月以后,行者得无害。故诸葛亮表云:'五月度泸',言其艰苦也。"
③ 《后汉书·南蛮西南夷列传》。
④ 童恩正:《中国西南地区古代的酋邦制度——云南滇文化中所见的实例》,《中华文化论坛》1994年第1期。
⑤ 《史记·西南夷列传》。
⑥ 王大道:《云南青铜文化及其与越南东山文化泰国班清文化的关系》,《考古》1990年第6期。
⑦ (东晋)常璩:《华阳国志·南中志》。
⑧ 《晋书·武帝纪》记太康四年(283年)"牂柯僚二千余落内属"。
⑨ 参见林耀华:《民族学通论》,中央民族大学出版社,1997年,第88~96页。
⑩ 参见张增祺:《洱海区域的古代民族与文化》,《中国西南民族考古》,云南人民出版社,1990年,第189页。
⑪ (东晋)常璩:《华阳国志·南中志》。
⑫ 林声:《试释云南晋宁石寨山出土铜片上的图画文字》,《考古》1964年第5期。
⑬ 《史记·平准书》。
⑭ (东晋)常璩:《华阳国志·南中志》记"晋宁郡,本滇国也。元鼎初置吏,分属牂柯、越嶲。……(元封二年)因开为郡,……汉乃募徙死罪及奸豪实之"。
⑮ (东晋)常璩:《华阳国志·南中志》记"置嶲唐、不韦二县。徙南越相吕嘉子孙宗族实之,因名不韦,以彰其先人恶"。
⑯ (东晋)常璩:《华阳国志·南中志》。
⑰ 《后汉书·南蛮西南夷列传》。

充",铜鼓和贮贝器的使用则"意味着地方信仰传统的维持"①。土著文化的深厚根脉见诸杀而再封夜郎王侯的竹王传说②,土著居民的迁移逃避也是一种回应。文献记载东汉九真郡有徼外夜郎③,蒙文通西汉末年"夜郎南迁"④的说法得到柬埔寨波赫(Prohear)遗址"套头葬"的印证⑤;还有濮人大量迁往滇西、滇西南⑥,包括东汉建武年间益州郡反叛蛮夷退奔"不韦县"⑦的反抗。

云贵高原邻接四川盆地和岭南两个边远地区,称得上"边远以远"。受到地理生态环境、社会和族群结构、经济文化类型、人文民俗等方面制约,汉王朝采取羁縻统治方式,没有过多地介入地方事物。这种"无奈之举"也许借鉴了秦在"本南夷"⑧的巴蜀治理经验⑨。

八

云贵高原的地理位置和地形地貌,很容易形成"闭塞壅滞"的刻板文化印象,这其实是错觉。"从中国东北到西南的边地半月形文化传播带"⑩早就是新石器和早期青铜时代的文化通道,其南半段更是族群流动的通衢,被称为"藏彝民族走廊"。南夷道、牦牛道、长江水路、盘江水道、元江—红河交通道从各个方向将云贵高原与汉帝国连结为一体,藏彝走廊和西南丝绸之路连通域外,战国秦汉时代西南夷社会文化由此得以在"欧亚文明"的框图中发展⑪。这种开放性和封闭性兼而有之的地理和文化环境,造就出云贵高原较为特殊的汉文化形成的历史特征。

汉文化向云贵高原的渗透来自南北两个方向。在北方,以四川盆地为大本营和中转站,经南夷道(自宜宾分别通向夜郎及僰、滇方向)进入云贵高原的文化因素发生时间早、力度大,占据主导地位,牦牛道(自成都通西昌、折向大理)也有作用。张合荣认为还存在一条自巴郡符关沿赤水河南下黔中、黔西南的路线,沿线汉人中有相

---

① 〔美〕安赋诗著,赵德云译:《边疆和边界:汉帝国的南部边陲》,《南方民族考古》(第六辑),科学出版社,2010年。
② 《后汉书·南蛮西南夷列传》。
③ 《后汉书·循吏列传·任延传》记建武初年九真郡"徼外蛮夷夜郎等慕义保塞";《后汉书·南蛮西南夷列传》记"安帝永初元年(107年),九真徼外夜郎蛮夷举土内属,开境千八百四十里"。
④ 蒙文通:《古代中国南方与交趾间之民族迁徙》,《越史丛考》,人民出版社,1983年。
⑤ 参见杨勇:《可乐文化因素在中南半岛的发现及初步认识》,《考古》2013年第9期。
⑥ 张增祺:《洱海区域的古代民族与文化》,《中国西南民族考古》,云南人民出版社,1990年,第189页。
⑦ 《后汉书·西南夷传》记建武十八年(42年)"夷渠帅栋蚕与姑复、楪榆、梇栋、连然、滇池、建伶、昆明诸种反畔",建武二十一年"斩栋蚕帅,……诸夷悉平"。
⑧ 《汉书·地理志下》:"巴、蜀、广汉本南夷,秦并以为郡。"
⑨ 公元前314年秦置巴郡、蜀郡,以巴氏大姓为蛮夷君长,封蜀王子孙为蜀侯。参见段渝:《论汉秦王朝对巴蜀的改造》,《中国史研究》1999年第1期。
⑩ 童恩正:《试论我国从东北至西南的边地半月形文化传播带》,《文物与考古论集》,文物出版社,1987年。
⑪ 西南地区战国秦汉时期的对外交通请参阅霍巍、赵德云:《战国秦汉时期中国西南的对外文化交流》,巴蜀书社,2007年。

当部分属于巴人后裔①。在南方,自红河溯流而上的汉文化因素影响较小,却也不能忽视。南越国文化的渗透也在一定程度上瓦解了西南夷相对封闭的社会基础,为汉文化的大规模进入作了前期铺垫。

岭南越人与南夷具有某些文化同源性和共性,战国秦汉时代在广西右江流域、滇东曲靖盆地、滇东南、滇南和越南北部形成文化交汇地带。西汉前期岭南越人的社会发展产生飞跃,南越国文化发展成为汉文化的一个地方类型,"南越以财物役属夜郎,西至同师,然亦不能臣使也"②。根据个旧黑玛井墓地的线索,蒋志龙推测汉武帝经略西南夷之前"云南东南部的红河流域已经属于汉文化的影响范围了,在文化关系上应该属于两广汉文化圈,这一现象的产生可能与自秦代在两广设置郡县有关"③。

云贵高原与所谓"高地东南亚"有着相似的地理、族群背景和历史过程,形成一个被称为"佐米亚"(Zomia)的政治地理意义上的空间地块。"佐米亚"以边缘区位、居住分散、游耕和适应游耕的农作物、混合生计(渔猎、采集、游耕和贸易)、分散性的部落结构和平等性的社会组织为特点,是高地人群主动规避"低地"国家(中国、印度、越南等)扩张和统治的策略性选择的"裂碎带、难民区或遁逃区",而"高档商品的贸易长期以来一直是Zomia地景上的一个重要特征"④。"佐米亚"这一概念对于理解云贵高原汉代以来社会文化特征及历史进程颇有启发意义。

汉文化大致在东汉中期以后覆盖云贵高原,仍然以重点区域及主要交通线路为骨架支撑。与汉代多数边远地区即使是岭南地区比较,云贵高原汉文化介入社会生活的层面也较为浅显,"在地化"趋势则更为突出。东晋南朝除建宁、晋宁两郡(原滇、僰地区)为南中大姓爨氏盘踞外,南中多为夷僚之地⑤,永昌郡已是"有名无民曰空荒不立"⑥,此时云贵高原出现了夷僚化浪潮⑦,贵州考古遗存中能够见到土著文化的回归复兴⑧。

东汉末年至南朝,西南夷的君长、侯、王逐渐发展成为夷帅、叟帅,出现南中大姓。这些西南地方势力的出现,是"羁縻类型"汉文化形成方式的历史遗产。在南诏大理地方政权、唐宋明清西南土司,甚至民国西南军阀身上,还能够见到这一历史遗产的影子。

---

① 张合荣:《从考古资料概论贵州汉代的交通与文化》,《贵州民族研究》1996年第1期。
② 《史记·西南夷列传》。
③ 云南省文物考古研究所、红河州文物管理所、个旧市博物馆:《个旧黑玛井古墓群发掘报告》,《云南考古报告集(之二)》,云南科技出版社,2006年。
④ 何翠萍、魏捷兹、黄淑莉:《论James Scott高地东南亚新命名Zomia的意义和未来》,《历史人类学学刊》2011年第1期。"佐米亚"范围"西起印度以北,东至越南北部,主要包括当前中国云贵高原(包括四川以及广西的部分),以及高地东南亚",詹姆斯·斯科特"主要用汉或中国帝国形成历史中向南、西南扩张的研究与材料,支持其认为Zomia形成须考虑至少两千年历史纵深的说法"。
⑤ 尤中:《汉晋时期的"西南夷"》,《历史研究》1957年第12期。
⑥ 《南齐书·州郡志下》。
⑦ 参见尤中:《汉晋时期的"西南夷"》,《历史研究》1957年第12期。
⑧ 李飞:《夷汉之间——从考古材料看贵州战国秦汉时代的文化格局》,《贵州民族研究》2009年第6期。

岭南汉城与西汉时期岭南汉文化的形成

近来我们对西汉边远地区汉文化的形成问题初步形成了一些整体性认识。根据对各地区汉文化形成的整体趋势性考察，也包括一定程度的具体过程性探讨，我们将西汉边远地区汉文化的形成模式划分为几种类型，即：西北朝鲜的"伴生类型"、辽西辽东的"土生类型"、内蒙古中南部的"移民类型"、河西走廊的"军戍类型"、四川盆地的"续生类型"、云贵高原的"羁縻类型"、岭南地区的"次生类型"和东南沿海的"共生类型"[①]。

以上西汉八个边远地区汉文化形成类型的讨论及其命名，主要是依据对各地区战国秦汉时代历史进程的宏观场域进行考察而得出的认识体系。考察的角度和内容，大致有商周时期的考古学文化背景、战国秦汉时代的族群结构、中原文化（广义上的）大规模进入的时段、西汉前期的政治组织形式、土著文化与汉文化的融合过程几个方面。受材料和能力限制，考察方式只是粗线条的，尤其对汉城关注不够。现就此论文，以岭南地区为个案讨论汉城与西汉边远地区汉文化形成的关系问题。

一、岭南汉城概述

岭南首先是自然地理概念，同时又是历史地理范畴，大致即是"五岭已前至于南海，负海之邦。交趾之土，谓之南裔"[②]的范围。岭南汉城有一些调查介绍材料，发掘很少。南越国都城和汉代南海郡治番禺以外，以广西汉城材料最集中，海南岛没有汉城发现。

1. 番禺城

番禺城传说始自楚亭[③]，或曰南武城，任嚣仍南武城之旧为秦南海郡治；赵佗扩建为南越国都番禺城（即赵佗城），后沿用为汉代南海郡治。或云西汉另筑番禺县城为南海郡治，赵佗故城被称为"越城"；东汉末年（217年）步骘为交州刺史，在越城废墟上重筑番禺城迁为州治。番禺城是后世广州城的基础。

南越国番禺城的宫城遗迹较清楚。已探明部分东西长约500米，南北宽约300米，

[①] 郑君雷：《西汉边远地区汉文化的形成模式》，《人民论坛·学术前沿》2010年12月号（总第311期）。
[②] （西晋）张华《博物志·卷一》。
[③] 麦英豪认为关于楚亭的各种记述皆为穿凿之言，见麦英豪：《广州城始建年代及其它》，《中国考古学会第五次年会论文集·1985》，文物出版社，1988年。

面积近 15 万平方米；宫墙夯筑，主体宫殿区位于西侧，宫苑区靠近东部①。许多学者相信番禺城还有郭城，不过其范围、形制和布局不明晰。徐龙国认为番禺城平面形制不规整或者方向不正，宋人记载"其城周十里"（约合 5580 米）可信②。胡建估计番禺城南北城垣距离约在 1500 余米，东西城垣距离约在 1000 米；居民区主要在宫城以南、以西，"居住于较平坦的高地和距离水流较近的山阜上"③。杨勇推测"南越国时期的番禺城主要由两部分构成，二者东西并列，而非内外相重"；东城为沿用秦城的老城，分布居民间里和市场；西城为扩建的新城，主体为宫城，主要发挥政治功能；甘溪西支可能是天然护城河，番禺城外围可能还有"郭"④。

墓葬区主要分布在番禺城西郊、北郊和东郊的山岗上；随着城区扩展，西汉中期以后墓葬区的分布更加偏远⑤。徐龙国推测，番禺城北部越秀山上的越王台、山麓的越王井、象岗山上的朝汉台等建筑，可能为南越国礼制建筑或离宫所在地。

2. 广西汉城

根据李珍⑥和熊照明⑦的论述，广西发现的郡县城址和军事城堡包括全州梅潭屯城址、建安城址、灌阳湘溪村城址、兴安秦城城址（包括七里圩"王城"和通济村两座城址）、城子山城址、贺州的临贺故城（包括大鸭村、长利村和河西 3 座城址）、高寨城址、武宣勒马城址、宾阳领方山城址、北流增劲塘城址、合浦大浪城址等，计 11 处 14 座。此外，梧州市区土城⑧、贵港市区南江村和合浦县城草鞋村也有汉代城址线索。

这其中，城子山城址可能为汉代零陵郡治、梅潭屯城址可能为汉代洮阳县治、湘溪村城址可能为汉代观阳县治、七里圩"王城"可能为汉代始安（文献失载）县治；高寨城址可能为汉代苍梧郡封阳县治，临贺故城的 3 座城址可能为汉代临贺县治及其首迁、再迁县治；领方山城址可能为汉代郁林郡领方县治（都尉治），勒马城址可能为汉代中留县治；大浪城址可能为西汉合浦县治。还有学者推测长利村城址或梧州市区土城为南越国苍梧秦王的王城。

李珍将广西汉城归纳为以下特点：①主要分布在湘桂铁路以东的桂东北和桂东，桂西地区没有发现，分布态势极不均衡。②地理位置重要、交通便利，大部分处在河岸台地或近河山坡。前一类城址地势平坦开阔，城垣规整且规模较大；后一类城址依山而建，城垣不甚规整，城内地势高低不平且规模较小。③规模一般较小，只有通

---

① 胡建：《从考古发现谈南越国都城的建筑特点》，《西汉南越国考古与汉文化》，科学出版社，2010 年。
② 徐龙国：《西汉南越国时期番禺城相关问题的探讨》，《西汉南越国考古与汉文化》，科学出版社，2010 年。
③ 胡建：《从考古发现谈南越国都城的建筑特点》，《西汉南越国考古与汉文化》，科学出版社，2010 年。
④ 杨勇：《西汉南越国时期番禺城的基本物质形态》，《城市考古与文物保护研讨会论文集》，广东人民出版社，2008 年。
⑤ 麦英豪、黎金：《考古发现与广州古代史》，《广州文物考古集》，广州出版社，2003 年。
⑥ 李珍、覃玉东：《广西汉代城址初探》，《广西博物馆文集》（第二辑），广西人民出版社，2005 年。
⑦ 熊昭明：《广西的汉代城址与初步认识》，《汉长安城考古与汉文化》，科学出版社，2008 年；熊昭明：《广西发现的南越国遗迹述评》，《西汉南越国考古与汉文化》，科学出版社，2010 年。
⑧ 蒋廷瑜：《试从考古发现探寻汉晋广信县治的地理位置》，《桂岭考古论文集》，科学出版社，2009 年。

济村等少数城址周长超过 2000 米，大部分城址周长在 1000 米以下；平面布局以长方形为主，城址四角大多外突并有角楼，有的增筑马面；城址四周大都有护城河、壕。④城墙夯筑，夯窝不明显；城内部分采用高台建筑，建筑材料以汉式板瓦、筒瓦为主，有少量汉式瓦当、铺地砖等。⑤以郡县治所为主，其余为军事城堡；城址军事防御性能较突出。⑥郡县治所城址周围一般分布较多汉墓。

3. 广东汉城

广东发现的汉城数量不多，近年发掘的五华狮雄山城址材料尚未发表，还有一些城址线索。

狮雄山城址位于五华县城西北，依托山势，坐落在人工修整垫筑的四级平台上，面积约 40000 平方米。发现建筑基址、窑址、水井、环壕、壕沟等遗迹，分为秦代和南越国（扩建）两个时期，包括衙署区、手工业作坊区和平民居住区。其中第一级平台上的大型建筑基址被高台、角楼、复道、围沟等遗迹围绕，为城址核心部分[①]。狮雄山城址地处五华河中游北岸，东扼梅江—韩江上游水道，西出东江上游，北控兴宁盆地，为粤东地区交通节点。根据出土"定楬之印"、"定楬丞印"封泥，推测为秦和南越国时期的县级行政单位"定楬"治所。

罗围犁头嘴城址[②]位于始兴县城西北浈江与墨江交汇处，东南依山地，平面近三角形，面积 8000 余平方米。以河卵石砌筑城基，版筑城墙，有护城壕沟等设施，时代为两汉甚或延续更晚。洲仔城址[③]位于乐昌城南的武水南岸，大部已被冲毁，城墙基址以河卵石砌筑，推测为文献记载中的"任嚣城"和"赵佗城"[④]，年代为秦至西汉前期。这两处城址和曲江"五马归槽"汉代寨堡[⑤]（或许还包括发现西汉前期建筑的英德连江口遗址[⑥]），性质应为北江上游的关隘城堡。

雷州半岛南端的徐闻二桥遗址坐落在台地，出土大量南越国和汉代建筑材料，包括高等级的"万岁"瓦当[⑦]，学者多倾向于与汉代合浦郡徐闻县治有关。韩江口的澄海龟山遗址坐落在山坡，清理出 4 座夯土建筑，发掘者认为是一处从西汉早期延续至东

---

① 尚杰：《广东五华狮雄山秦汉城址的发现与初步研究》，《东南文化》2013 年第 1 期；尚杰、刘长：《五华县狮雄山秦汉城址》，《中国考古学年鉴·2012》，文物出版社，2013 年，第 349 页。另参见广东省文物考古研究所、广东博物馆、五华县博物馆：《广东五华狮雄山汉代建筑遗址》，《文物》1991 年第 11 期。

② 邱立诚、廖晋雄、刘建安：《始兴县罗围犁头嘴汉代城址》，《中国考古学年鉴·1989》，文物出版社，1990 年，第 231 页；廖晋雄：《广东始兴县的汉代城堡遗址》，《广东省博物馆馆刊》1991 年第 2 期。

③ 广东省博物馆：《广东考古十年概述》，《文物考古十年》，文物出版社，1990 年；朱非素：《广东考古三十五年概述》，《广东省博物馆馆刊》1991 年第 2 期。

④ 《水经注·溱水》（卷三十八）："泷水又南出峡，谓之泷口。西岸有任将军城，南海都尉任嚣所筑也。嚣死，尉佗自龙川始居之。"参见邱立诚：《广东秦汉时期建筑遗址初探》，《东南文化》1993 年第 1 期。

⑤ 广东省文化厅：《中国文物地图集·广东分册》（曲江县），广东地图出版社，1989 年。

⑥ 梁明燊：《广东连江口发现汉代遗址》，《考古》1964 年第 8 期。

⑦ 广东省文物考古研究所、湛江市博物馆、徐闻县博物馆：《广东徐闻县五里镇汉代遗址》，《文物》2000 年第 9 期。

汉的官府建筑遗址[①]。这两处未发现城墙的遗址，以及惠阳潼湖蚬壳角[②]（位于东江南岸台地）、阳春古旧塘（位于漠阳江东岸）等仅发现汉代建筑构件的遗址不能排除属于汉城的可能性，邱立诚推测澄海龟山、惠阳潼湖蚬壳角、阳春古旧塘遗址分别可能与南越国和汉代南海郡揭阳县治、汉代南海郡博罗县治、南越国行宫"白鹿台"和西汉合浦郡临允县治有关[③]。此外，惠东梁化屯秦汉城址[④]未发现相关遗迹；秦龙川县是赵佗发迹之地，虽然有龙川故城的记载[⑤]，但现存土城并无早至秦汉的迹象。

4. 越南北部、中部汉城

中国学者对越南北、中部汉城材料掌握不全面。根据介绍材料，越南北部的红河三角洲发现有河内市古螺、羸泠，北宁省陇溪，河西省惵城等城址，越南中部发现有广南省茶桥城址[⑥]。

古螺城（Co Loa，又名越王城、可缕城）位于河内东北的东英县，三重夯土城垣，各自环绕城壕。外垣和中垣略呈椭圆形，内垣长方形，外垣周长约8000米。螺城相传是蜀泮（安阳王）修筑的瓯雒国都城。赵佗击破安阳王，在此分封了半独立的西于王[⑦]。西汉在越南北部设立交趾郡，螺城为西于县治；东汉马援分西于县为封溪、望海两县，为封溪县治。

陇溪城（Lung Khe）有羸陵、龙编两说，营建于2世纪，毁于5世纪至6世纪前半期，可能是东汉末年的交趾郡治。城址呈不规则长方形，暂判断为内外两重，周长1848米。茶轿（Tra Kieu）城址位于广南省维川县的秋盆河流域，平面略呈长方形，城垣长约1500米，宽约550米，始建年代为2世纪前半叶，有些学者推测与东汉日南郡象林县治和林邑都城有关。

二、岭南汉城的特点

全国范围内目前发现的秦汉城址约有620座，其中河西走廊调查汉城25座、西南

[①] 广东省文物考古研究所、澄海市博物馆、汕头市文物管理委员会：《广东澄海龟山汉代建筑遗址》，《文物》2004年第2期。

[②] 崔勇、罗玉华：《惠阳县潼湖区考古调查简记》，《广东文博》1990年第1期。

[③] 邱立诚：《广东秦汉时期建筑遗址初探》，《东南文化》1993年第1期。

[④] 广东省文物厅：《中国文物地图集·广东分册》（惠东县），广东地图出版社，1989年。亦有学者认为汉代博罗县治在惠东县梁化屯，但当地未发现相关遗迹。参见邱立诚：《广东秦汉时期建筑遗址初探》，《东南文化》1993年第1期。

[⑤] 《元和郡县图志·岭南道一》"龙川县"条："龙川故城，在县东北，水路一百七十五里。秦龙川县也。秦南海尉任嚣疾，召龙川令赵佗，授之以政，即此处也。"

[⑥] 参见中国社会科学院考古研究所：《中国考古学·秦汉卷》第十三章《秦汉时期的中外交流及同周边地区的联系》，中国社会科学出版社，2010年，第1009~1012页。按，该书中的"羸冷城"当写作"羸泠城"，隆溪城宜写作"陇溪城"。

[⑦] 郑君雷：《南越国"西于王"事迹钩沉》，《新果集——庆祝林沄先生七十华诞论文集》，科学出版社，2009年。

地区仅发现汉城 5 座[①]；朝鲜北部确认乐浪带方郡时期城址 5 座[②]，内蒙古中南部发现汉代城址 87 座[③]、东北南部（辽西、辽东、内蒙古东南部、吉林西南部）调查发掘汉城超过 50 座[④]，研究工作已经有一定基础。与中原和北方边远地区比较，我们注意到岭南汉城的一些特点。

（1）城址分布有明显地域性，以桂东北和红河三角洲最密集，桂西和海南岛迄无汉城发现，粤东、粤西汉城数量也很少。这与东北南部、内蒙古中南部、河西走廊等地区汉城"遍地开花"的分布态势不同，而同处百越地区的浙南福建汉城分布也很稀疏。

（2）城址数量不多，密度低。西汉时期河西四郡辖县 35，河套四郡（朔方、五原、云中、定襄）辖县 52，东北三郡（右北平、辽西、辽东）辖县 48，三地发现汉城数量均较多；尤其是东北南部，文献记载的郡县治所与考古发现的汉城大致可以逐一对应。西汉岭南七郡辖县 55，线索较清楚的汉城数量不足 20 座。内蒙古中南部和东北南部汉城密度很大，例如仅辽西一隅的建平、凌源、喀左、建昌 4 县和附近的内蒙古宁城县，即发现安杖子等汉城 16 座，其中 6 座为西汉右北平郡县城址。

（3）建城年代整体较晚。除古螺城以外，岭南城市建设始自秦代的番禺城和洲仔城址，狮雄山城址秦代晚期已经使用。建筑于南越国时期的有高寨城址、通济村城址、长利村城址和大浪城址等，更多城址是汉武帝平南越国后所建，东汉时期在交趾地区建筑了龙编等城址。而中原汉城沿用战国旧城的情况较普遍，内蒙古中南部沿用战国旧城也有一定数量，东北南部汉城更往往沿用或者改建自战国燕城。

（4）普通郡县城址规模偏小。北方长城地带上谷郡治沮阳等城址周长达 4000～6600 米，定襄郡治成乐等城址周长达 1200～2500 米；汉代中原地区县城周长一般在 2500～6000 米，北部边疆县城的周长一般在 2500 米以内[⑤]。东北南部形制较明确的汉代县城，有一些面积达十数万乃至数十万平方米，宁城县黑城遗址的外罗城（右北平郡治平刚县）面积达 144 万平方米[⑥]，而岭南被推测为普通郡县治所的汉城规模一般只有数万平方米，例如城子山城址（西汉零陵郡治零陵县）面积约 66000 平方米，大鸭村城址（西汉苍梧郡临贺县治）面积约 27000 平方米。

（5）一些郡县城址为山城，平面不规整。洮阳城址（汉代洮阳县治）、观阳城址（观阳县治）、贺州高寨城址（汉代封阳县治）、领方山城址（可能为汉代领方县，都尉治）、五华狮雄山城址（可能为秦至南越国时期的定楬县治）等均依山而建，外形不甚规整。阳春古旧塘遗址（可能为汉代临允县治）、澄海龟山遗址（可能为汉代揭阳县

[①] 中国社会科学院考古研究所：《中国考古学·秦汉卷》第六章《秦汉地方城邑与长城》，中国社会科学出版社，2010 年。
[②] 王培新：《西北朝鲜地区古代城址的文化属性及年代》，《边疆考古研究》（第 5 辑），科学出版社，2006 年。
[③] 王晓琨：《内蒙古河套地区秦汉时期城址的分布及类型》，《草原文物》2011 年第 2 期。
[④] 参见王绵厚：《秦汉东北史》第九章《东北战国和汉城的考古发现》，辽宁人民出版社，1994 年。
[⑤] 刘庆柱：《汉代城址的考古发现与研究》，《古代都城与帝陵考古学研究》，科学出版社，2000 年。
[⑥] 冯永谦、姜念思：《宁城县黑城古城址调查》，《考古》1982 年第 2 期。

治）亦坐落在山顶或山坡上。北方边远地区汉城一般坐落在平地，平面基本规整（包括内蒙古中南部的一些回字形、日字形、曲尺形城址①）。尤其是东北南部数十座郡县城址绝大多数坐落在河岸台地或平川上，布局方正，只有赤柏松山城②（玄菟郡属县上殷台或西盖马）是沿用土著旧城，平面不规则。

（6）有些小型城址（可以称为城堡）分布在岭南腹地，兼具政治功能。汉代北方长城沿线往往设置障城、塞城，东北南部沿海偶见镇城、卫城，规模不大，性质明确。岭南地区的汉代城堡有些是扼守自岭北方向进入岭南的交通线路，例如桂东北湘江东岸的建安城址、北江上游的罗围犁头嘴等城址，主要发挥军事作用；而北流江流域的增劲塘城址或与羁縻桂西山地的土著族群有关，桂中的领方山城址是都尉治所，在军事功能以外同时发挥政治功能。

（7）突出军事防御功能。岭南汉城通常在江河沿岸的交通要道上选址，依托山势筑城，角楼、马面和护城河、壕沟等防御设施较常见。这些设施在东北南部汉城中不多见，而内蒙古中南部汉城普遍设置角台和瓮城，闽越地区的武夷山城村汉城③和浦城仙阳汉阳城④亦设置角楼。

（8）出土铁农工具、铁兵器较少，罕见汉代货币。

（9）番禺城虽然不能称为山城，但是因番山、禺山地势建筑在岗峦起伏的越秀山和珠江之间，城垣也未必规整；古螺城是圆形城垣。这两座岭南重要城市显示出城市形制布局的百越土著传统。

（10）建筑技术、建筑构件、高台建筑等受到中原影响，但是有地域特色。以瓦当为例，云纹瓦当上的箭镞状树木纹仅见于岭南和福建武夷山汉城。岭南汉城没有发现"千秋万岁"瓦当，出土较多的却是"万岁"瓦当，"这是南越国即臣属于汉王朝，又保持相对独立的一个侧面反映"⑤。

岭南汉城还有两个问题需要注意。第一，岭南是"真正的南方"（苏秉琦语），地理环境和人文民俗比较特殊。岭南汉城是否一定有物质形态的城垣？较小的城堡能否充当郡县治所？僻远地区是否"大部分县形同虚设，也就没有建筑作为县级住地的城池"⑥？第二，汉代县城以下还有乡、聚、亭、里等行政设置；刘庆柱认为全国范围内考古发现的约620座秦汉地方城址中，约有半数初步推断为郡县一级，其余有可能为"乡"一级城址⑦，岭南地区是否显露出这方面的线索？

两条东汉史料或许有启发。建武十七年交趾二征起事，"九真、日南、合浦蛮夷皆

---

① 参见王晓琨：《内蒙古河套地区秦汉时期城址的分布及类型》，《草原文物》2011年第2期。
② 邵国华、满承志、柳岚：《赤柏松汉城调查》，《博物馆研究》1987年第3期。
③ 福建博物院、福建闽越王城博物馆：《武夷山城村汉城遗址发掘报告（1980～1996）》，福建人民出版社，2004年。
④ 王振镛：《福建闽越遗存的初步考察》，《闽越考古研究》，厦门大学出版社，1993年。
⑤ 李灶新：《广东出土秦汉瓦当初步研究》，《西汉南越国考古与汉文化》，科学出版社，2010年。
⑥ 李珍、覃玉东：《广西汉代城址初探》，《广西博物馆文集》（第二辑），广西人民出版社，2005年。
⑦ 刘庆柱：《汉代城市与聚落考古研究》，《汉代城市和聚落考古与汉文化》，科学出版社，2012年。

应之，寇略岭外六十余城"；马援平定二征，"所过辄为郡县治城郭，穿渠灌溉，以利其民"[①]。在中原和北方边疆，东汉往往沿用西汉城址，极少自己筑城。东汉初年交趾、九真、日南、合浦四郡合计辖有27县，而汉城数量已在60座以上，说明岭南西汉郡县治所已经普遍建筑城址，还有其他性质的城址。马援所谓"治城郭"，似可以理解为包括新建、改建、扩建、修缮城垣在内的多重含义，在这层意义上，至少东汉初年岭南地区的汉城形态与中原地区还是有所差别。

三、西汉岭南的地域空间结构与岭南汉城分布

地理空间格局、交通线路格局、族群分布格局、行政设置格局四个维度相互关联，共同构成西汉帝国"岭南"的整体地域结构，岭南汉城的分布与此整体地域结构密切相关。

（一）地理空间格局

岭南山地、丘陵和台地约占陆地总面积的80%，平原和盆地面积较小。南岭山脉横亘在两广北部与湘、赣交界地区，粤西—桂东部分地区、桂西、雷州半岛亦以山地丘陵为主体地貌。域内水系纵横，在主要江河的入海口形成地势平坦的三角洲，郁江干流沿岸为岭南最大的冲积平原。珠江和红河两个三角洲河网纵横，土壤肥沃；桂中岩溶丘陵和平原也是重要农业区。岭南地区海岸线曲折漫长，海南岛则孤悬海外。

山地（丘陵、台地）与平原（三角洲、盆地），构成了岭南自然地理的第一组区域对应关系。沿海地带（包括雷州半岛、近海岛屿和海南岛）则与内陆腹地构成了岭南自然地理的第二组区域对应关系。由西江、北江和东江三大支流汇集而成的珠江是岭南最大水系，西江是珠江主流，西江水系在梧州以上呈叶脉状分布。粤东地区的榕江和梅江——韩江是独立的流域区，广西和粤西的南部沿海地区，还有南流江等较小江河独流入海。桂东北地区的灌江、海洋河组成湘江上源，汇入长江水系。红河是越南北部的第一大河，在云南境内大部分河段称为元江，红河以南还有马江、朱江两条大河。主要是珠江与红河两大水系，以及粤东水系、湘江上源和诸独流入海江河，构成了岭南自然地理的第三组区域对应关系。

岭南汉城多数地处山地丘陵和内陆腹地，主要依湘江上源——漓江、贺江、西江中游、北江上游、梅江上游等河流分布。很值得注意的是番禺城和古螺城这两座区域性中心城市分别位于沿海地带的珠江三角洲和红河三角洲，红河三角洲还是汉城分布密集地区，南流江口、韩江口也有汉城分布。

[①]《后汉书·马援传》。

(二) 交通线路格局

珠江水系、红河水系、粤东水系等江河构建起岭南地域内部的交通网络。战国秦汉时代岭南与岭北方向的交往在岭南社会历史的进程中更具决定性意义，南岭山脉的隘口谷道成为联系五岭南北的天然通道。自"牂柯江"至"番禺城下"的盘江水路[①]和右江水路是云贵高原方向联系岭南的主要通道，元江—红河交通线路的重要性更值得注意。岭南汉城主要沿交通线路分布，同时具有军事防御体系的功能。

湘桂走廊（湘江上源—漓江—桂江一线）和潇贺古道（潇水—贺江一线）是战国秦汉时代岭北方向与岭南往来的最重要通道。自"湘桂走廊"、"潇贺古道"北上逾岭，可通潇湘二水入湘南而中原；自"湘桂走廊"下漓江而桂江，可在苍梧（今梧州）汇合浔江；自"潇贺古道"下贺江，可在广信（今封开）汇合西江；自西江顺流而下则抵番禺；自浔江、郁江溯流而上可达郁林（今贵港）；自浔江南岸的猛陵（今藤县）南行北流江—南流江便是合浦。漓江—桂江流域—湘江上源以及贺江流域是目前所见岭南汉城分布最密集的地区，显示出桂东北地区在岭南交通格局上的重要性。

在粤北方向，"骑田岭—北江道"南越国时期主要用于面对岭北方向的军事防御[②]。自北江西源武江顺流而下，沿乐昌、英德、清远一线，秦和南越国时期筑建"任嚣城"、洭浦关、"万人城"、石门塞等城隘而抵番禺[③]，有数座军事城堡发现。

在粤东方向，狮雄山城址是联系东江和粤东水系的战略要点，自五华河东行梅江—韩江，或径直东南方向通榕江，则与澄海龟山城址联系，构成对闽越或福建方向的防御体系。向云贵高原方向，盘江水路的黔江段上有领方山城址发现。在越南北部，从红河流域溯元江、盘龙江而上进入滇南的汉越文化因素虽然影响较小，却很值得重视，这条"滇越古道"历史上称为进桑—麓泠道和步头道。

番禺、徐闻、合浦和越南中北部的交趾三郡城址，不但以近海航线相交通，还是海上丝绸之路的一部分。即所谓"处近海，多犀、象、毒冒、珠玑、银、铜、果、布之凑，中国往商贾者多取富焉。番禺，其一都会也。自合浦徐闻南入海，得大州，东西南北方千里。武帝元封元年，略以为儋耳、珠厓郡。……自日南障塞、徐闻、合浦船行可五月，有都元国"[④]云云。

(三) 族群分布格局

岭南秦汉时期的族群分布格局以秦定岭南、南越国除、两汉交替形成若干时间节点，是一个不断发展变化的动态结构，而以南越国时期和西汉统一这两个阶段最为重要。

与传统认识不尽一致，我们首先认为以珠江三角洲为中心（相当于西汉南海郡）

---

① 霍巍、赵德云：《战国秦汉时期中国西南的对外文化交流》，巴蜀书社，2007年，第9～12页。
② 张荣芳：《论开拓岭南的功臣赵佗社会和谐思想与实践》，《西汉南越国考古与汉文化》，科学出版社，2010年。
③ 张荣芳、黄淼章：《南越国史》，广东人民出版社，1995年，第147页。
④ 《汉书·地理志下》。

的百越集团可以称为南越，这支越人文化比较进步。至于西瓯，战国晚期应该分布在邕江—郁江流域（即西汉郁林郡范围），秦定岭南后逐渐向南退却至粤西—桂东山地，东汉三国时期与其他百越支系逐渐发展为狸獠、乌浒之属。而湘南、桂东北和粤北地区的百越集团当是苍梧（以楚、秦苍梧郡为中心），南越国以来趋于消失。粤东潮汕平原方向则是七闽分布区。

岭南百越集团与西南夷中的濮僚集团文化上具有某些同源性和相似性，战国秦汉时代大致在广西右江流域、滇南和越南北部红河平原形成文化交融地带。战国时期分布在左、右江流域的所谓骆越，实际单称为"骆"（属于百濮集团，其实也是越人）；越南北部原来也是骆人居住区，随着南越国势力的深入，部分骆人集团和部分西瓯集团向越南北部方向退却，东汉时期在交趾郡、九真郡一带正式形成骆越集团。此外，越南中部的日南郡有属于南岛语族的占城集团。

在南越国的实质性统治地区，土著越人与陆续南下的楚、秦、汉人相互糅杂影响，逐渐形成"次生越人"，到汉平南越以后的西汉中后期可以视为土著汉人。东汉以后，汉人分布范围有所扩大，但是各主要族群的分布格局基本没有变化。

岭南汉城主要分布在原南越集团和苍梧集团的分布区域。珠江三角洲有番禺城这样的中心性都会，苍梧集团分布的桂东北地区是岭南汉城目前发现最为集中的地区，反映出这两个土著集团最先融入汉人。西瓯被挤压出去之后，邕江—郁江流域被汉文化占据，发现一批汉城或汉城线索；西瓯退却后的新居地粤西—桂东山地亦见有增劲塘军事堡垒，作为羁縻统治的据点。越南北部地区，土著文化因素浓厚，交趾地区的中心性都会螺城沿用为郡县城址，仍然保持着圆形城垣，未见改筑。

（四）行政设置格局

西汉岭南九郡，以及以广西西部为主体范围的西汉象郡是西汉岭南的基本地域范围。在此基本地域之内，南越国郡国并行，而西汉若干郡级行政设置兼跨五岭南北或者延伸至云贵高原，若干郡级行政设置有废并，若干行政设置为遥领、虚封或羁縻，岭南政治中心并且在番禺、龙编、广信之间转移。综合考虑以上几点，可以将秦汉帝国岭南边疆的行政空间设置分为以下几种情况。

第一，西汉帝国的实质性统治区，主要是西汉岭南七郡范围，又分为两大板块。岭南北部、中部，即自西江上游诸支流（漓江—桂江、贺江、郁江—浔江）至西江干流而珠江三角洲，包括北江和东江中下游地区，属于南海、苍梧、郁林和零陵郡，为一个板块；岭南西南部，即环北部湾沿岸以及濒临中国南海西岸的越南北中部地区，属于合浦、交趾、九真、日南四郡，为另一个板块。第二，桂东北的零陵郡范围，汉代跨岭而治，这一地区是楚汉文化进入岭南的桥头堡，与岭北关系更为密切。第三，桂西广阔地区、粤东部分地区，以及海南岛，还包括前述西汉帝国实质性统治区两大板块中间的粤西—桂东山地，基本保持着土著文化状态。

岭南汉城的规模、等级和分布情况大致与上述行政设置格局和背景相适应。桂西等地区尚未有汉城发现，与西汉帝国主要依靠当地王侯君长进行管理的羁縻体制有关。有学者认为东江沿线的龙川—博罗—番禺一线以东地区属于"真空地带"，是南越国不稳定的政区边界①，五华狮雄山城址和澄海龟山遗址说明南越国至少已经在点、线层面控制粤东地区。

四、岭南汉城与西汉岭南汉文化的形成

南越国近百年的统治是岭南汉文化形成的基础，南越国政治制度、百官制度、宫寝制度、陵墓制度、度量衡体系都以秦汉体制为基础，却也有所变易，由此引导的南越国文化实质上是一种越汉混合的新型越文化，这类族群集团可以称为"次生越人"②。岭南汉文化的形成建立在南越国"次生越人"发展壮大的基础上，至西汉中后期形成"土著汉人"集团。自是以后，"其流风遗韵，衣冠习气，熏陶渐染，故习渐变，而俗庶几中州"③。为了强调这一历史特征，我们将岭南地区称为"汉文化形成的次生类型"。

（一）岭南汉城营建的阶段性，以及与历史背景和考古学文化变迁的同步性

文献记载岭南战国时期存在一些土邦小国，卜工提出岭南古国的形成"至迟在青铜时代的第二阶段已经全面启动"④。春秋晚期以后岭南青铜器上和墓葬制度中表现出楚文化因素对岭南土著越族的影响，李龙章则更强调湖南越族青铜文化对岭南的作用⑤。徐恒彬指出春秋晚期至战国早期楚、吴、越连年征战引发的政治变化、人口迁移等与岭南社会发展进程有着密切关系⑥；郑小炉认为"吴越人向岭南的迁徙过程至少从春秋晚期就已经开始，战国前期迁徙的规模更大"⑦。秦文化的影响力未能在岭南土著居民的文化底层得以普遍反映，但是任嚣经略的洲仔城址、南越国都番禺城、狮雄山城址等始建于秦代的城址已经受到中原筑城理念和建筑技术的影响，如夯筑城墙，使用瓦件等。

高崇文认为南越国和西汉中后期是岭南考古学文化发生大的变化的两个阶段⑧，这正是岭南汉城建设的两个高峰。"次生越人"集团首先出现在南越国都城番禺，番禺也因此成为西汉前期岭南地区的中心性都会；其他南越国时期始建（或主要使用）城址的分布范围则与南越国本土疆域和西汉帝国实质性统治区域大致重合。岭南多数城址

---

① 刘焱鸿：《历史文本与物质文化：以南越国为个案》，中山大学博士学位论文，2010年，第58页。
② 郑君雷：《俗化南夷——岭南秦汉时代汉文化形成的一个思考》，《华夏考古》2008年第3期。
③ （清道光）《广东通志·舆地略》。
④ 卜工：《文明起源的中国模式》，科学出版社，2007年，第232页。
⑤ 李龙章：《湖南两广青铜时代越墓研究》，《考古学报》1995年第3期。
⑥ 徐恒彬：《论岭南出土的"王"字形符号青铜器》，《广东省文物考古研究所建所十周年文集》，岭南美术出版社，2001年。
⑦ 郑小炉：《东南地区春秋战国时期的"镇"——古越族向岭南迁徙的一个例证》，《边疆考古研究》（第2辑），科学出版社，2004年。
⑧ 高崇文：《试论岭南地区先秦至汉代考古学文化的变迁》，《西汉南越国考古与汉文化》，科学出版社，2010年。

是汉武帝平南越国后所建,显然是西汉帝国在岭南推行郡县制的结果,而这一阶段正是岭南"土著汉人"的形成时期。"地处溪谷之间,篁竹之中"[①]的土著越人在中原文化的影响下逐渐"城居",族群身份也经由"次生越人"成为土著汉人。西汉中后期,岭南地区的考古学文化面貌特征和演化线索与中原地区逐渐一致,岭南作为西汉帝国边远地区的社会文化属性逐渐减弱,最终发展成为汉文化的一个地方类型。

东汉时期岭南地区的考古学文化面貌与中原地区更加趋同,但是仍然存在着比较强烈的地域特征。马援征伐二征时曾"辄为郡县治城郭",交趾等地的汉城分布更为普遍,形态亦更为规整。东汉中后期越南中北部有陇溪、茶轿等重要城址。东汉末年交趾太守士燮家族控制岭南,保持半独立状态,陇溪城是士燮家族的根据地;象林功曹区连之子建立林邑国,茶轿可能是其都城。

(二)岭南汉越融合型文化的海洋性和土著性特征,以及在岭南汉城上的表现

吴春明指出"华南越系土著民族文化与'南岛语族'间是一个巨大的跨界民族文化共同体体系"[②],其面向海洋的"文化底层"和"文化基质"与中原地区有着本质的不同,由此也决定了百越集团在体质、语言、经济文化和人文民俗方面的特征。这些特征在岭南汉文化的形成过程中也有所体现,前面关于岭南汉城特点的论述,已经表现出岭南汉城的海洋性和土著性特征的某些侧面。

曹峻认为百越都城具有海洋性特征,长江、钱塘江、瓯江、闽江、珠江和红河等各大江河的入海口处发展成为百越各族群的政治、经济和文化中心,最终分别成为句吴、于越、东瓯、闽越、南越和骆越的都城[③],番禺和古螺城就是这样的都会。西汉岭南七郡只有苍梧和郁林两郡地处内陆,番禺、徐闻、合浦都是海上丝绸之路的重要港口和外贸产品集散地。

胡建认为,"番禺城在城市营建和建筑布局规划上既模仿了中原一带城市建制,又确立了具有自身因素的城建模式"。番禺城随形就势,"负山带海"[④],坐北朝南;宫城平面长方形,中轴对称,"宫殿及池苑布局也大体仿照了未央宫的形制"[⑤],体现出汉代中原地区都城规划的因素。但是城区岗峦起伏,外郭城墙不规整,设置水门,显示出地域色彩;曲流石渠又显示出东南亚的建筑风格。东汉时期的陇溪城城垣仍然不规整。

古螺城则是岭南汉城的另类形态,它延续了土著城址的布局形态。吴春明注意到,"古螺城的三重夯土城圈,与苏南吴都淹城遗址的三重圆形土城、水城布局惊人相同",也与中南半岛的泰国班清、诺乌罗、班蒙河等遗址的青铜时代城址相似[⑥]。元代越南民

[①]《汉书·严助传》。
[②] 吴春明:《"南岛语族"起源与华南民族考古》,《东南考古研究》(第三辑),厦门大学出版社,2003年。
[③] 曹峻:《百越都城海洋性的探讨》,《东南考古研究》(第三辑),厦门大学出版社,2003年。
[④]《水经注·浪水》(卷三十七):"建安中,吴遣步骘为交州,骘到南海见土地形势,观尉佗旧治处,负山带海"云云。
[⑤] 徐龙国:《西汉南越国时期番禺城相关问题的探讨》,《西汉南越国考古与汉文化》,科学出版社,2010年。
[⑥] 吴春明:《东山文化与"瓯骆国"问题》,《东南考古研究》(第四辑),厦门大学出版社,2010年。

间仍然将古螺城称为"越王城"①，成为承载越人集团历史记忆的符号。

西汉边远地区的辽西辽东、四川盆地，战国中晚期以来中原文化与当地土著文化混合生长，分别形成了"燕貊融合型文化"和"秦与巴蜀融合型文化"，成为当地西汉时期汉文化形成的基础。岭南地区汉越融合型的南越国文化形成时间晚至西汉前期，百越集团的"文化底层"和"文化基质"在这一地域汉文化的形成过程中得以积淀保留，并且在汉文化形成的过程中发挥了作用，这与东南沿海地区汉文化的形成有某些相似之处。

（三）岭南汉城发展的地域不平衡性，以及岭南汉文化形成的阶段性

岭南汉城分布的明显地域性和发展的阶段性，与岭南西汉时期的社会发展的地域不平衡性密切相关。岭南汉文化首先在桂东北、西江中游和珠江三角洲发展起来，随后进入越南北部，同时也向粤东地区扩展。桂西地区和粤西—桂东山地只是见有汉文化因素渗透，而海南岛的考古学材料暂不足以支撑汉文化形成的讨论。

李龙章认为，"越南东山文化之所以受到中国南方青铜文化的诸多影响并在西汉时期空前繁荣，这主要与南越国和汉武帝略定越南密切相关。比较靠谱的要数安阳王的传说"②。西汉中后期越南北部的考古学文化面貌出现很大转变，东山、邵阳等遗址的"汉代"墓葬多出汉式文物。但是真正被纳入汉文化的发展轨道还是在东汉，"凡交阯所统，虽置郡县，而言语各异，重译乃通。……后颇徙中国罪人，使杂居其间，乃稍知言语，渐见礼化"③，交阯郡人口甚至占到岭南七郡的60%强④。

粤东地区西汉中期以后考古学文化面貌逐渐与珠江三角洲趋同。但是始终不见三足罐、三足盒、联罐、匏壶等南越式器物，显示出南越文化与闽越文化相交错的区域特征。"西汉早期，只有韩江出海口的龟山为南下的汉人所占据，而在揭阳境内的榕江北河流域却被土著居民所控制，西汉中期以后，汉文化开始渗透到榕江南河流域。直到东汉时期，汉文化才得以进一步向榕江上游推进"⑤。

右江流域战国秦汉墓以铜鼓葬、铜棺墓和岩洞葬为地域特征，其文化基质与云南和越南北部相似，显示出云南青铜文化与岭南青铜文化的双重影响。包括右江流域在内的桂西地区迄无汉城发现⑥，因此李珍推测"桂西地区的汉县虽然有县之名，却无县

---

① 〔越〕黎崱著、武尚清点校，（清）大汕著、余思黎点校：《安南志略·海外纪事》，《安南志略·卷一·古跡》，中华书局，2008年，第29页。
② 李龙章：《岭南地区出土青铜器研究》，文物出版社，2006年。
③ 《后汉书·南蛮西南夷列传》。
④ 据《汉书·地理志下》岭南七郡户口统计。
⑤ 揭阳考古队、揭阳市文化局：《揭阳的远古与文明——榕江先秦两汉考古图谱》，（香港）公元出版有限公司，2003年，第133页。
⑥ 左江上游明江、丽江交汇处的龙州县庭城遗址近来发现西汉遗存，出土云树纹瓦当和弦纹、绳纹筒瓦、板瓦等遗物，"初步判断，庭城遗址在汉代是一座使用时间较短的带有军事性质的城址"。参见崇左市龙州县左江花山岩画文化景观申报世界文化遗产工作领导小组办公室：《左江花山岩画文化景观（龙州篇）》，广西人民出版社，2015年，第110、113～117页。

之实"①。粤西—桂东山地存在增劲塘城址这样的军事据点。这些地区汉晋时期整体上仍然为土著集团占据,汉文化大规模进入是在更晚时期。

(四)岭南汉城是岭南汉文化扩展的根据地和桥头堡,是岭南汉文化的集中体现

贾敬颜的一段话很好地概括出秦汉时期汉民扩张的通常形式:"大约汉人向外发展,靠的坚刃利兵与政治上的优势,其次随之而来的是雄厚的经济实力和先进的技艺、文化,首先打出一条通道(所谓开某某道即是),这条通道,往往顺沿河渠或在山间峡谷中,然后修建一座或几座城堡,于是便以此点面为根据地向四周开展、拓殖,去联络或征服当地的民族、部落,这就是秦、汉两朝在边区所开的郡与县;一旦力量衰落了,鞭长莫及,那些交通线和城堡便归于废弃。待力量恢复后,再行重建,这又是那些郡县旋兴旋废的缘故。交通线与城堡之外,大片的山林渊薮,仍归原地的民族、部落居住,汉人愈向四周发展,一方面使少数民族汉化,另一方面也为汉人的少数民族化提供了便利"②。

岭南汉城主要依河流和海岸交通线路分布。珠江三角洲的广州、北江上游的乐昌、郁江流域的贵县、贺江流域的贺州、漓江流域的平乐、北部湾沿岸的合浦、雷州半岛的徐闻、越南北部的清化等地均有大量汉墓分布,附近大多发现汉城,显然是岭南汉文化分布的中心。这些郡县城址和军事城址成为岭南汉文化扩展的根据地和桥头堡,而城址以外的广阔乡野仍然为土著集团所占据,仿佛一座座岛屿被汪洋大海所包围。而不同时期进入岭南的北方人群集团在与当地社会环境和自然环境调适的过程中逐渐与土著族群发生文化和血缘上的融合,发生一个"土著化"的过程。

岭南汉文化的形成轨迹,是中原文化与土著文化交错冲突中形成的物理合力线,但是前者力量更强大、作用更持久、辐射更广阔,引领的方向也就更明确。汉城承载着政治、军事、经济、文化功能,其物质空间形态及城市社会生活同时是汉文化的集中体现(虽然汉城出土的生活器具往往见有土著因素和地域特色),因此成为引领这条"物理合力线"前行的引擎。在这层意义上,汉城的出现、广泛分布和城市生活的繁荣,既是岭南汉文化形成的表现,又是岭南汉文化发展壮大的标志。

原载《"城市与文明"学术研讨会论文集》,上海古籍出版社,2016年

---

① 李珍、覃玉东:《广西汉代城址初探》,《广西博物馆文集》(第二辑),广西人民出版社,2005年。
② 贾敬颜:《历史上少数民族中的"汉人成分"》,《中华民族多元一体格局》,中央民族大学出版社,1999年,第210页。

汉印与岭南汉代史迹

岭南地区出土的汉代印章,前辈学者有许多深入讨论。汉印"缩龙成寸",岭南汉代史迹还可以从中窥见二三,所谓"方寸中见大千"是也。

1. "劳邑执刲"与"朱庐执刲"的年代和性质

"劳邑执刲"琥珀印(图一)和"朱庐执刲"银印(图二)分别出土于广西合浦堂排 M1 和海南岛乐东县。两印蛇钮,阴刻白文,无边栏和界格,根据规格、字体可以定为西汉时期官印。但是"执圭"为东周楚爵,仅在秦汉之际短暂沿用,因此具体年代和性质还有争论。关于"劳印",或认为制作于南越国时期①,或认为是汉平南越后武

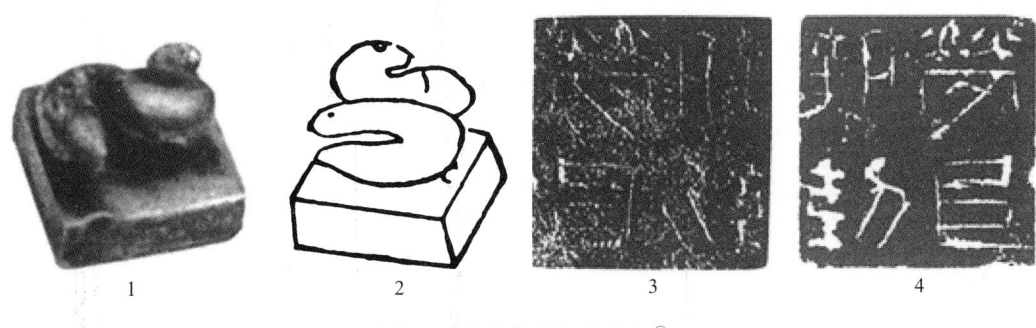

图一 "劳邑执刲"琥珀印②

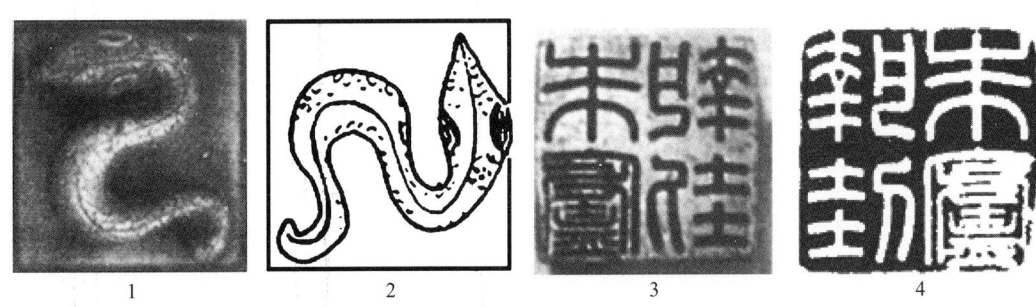

图二 "朱庐执刲"银印③

---

① 蒋廷瑜:《"劳邑执刲"琥珀印考》,《桂岭考古论文集》,科学出版社,2009年。
② 图一,1引自杨式挺《"朱庐执刲"银印考释——兼说朱卢朱崖问题》;图一,2引自黄展岳《"朱庐执刲"印和"劳邑执刲"印》;图一,3.4引自蒋廷瑜《"劳邑执刲"琥珀印考》。
③ 图二,1、3、4引自杨式挺《"朱庐执刲"银印考释——兼说朱卢朱崖问题》;图二,2引自黄展岳《"朱庐执刲"印和"劳邑执刲"印》。

帝或昭帝颁赐给当地少数民族首领的爵印①；关于"朱印"，或谓先汉古物②，或推测属汉平南越之前的武帝时期③，或以为属西汉中晚期而以西汉晚期可能性更大④。黄展岳则认为两印可能属于南越国后期的自镌官印，"但不排除南越国境内的种姓封君或流徙南越的楚国后人的自镌官印的可能性"⑤。

此两方印当为南越国印章。吴荣曾已经指出，"该印似不能列为西汉朝廷赐物。因为其爵制与汉制格格不入，……从汉中央对南越、闽越佐汉功臣或降汉群长赐封为侯或归汉里（俚）君看，亦可证明这一点"⑥。西汉中央政府颁赐的"蛮夷印"印文一般冠以汉朝名号，如传世"汉归义夷王"、"汉卢水仟佰"、"汉保塞乌桓率众长"等，与两印文例不合。我们还可以在钮式方面作些补充。

这两方印的蛇钮颇受注意，论者多以为与《汉旧仪》记载的官印钮制⑦不合。根据孙慰祖的研究，蛇钮铜印早见于战国，以"彭城丞印"为代表的一组蛇钮官印主要流行于西汉早期，个别属武帝时期（"琅左盐丞"）；均属朝官和郡县官，无一例为王国官印⑧。西汉印制事实上也有着逐渐规范化的过程，但是最关键之处在于"劳"、"朱"两印的所谓蛇钮与西汉早期官印通见的蛇钮形态明显有别，不能与西汉蛇钮官印相比附。

西汉早期蛇钮印"其蛇头部勃起，上腹与印体相连，中部拱起成一半圆孔，恰成鼻钮状"⑨，其实是鼻钮官印的变体（《汉旧仪》载"千石、六百石、四百石铜印，鼻钮，文曰印"），这种形制的蛇纽官印武帝中期已废用。西汉中期的"滇王之印"和东汉初期的"汉委奴国王"印蛇身盘曲，钮体隆起较高，与西汉早期的蛇钮形式不同，属于"蛮夷印"。"劳"、"朱"两印钮部蛇形均为盘卧之姿，蛇腹贴于台面，与西汉早期官印和蛮夷印的蛇钮不是一个体系，此蛇钮非彼蛇钮。"劳"、"朱"两印既然出在岭南，只能是南越国印制。

"劳印"和"朱印"均无界格。汉印无界格者一般晚于有界格者，有界格者偶见于武帝时期（如与岭南有关的"苍梧候丞"铜印）。南越国前期官印的印面格式与西汉中央政府一致，象岗南越王墓出土的"文帝行玺"、"帝印"、"郦乡候印"封泥等均有界格。传

---

① 吉开将人：《南越印章二题》，《中国古玺印学国际研讨会论文集》，香港中文大学文物馆，2000年。
② 谭其骧：《再论海南岛建置沿革》，《历史研究》1988年第5期。
③ 杨式挺文引吴荣曾意见。
④ 杨式挺：《"朱庐执刲"银印考释——兼说朱卢朱崖问题》，《岭南文物考古论集续集》，岭南美术出版社，2011年。
⑤ 黄展岳：《"朱庐执刲"印和"劳邑执刲"印》，《考古》1993年第11期。
⑥ 杨式挺文引吴荣曾意见。
⑦ （东汉）卫宏《汉旧仪》记西汉印制："诸侯王印，黄金橐驼钮，文曰玺，赤地绶；列侯，黄金印，龟钮，文曰印；丞相、大将军黄金印，龟钮，文曰章；御史大夫章；匈奴单于黄金印，橐驼钮，文曰章；御史、二千石，银印，龟钮，文曰章；千石、六百石、四百石铜印，鼻钮，文曰印。二百石以上皆为通官印。"
⑧ 孙慰祖：《西汉官印、封泥分期考述》，《上海博物馆集刊》（第六期），上海古籍出版社，1992年。孙文指出西汉早期蛇钮官印还有"平陆丞印"、"代马丞印"、"字丞之印"等。
⑨ 孙慰祖文：《西汉官印、封泥分期考述》，《上海博物馆集刊》（第六期），上海古籍出版社，1992年。

世"南越中大夫"铜印可能是武帝元鼎四年赐印[①]，则没有界格。元鼎四年赐印的印面格式或许影响了南越国晚期印制，这两方没有界格的印章当是制作于南越国末期。

西汉早期官印和汉代蛮夷印的钮式表现出人文民俗的地域风格。西汉鱼钮官印"可能为南方流行的一种钮式"[②]（上海博物馆藏"南越中大夫"印和象岗南越王墓出土的"景巷令印"即鱼钮）；两汉赐予少数民族首领的"蛮夷印"则见有蛇钮、驼钮、绵羊钮等。受西汉官印在钮式上突出人文民俗地域风格的影响，南越国向境内的越人部族君长赐以蛇钮印是完全可能的，这两方印的蛇钮表现的应该是所谓"南蛮蛇种"[③]的文化意象。

"劳"、"朱"两印的历史学价值主要表现在战国时期楚越关系和南越国行政制度两个方面。通常认为楚国的南界只是进抵桂东北的湘漓分水岭[④]，楚文化并未实质性地影响岭南地区，而且李龙章认为岭南东周越墓中的楚文化因素应该从湖南越人迁入的角度加以解释[⑤]。但是象岗南越王墓、贵县罗泊湾汉墓的"隔间"和"椁箱"表明楚式墓葬制度对南越国有着深远影响[⑥]；越南北部越溪等遗址出土的漆木器，以及东山文化出土的鉴、盘、銒、瓿等楚式器物[⑦]亦表明楚文化因素在岭南地区的强力渗透。这两方印更证明楚的政治势力曾经深入岭南，楚国对岭南越人部族有所羁縻。从这两方印我们还知道，南越国郡国并行以外，还有类似于西汉属国、县"有蛮夷曰道"[⑧]之类的羁縻制度。

我们赞成蒋廷瑜以"劳"为部族名称的意见；《汉书·地理志》记有合浦郡朱卢县，"朱卢"亦当本自部族名称。推测楚国曾经羁縻"劳"、"朱卢"等越人部族，南越国"因其故俗"而治，因此以"执圭"爵位颁赐。进一步推测，这两方印既然可能制作于武帝元鼎四年以后，即元鼎六年南越国灭亡的前夜，很可能是越相吕嘉为迎战汉军而笼络越人部族首领以绥靖后方的产物。谭其骧等先生以为西汉朱卢县在海北[⑨]，"朱印"出土于海南岛，我们认为当是"朱卢"首领在南越灭国之后流寓海南岛的结果。

出土"劳印"的堂排M1早年被盗，随葬器物都是汉式，未见越式和楚式特征。蒋廷瑜将堂排M1改定为西汉中期晚段，认为墓主属于郡守一级，刘瑞认为是郡级官吏[⑩]，

---

① 孙慰祖文：《西汉官印、封泥分期考述》，《上海博物馆集刊》（第六期），上海古籍出版社，1992年；《汉书·南粤传》记婴齐卒后，太后上书武帝"请比内诸侯"，"天子许之，赐其丞相吕嘉银印，及内史、中尉、太傅印，余得自置"。
② 孙慰祖文：《西汉官印、封泥分期考述》，《上海博物馆集刊》（第六期），上海古籍出版社，1992年。
③ 吴春明、王樱：《"南蛮蛇种"文化史》，《南方文物》2010年第2期。
④ 蒋廷瑜：《楚国的南界和楚文化对岭南的影响》，《中国考古学年会第二次年会论文集·1980》，文物出版社，1982年；蒋廷瑜：《从银山岭战国墓看西瓯》，《考古》1980年第2期。
⑤ 李龙章：《岭南地区出土青铜器研究》，文物出版社，2006年，第294页。
⑥ 王学理：《南越王墓"外藏椁"设置之我见》，《南越国史迹研讨会论文选集》，文物出版社，2005年。
⑦ 卢智基：《东山文化研究的反思：读范明玄〈东山文化的一致性与多样性〉》，《南方民族考古》（第六辑），科学出版社，2010年。
⑧ 《汉书·百官公卿表上》。
⑨ 谭其骧：《自汉至唐海南岛历史政治地理——附论梁隋间高凉洗夫人功业及隋唐高凉冯氏地方势力》，《历史研究》1988年第5期；谭其骧：《再论海南岛建置沿革——答杨武泉同志驳难》，《历史研究》1989年第6期。
⑩ 刘瑞：《华南地区秦汉土坑墓研究》，《考古学集刊》（19），科学出版社，2013年。

与吉开将人认为秦汉交替之际"执圭"爵位的地位次于同时代的"侯"、官职低略低于郡守而高于县之长官[①]相符。"劳印"墓主当是南越国封拜的越人部族首领,入汉以后仍然为地方豪强。蒋廷瑜已经论证劳邑部族在西汉合浦郡地(今玉林境内),朱庐与劳邑邻近。云开大山、云雾山一带的粤西—桂东山地秦汉时期基本维持未开发状态,东吴设置合浦北部都尉,刘宋泰始年间在合浦北部立越州,都是为了重点经略当地的越人部族[②]。

2."臣固私印"的年代和性质

"臣固私印"出土于广东徐闻县五里乡二桥南湾村。铜印(可能鎏金),龟钮(图三[③]),印面有边栏和界格,白文。徐闻当地文史学者以此印为汉代官印,认为印主为《后汉书·窦融传》附记的窦固[④],显然有误。杨式挺对"固印"有过专门探讨[⑤],注意到"固印"虽然为私印,但是龟钮,出土地可能就是西汉徐闻郡县治所,认为印主身份不同寻常;并引叶其峰意见,认为"固印"时代在西汉中期,不会早至文景时期。

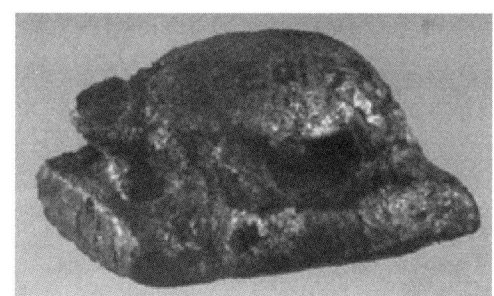

图三 "臣固私印"龟钮鎏金铜印

汉代龟钮官印的使用者均为高级官吏,所谓"龟纽之玺,贤者以为佩"[⑥]。传世和出土龟钮金印、银印的官爵等级确实较高,叶其峰认为秩比二千石铜印亦用龟钮。汉代私印铜质龟钮者不乏其例,但许多印主无考,使用情况或许有所不同。赵平安认为"拥有龟钮私印的墓主上至诸侯王,下至小官吏,确实拥有一定的身份和地位。但私印

[①] 吉开将人:《南越印章二题》,《中国古玺印学国际研讨会论文集》,香港中文大学文物馆,2000年。
[②] 本文刊载后读到孙慰祖文章,孙文认为"'朱庐执刲'是武帝开郡之际赐给'朱庐'当地内附汉朝的主要部族首领的封号","朱庐先郡后县,与朱崖本为一事"。见孙慰祖:《"朱庐执刲"银印的赐主与受主——兼议"朱庐"与"朱崖"之辩》,《上海博物馆馆刊》(第十二期),上海博物馆,2012年。附记于此。
[③] 图三引自徐闻县历史文化研究领导小组办公室:《大汉徐闻二千年》第三章《考古发现及出土文物》图版,商务印书馆,2014年,第175页。
[④] 窦固少为"黄门侍郎",有论者以此与《汉书·地理志下》"自日南障塞、徐闻、合浦船行可五月,……有黄支国,……有译长,属黄门,与应募者俱入海,市明珠、璧琉璃、奇石、异物"比附。
[⑤] 杨式挺:《试论"海上丝绸"之路的考古学研究》,《岭南文物考古论集续集》,岭南美术出版社,2011年。本文引叶其峰、朱家溍、史树青观点均见杨文。
[⑥] 《淮南子·说林训》。

毕竟是私印,不可与官印制度机械套合"①。我们认为判断"固印"印主身份最具启发性的是长沙杨家山 M6 出土的四方印章②。

长沙杨家山 M6 时代为文景之际,出有"洮阳长印"、"洮阳令印"、"苏郢"、"苏将军印"四方印章。其中前两方均为滑石印,坛钮,为明器印;"苏郢"为坛钮玉印,"苏将军印"适为龟钮铜印。墓主苏郢先后担任"洮阳长"和"洮阳令",洮阳为西汉零陵郡属县,地当广西全州,"在任期间,洮阳县由不够万户的小县,发展成了万户以上的大县"③。《交州外域记》称伏波将军路博德为"路将军",因此"苏将军印"应该是实用私印。合浦廉州新莽前后的黄泥岗 M1 出有"徐闻令印"滑石印,同出一枚龟钮铜印,阴文篆书"陈褒"。因此我们认为"固印"印主身份大致可以考虑在西汉"将军"至"县令"等级之间,朱家溍则考虑"固印"印主可能是郡守的主簿、从事。

西汉印文中的"臣"字确实是谦称,但是仍然具有社会等级性。西汉私印中镌"臣"者颇多,身份可考者不乏官吏。广州汉墓出有"赵望之"和"臣望之"、"梁奋"和"臣奋"、"得之"和"臣之"三组西汉前期印章和"臣于"陶文,墓主身份均高于县级官吏④。王献唐谓"凡臣字诸印,其人必有秩衔,施于封牍,亦必对上峰而发,友朋通函,谅不需此"⑤,赵平安以为"王氏的话基本上是正确的,但失之绝对"⑥。值得注意的是,西汉印文中的"臣"字具有时代性,《汉书·高帝纪上》注引张宴曰:"古人相语多自称臣,自卑下之道也,若今人相与言自称仆也";《日知录》亦载"汉初,人对人多称臣,乃战国之余习。……至天下已定,则稍有差等,而臣之称惟施之诸侯王,……至文、景以后,则此风渐衰,而贾谊《新书》有尊天子,避嫌疑,不敢称臣之说"⑦。"固印"虽然保留田字格,但是"印"字"爪"部三斜笔弧折明显,"卩"部末笔下曳变短,属于西汉中期偏晚阶段的笔体特征。

"固印"属于南越国灭亡以后的可能性甚小。此印为乡民挖土所得,大抵有遗落和死葬两种可能。如果是南越国灭亡以后的印章,以郡守、县令等文职论,异地为官者薨后一般归葬旧籍,前举"洮阳令"苏郢归葬长沙、"徐闻令"陈褒归葬合浦可证;武帝初开的合浦郡似不能遽以当地土人为守、令。以"将军"、"校尉"等武职论,征讨南越或驻防将领死葬当地亦不合情理。而无论文职武职,承平时期遗落这种高级印信的概率很小。因此,我们认为"固印"是一枚南越国晚期印,与汉平南越时的战乱有关。

史树青认为"固印"可能是急就章。西汉将军印往往临时付用,多为急就。此印

---

① 赵平安:《秦西汉印章研究》,上海古籍出版社,2012 年,第 84 页。
② 周世荣:《长沙出土西汉印章及其问题研究》,《考古》1978 年第 4 期。
③ 蒋廷瑜:《有关广西的汉代官印》,《桂岭考古论文集》,科学出版社,2009 年。
④ 刘瑞:《华南地区秦汉土坑墓研究》,《考古学集刊》(19),科学出版社,2013 年。
⑤ 王献唐:《臣字印》,《五灯精舍印话》,齐鲁书社,1985 年。
⑥ 赵平安:《秦西汉印章研究》,上海古籍出版社,2012 年,第 76 页。
⑦ (清)顾炎武《日知录》卷二十四"对人称臣"条。

可能鎏金（象岗南越王墓出土"左夫人"、"泰夫人"和"部夫人"三方龟钮铜印均鎏金），等级较高。印主或可推测为南越国抵御西汉南征时封拜的将军，"固印"是其匆匆制作的私印。此印出土在雷州半岛南端海滨，与"朱印"出土在海南岛性质相同，或为印主渡海避乱时所遗落。

3. 象岗南越王墓"泰子"印与南越国世系

在象岗南越王墓的墓主讨论中，赵胡身份和出土的两方"泰子"金、玉印章（图四[①]）成为焦点。陈松长指出"所谓'泰子'的封号对墓主来说相对比较重要，它可能比'文帝'的帝号还来得重要"，进而提出赵眜"越位僭礼继承王位的问题"[②]。这确实是考察南越国世系的一个线索，讨论此问题需要结合西于王事迹展开，我们于此曾经有过专论[③]，择要转述如次。

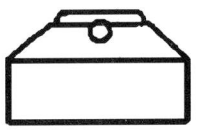

图四　象岗南越王墓"泰子"金、玉印

西于王见诸《汉书·闽粤传》和《汉书·景武昭宣元成功臣表》，传记"故瓯骆将左黄同斩西于王，封为下郦侯"，表记元封元年四月下郦侯左将黄同"以故瓯骆左将斩西于王功侯，七百户"。西汉交趾郡下有西于县，西于王可以肯定为南越国分封的王侯。西于王在史汉两书"南越传"中并未提及，却出现在《汉书·闽粤传》，并非蒙文通所谓"是汉书此传明显有误"[④]，而是另有颇可寻味的原因。

西汉征伐闽越战争期间，南越故地的越族勋贵旧势力死灰复燃，汉军在南越故地同时有军事行动。证据有三：第一，《汉书·景武昭宣功臣表》在"下郦侯"事后记载，元封元年正月乙卯繚嫈侯刘福"以校尉从横海将军击南越侯"。横海将军韩说是击

[①] 广州市文物管理委员会、中国社会科学院考古研究所、广东省博物馆：《西汉南越王墓》，文物出版社，1991年。图四，1、2引自（下）彩版Ⅱ，图四，3引自（上）第201页。
[②] 陈松长：《西汉南越王墓出土"泰子"印浅论》，《南越国史迹研讨会论文选集》，文物出版社，2005年。
[③] 郑君雷：《南越国"西于王"事迹钩沉》，《新果集——庆祝林沄先生七十华诞论文集》，科学出版社，2009年。
[④] 蒙文通：《骆越与西瓯》，《越史丛考》，人民出版社，1983年。

破闽越的主力（印谱中的"横海候印"①和"横海候丞"封泥②即横海将军属官），事见史汉《闽越传》。元鼎六年冬平灭南越的战事中绝无横海将军，"繚嫈侯"得封是汉军在闽事中讨伐南越余烬的最有力证据。第二，《汉书·景武昭宣元成功臣表》中"得南粤相吕嘉"的临蔡侯孙都（《汉书·南粤传》记为粤郎都稽）和"以父弃故南海太守，汉兵至，以越邑降，子侯"的涉都侯喜，元鼎六年均未得封，难免怨望，元封元年得封显然与闽乱有关，大有安抚意。第三，《汉书·景武昭宣功臣表》"术阳侯建德，以南越王兄越高昌侯，三千户。（元鼎）五年（前112年）三月壬午封，四年，坐使南海逆不道，诛"。武帝太初元年以前汉历以冬十月为岁首，史表记建德以元鼎四年封术阳侯，未言月份，若建德冬季封侯，纪元可在前114年，以享侯四年计，被诛杀时间当在元封元年（前110年）；如果实际享侯三年余，可在元封元年冬（前111年），即汉军"咸入东越"③这一年。派赵建德使南越故地，显然是为了安抚旧属，他图谋不轨被诛，最有可能是配合闽乱有所异动。

我们推测汉平南越之后雌伏数年的西于王此时趁势而起，与闽越遥相呼应。西于王的反叛因闽乱而起，汉军在南越故地的军事行动规模也比较小，因此被斩杀之事附在《闽粤传》。元封元年南越故地的形势说明汉朝在平灭南越后并未真正控制西于地区，南越国破并未实质性地影响西于王的地位，交趾地域还在西于王的掌控下。其原因，在于西于国相对独立于南越国，自主权很大。

赵佗太子赵始未见于秦汉史籍，魏华倾向于其人其事的真实存在④。越南民间传说安阳国破后赵始殉情投井，古螺城故址尚存古井⑤。高昌侯赵建德和苍梧王赵光均是赵氏宗族，西于王也不会例外。赵始在击破安阳王的战争中居功厥伟，西于王始封最可能是赵始之子。史籍皆以赵始为赵佗太子，清梁廷楠《南越五主传》云赵始为次子，论者皆曰未知所据。按，越南黎朝圣宗时代的《岭南摭怪》说佗子名仲始⑥。果此，赵始实为次子，以次子身份承储君位，二说不悖。

能否这样推测——赵佗原太子（长子）或殁或废，赵始以次子身份承南越储君位，长子后胤（或者就是赵胡）因此失去承续大统的机会。若赵始即位，南越国世系自然依赵始子嗣承继。但是赵始破安阳国后殉情，既然前后两名太子皆亡，最合理的安排是长子后胤（赵胡）承续大统，次子赵始后胤封在西于。赵胡南越国储君的地位是失而复得的，自然特别在意"太子"名份，而且希望西于王具有相对独立于南越国的自治地位，借此换取赵始后胤放弃对南越王位的争夺。南越国与西于国的关系，或可类比于辽与灭渤海国后建立的东丹国，或者名义上的大汗元朝与钦察、察合台、窝阔台

---

① 周进藏辑：《魏石经室古玺印景》，上海书店，1989年。
② 周明泰辑：《再续封泥考略》，京华书局，1928年。
③ 《汉书·西南夷两粤朝鲜传》。
④ 魏华：《略述南越国的赵始》，《广州文博论丛》（第2辑），广州出版社，2005年。
⑤ 〔越〕陈重金著，戴可来译：《越南通史》，商务印书馆，1992年，第19页。
⑥ 参见黄鸿光：《关于赵佗之子赵始的事迹》，《广州文博通讯》1984年第2期。

等事实上独立的汗国。西于王只是奉南越国为宗主国而已，因此才有南越国破之后路博德"拜二使者为交趾、九真太守，诸骆将主民如故"①之举。

4."郋乡候印"封泥、金钟 M1"左夫人印"、罗泊湾 M2"夫人"玉印与南越国行政制度

南越国仿效秦汉制度，郡国并行。多数学者认为，南越国仍然设置南海、桂林两郡，将象郡拆分为交趾、九真两郡，分封苍梧王赵光、高昌侯赵建德和西于王等王侯。勾勒史籍，南海郡辖县可考者有番禺、龙川、博罗、揭阳、浈阳、含洭；广东五华狮雄山秦汉城址近年出有"定楬之印"和"定楬丞印"封泥②，当有定楬县；桂林郡辖县可考者有布山、四会。根据贵县罗泊湾 M2 出土的"夫人"和贺州金钟 M1 出土的"左夫人印"两方玉印，有些学者推测南越国至少分封了五位王侯③。

象岗南越王墓后藏室出有"郋乡候印"封泥（图五④），"郋乡"文献无征。汉代边郡太守"置部都尉、千人、司马、候、农都尉，皆不治民"⑤。陈直推断郡守属官皆有候，且诸侯国可以自置郡⑥。发掘报告指出，《汉书·百官公卿表》记卫尉、中尉、将作少府、属国都尉、城门校尉属官亦有候，掌武职，皆与此"郋乡候"封泥不符，故认为"郋乡"为南越国自置之郡名⑦。按，"横海候印"和"横海候丞"封泥说明西汉将军亦有候。但以汉代将军名号制度推度，"郋乡"当为地名，确实可能为南越国自置郡。发掘报告推测"郋乡"在南越国北境，与长沙国毗邻。我们认为郋乡郡的方位应该联系西汉岭南七郡的设置整体进行考察。

1　　　　　　　　　　　2

图五　"郋乡候印"封泥

---

① 《水经注》引《交州外域记》。
② 尚杰：《广东五华狮雄山秦汉城址的发现与初步研究》，《东南文化》2013 年第 1 期；尚杰、刘长：《中国考古学年鉴·2012》，文物出版社，2013 年，第 349 页。
③ 张荣芳、黄淼章：《南越国史》，广东人民出版社，2008 年，第 120 页。
④ 广州市文物管理委员会、中国社会科学院考古研究所、广东省博物馆：《西汉南越王墓》，文物出版社，1991 年。图五，1 引自（下）图版 200，图五，2 引自（上）第 298 页。
⑤ （东汉）卫宏：《汉旧仪》。
⑥ 陈直：《汉书新证》，天津人民出版社，1979 年，第 131、132 页。
⑦ 广州市文物管理委员会、中国社会科学院考古研究所、广东省博物馆：《西汉南越王墓》（上），文物出版社，1991 年，第 310 页。

秦桂林郡大致包括广西中东部和广东西部，在此范围内南越国还分封了苍梧秦王。秦桂林郡被拆分为南越国的桂林郡和苍梧秦王封地两部分，分别成为西汉设置郁林、苍梧两郡的基础。南越国在越南中北部除设置交趾、九真两郡以外，越南史料还提及日南郡。《交州外域记》称"越王令二使者典主交趾、九真二郡民，后汉遣伏波将军路博德讨越王。路将军到合浦，越王令二使者赍牛百头，酒千钟，及二郡民户口簿，诣路将军。乃拜二使者为交趾、九真太守，诸雒将主民如故"[①]。此事《大越史记全书》记为"时我越令三使者，牵牛三百头，携酒一千钟，持交趾、九真、日南三郡户籍，迎降"[②]；《安南志略》引《交州记》亦云"是时越自全，三侯牵牛酒千钟，持交趾、九真、日南三郡户籍迎降，路博德因拜三者为三郡守。雒王、雒将治民如故"[③]。

西汉平南越设置岭南七郡（不包括海南岛上旋废的珠崖、儋耳两郡），其中南海、郁林、苍梧、交趾、九真、日南六郡与南越郡国行政区划大致有所本，惟西汉合浦郡方向无从着落。汉代合浦地区当岭南七郡的交通枢纽，固然"郡不产谷实"，但"海出珠宝，与交趾比境，常通商贩，贸籴粮食"[④]。武帝在此设置郡县，自然是当地前期社会经济发展已具相当基础。合浦大浪古城外发掘过西汉初年的土墩墓，文昌塔墓地有西汉早期汉墓发现[⑤]，或许鄡乡郡是在合浦方向，南越王墓出土的某些海外贸易产品可能就是鄡乡郡所贡献。

贺州金钟 M1 出有"左夫人印"，龟钮玉印（图六[⑥]）；同出两方龟钮、伏螭钮铜印，印文不辨。象岗南越王墓出有"右夫人玺"、"左夫人印"、"泰夫人印"、"囗夫人印"四枚夫人玺印，最后一枚释为"部"字存疑。刘钊以为释"部"正确，读如"陪夫人"或"副夫人"；指出"从文献上看，两汉朝庭尚未无以'左'、'右'、'泰'、'部'（陪或副）命名夫人之例，可见这是南越国自创的制度"[⑦]。金钟 M1 墓主当为南越国分封王侯的配偶。

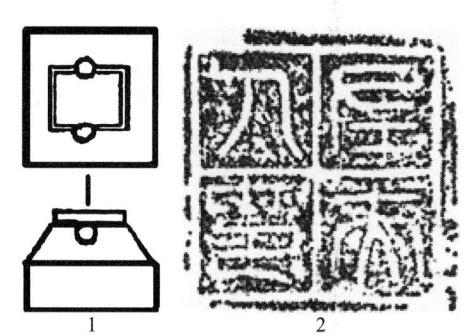

图六　贺州金钟 M1 出土"左夫人印"龟钮玉印

根据秦、汉苍梧郡的地域范围，以及苍梧王城的线索（蒋廷瑜引史志材料认为苍

---

① 《水经注·叶榆水》。
② 引自〔越〕明峥著，范宏科、吕谷译：《越南史略》，三联书店，1960年，第14页。
③ 〔越〕黎崱著、武尚清点校，（清）大汕著、余思黎点校：《安南志略·海外纪事》，《安南志略·卷第四·前朝征讨》，中华书局，2008年，第94页。
④ 《后汉书·孟尝传》。
⑤ 梁旭达：《广西西汉早期墓葬初步研究》，《广西博物馆文集》（第七辑），广西人民出版社，2010年。
⑥ 引自广西壮族自治区文物工作队、广西贺县文物管理所：《广西贺县金钟一号汉墓》，《考古》1986年第3期。
⑦ 刘钊：《东南地区出土汉代陶玺石刻文字考证》，《东南考古研究》（第三辑），厦门大学出版社，2003年。

梧王城在今梧州市区①，熊昭明根据贺州市长利村城址的超常规模推测其为苍梧王城②），可以判断南越国苍梧秦王封地以梧州—贺州为中心。金钟 M1 即在此范围之内，墓主有可能就是苍梧秦王的夫人，因此目前所见南越国分封的王侯只有四位，不能说至少有五位。

贵县罗泊湾 M1 和 M2 两座高等级大墓为夫妻合葬。蒋廷瑜已经论证 M1 墓主不能是西瓯君或受南越国册封的骆越首领，但是以 M1 墓主为桂林郡守或郡尉③，却与 M2 出土的"夫人"玉印（图七④，1）和"家啬夫"封泥相抵牾。此外，M2 出土陶盆上的印文（图七，2）原报告未识读，吴凌云读为"秦后"⑤，以为陶盆为苍梧秦王宫庭用品，是秦王后赠送给墓主西瓯夫人的；陈小波进而认为 M2 墓主是来自苍梧侯国宫中的"王后"贵妇，M1 为苍梧侯国"秦王"，被贬谪后成为地方驻军武将（首领）⑥。但是发掘者蓝日勇仍然倾向于读为"圭禾后（司）"，以为文意不明⑦。按，赵平安认为陶盆戳印文字当读为"司王禾"，可与尼雅出土西汉"司禾府印"类比，认为墓主的丈夫曾担任过"司王禾"一职⑧。我们以为 M1 墓主仍然是南越国分封的王侯。问题在于贵县一带是南越国桂林郡的中心甚至郡治所在，两者关系如何解释？南越国王侯封地与郡县重合，还见于西于王与交趾三郡。

图七　贵县罗泊湾 2 号墓出土"夫人"玉印和戳印陶盆

南越国政治制度模仿西汉中央政府，在此基础上有所变易。西汉初年的诸侯王国跨州兼郡，连城数十，专制一方，甚至可以自置郡县。汉初以后的诸侯王国则逐渐名存实亡。"景帝中五年令诸侯王不得复治国，天子为置吏"⑨；武帝行推恩令，诸侯王得

---

① 蒋廷瑜：《试从考古发现探寻汉晋广信县治的地理位置》，《桂岭考古论文集》，科学出版社，2009 年。
② 熊昭明：《广西的汉代城址与初步认识》，《汉长安城考古与汉文化》，科学出版社，2008 年。
③ 蒋廷瑜：《贵县罗泊湾汉墓墓主族属的再分析》，《桂岭考古论文集》，科学出版社，2009 年。
④ 图七，1 引自广西文物工作队：《广西贵县罗泊湾二号汉墓》，《考古》1982 年第 4 期。图七，2 引自陈小波：《布山县治贵港说质疑》，《广西博物馆文集》（第四辑），广西人民出版社，2007 年。
⑤ 吴凌云：《"秦后"印戳和"苍梧"印戳——两件反映南越国内部关系的新物证》，《广东史志》1999 年第 3 期。
⑥ 陈小波：《布山县治贵港说质疑》，《广西博物馆文集》（第四辑），广西人民出版社，2007 年。
⑦ 蓝日勇：《广西贵县罗泊湾二号汉墓出土陶盆上戳印文的释读问题》，《广西考古文集》（第四辑），科学出版社，2010 年。
⑧ 赵平安：《秦西汉印章研究》，上海古籍出版社，2012 年，第 48、49 页。
⑨ 《汉书·百官公卿表上》。

分户邑以封子弟，"而汉为定制封号，辄别属汉郡"①。我们认为西于王相对南越国有自治地位②，辖交趾三郡；苍梧秦王比郡治民；罗泊湾汉墓的墓主可能只是虚封的诸侯王，或仅为比县侯国（汉代列侯妻室亦可得称"夫人"）。

通过以上汉印，我们对南越国的行政制度大致有所了解。南越国郡国并行，南越王自有的直属郡县可能有南海等郡，还分封了若干王侯，其中西于王、苍梧秦王以及罗泊湾汉墓的墓主情况有各自不同地位。"劳邑执刲"与"朱庐执刲"两印说明南越国的边疆地区可能还有羁縻设置。

5. "庸母印"与望牛岭M1的墓主身份

合浦望牛岭M1③规模宏大，出土器物精美，时代为西汉晚期，报告认为是"合浦地区的郡县官吏或合浦地区地方豪强的墓葬"。根据出土陶提筒上的"九真府"和"九真府□器"题记，有些学者认为墓主曾经担任九真郡太守。该墓出土龟钮琥珀印一枚，发表印文读为"庸母（？）印"（图八，1）。

汉代官吏经常以明器官印随葬。岭南地区汉墓出土或长沙汉墓出土与岭南有关的汉代官印包括前举出自长沙杨家山M6的"洮阳长印"和"洮阳令印"、出自合浦黄泥岗M1的"徐闻令印"、出自广西藤县鸡谷山汉墓的"猛陵丞印"（西汉苍梧郡下有猛陵县）、出土于长沙子弹库M23的"广信令印"（广信为西汉苍梧郡首县），印谱著录的"合浦太守章"石印亦"当是为殉葬仿制的明器印"④。与岭南关系密切的长沙地区，汉墓出土"靖园长印"、"长沙顷庙"、"官司空之印"、"御府长印"、"宫丞之印"、"长沙仆"等印，墓主多为长沙国高级官吏⑤。

岭南汉墓出土琥珀印凡三见。"庸母印"以外，堂排M1出土"劳邑执刲"，堂排M4出土"王以明印"，墓主均被推测为郡级官吏。望牛岭M1墓葬等级更高，刘瑞推测墓主为具有较高爵位（如列侯）的郡级官员⑥，但是并无出土显示墓主身份的明器官印。我们认为望牛岭M1墓主身份除九真郡太守外，还有流徙罪人之可能。

蒋廷瑜指出自西汉后期起"徙合浦"事件屡见不鲜，仅西汉成帝阳朔元年（前24年）到汉平帝元始五年（5年）的30年间，列侯、太守、大臣一级流徙合浦者不下十数例⑦，其中西汉哀帝元寿二年（前1年）南郡太守毋将隆因治冯太后狱冤陷无辜，免官"徙合浦"殊可注意⑧。我们怀疑"庸母印"应该读为"母庸印"，印主与毋将隆家族有关。

---

① 《汉书·景十三王传》。
② 郑君雷：《南越国"西于王"事迹钩沉》，《新果集——庆祝林沄先生七十华诞论文集》，科学出版社，2009年。
③ 广西壮族自治区文物考古写作小组：《广西合浦西汉木椁墓》，《考古》1972年第5期。
④ 蒋廷瑜：《有关广西的汉代官印》，《桂岭考古论文集》，科学出版社，2009年。
⑤ 傅聚良：《西汉长沙国千石至斗食官吏的墓葬》，《考古》2005年第9期。
⑥ 刘瑞：《华南地区秦汉土坑墓研究》，《考古学集刊》（19），科学出版社，2013年。
⑦ 蒋廷瑜：《再论汉代罪犯流徙合浦的问题》，《桂岭考古论文集》，科学出版社，2009年。
⑧ 《汉书·毋将隆传》。

汉代官印文字排列以先右后左、先上后下为常式，最常见的四字印读序一般为1—2—3—4，但是有变化形式，孙慰祖举出左起者还有3—4—2—1和3—2—1—4两种形式①。汉代私印往往二至五字不等，其中四字印读序一般同于官印，"印"字在四号位置；但是也见有1—3—4—2回文读序，即姓氏在一号位置，"印"字在二号位置，姓氏与"印"字纵向同排，"四字印的回文读法，旨在把姓与名分为两行，不致混淆"②（图八，2）。三字私印较少，读序一般右起为1—2—3，姓氏在一号位置，占印面右栏全部，较突出；"印"字在三号位置（图八，3）；但是亦见有右起读为1—2—3，姓氏在一号位置，"印"字在三号位置，分占印面右栏上下各半，而名字占左栏全部，较突出，如吕赏印③（图八，4）。考虑到汉代官印有自左上位置起读、私印有姓氏与"印"字纵向同排、三字私印有名字占居左栏全部的情况，"庸母印"有左起依1—2—3次序读为"母庸印"的可能性（图八，5）。

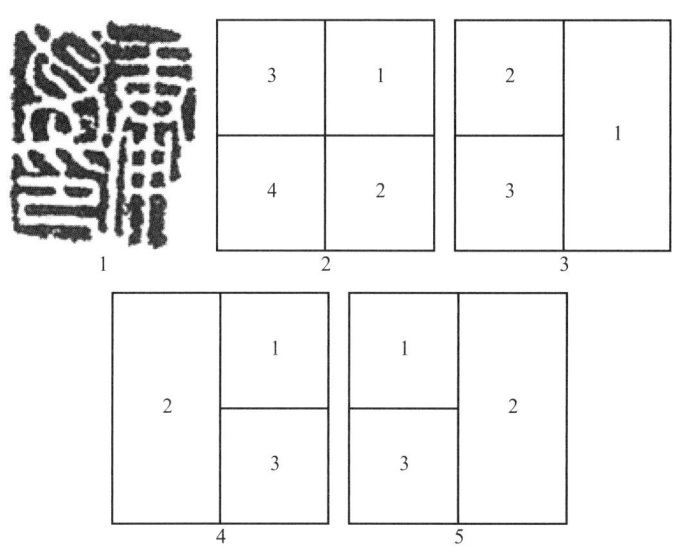

图八　望牛岭M1"庸母印"与汉代官印文字排列方式

流徙合浦的高官显贵通过利用自己充裕的财力、物力进行垦殖、捕鱼、采珠、煮盐等活动，积累资财致富④，在当地仍然具有较高社会地位，相当于地方豪强。这些人中的绝大多数终老合浦，得以厚葬。毋将隆事在西汉晚期，望牛岭M1年代在西汉晚期，母庸或为其家族人士。

原载《岭南印记：粤港澳考古成果展国际学术研讨会论文集》，香港历史博物馆，2014年

---

① 孙慰祖：《读印札记三则》，《上海博物馆集刊》（第五期），上海古籍出版社，1990年。
② 刘一闻：《印章》，上海古籍出版社，1996年，第19页。
③ （清）汪启淑集印，徐敦德释文：《汉铜印丛》，西泠印社，1998年，第19页。
④ 蒋廷瑜：《再论汉代罪犯流徙合浦的问题》，《桂岭考古论文集》，科学出版社，2009年。

岭南战国秦汉墓的"柱洞"

岭南战国秦汉墓的柱洞，出现在墓底、二层台、墓道等处，位置、数量和形状不一，性质和功用复杂。柱洞不仅与墓葬形制和棺椁结构有关，而且涉及若干值得探究的葬俗现象，因此敷衍成文，依"封门排柱"、"椁盖顶柱"、"椁板壁柱"、"棺架立柱"、"甬道门柱"、"棺椁围柱"、"墓上表木和墓上建筑"和"存疑柱洞"逐一罗列。

一、封门排柱

广州汉墓[1]的木椁室，主要是"井椁式"和"封门式"两种形制。前者"由垫木、底板、壁板、盖板作两纵两横，组合成一个大木箱模样"，后者"椁室靠墓道一端作敞门式结构，门洞用若干根木柱直竖封堵，其余部分与上式同"，主体仍然是壁框结构。"在广州地区采用木柱封门的木椁墓，到西汉中期始盛行，一直沿袭到东汉晚期"。

封门木柱的数量不等。西汉中期至东汉前期一般是六七根，中间几根竖立在木质门限的凹槽中，两侧边柱出底榫插入门限卯眼（图一，1）；或者柱脚出方榫插入门限卯眼。这些封门排柱偶尔会留下印痕。M1153 墓室近墓道口处有门限灰痕，"当中有九个半圆形的封门柱印，直径约 0.4 米"（图一，2）。M3018"椁与木棺俱朽，距墓底 0.98 米出现顶盖、壁板及封门木柱灰痕，柱朽后形成垂直的圆洞，直达墓底"（图一，3），这些柱洞是淤土堆积后形成的，并非当时的设置。

发表材料中尚未见到封门排柱直接插入墓底形成的柱洞。广州汉墓以外，贵县罗泊湾二号汉墓"椁室口的封门是用 12 根正方形或长方形的木柱并立封住的"[2]。贺州金钟一号汉墓的椁室也是封门式，只是"门洞用若干块木板直竖封堵"[3]，而非排柱；贵县风流岭 M31 则是"用十一块方木竖放封门"[4]，与其相似。

二、椁盖顶柱

岭南战国秦汉墓的木椁室内部，设有支撑椁盖的立柱。贵县罗泊湾二号汉墓在椁

---

[1] 广州市文物管理委员会、广州市博物馆：《广州汉墓》，文物出版社，1981年。
[2] 广西壮族自治区文物工作队：《广西贵县罗泊湾二号汉墓》，《考古》1982年第4期。
[3] 广西壮族自治区文物工作队、广西贺县文物管理所：《广西贺县金钟一号汉墓》，《考古》1986年第3期。
[4] 广西壮族自治区文物工作队：《广西贵县风流岭三十一号西汉墓清理简报》，《考古》1984年第1期。

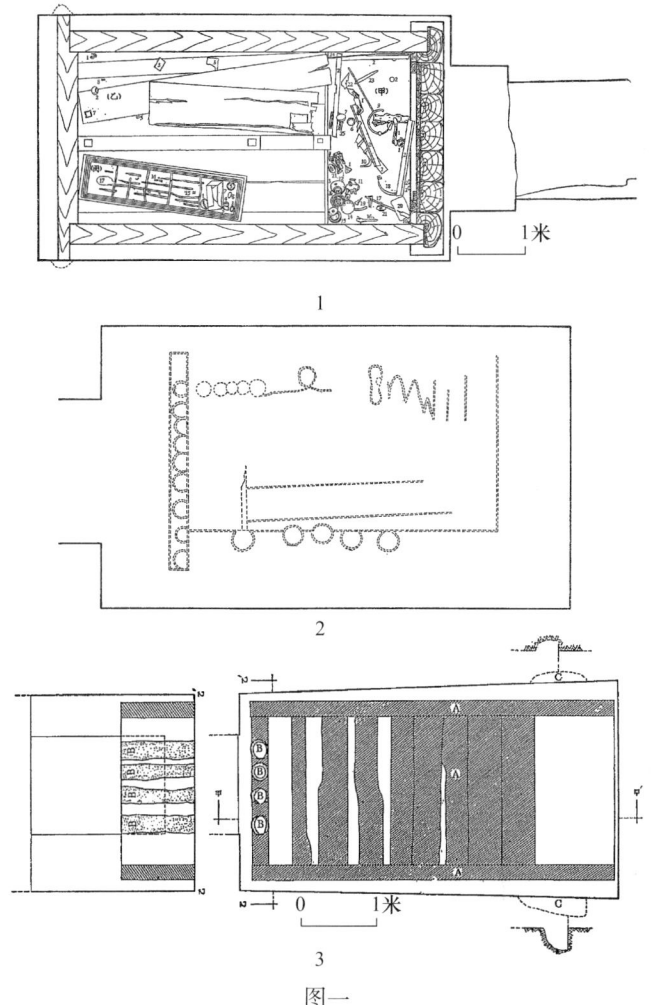

图一
1. 广州汉墓 M4013 椁室封门排柱　2. 广州汉墓 M1153 封门柱印和木椁板灰痕迹　3. 广州汉墓 M3018 封门柱洞和木椁板灰痕迹

底板的中部横置一块"中方木","木上面每边从外向内各排列竖立四根方柱,余下的空间设两扇木门,把椁室分隔成前、后两室"(图二,1)。这些方柱除起到间隔功能以外,还起到椁盖顶柱的作用。

椁室内的椁盖顶柱若穿透椁底,则会在墓底留下柱洞。贺县金钟一号汉墓椁室"后室与前室用木板隔开,隔板立于后室底板之上。从发掘时所见后室南端地面上留有两个10厘米直径的柱洞来看,隔板北侧的东西两端还有柱子,起顶固作用"①(图二,2)。

广宁龙嘴岗②M8 墓底东北部近墓圹处有一较大柱洞(图二,4),肇庆康乐中路③M9 墓底有三道横向沟槽,"在后端沟槽中间有一圆洞,直径 24 厘米,深 50 厘米,

---

① 广西壮族自治区文物工作队、广西贺县文物管理所:《广西贺县金钟一号汉墓》,《考古》1986 年第 3 期。
② M8、M6 和 M10 见广东省文物考古研究所、广宁县博物馆:《广东广宁县龙嘴岗战国墓》,《考古》1998 年第 7 期。M16 和 M17 见广东省文物考古研究所:《肇庆古墓》,科学出版社,2008 年。
③ 广东省文物考古研究所:《肇庆古墓》,科学出版社,2008 年。

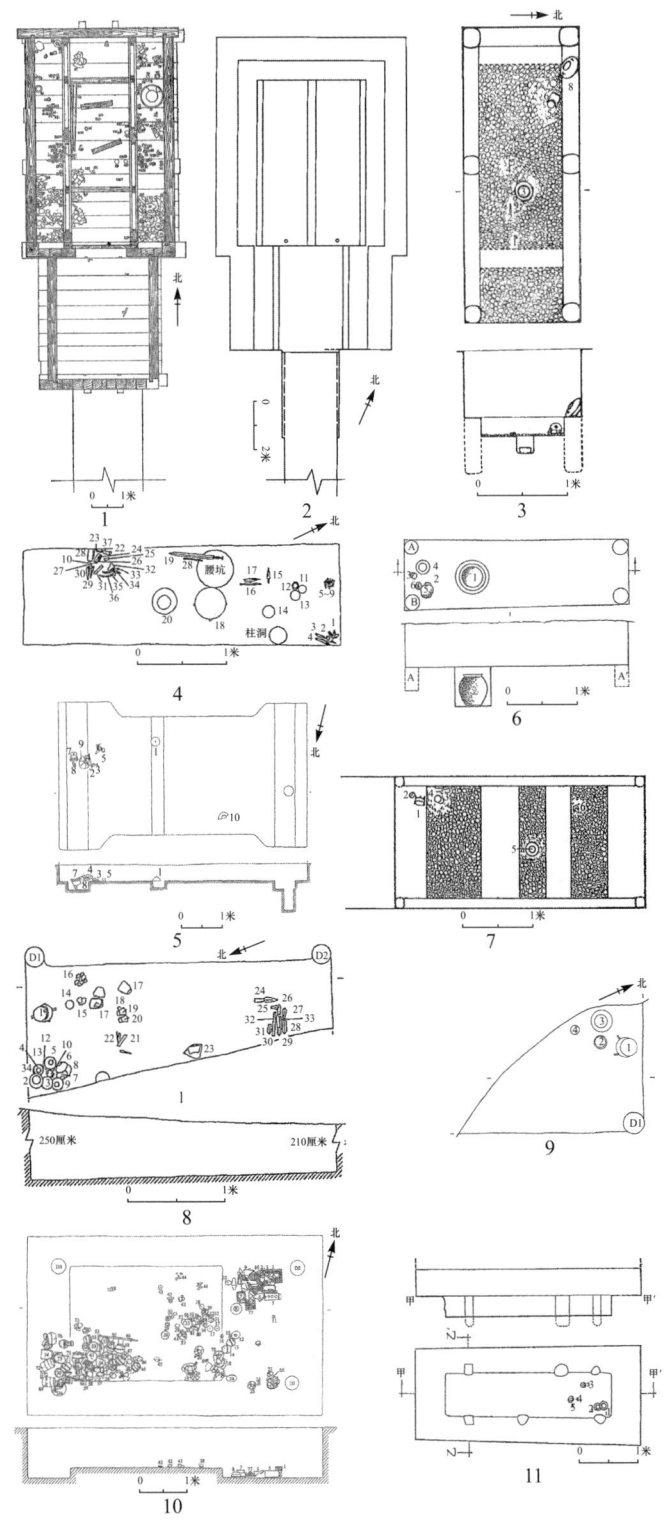

图二

1. 贵县罗泊湾二号汉墓平面图　2. 金钟一号汉墓平面图　3. 平乐银山岭 M115 平、剖面图　4. 广宁龙嘴岗 M8 平面图　5. 肇庆康乐中路 M9 平、剖面图　6. 广州瑶台北柳 M46 平面图　7. 平乐银山岭 M126 平面图　8. 广宁龙嘴岗 M16 平、剖面图　9. 广宁龙嘴岗 M17 平面图　10. 肇庆康乐中路 M7 平、剖面图　11. 广州汉墓 M1060 平、剖面图

直壁圜底，壁面规整"（图二，5）。这两座墓设置的是单个柱洞。

广州瑶台北柳 46 号墓"坑壁四转角处各有一洞，深约 30 厘米，可能四角竖一根木柱"（图二，6）[①]。龙嘴岗 M16（图二，8）和 M17（图二，9）墓坑残，分别发现两个和一个柱洞，柱洞位于墓坑转角处，位置与北柳 46 号墓基本相同。龙嘴岗 M6"墓室部分被破坏，前端右角有一柱洞"，未附图。这三座残墓的墓坑四角原来当各有一个柱洞，与北柳 46 号墓相似。肇庆康乐中路 M7 发现四个柱洞，不是位于墓坑四角，而是在与墓坑四隅尚有一段距离处（图二，10）。龙嘴岗 M10"墓室被破坏，头两侧各有一柱洞"，未附图，原来也可能是两对柱洞。

这类在土坑墓墓底发现的单个柱洞或者两对柱洞，若发现椁室灰痕或存在设置椁室的迹象，首先可以考虑插立椁盖顶柱的可能性。肇庆康乐中路 M7"墓底中部为生土棺床，……比墓底高出 20 厘米"，棺床前端放置陶屋、井、灶等器物，空间关系与广州汉墓双层分室木椁墓的"假二层"结构相似，M7 的四个柱洞插立的很可能是支顶椁盖的立柱。

岭南战国秦汉墓二层台面的长边两侧经常见到柱洞，一般是两三对，绝大多数对称。以平乐银山岭墓地[②]材料最丰富。其中一些墓的二层台较为低矮。

广州汉墓 M1060"四壁平直，距墓底高 0.34 米有生土二层台，当中形成一个 2.84 米×0.76 米仅可容棺的椁室。二层台两侧各有三个方形或圆形的柱洞，深入坑底 16 厘米。前后两对柱洞位置相对，中间的不对称，柱洞中有板灰"（图二，11）。M1060 插立的虽然是"半明柱"，但是二层台内的墓坑颇窄促，似不宜再设置椁板等结构。因此《广州汉墓》推测"此墓的椁室是用生土二层台为壁，在台侧竖木柱，柱顶可能架有横梁组成椁盖支架，上铺盖板。由于二层台高度仅 0.34 米，高未逾棺，所以四周可能还加一层壁板"。平乐银山岭 M71 的熟土二层台高仅 14 厘米，"从板灰痕迹看，此墓有棺有椁，木椁从二层台上垒砌"，说明《广州汉墓》的推测较有道理。

银山岭 M115 二层台面有三对圆形柱洞（图二，3），M126 在二层台四角设置两对方形柱洞（图二，7），二层台均仅高 20 厘米。广州汉墓 M1060、银山岭 M126 和 M115 二层台较为低矮，这类墓二层台面以上还可能有木椁结构，台面柱洞插立的木柱主要用作椁盖顶柱，同时具有联结椁板的壁柱功能。

三、椁板壁柱

二层台面见有柱洞的岭南战国秦汉墓中，还有一些墓的二层台较高。

银山岭 M55 和 M114 在二层台长边两侧有三对圆形柱洞，M74 和 M94 有三对长方形柱洞，M97 有两对长方形柱洞。银山岭 M64 二层台分为两级，第二级台面有三对圆

[①] 黄淼章：《广州瑶台柳园岗西汉墓群发掘纪要》，《穗港汉墓出土文物》，香港中文大学文物馆，1983 年。

[②] M71、M55、M64、M74 和 M114 见广西壮族自治区文物工作队：《平乐银山岭战国墓》，《考古学报》1978 年第 2 期。M94、M97、M116 和 M117 见广西壮族自治区文物工作队：《平乐银山岭汉墓》，《考古学报》1978 年第 4 期。有些学者认为银山岭"战国墓"已进入西汉纪年。

形柱洞（图三，1～6）。这些墓二层台较高，银山岭墓地一般在 0.8～1.25 米。

　　银山岭 M55"从残存板灰测得椁室高约 1.7 米"，而铜棺环散落在墓底中间，说明紧贴墓圹的不是棺板而是椁板。M74"二层台面和墓壁上都有朽木痕迹"。因为墓坑较深，有可能是椁室侧板立贴二层台壁，盖板平铺在二层台面，柱洞插立的木柱主要起到联结椁板壁柱的作用。

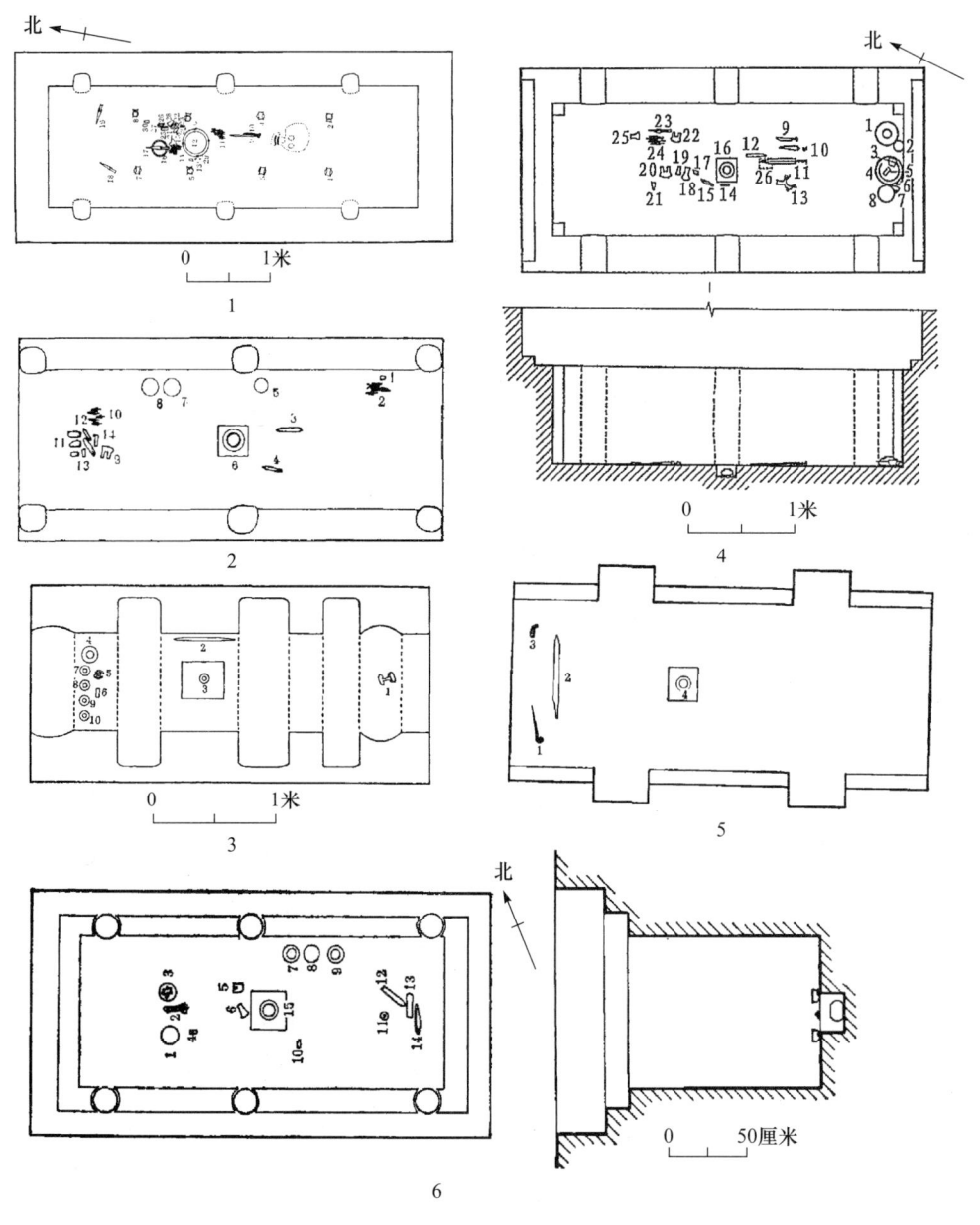

图三

1. 平乐银山岭 M55 平面图　2. 平乐银山岭 M114 平面图　3. 平乐银山岭 M94 平面图　4. 平乐银山岭 M74 平、剖面图　5. 平乐银山岭 M97 平面图　6. 平乐银山岭 M64 平、剖面图

椁室壁柱与壁板的联结方式可以从罗泊湾二号汉墓椁室内部的间隔结构得到启发。罗泊湾二号汉墓椁室内在"正方木"上对称竖置五对木柱，中间三对木柱的两侧开出背向凹槽（两端立柱开出单面内向凹槽），凹槽内插入木板，以立柱将木板联结起来，将椁室隔成东、西边箱和中室（图二，1）。这几座墓插立的均为"半明柱"，尤其银山岭M55壁柱明显凸出于坑壁，比较适宜在木柱两侧开凹槽插入壁板。

四、棺架立柱

广州汉墓"架棺"或"架举棺室"的实例均在木椁室内，"架举棺室"相当于间接"架棺"。从随葬器物的空间分布和形态推断，"架棺"在岭南战国秦汉墓中有一定数量[①]。"架棺"当有棺架结构。

广州汉墓M1048直接"架棺"，以五条横枋榫插在椁壁板上构成"疏底木架"，另以四根立柱支撑棺架顶盖（图四，1）。"架举棺室"有三种方式：M2040以一列短柱承托"架举棺室"的梁枋，横枋榫插在椁室壁板上，《广州汉墓》称为"连壁减柱式"（图四，2）；M2050横枋搭架在对称的两列底柱上，然后纵向铺板"架棺"，报告称为"立架式"（图四，3）；M2043在椁底板上分立三块横隔板，其上纵向铺板，构成上下双层结构，称为"隔板式"（图四，4）。这些"架棺"实例的木椁室内，设置支撑棺架顶盖的立柱，或设置支撑上层棺室的底柱和隔板，只是未穿透椁室底板，墓底未见柱洞等痕迹。另外，根据广西南丹的民族学调查，岩洞葬的"棺架"结构是以四根横枋榫穿四根立柱[②]（图四，5）。

存在"架棺"迹象的岭南战国秦汉墓在墓底或二层台面往往见有柱洞，很容易联想到"棺架立柱"或"棺室底柱"等结构。

岭南战国秦汉墓若在木椁中"架棺"，实例中见到的几种方式皆有可能，尤其是"横枋榫插椁室壁板"的结构最具适用性。不设二层台的土坑墓中，龙嘴岗M8这类单个柱洞也可能用以插埋支撑棺架顶盖的立柱；坑底有两对称柱洞的墓例也有可能是"横枋搭架底柱"或"横枋榫穿立柱"结构。设二层台的土坑墓中，二层台壁若有椁壁板，横枋既可以榫插于椁室壁板，也可以只榫插于木柱，或者同时榫插于椁室壁板和木柱；若是环土为椁，则只能榫插于木柱。

徐闻五里镇M1[③]二层台"表面东西两壁有7对互相对称的凹槽"，槽口平面细长且较浅平，适合以木枋横搭，其上可承置一棺，其下悬空部分相当于一个大腰坑（图四，6）。这类"凹槽"可视为另类"架棺柱洞"。

---

① 郑君雷：《岭南战国秦汉墓的"架棺"葬俗》，《考古》2012年第3期。
② 蒋廷瑜：《铜柱形器用途推考》，《考古》1987年第8期。
③ 广东省文物考古研究所、湛江市博物馆、徐闻县博物馆：《广东徐闻五里镇汉代遗址》，《文物》2000年第9期。

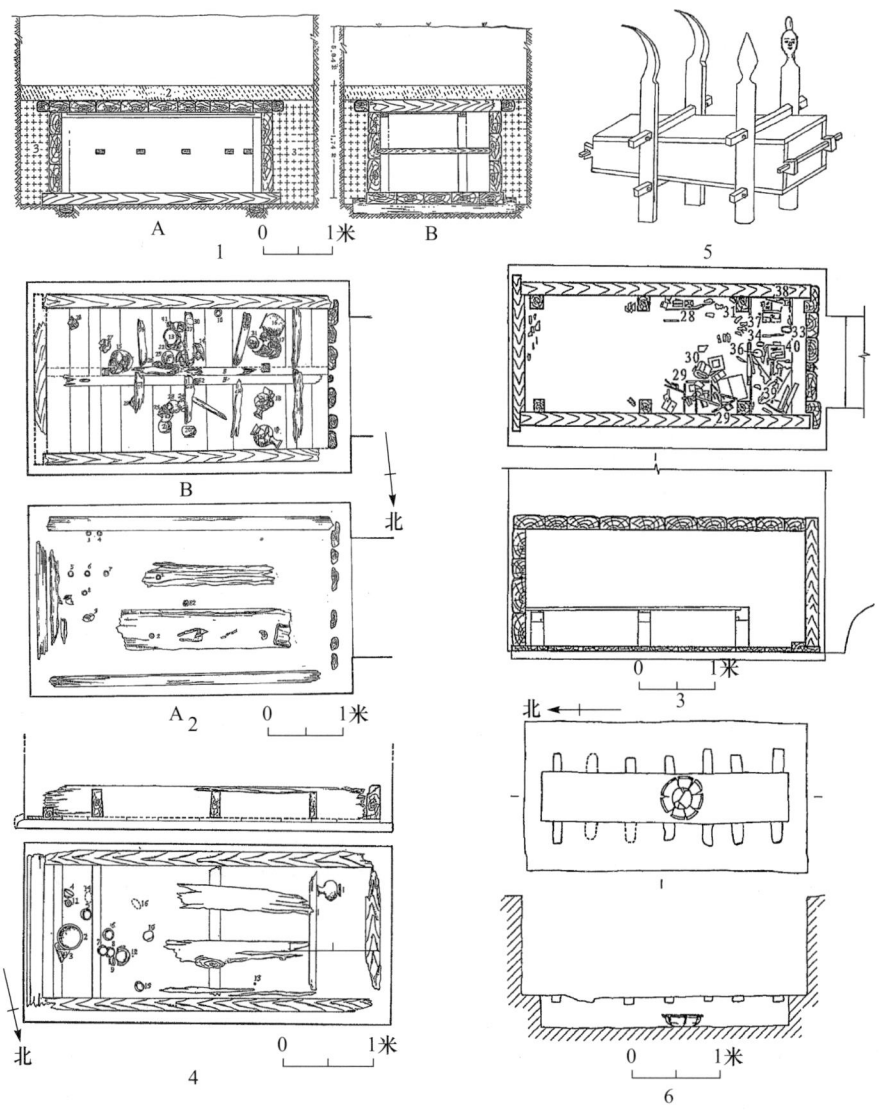

图四

1. 广州汉墓 M1048 棺架结构   2. 广州汉墓 M2040 "连壁减柱式" 结构   3. 广州汉墓 M2050 "立架式" 结构   4. 广州汉墓 M2043 "隔板式" 结构   5. 南丹崖洞葬棺架   6. 徐闻五里镇 M1 平、剖面图

五、甬道门柱

广州农林东路发掘一座"人字顶"木椁墓,"墓坑西侧凸出部分的木构甬道以西区域,暂称为门道。……初步认为门道位置原有木构设施。在墓坑西侧凸出部分的北侧边壁发现 8 个柱洞,南侧边壁有 5 个柱洞,可能与门道木构设施或修筑墓坑时的防塌支护桩有关"[①]。

---

① 广州市文物考古研究所:《广州市农林东路南越国"人"字顶木椁墓》,《羊城考古发现与研究》,文物出版社,2005 年。

丁巍认为，门道"位于墓道之后，墓室之前。门道设施有多种方式，大体门道由铺底板、阶梯、两侧的生土熟土台或直接的纵向木挡板、两侧的立柱等构成，且极有可能有木质覆顶。这种形制多见于广州地区南越国时期大中型墓葬和部分中小型墓葬，进入西汉中期逐步简化而消失，是极具南越国地域特点的一种墓葬结构形式"①。这一推测有道理。

贵县罗泊湾一号汉墓的墓道尽端"两侧各有相对柱洞五个，其间有栏板痕迹，底下有横撑木，估计是夯筑墓道后留下来的"②（图五，1）。与农林东路"人字顶"木椁墓比照，这些柱洞与"门道"结构有关。

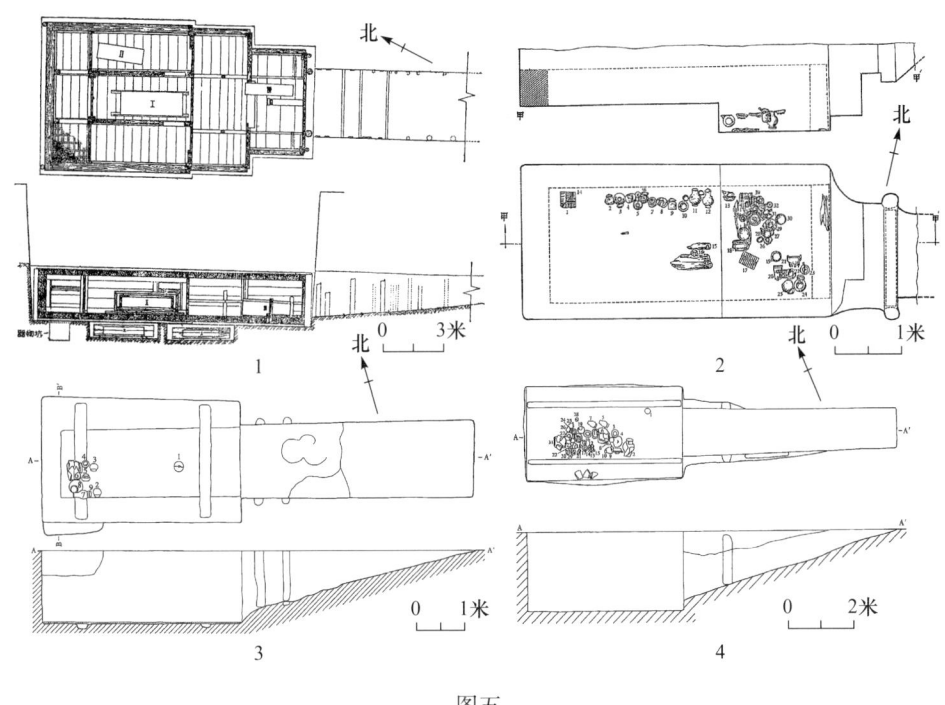

图五

1. 贵县罗泊湾一号汉墓平、剖面图　2. 广州汉墓 M5012 平、剖面　3. 合浦文昌塔 M6 平、剖面图
4. 合浦文昌塔 M8 平、剖面图

"门道"结构也有比较简单的墓例。广州汉墓 M5012 墓道"近封门处挖低成一平级。稍前有一道横列的凹槽，宽 20 厘米，深 12 厘米，两边有柱洞，沟与柱洞内全是板灰"（图五，2）。报告推测，"至于墓道的凹沟和柱洞，因上部已平土，未见任何遗迹，推测可能是第二次下葬时，椁口的封门柱朽坏，利用墓道两边的生土作壁，外加墓门一道（其上还可能有盖板）。合浦文昌塔墓地③M6 在靠近墓坑的墓道"两壁见有双

---

① 广州市文物考古研究所：《广州市农林东路南越国"人"字顶木椁墓》注释1，《羊城考古发现与研究》，文物出版社，2005年。
② 广西壮族自治区文物工作队：《广西贵县罗泊湾一号墓发掘简报》，《文物》1978年第9期。
③ 广西文物考古研究所、合浦县博物馆：《2005年合浦县文昌塔汉墓发掘报告》，《广西考古文集》（第三辑），文物出版社，2007年。

重门柱，间距 0.4 米"（图五，3），M8 墓道"距墓室约 1.25 米两侧有门柱凹槽，一侧外还有一斜槽，应寓意为斜撑"（图五，4）[①]。

"门道"位置的建筑结构还见有墓道两侧的栏板（也就是丁巍讲到的"纵向木挡板"）。贺州金钟一号汉墓"墓道的后部与前部宽度不一，明显分为两段"，第二段比第一段从两壁各收窄 10 厘米，"在清理墓道填土时，发现第一段的两侧壁有木板灰痕，知原来两壁竖插木板，板宽 28～30 厘米，高约 1.8 米"。贵县罗泊湾一号汉墓的柱洞间也有栏板痕迹。

"门道"位置的两侧栏板实际构成墙体结构，其实就是甬道，两侧柱洞插立的是甬道门柱和甬道壁柱。

六、棺椁围柱

越南海防越溪墓地[②]在棺木周围栽立木桩是极有特点的葬俗。

越溪墓地的情况见诸《越南青铜时代的第一批遗迹》的材料介绍，其中的船棺大墓"刚发现时，棺材四周钉有八根木桩。两根钉在两头提耳边，六根钉在棺材两边。可能是为了使棺材固定。这些木桩先用火薰过，以防腐烂，然后才削尖一端，因此木桩边上有木炭灰痕迹，而木桩尖端则没有"。根据文字介绍和附图（图六），这些栽立的木桩围夹着船棺，而非架起。

无独有偶。广州农林东路的"人"字顶木椁墓"环坑壁发现有不规则分布的 23 个柱洞"。简报推测"可能与墓坑修筑时防止坑壁崩塌的防护架等有关"。"人"字顶大墓

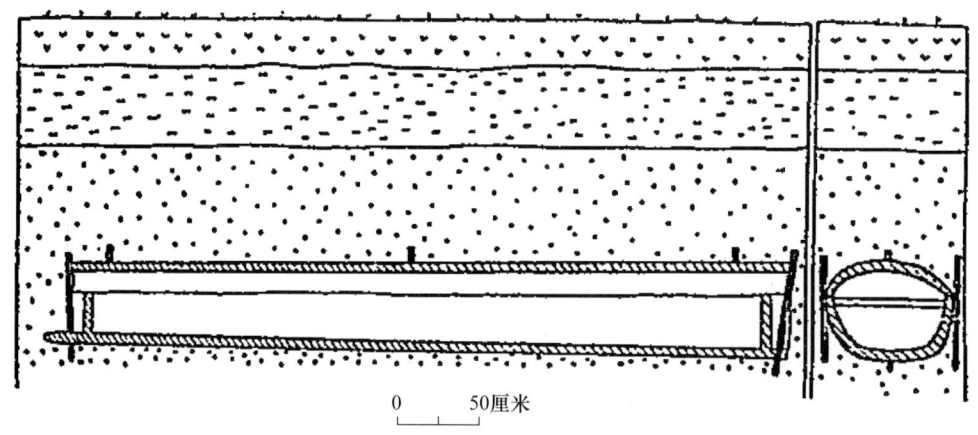

图六　越南海防越溪大墓剖面图

---

① M8 剖面图上表现出一对凹槽，彩版九，1 注明为"M8 的封门柱槽"，却见有两对凹槽。彩版九，1 墓坑底部前端明显可见一道横向枕木沟，与 M6 位置相同。因此彩版九，1 标注的墓号有误，应该是"M6 的封门柱槽"。

② 〔越〕黎文兰、范文耿、阮灵编著，梁志明译：《越南青铜时代的第一批遗迹》，中国古代铜鼓研究会，1982 年，第 55、56 页。

全国仅三见，另两座是绍兴印山越王陵和武夷山城村闽越王室大墓，是百越地域等级很高的墓葬形制。农林东路大墓推测属于南越国王室贵族。

广州汉墓 M1153 椁室"左侧壁有五个圆柱灰印，直径 0.4～0.48 米；柱印内侧连着一条整齐的壁板灰线绕至后壁，呈曲尺形。右侧壁前端亦有六个圆柱印，大小不等，柱印内侧的壁板灰线有直有曲，很不规整"（图一，2）。报告认为"这墓的椁室与一般用大木板累叠的做法不同，而是采用大木柱并列直竖组成。椁室由大木柱并列直竖而成。因柱印内侧还有板灰直线相连，柱壁内可能是贴有一层衬板的"。有前两座墓为参照，M1153 椁板外的立柱可能也是围柱性质。有意思的是，该墓墓室长 10.34 米，宽 6.12 米，远超过西汉前期木椁墓的一般长宽数值，被盗扰后还余有陶壁、陶方盘、象牙、犀角等器物，其中陶方盘为西汉前期墓仅见，也是一座规格较高的大墓。

初步推测，这一时期岭南越族的高等级墓有可能存在在棺椁周围栽桩立柱的葬俗。

七、墓上表木和墓上建筑

越南海防越溪墓地棺木之间钉有大木桩，从行文分析，此处不是指船棺大墓棺木四周的八根木桩。"棺木埋在坑穴内。发现时，棺木四周有许多黑泥。与上面的土层有点不同。棺木按东西向安置，微向南而倾斜，与瀚江流向并行。棺木之间钉有大木桩，似乎标志着某一种事件，或者是为棺木定向定位"。

银山岭 M116 平面图上，墓道外侧近墓门处见有一对柱洞（平、剖面图的表现形式可能会产生理解歧义，图七，1）。银山岭 M117"近墓门的左侧有一圆形柱洞"（图七，2）。依平面图，这两座墓的柱洞开口在地表。

杨树达先生的《汉代婚丧礼俗考》说："古人重庙祭，汉人则重墓祀"，举出若干墓上植树和墓前树立石柱的记载[①]。岭南战国秦汉墓在地表栽立木柱，当是表示纪念或作为标识，性质与墓上植树和墓前树立石柱略同。华表初为木柱，因此将这类柱洞的性质推测为"墓上表木"。

合浦文昌塔 M5 为土圹木椁墓，长方形竖穴。"墓室开口两侧有半开放式洞槽，一侧 4 个，一侧对应仅见 2 个"。平、剖面图上，洞槽的平面和剖面均为尖圆形（图七，3）。墓口出现柱洞不是孤例。合浦罗屋村 M3 为东汉晚期砖室墓，"在墓口两边发现两排共 9 个柱洞，两排柱洞之间的距离略比墓室宽，基本呈对称关系。柱洞均为圆形，圜底，直径 15～30、深 5～25 厘米不等"[②]（图七，4）。这两座墓的墓

---

① 杨树达：《汉代婚丧礼俗考》，上海古籍出版社，2000 年，第 180、102、120 页。
② 广西壮族自治区文物工作队、合浦县博物馆：《广西合浦县罗屋村古墓葬发掘报告》，《广西考古文集》（第二辑），科学出版社，2006 年。

口柱洞似乎与墓上的简易建筑有关，也可能只是在地表的墓口周围栽柱立柱。地表墓口若栽立桩柱，可以视作棺椁围柱的变体形式，也可以视作"墓上表木"的一种形式。

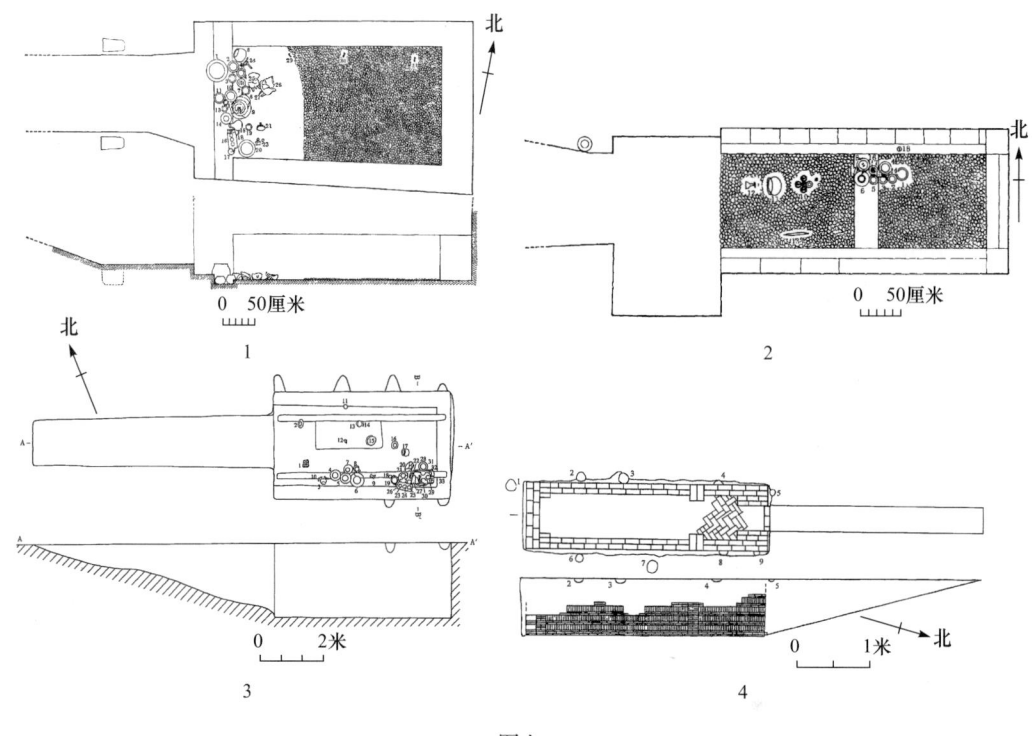

图七

1. 平乐银山岭 M116 平、剖面图　2. 平乐银山岭 M117 平面图　3. 合浦文昌塔 M5 平、剖面图
4. 合浦罗屋村 M3 平、剖面图

八、存疑柱洞

由于墓室和棺椁保存情况以及发掘报告图文介绍的限制，有些迹象能否判断为柱洞只能存疑，有些柱洞的性质和用途也无法推测。

乐昌对面山墓地[①]M183 二层台长边坑壁两侧有三道自上而下的对称凹槽，简报推测是放置垫木的槽道。观察平、剖面图（图八，1），墓底只是中部有一条凹沟可以放置垫木，前后两道凹槽也许是暴露于坑壁的柱洞。对面山 M151 坑壁两侧的对称半圆状凹槽情况大致类同（图八，2）。

封开利羊墩墓地[②]M12"在墓坑的一端的两角向外各扩展一小方坑，边长 20 多厘米，深于墓底 30 多厘米，内无遗物，不明用途"。"M27 墓的一端两角也有类似 M12

---

① 广东省文物考古研究所、乐昌市博物馆、韶关市博物馆：《广东乐昌市对面山东周秦汉墓》，《考古》2000 年第 6 期。
② 杨式挺、崔勇、邓增魁：《广东封开利羊墩墓葬群发掘简报》，《南方文物》1995 年第 3 期。

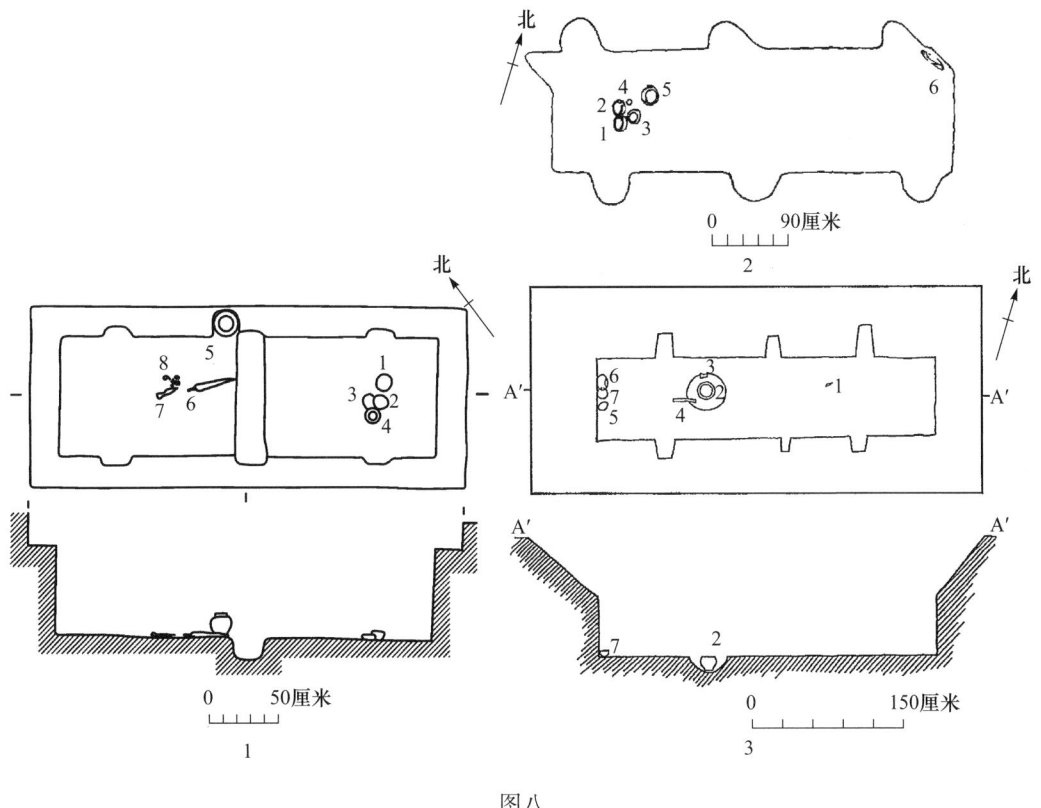

图八

1. 乐昌对面山 M183 平、剖面图　2. 乐昌对面山 M151 平面图　3. 灵川马山 M7 平、剖面图

的小坑，深约10厘米"，M27的两个小方坑分别出一件铜带钩和一件小陶杯，更觉特殊。

灵川马山墓地[①]M6"墓室前部底也整体下凹6厘米，主要的随葬品均置于此。墓室前部墓壁有4个略呈圆形的柱洞"，未附图照。M7"墓壁从墓口往下即开始斜坡状，然后垂直往下至墓底，南北两侧各有三个分布较均匀的长方柱洞"，观察照片，墓坑北侧大部呈二层台状，三个柱洞开口在二层台面；南侧三个柱洞开口在斜坡壁上。这两座墓柱洞的性质和用途无法推测。

以上扼要讨论了岭南战国秦汉墓柱洞的性质和用途，尤其"棺架立柱"、"棺椁围柱"和"墓上表木和墓上建筑"几项与岭南越族葬俗相关，先前似未引起特殊注意，因此多着些笔墨。必须指出，前面依性质和用途进行的柱洞讨论，只是希望梳理出逻辑脉络，绝非逐一指认凿实。虽然讨论这个问题不免有揣测成分，却很有必要。

原载《四川文物》2010年第4期

---

① 广西壮族自治区文物工作队、桂林市文物工作队、灵川县文物管理所：《灵川马山古墓群清理简报》，《广西考古文集》，文物出版社，2004年。

北江上游的南越国墓及秦汉岭南的族群分布

北江流域是岭南地区战国秦汉遗存分布比较集中的一个地区，尤其是北江上游的乐昌、始兴、曲江等地已经发表了许多材料，以乐昌市南郊对面山墓地①最为集中和丰富。一则，岭南地区战国秦汉时代的考古学研究存在地域上的不平衡，应该依据地理单元逐一开展具体研究，进而明确文化区系；二则，北江流域也是联系岭北的通道，讨论岭北文化因素对岭南影响必然涉及这一地区。因此来说，对北江流域的西汉遗存进行整体性的考察是必要的。这里以乐昌对面山墓地为基础讨论北江上游的南越国墓，进而论及秦汉时代岭南地区的族群分布。不过笔者是初次涉及岭南地区的秦汉材料，认识可能有片面性。

乐昌位于北江右源的武江流域，对面山墓地发掘东周秦汉墓191座，均为土坑墓，葬具和骨架无存，部分墓坑有棺椁痕迹。简报将其中53座墓的年代推定在秦定岭南至汉武帝灭南越，本文概略地称为南越国墓。这53座墓出有鼎、剑、矛、戈、匕首、半两钱等铜器，锸、斧等铁器，瓮、罐、鼎、盒、瓿、釜等陶器，材料比较丰富。遗憾的是，简报只发表了墓葬形制登记表，因此材料分析受到一定限制。

岭南地区发表的南越国墓约有450座②，乐昌对面山墓地以外，比较集中的材料还有两批，一是广州汉墓，一是平乐银山岭墓地。番禺是秦南海郡治和南越国首府，南越国墓发现最多，发表墓例约在250座。其中《广州汉墓》收录秦定岭南至汉灭南越这一时期的墓葬182座，分为南越国前期和后期两段，许多墓汉式因素比较强烈③。平乐银山岭墓地发表战国墓110座④，另文发表汉墓45座，其中西汉前期13座⑤，有些研究者以为简报推定的战国墓年代偏早，应当连同13座西汉前期墓共同归属于南越国早期⑥，本文将此123座墓一并讨论。研究者普遍以为平山岭墓地为西瓯遗存⑦。

战国秦汉时期的东南沿海和岭南地区是百越活动区。《汉书·地理志》注引臣瓒："自交趾至会稽七八千里，百粤杂处，各有种姓"，见诸史籍者有杨越、干越、于越、

---

① 广东省文物考古研究所、乐昌市博物馆、韶关市博物馆：《广东乐昌市对面山东周秦汉墓》，《考古》2000年第6期。
② 全洪先生在《南越国铜镜论述》中统计岭南地区年代明确的南越国墓葬已发表近400座（《考古学报》1998年第3期），其后乐昌对面山墓地发表50余座。
③ 广州市文物管理委员会、广州市博物馆：《广州汉墓》，文物出版社，1981年。
④ 广西壮族自治区文物工作队：《平乐银山岭战国墓》，《考古学报》1978年第2期。
⑤ 广西壮族自治区文物工作队：《平乐银山岭汉墓》，《考古学报》1978年第4期。
⑥ 蒋廷瑜：《从银山岭战国墓看西瓯》，《考古》1980年第2期；《广州汉墓》（上）第472页注释2；黄展岳：《论两广出土的先秦青铜器》，《考古学报》1986年第4期。
⑦ 蒋廷瑜：《从银山岭战国墓看西瓯》，《考古》1980年第2期。

东越、东瓯、闽越、南越、西瓯、骆越、滇越、越巂、外越等，其间具体关系则说法不一，如《汉书·东粤传》中的东越有时似专指东瓯，有时似也是闽越和东瓯的合称。文献中关于越人的记载以江浙比较清楚，岭南一般简略。从《史记·越王勾践世家》"楚威王兴兵而伐之，大败越，杀王无疆，尽取故吴地至浙江，北破齐于徐州。而越以此散，诸族子争立，或为王，或为君，滨于江南海上，服朝于楚"和《史记·货殖列传》"九疑、苍梧以南至儋耳者，与江南大同俗，而杨越多焉"的记载看，岭南和江浙的越人应该具有某种联系，杨越也有可能是岭南越人的统称。许多学者以为"活跃在岭南的越族主要是西瓯和骆越"①，则南越是以地域名国名号。有些学者则以为南越是与西瓯、骆越并举的民族集团，如《广州汉墓》认为"西汉前期墓有的死者族属应为'南越'人"，而以平山岭墓地为西瓯越遗存②。显然，考古学在岭南秦汉时代的族群分布和族群融合研究上可以发挥重要作用，这里先从墓葬形制、陶器组合、陶质和纹饰、铜器种类和形制等方面将对面山墓地与广州汉墓、银山岭墓地作简要对比。

对面山墓地的墓葬形制有两种。第一种不设墓道，以长宽比一般在 2.5∶1 以上的长方形窄坑墓最多（27 座），长宽比一般在 2∶1 的长方形宽坑墓 11 座；另有设二层台的长方形墓 7 座，未介绍墓坑尺寸。第二种设置墓道，其中墓道居中，整体呈"凸"字形墓 7 座；墓道偏于一侧，整体呈"刀"字形墓 1 座。这里面 M106 墓道底略高出墓底，余不明。《广州汉墓》介绍南越国时期的墓葬形制有三种，第一种被称为土坑竖穴墓，没有木椁，其中长方形收底窄坑墓 4 座，长方形直壁窄坑墓 11 座，长方形直壁宽坑墓 5 座。第二种被称为竖穴木椁墓，多数是长方形，有些呈梯形，长宽比一般约在 2∶1。其中不设墓道的 118 座，内 5 座设有腰坑，11 座底铺河卵石；设置墓道的 30 座，均为斜坡式墓道，一般居中，有的稍偏于一侧，有的完全偏靠一侧与墓壁平齐，其中两座底铺河卵石。第三种则是竖穴分室木椁墓，13 座，均有墓道，其中一座底铺河卵石。银山岭墓地"战国墓"计 110 座，均为土坑墓。以长宽比约在 3∶1 的长方形窄坑墓最多（74 座），其中 59 座有腰坑，8 座有二层台，3 座铺河卵石。长宽比一般在 2∶1 的长方形宽坑墓有 33 座，其中 25 座有腰坑，15 座有二层台，4 座铺河卵石。另有三座设有墓道，几与墓底平齐，与墓坑等宽。银山岭汉墓中属于南越国时期的 13 座墓均不设墓道，其中长宽比在 2.5∶1 以上的长方形窄坑墓有 12 座，一座设置二层台，两座底铺河卵石。

在墓葬形制方面比较而言，①银山岭墓地长方形窄坑墓比例甚大，约占 70%；对面山墓地次之，当在半数以上；《广州汉墓》不超过 10%。②《广州汉墓》约近 1/4 的墓葬设置墓道，对面山墓地约有 15% 设置墓道，银山岭墓地只有 3 座。③《广州汉墓》和对面山墓地均以"凸"字形墓道为主，在各地汉墓中习见。银山岭墓地与墓坑基本

---

① 蒋廷瑜：《从银山岭战国墓看西瓯》，《考古》1980 年第 2 期。
② 广州市文物管理委员会、广州市博物馆：《广州汉墓》（上）第八章《结语》第一节，文物出版社，1981 年。

同宽的墓道则比较特殊。④《广州汉墓》M1060 二层台长边两侧各有三个圆形或方形柱洞，当插立樟柱，被列入特殊形制的墓例。银山岭墓地发表的例图中，M55 等四座墓在二层台长边两侧各有三个对称的圆形柱洞，M74 和 M126 各有三个或两个对称方形柱洞，判断为樟柱。而对面山墓地发表的南越国墓未见。⑤《广州汉墓》M1117 壁龛内置陶瓮，被列入特殊形制的墓例。银山岭墓地仅 M130 有壁龛，内置陶杯。从发表的例图看，对面山墓地 M150 亦有壁龛，内置陶瓮。⑥对面山墓地腰坑绝迹，广州汉墓腰坑显然已经衰退，而银山岭墓地腰坑则约占 70%。⑦至于底铺河卵石的墓葬，对面山墓地可确知至少有 M60 一座，银山岭墓地和《广州汉墓》均不足 10%。根据秦汉考古学的一般认识，长方形宽坑墓在逻辑线索上应该晚于长方形窄坑墓，设置墓道应该晚于不设墓道，岭南地区的这些变化当与汉文化因素逐渐深入有关。而设置腰坑和底铺河卵石则是岭南地区战国和西汉前期越式墓的特点，广东德庆落雁山、四会鸟旦山、罗定背夫山、封开利羊墩等地战国墓均发现腰坑①，广州西村石头岗、下二望岗、柳园岗、肇庆松山北岭、封开利羊墩等地南越国墓亦有腰坑或底铺河卵石②。整体上看，银山岭墓地的越式因素最为强烈，广州汉墓汉式因素最为突出，对面山墓地则介乎其间。

广州汉墓陶器种类丰富，《广州汉墓》统计有 49 种器形，其中瓮、罐、瓿、小瓿、双耳罐、三足罐、联罐、小盒、三足盒、三足小盒、碗、盆、釜等的完整或零散组合约占 30%，鼎、盒、壶、钫加上这些器物以及熏炉、提筒、四耳瓮、四耳罐等器物的完整或零散组合约占 70%，《广州汉墓》认为这主要是反映了族属的差别，前者是土著越人的墓葬。广州汉墓约有半数的墓葬出铜器，种类包括鼎、瓿、壶、钫、扁壶、卮、盆、鍪、镜等，而铜剑、铜矛、铜戈、铜镞、铁剑、铁矛等兵器和铜削、铜锛、铁斧、铁锄、铁凿、铁刮刀等生产工具的数量较少，铁削略多。检阅《广州汉墓》西汉前期随葬器物登记表，这些铜铁制品多数出于第二种组合的墓葬，出于第一种组合的也有一定数量。银山岭墓地的铜兵器主要是矛、剑、镞，亦有少量铜钺、铜戈等；生产工具主要有铁锄、铁刮刀、铜刮刀，也有少量铜斧、铜斤、铜削、铁斧、铁锛、铁凿等。银山岭墓地的生活用具主要是陶器，最普遍的是杯、盒，也有鼎、瓮、罐、联罐、瓿、三足瓿、三足盒、钵等，主要组合形式为鼎、盒、杯，或盒、杯，或盒，或杯，仅少量墓出有铜鼎、盆等。银山岭墓地的器物组合比较有规律，男性墓主的完整器物组合为兵器＋生产工具＋生活用具，女性墓主的完整组合为陶纺轮＋生产工具＋生活用具，另外分别有兵器＋生活用具和生产工具＋生活用具的不完整组合。对面山墓地的发掘

---

① 广东省博物馆、德庆县文化局：《广东德庆发现战国墓》，《文物》1973 年第 9 期；广东省博物馆：《广东四会鸟旦山战国墓》，《考古》1975 年第 2 期；广东省博物馆、罗定县文化局：《广东罗定背夫山战国墓》，《考古》1986 年第 3 期；杨式挺、崔勇、邓增魁：《广东封开利羊墩墓葬群发掘简报》，《南方文物》1995 年第 3 期。

② 广州市文物管理委员会、中国社会科学院考古研究所、广东省博物馆：《西汉南越王墓》（上）第十二章第七节，文物出版社，1991 年；广东省博物馆、肇庆市文化局发掘小组：《广东肇庆市北岭松山古墓发掘简报》，《文物》1974 年第 11 期；杨式挺、崔勇、邓增魁：《广东封开利羊墩墓葬群发掘简报》，《南方文物》1995 年第 3 期。

简报只报道了四座南越国墓的器物组合。M60 的兵器有铜矛、铜剑，生产工具有铜刮刀、铜削、铜凿，生活用具有铜鼎、铜勺、陶碗，另有残铁器；M150 的兵器有铜矛、铜剑，生产工具有铁削，生活用具有铜鼎、铜勺、陶瓮、陶瓿、陶碗，亦有残铁器；M61 的随葬器物为陶罐和陶碗；M106 出有陶鼎、盒、罐、瓿、釜、灯和鎏金铜泡钉。在器物组合和种类方面对面山墓地与银山岭墓地相似性较大，越式文化因素的特征比较明显。广州汉墓的越式陶器种类更加丰富，土著越人墓的陶器组合也与对面山墓地和银山岭墓地有所不同，而且在铜铁兵器和铜铁生产工具方面显示的越式特征也不明显。

陶质陶色和纹饰符号方面，对面山墓地见有灰陶、灰黄陶、灰褐陶、橙黄陶、黄褐陶等，瓮和四耳罐上有刻划符号和方格印纹，瓿上饰有弦纹、水波纹、折线纹，罐上饰有席纹、米字纹、弦纹、水波纹，釜上饰有绳纹。银山岭墓地的陶质主要是较坚硬的泥质灰陶和火候高低不等的泥质褐陶，火候低的泥质红陶数量很少，质地松散的夹砂灰褐陶主要见于方格纹鼎和一些纺轮。大量陶器素面，方格印纹施于瓮、罐和夹砂鼎，米字印纹施于瓮、罐，弦纹、水波纹、绚纹施于盒、杯、瓿，箅纹施于瓿、三足鋬耳罐、壶和盒盖。在盒、杯、钵的底部和瓮、罐、瓿的肩部常见到简单的刻划符号。《广州汉墓》半数以上的陶器为灰白色的泥质硬陶，其中青黄色釉陶有一定比例；呈灰红、红黄等颜色的泥质软陶有相当数量，也有少量呈灰白色的夹粗砂硬陶和呈灰色、灰黄、红黄等色的夹粗砂软陶。纹饰有模印、拍印、旋压、刻划、镂孔、附加、彩绘等施制方式，印纹类中最常见的是在瓮、罐的方格地纹上拍印几何形戳印纹，方格纹主要饰于瓮、罐，还见有绳纹以及极少量的米字纹、回字纹等。刻划纹类中见有绚纹、水波纹、锯齿纹、栉齿纹、叶脉纹、箅纹等。许多器物有刻划符号，其中 80% 在瓮、罐的肩部，其他见于壶、三足罐、瓿的肩部或鼎、盒、小盒等器物的器盖和器底。虽然对面山墓地的材料比较简略，大体而言，三地陶器的胎质、纹饰、火候、制法颇有相似处，不过《广州汉墓》的施釉陶器明显发达，银山岭"战国墓"仅个别器表有点滴青绿色釉，对面山墓地则未提及。

根据耳部形态，对面山墓地的铜鼎可以分为两类，简报划分的 A 型铜鼎口沿上有一对宽矮竖耳，其中一件（M60:1）扁圆腹，圜平底，足端略外撇，是典型的越式铜鼎。B 型铜鼎口沿下方有一对窄长竖耳，其中两件（M52:1 和 M87:3）也有越式铜鼎特征。银山岭墓地出有 12 件铜鼎，其中一件（M71:1）与对面山墓地 M60:1 相似，此式铜鼎计出 8 件；另外一件（M110:12）与对面山墓地 M87:3 相似，其他铜鼎也有越式特点。《广州汉墓》载出有 32 件铜鼎，其中异 I 型（18 件）和异 II 型（3 件）当属越式铜鼎，异 I 型与对面山墓地一件（M60:1）和银山岭墓地一件（M71:1）颇有相通处，异 II 型也有越式特点，与银山岭 M119:17 略似。铜剑（M60:7）剑身较宽、棱脊、圆茎上有两道箍、有格，与银山岭墓地 I 式剑相似。对面山墓地的铜矛可以分为两类，第一类骹口内凹，一件短叶、棱脊（M52:10），与银山岭墓地 II 式铜矛相似。另一类骹口平齐，其中 M149:1 叶部中脊突起的风格在银山岭墓地普遍存在，尤其是筩部较短、剑身较宽的特点与银山岭墓地 M108∶6 相似；M129∶1 叶部较长，平台状中脊，与银山岭墓地 M24∶4 相似。不过对面山墓地见有叶部圆隆无脊的铜矛（M177∶1），而且筩口往往为椭圆形；银山岭墓地则存在筩部或锋叶甚长，或筩侧有环耳，或筩刺分界不明显的铜矛，而且筩口一般为圆形。对面山墓地的Ⅱ式匕首（M129∶3）实即银山岭的Ⅳ式铜剑。总体来说，银山岭墓地出有铜剑 46 件、铜矛 39 件，还有铜钺、戈、镞等，军事氛围突出，因此有些学者径直认为是西瓯戍卒墓地[①]，或者也可能是反映了越人好相攻击、血族报仇的习俗。对面山墓地出土铜兵器的数量不详，从例图分析，可能也有一定数量，且形制与银山岭墓地颇有相通。从《广州汉墓》看当地铜铁兵器数量锐减，其中包括铜剑 7 件、铜短剑 6 件、铜矛 11 件，有些也可以作形制比较。

在将对面山墓地与广州汉墓、银山岭墓地简要对比的基础上，可以对秦汉时期岭南地区的族群分布情况提出一些认识。

《汉书·南粤传》记赵佗"以兵威财物赂遗闽越、西瓯、骆，役属焉"，并说"蛮夷中西有西瓯"，这当然可以理解为"南越"是与"闽越"、"西瓯"、"骆越"并称的族群集团；不过以为"南越"政权的民族基础也是瓯骆之属，同时另有相对独立的"西瓯"、"骆越"集团，作这种理解亦无不可。《淮南子·人间训》记载秦始皇三十三年屠睢略定岭南，"又以卒凿渠而通粮道，以与越人战，杀西呕君译吁宋"，灵渠地在广西兴安，漓江流域为西瓯地甚明，银山岭墓地属于西瓯遗存的看法是正确的。将银山岭墓地与广州汉墓比较，共性以外的差异也不能忽视。在岭南地区战国秦汉考古学研究尚未充分展开的情况下，如果暂且不考虑考古学文化期段和墓主等级等方面的因素，这些差异似乎是反映着百越名称下诸族群集团考古学文化面貌上的差别。以番禺为中心的土著越人是一个独立的"土著南越"族群集团的可能性完全存在。论证这一问题势必涉及岭南地区战国时期的考古学文化区系和族群格局，暂不述。

关于北江上游南越国墓的族属。对面山南越国墓具有明显的越式特征，而且未见与汉式生活习俗和文化背景相关的铜镜这类服御器具。尤其在当地战国墓中存在几种土著样式的陶鼎，简报划分的 A 型鼎（M24∶2）釜形器身、盘口、扁腹、圜平底、扁足外撇，与银山岭墓地的Ⅲ式鼎（M15∶4）相似；Bb 型鼎（M77∶1）敛口、圆鼓腹、肩部一对细横耳、扁足外撇，与南越王墓的乙类陶鼎似属同一系；Ba 型鼎（M127∶1）小肩、深腹弧收、肩下一对圆孔、柱足外撇，形制亦特殊。而且对面山墓地属于战国时期的 M183 和 M151 二层台长边坑壁两侧各有三道自上而下的对称半圆状凹槽，简报推测是放置垫木的槽道。观察墓葬剖面图，墓底只是中部有一条凹沟可以放置垫木，因此前后两道凹槽也可能是类似《广州汉墓》M1060 和银山岭墓地 M55 的榑柱结构。M151 未附剖面图，不能遽断。这些情况说明对面山墓地当属土著越人

---

① 广州市文物管理委员会、中国社会科学院考古研究所、广东省博物馆：《西汉南越王墓》（上），文物出版社，1991 年，第 352 页注释 3。

遗存。具体是哪个集团？从地域角度首先可以将西瓯排除。赵佗说"蛮夷中西有西瓯，其众半羸，南面称王；东有闽粤，其众数千人，亦称王；西北有长沙，其半蛮夷，亦称王"，武帝平灭南越时桂林监居翁"谕告瓯骆四十余万口降"①，西瓯分布在南越国政治中心番禺以西甚明，蒋廷瑜先生以为"西瓯活动的中心只能在南越以西，骆越以北，楚之南，恰当今桂江流域和西江中游一带"②，北江上游地区大概与西瓯无涉。而且对面山南越国墓在考古学文化上也与属于西瓯遗存的银山岭墓地有许多差别。

广州汉墓的族属有必要略加分析。秦定岭南至南越国前期，番禺一带的土著越人有可能是"土著南越"，而自岭北南下的北方居民亦颇有数量。《资治通鉴·秦纪二·秦始皇帝三十三年》记秦置岭南三郡"以谪徙民五十万人戍五岭，与越杂处"；《汉书·南粤传》任嚣言"且番禺负山险阻，南北东西数千里，颇有中国人相辅"，皆可为证。至南越国后期，广州汉墓中有些墓例仅出越式陶器（参阅《广州汉墓》西汉前期随葬器物登记表），比较单纯的"土著南越"仍然存在。而汉式陶器与越式陶器混杂的墓葬更为普遍，说明"以都城番禺为政治、经济、文化中心，形成一种新型的汉越融合的南越文化"③，至少越化的汉人墓与汉化的越人墓在考古学上已经难以区分，在血缘和文化习俗上亦已有相当程度的融合，而且在民族意识上是趋于越化的（汉武帝平灭南越以后，命粤巫立粤祝祠，显见当时越文化的主流地位和越文化传统的根深蒂固）④，似可称为"次生南越"集团。北江上游的南越国墓未见有广州汉墓的汉式陶器，墓主不属于"次生南越"；虽然与番禺的"土著南越"墓存在一定共性，却也有许多不同，也不宜归属于"土著南越"。当然，考古学文化的族属研究在理论和具体操作两方面都不可能是这么简单，这里只是提出一些线索。

在历史文献中，南越国境内的族群集团比较复杂。西瓯、骆越以外，有些学者以为还有苍梧⑤，或许还有"土著南越"。《南州异物志》言"广州南有贼曰俚，此贼在广州之南，苍梧、郁林、合浦、宁浦、高凉五郡，中央地方数千里"，也许还有后世的所称的俚僚之属。《史记·西南夷列传》记"南越以财物役属夜郎，西至同师，然亦不能臣使也"，则可能亦有滇濮之属。在考古学文化上，至少已经可以区分出西瓯遗存、"土著南越"遗存、"次生南越"遗存和北江上游南越国墓这几块。如果将视野投向岭南地区的秦汉时代，情况会复杂得多⑥。以此观之，基础的类型学研究、考古学文化编年和分区以及文化因素分析等项工作仍然非常有必要。

北江上游邻靠岭北。在历史背景上，楚国南部疆界的范围，以及楚国政治势力和

---

① 《汉书·西南夷两粤朝鲜传》。
② 蒋廷瑜：《从银山岭战国墓看西瓯》，《考古》1980年第2期。
③ 全洪：《南越国铜镜论述》，《考古学报》1998年第3期。
④ 《汉书·郊祀志下》。另见郑君雷：《俗化南夷——岭南汉文化形成的一个思考》，《华夏考古》2008年第3期。
⑤ 张荣芳：《西汉时期苍梧郡文化述论》，《秦汉史论集》，中山大学出版社，1995年。
⑥ 例如李龙章先生认为广西右江流域战国秦汉墓具有云南青铜文化和两广青铜文化的过渡属性。参见李龙章：《广西右江流域战国秦汉墓研究》，《考古学报》2004年第3期。

文化因素对岭南地区的发生影响的时间、方式和程度均不甚清楚。有些学者认为，在西线，楚国的南界已进抵桂林附近的湘漓分水岭，西江流域是楚越文化交流的最便利通道[①]。在中线，虽然具体情况不清楚，但北江无疑是沟通岭北的重要通道，广东战国铁器主要发现在北江上游的始兴、曲江[②]，清远马头岗墓地[③]的青铜器也应该来自楚地或与楚国影响有关。秦定岭南，中路的进军路线当是逾骑田岭顺武江入北江直抵番禺。南越国在对面山西北的武江泷口建城设关[④]，无碍岭北文化的影响，北江上游南越国墓的越式因素在某些方面已经不甚突出。曲江马坝摇松岭M123[⑤]的年代可能也在南越国纪年范围，出土的陶瓮、Ⅰ式陶罐以及对面山墓地的AⅡ式陶罐（M73:1）均为折沿、高领、广肩、收底，与岭北陶器的形制很相似；对面山墓地M60:7铜剑的形制也常见于战国楚地。在广东秦汉时代的铁器发现中，韶关地区的数量仅次于广州及其附近[⑥]，始兴刨花板厂墓地西汉中后期陶罐（M4:4）[⑦]形制亦与岭北相似，说明北江上游与岭北地区的联系一直密切。武帝平灭南越，将南越国北部的含洭、浈阳、曲江三县（英德、曲江一带）归属岭北桂阳郡[⑧]，必然有某些背景因素在其中，至少也说明北江上游与岭北地区存在比较密切的联系。从遗存中透视其与岭北地区的关系，是研究北江上江南越国墓的另一个意义。

原载《四川文物》2006年第3期

---

① 蒋廷瑜：《从银山岭战国墓看西瓯》，《考古》1980年第2期。
② 杨式挺：《关于广东早期铁器的若干问题》，《考古》1977年第2期。
③ 广东省文物管理委员会：《广东清远发现周代青铜器》，《考古》1963年第2期；广东省文物管理委员会：《广东清远的东周墓葬》，《考古》1964年第3期。
④ 广东省博物馆：《广东考古十年概述》，《文物考古工作十年》，文物出版社，1990年。
⑤ 广东省文物管理委员会：《广东曲江马坝的一座西汉墓》，《考古》1964年第6期。
⑥ 杨式挺：《关于广东早期铁器的若干问题》，《考古》1977年第2期。
⑦ 廖晋雄：《广东始兴县刨花板厂汉墓》，《考古》2000年第5期。
⑧ 《后汉书·循吏列传·卫飒传》。

西瓯、苍梧与南越

岭南地区西汉前期的越人集团，文献记载较清晰些的只有西瓯和骆越。多数学者认为桂江流域和西江中游（广义上的①，下同）以平乐银山岭、广宁铜鼓岗、肇庆松山北岭等墓地为代表的遗存属于西瓯②，右江流域以武鸣元龙坡、安等秧等墓地为代表的遗存属于骆越③。也有学者认为桂东北、粤中、粤北的越人集团是"苍梧"。番禺是南越国都，以珠江三角洲为中心的广东越人属于什么集团？文献没有记载，有些学者径称为"南越"。

考古学上，岭南地区西汉前期可以划分出桂东北、西江流域（狭义上的）、珠江三角洲、北江上游、粤东、右江流域、越南北部等不同文化板块；文献中还有其他越人名目。我们在此仅讨论西瓯、苍梧和南越，原因在于西瓯是文献明确记载的越人集团名称，苍梧主要是地域名称，南越则是政权名称，而均用以冠名考古遗存的族属，值得在考古学文化族属研究的方法论上作些探究。

一

罗香林先生推测西瓯"其居地似在今广西柳江以东，湖南衡阳西南，下至今苍梧封川、北达今黔桂界上"，西瓯与骆越境地邻接杂错，"似以今日柳江西岸区域为界，柳江东南则称西瓯，柳江西岸区域以西则称骆越，而此西岸区域之连接地带则称西瓯骆越"④，不过并未展开论证。施铁靖先生认为秦军南下前的西瓯地域"大致包括今广西的桂林地区、柳州地区、贺州地区、桂平、贵港地区、玉林地区、河池地区以及红水河流域"，秦至南越国时期西瓯退缩至河池地区及红水河流域，汉平南越以后在河池地区设置定周县，"从此西瓯在中国历史上不复存在"⑤，范围似过于宽泛。

目前考古学者一般将西瓯推定在桂东北和西江中游，主要是根据下面两条史料。

第一条是秦始皇二十八年南攻百越，"塞镡城之岭"和"守九嶷之塞"的两路秦

---

① 现代地理意义上的西江指从云南曲靖珠江源头至广东三水的全部河段（以下至珠海磨刀门通称为河口段，也有地图仍然标注为西江），其中南盘江、红水河为上游，黔江、浔江为中游，梧州以下为下游。狭义上，亦即人文历史意义上的西江仅指现代西江下游段（梧州至三水）。考古学者使用的"西江中游"概念较宽泛，大致包括现代地理意义上的郁江（西江支流）下游、西江中游的浔江和西江下游，即贵港—桂平—梧州—三水河段。
② 蒋廷瑜：《从银山岭战国墓看西瓯》，《考古》1980年第2期。
③ 马头发掘组：《武鸣马头墓葬与古代骆越》，《考古》1988年第12期。
④ 罗香林：《古代百越分布考》，《南方民族史论文选集》（一），中南民族学院民族研究所资料室，1982年。
⑤ 施铁靖：《汉代西瓯历史地理与定周县》，《广西民族研究》2006年第3期。

军受挫，于是"又以卒凿渠而通粮道，以与越人战，杀西呕君译吁宋"①。"镡城之岭"即今越城岭，"九嶷之塞"即今萌渚岭②，灵渠地在广西兴安，许多学者遂指桂东北的漓江—桂江流域、贺江流域为西瓯地。第二条是汉平南越时"越桂林监居翁谕告瓯骆四十余万口降"③。许多学者以南越国桂林监辖域与秦桂林郡大致等同（相当于西汉郁林、苍梧郡地），认为桂江流域、西江中游为西瓯地。

其实这两条史料并不能直接支撑将西瓯推定在桂东北和西江中游的论证。就第一条而言，"开凿灵渠"与"杀西瓯君"两事前后相继，但未必是直接因果关系。在桂东北开凿灵渠后，在岭南其他任何地区"杀西瓯君"都不悖这一叙事次序。而第二条蕴含的意味更多。

第一，《史记·南越传》记赵佗在吕后死后"以兵威边，财物赂遗闽越、西瓯、骆役属焉"（按，"闽越"后断为逗号，与中华书局标点本不同④）。陆贾文帝元年出使南越，赵佗称"其西瓯骆裸国亦称王"⑤；这段话《汉书·南粤传》记为"蛮夷中西有西瓯。其众半赢，南面称王；东有闽越，其众数千人，亦称王；西北有长沙，其半蛮夷，亦称王"。西瓯既然称"王"，而且南越国对西瓯只是"役属"，当是一个较为独立的政治集团，应该不在南越国的疆域本土。

第二，《集解》将"桂林监"释为"桂林郡中监姓居名翁也"，即桂林郡监。南越国桂林郡与秦桂林郡有沿袭关系，秦桂林郡辖境大致为广西中东部和广东西部，北界在广西兴安严关一带。在此范围内，南越国还分封了苍梧秦王，也许还有其他王侯（贵县罗泊湾 2 号汉墓出有"夫人"玉印，贺州金钟一号汉墓出有"左夫人"玉印，墓主为王侯配偶级别）。根据秦、汉苍梧郡的地理沿革，以及梧州市区土城的线索（蒋廷瑜先生引史志材料认为苍梧王城在今梧州市区⑥）或者贺州市长利村城址的超常规模（边长超过 1000 米，远超岭南地区的一般郡县城址，熊昭明先生推测有苍梧秦王的王城之可能⑦），我们判断南越国苍梧秦王封地以梧州—贺州为中心，范围大致包括贺江流域、浔江中下游—狭义西江的上游。

元鼎六年冬番禺城破，汉军四向略地，兵锋所至，即降即封。"苍梧王赵光与粤王同姓，闻汉军至，降，为随桃侯。及粤揭阳令史定降汉，为安道侯。粤将毕取以军降，为瞭侯。粤桂林监居翁谕告瓯骆四十余万口降，为湘城侯。戈船、下濑将军兵及驰义侯所发夜郎兵未下，南粤已平"⑧。这段记述显明桂林监辖域在苍梧秦王封地以西，并且不包括狭义西江流域，因为汉军不可能绕过西江流域先行占领桂东北（戈船、下濑将

---

① 《淮南子·人间训》。
② 岑仲勉：《评〈秦代初平南越考〉》，《中外史地考证》（上），中华书局，1962 年。
③ 《汉书·西南夷两粤朝鲜传》。
④ 林沄先生意见。
⑤ 《史记·南越列传》。
⑥ 蒋廷瑜：《试从考古发现探寻汉晋广信县治的地理位置》，《桂岭考古论文集》，科学出版社，2009 年。
⑦ 熊昭明：《广西的汉代城址与初步认识》，《汉长安城考古与汉文化》，科学出版社，2008 年。
⑧ 《汉书·西南夷两粤朝鲜传》。

军兵"未下")。南越国将秦桂林郡拆分为南越国的桂林郡和苍梧秦王封地两部分,这也分别是西汉设置郁林、苍梧两郡的基础。以西汉郁林、苍梧两郡的地域范围推测,南越国桂林郡是以郁江流域①为中心,苍梧秦王封地还可能包括桂江流域。

韦仁义先生已经论证骆越分布在"今邕江及左右江流域至于海滨以及越南北部地区"②,不在南越国桂林郡中心,似表明所谓"谕告瓯骆"只是桂林监对骆越、西瓯有所羁縻。西瓯在南越国桂林郡确有分布,但部族主体不在其中心地区。其实历代志书从未将西瓯置于桂东北和西江中游,晋人郭璞注《山海经》称"郁林郡为西瓯",《旧唐书·地理志四》称党州(今广西兴业)"古西瓯所居",将西瓯范围说得很明白。我们认为,西瓯主要分布在郁江流域向南延伸至玉林方向的桂东南地区,也许包括更东南的地域。西瓯在一定意义上可以理解为南越政权的藩属,作为政治实体的"西瓯国"不在南越国桂林郡内,更不会远至桂东北和狭义西江流域。

具体而言,我们推测西瓯主体聚居在相当于西汉合浦郡北部和苍梧郡南部的山区,以今两广交界的云开大山为中心。粤西—桂东山地(云开大山、云雾山一带)秦汉时期的未开发状态过去很少引起注意。东吴设置合浦北部都尉,显然是要重点经略这一方向。刘宋泰始年间在合浦北部立越州,胡守为先生推测"越州多夷僚,瘴疠又重,有一定的特殊性,恐怕这才是越州建立的主要原因"③,"越州"得名也说明当地越人集团人文民俗的顽强存在。

《旧唐书·地理志四》记载贵州郁平县(今广西玉林)"古西瓯、骆越所居",潘州茂名县(今广东茂名)"古西瓯、骆越地";清代严观《元和郡县补志》称义州(今广西岑溪)亦"古西瓯骆越地",故学者多以为桂东南和粤西近海地区西瓯、骆越交错杂居,这可能对骆越分布区有误解。覃圣敏先生认为"西汉以后各地志书所载的'西瓯所居'、'骆越居地'、'西瓯骆越所居',都不完全是他们在先秦时期的居地,只能是秦以后甚至汉武帝以后所散居的地方"④,确实值得考虑。南越国灭亡以后,西瓯仍然活动在粤西—桂东山地(蒋廷瑜先生亦推测有部分西瓯人退入云开大山⑤),东汉时期与其他越人集团融合,发展成为俚、獠、乌浒之属。

无论罗泊湾汉墓的墓主是什么身份和族属,这两座高等级大墓更多地显示出楚、汉文化因素,土著越人因素反不彰明。能够表现西瓯基本考古学特征的一般遗存,要注意岑溪花果山战国墓地⑥、岑溪胜塘顶东汉墓地⑦这类遗存和贵港、合浦等地的西汉

---

① 左、右江在南宁宋村汇合后称郁江,至桂平与黔江汇合后称浔江,但是宋村至横县河段习惯上称为邕江。
② 马头发掘组:《武鸣马头墓葬与古代骆越》,《考古》1988年第12期。
③ 胡守为:《岭南古史》,广东人民出版社,1999年,第2页。
④ 覃圣敏:《西瓯骆越新考》,《百越研究》(第一辑),广西科学技术出版社,2007年。
⑤ 蒋廷瑜:《从考古发现探讨历史上的西瓯》,《百越民族史论集》,中国社会科学出版社,1982年。
⑥ 广西壮族自治区文物工作队、岑溪县文物管理所:《岑溪花果山战国墓清理简报》,《广西考古文集》,科学出版社,2004年。
⑦ 广西壮族自治区文物工作队、岑溪市文物管理所:《广西岑溪市糯垌镇胜塘顶东汉墓发掘简报》,《广西考古文集——纪念广西考古七十周年专集》(第二辑),科学出版社,2006年。

土墩墓线索。岑溪两处墓地的腰坑很有特点，花果山 M5 有两个圆形腰坑；胜塘顶 M7 有 3 个腰坑，M3 和 M5 设置腰沟，或许是百越内部越人支系的葬俗差异。刘波[①]和郑小炉[②]先前从考古学上论述过江浙越人向岭南的迁徙，近年岭南地区又显露出一些新线索。合浦大浪古城外发掘过两座西汉初年的土墩墓，桂平大塘城 M3001（西汉晚期）构筑方式也与江南土墩墓类似[③]，西瓯与东瓯名称上的对应似有可以发掘的历史背景。

还要讲到，自王先谦《汉书补注》将《汉书·闽越传》的西于王与秦军击杀的西呕君相联系，以西于即是西瓯，其后许多学者持同样看法[④]。按，"西瓯和西呕，均从区得声，相通较可靠；与于、越通，似太泛。于古韵为鱼部，越古韵为月部，区古韵为侯部，各不相干[⑤]。《逸周书·伊尹朝献》言'越沤剪发文身'，罗泌《路史·国名记丙》'瓯越'与'越常'、'骆越'等越人名目并列，瓯、越相通实可怀疑"[⑥]。退一步讲，即使"西呕君译吁宋"可能是西于王，亦不必与"北徙于桂林瓯骓地"（徐中舒先生观点[⑦]）联系，或者将"西呕君译吁宋"南置于越南北部（覃圣敏先生观点[⑧]），因为"自为渠帅的西于王和作为南越国王侯的西于王在血缘世系上不相干，而且前者可以是泛称，后者是封号、是专称"[⑨]。

二

陆明天先生主张将桂东北、粤中、粤北的土著越人称为"苍梧族"[⑩]。

苍梧首先是地域名称。《史记·五帝本纪》记舜"践帝位三十九年，南巡狩，崩于苍梧之野。葬于江南九疑，是为零陵"。周成王时贡献翡翠的仓吾[⑪]应是方国。据里耶秦简，陈伟先生推测秦始皇二十五年将原黔中郡一分为二，西北一部改称"洞庭郡"，

---

① 刘波：《岭南地区青铜器分群研究》，《东方文明之韵——吴文化国际学术研讨会论文集》，岭南美术出版社，2000 年。
② 郑小炉：《东南地区春秋战国时期的"镇"——古越族向岭南迁徙的一个例证》，《边疆考古研究》（第 2 辑），科学出版社，2004 年。
③ 广西文物考古研究所、桂平市博物馆：《桂平大塘城遗址汉墓发掘报告》，《广西考古文集》（第四辑），科学出版社，2010 年。
④ 王先谦认为《淮南子·人间训》载有西瓯君，《汉书·两粤传》斩西于王，即西瓯也"，见（清）王先谦：《汉书补注·两粤传》。罗香林认为呕、于两字似可声转，以为西瓯即是西于，见罗香林：《古代百越分布考》，《南方民族史论文选集》（一），中南民族学院民族研究所资料室，1982 年。张荣芳先生亦认为西于王就是西瓯王，见张荣芳：《汉朝治理南越国模式探源》，《南越国史迹研讨会论文选集》，文物出版社，2005 年。
⑤ 林沄先生意见。
⑥ 郑君雷：《南越国"西于王"事迹钩沉》，《新果集——庆祝林沄先生七十华诞论文集》，科学出版社，2009 年。
⑦ 徐中舒：《〈交州外域记〉蜀王子安阳王史迹笺证》，《四川大学学报丛刊》（第五辑），四川大学学报编辑部，1980 年。
⑧ 覃圣敏：《秦代象郡考》，《历史地理》（第 3 辑），复旦大学出版社，1983 年。
⑨ 郑君雷：《南越国"西于王"事迹钩沉》，《新果集——庆祝林沄先生七十华诞论文集》，科学出版社，2009 年。
⑩ 陆明天：《秦汉前后岭南百越主要支系的分布及其族称》，《百越民族史论丛》，广西人民出版社，1985 年。
⑪ 《逸周书·王会解》。

东南一部称为"苍梧郡"①,秦苍梧郡当沿袭楚国建置。"吴起相悼王,南并蛮越,遂有洞庭、苍梧"②,战国中晚期"楚人可能已在湘水上游的古苍梧之地设置了苍梧郡,秦苍梧郡亦可能是由楚苍梧郡承袭发展而来"③。楚、秦苍梧郡大致以今湘南九嶷山一带所谓"苍梧之野"为中心,或可包括整个湘资流域及周边地区。

南越国分封有苍梧王,其王城有梧州市区土城和贺州长利村城址两个线索。汉苍梧郡治在广信(今广西梧州),境域大抵包括桂东北和浔江下游、狭义西江流域。"汉时苍梧郡的设立,当然是脱胎于尧舜时的仓吾国和春秋时的百粤苍梧"④。张荣芳先生认为"苍梧郡的得名,是由于先秦时期聚居于此地的百越民族的一支——苍梧族"⑤。苍梧作为地域,作为方国,作为郡称,均有其族群背景,将湘南等地的越人集团称为"苍梧"可以接受,宋代罗泌即将"苍吾"与"骆越"、"西瓯"等越人名目并列⑥。不过覃芳先生将湖南、桂东北和粤北新石器时代以来的一些考古遗存与"古苍梧族"相联系⑦,时代和地域偏于宽。

我们认为战国秦汉时期的苍梧遗存当分布在楚、秦苍梧郡地及其周邻地区,即湘南、桂东北和粤北的交界区域。清人张琦谓"古苍梧,汉零陵郡也,今永州府至广西全州也"⑧;覃圣敏先生认为"苍梧古国的范围,大致包括九疑山、萌渚岭南北和都庞岭东西的桂东北、粤西北以及湘东南一带"⑨,基本可从。"苍梧之名落实之处,正中桂东北、粤中、粤北地区灿烂的先秦文化的中心地带,当地独具一格的战国墓葬分布区和当时岭南人口最密集处,即在汉苍梧郡内"⑩。在此区域,战国秦汉时期的考古学文化面貌具有较大共性。

湘中、湘南等地的东周越墓大多属于春秋时期⑪。李龙章先生认为湖南与岭南青铜时代越墓的考古学文化面貌基本一致⑫,李秀国先生亦对湖南越墓的考古学特征进行过总结⑬,这些越墓代表了东周时期苍梧人群集团的考古学文化面貌。楚文化至晚在战国早期已经占据湘南⑭,随着楚、秦、汉文化的扩张,苍梧集团的部分居民随而向岭南方向退缩,西汉苍梧郡地域与楚、秦苍梧郡已有很大差异,即本乎此;西汉前期的苍梧

---

① 陈伟:《秦苍梧、洞庭两郡刍论》,《历史研究》2003年第5期。
② 《后汉书·南蛮西南夷列传》。
③ 徐少华、李海勇:《从出土文献析楚秦洞庭、黔中、苍梧诸郡县的建置与地望》,《考古》2005年第11期。
④ 徐松石:《徐松石民族学研究著作五种》(上),广东人民出版社,1993年,第290页。
⑤ 张荣芳:《西汉时期苍梧郡文化述论》,《秦汉史论集》,中山大学出版社,1995年。
⑥ (南宋)罗泌《路史·国名记丙》。
⑦ 覃芳、姚卯秀:《洞庭苍梧族属考》,《百越研究》(第二辑),安徽大学出版社,2011年。
⑧ (清)张琦《战国策释地》。
⑨ 覃圣敏:《西瓯骆越新考》,《百越研究》(第一辑),广西科学技术出版社,2007年。
⑩ 张荣芳:《西汉时期苍梧郡文化述论》,《秦汉史论集》,中山大学出版社,1995年。
⑪ 李龙章:《岭南地区出土青铜器研究》,文物出版社,2006年,第288、289页。
⑫ 李龙章:《湖南两广青铜时代越墓研究》,《考古学报》1995年第3期。
⑬ 李秀国:《西江地区东周墓族属研究》,《纪念黄岩洞遗址发现三十周年论文集》,广东旅游出版社,1991年。
⑭ 高至喜、熊传新:《楚人在湖南的活动综述》,《文物》1980年第10期;张中一、彭青野:《论楚人入湘的年代》,《江汉考古》1984年第4期。

遗存，还有相当部分处在零陵郡境。

何安益注意到桂东北地区春秋至战国早期与战国中晚期之间考古学文化特征的阶段性变化，以及灵川、贺州等地岩洞葬的存在，认为春秋至战国早期"北不出越城岭，南不出思勤江，东面不出都庞岭"的区域也是骆越分布区；至战国中晚期西瓯全面占据桂东北，骆越则退居桂林海洋山、大桂山的偏僻山岭[①]。暂且不论桂东北是否有骆越分布，将这一地区战国早、中期之间考古学文化面貌的变化，理解为楚文化扩张压迫苍梧集团南迁的结果似更为通畅。

湘南资兴战国西汉墓地[②]的考古学文化因素与广西平乐银山岭墓地[③]具有相当大共性，表现为：①均流行长方形窄坑墓，有些在墓底设腰坑或铺鹅卵石、小石块；②普遍随葬铜兵器，生活实用陶器包括瓮、罐、瓿、三足盒、小盒、提筒、碗、杯、釜等，有少量汉式陶礼器；③器物组合较具规律，银山岭墓地是"铜兵器（或陶纺轮）＋铁工具＋生活用具"，资兴Ⅳ类战国墓是"铜兵器（或纺轮）＋铁（铜）工具＋生活用具"[④]；④陶器纹饰为"米"字纹、方格纹、凹弦纹、水波纹、篦纹及组合纹等。粤北地区战国秦汉时期的考古学材料集中在乐昌对面山墓地[⑤]，何安益[⑥]和卓猛[⑦]分别注意到粤北地区与平乐银山岭墓地、与资兴旧市和木银桥墓地的联系。南岭山脉的山间峡谷和河流水系，构成了湘南资兴、桂东北平乐和粤北乐昌三地文化交流和族群联系的天然通道。

随着秦汉文化的强势南拓和经略，苍梧集团与楚、秦、汉人相互糅杂，趋于消亡。但是西汉时期湖南仍然出有大量"米"字纹陶器，学界多认为这是湖南越人入汉以后文化因素的残留。宋少华先生的研究揭示出西汉中后期岭南考古学文化对湖南地区的强烈影响[⑧]，刘瑞更认为南越国灭亡后西汉政府曾经从岭南向长沙国大规模移民[⑨]。不过至少是在资兴地区，墓葬材料显示出当地春秋以来至东汉时期考古学文化的发展线索一脉相承，西汉中后期的越文化因素主要是对前期越文化传统的继承。

将桂东北地区视为西瓯地，与我们上面对苍梧集团的认识直接抵牾。徐恒彬先生

---

① 何安益、宁永勤：《桂东北和西江中游区东周越人土坑墓及族属探讨》，《百越研究》（第二辑），安徽大学出版社，2011年。

② 湖南省博物馆：《湖南资兴旧市战国墓》，《考古学报》1983年第1期；湖南省博物馆、湖南省文物考古研究所：《湖南资兴西汉墓》，《考古学报》1995年第4期。

③ 广西壮族自治区文物工作队：《平乐银山岭战国墓》，《考古学报》1978年第2期；广西壮族自治区文物工作队：《平乐银山岭汉墓》，《考古学报》1978年第4期。黄展岳先生指出银山岭"战国墓"实际是汉墓，见黄展岳：《论两广出土的先秦青铜器》，《考古学报》1986年第4期。

④ 吴铭生：《资兴旧市战国墓反映的楚、越文化关系探讨》，《湖南考古辑刊》（第1集），岳麓书社，1982年。

⑤ 广东省文物考古研究所、乐昌市博物馆、韶关市博物馆：《广东乐昌对面山东周秦汉墓》，《考古》2000年第6期。

⑥ 何安益、宁永勤：《桂东北和西江中游区东周越人土坑墓及族属探讨》，《百越研究》（第二辑），安徽大学出版社，2011年。

⑦ 卓猛：《湖南资兴西汉墓越文化因素的探讨》，《四川文物》2010年第6期。

⑧ 宋少华：《西汉长沙国（临湘）中小型墓葬分期概论》，《考古耕耘录》，岳麓书社，1999年。

⑨ 刘瑞：《禁锢与脱困——汉南海郡诸问题研究》，《西汉南越国考古与汉文化》，科学出版社，2010年。

根据岭南夔纹陶遗址的西界在漓江和桂江,以及平乐地区青铜文化与南越青铜文化的一致性,亦认为"广西东北的桂江流域和广东西部的西江流域不是西瓯国的地域,而是苍梧国的地域"①。不过他认为"平乐地区是属于南越族的活动地区",以苍梧国居民属于南越族,我们并不赞成。

三

徐恒彬先生认为湘南、广西东北部和广东的西江、北江、东江、韩江、珠江流域以及粤西南统属于一个夔纹陶文化区,"这一地区的文化与广西其他地区和越南北部的西瓯、骆越地区文化有明显的差异,应该属于南越文化区域。在南越文化区域内,除苍梧国之外,还有缚娄、阳禺、䟂兜等国"②,并将此文化区域内的越人集团称为"南越族"③。罗香林先生认为"南越为扬越之一部分,亦即所谓百越之一种,以其地为扬越南部,故称为南越"④。我们以为"南越"首先是政权名称,兼及地理方位,可以引申为以珠江三角洲为中心的越人集团名称。

博罗横岭山墓地⑤集中体现出珠江三角洲越人集团商周之际至春秋时期的考古学文化面貌及其发展过程。这些商周墓绝大多数为窄长方形和长方形墓坑,最大长宽比达 5∶1,少量有二层台、底坑或壁龛。近年在增城浮扶岭发掘一批西周中晚期至春秋早中期墓葬⑥,以夔纹陶为特点。以上材料,以及广州汉墓⑦、增城西瓜岭⑧和深圳叠石山⑨两处战国末期至西汉前期遗址,表明珠江三角洲商周以来的考古学文化面貌的相对独立性。

《广州汉墓》选取二十三种陶器排比其组合关系,概括为 A. 瓮、罐;B. 瓿(小瓿)、双耳罐、三足罐(联罐)、小盒、三足盒(三足小盒);C. 碗、盆、釜;D. 鼎、盒、壶、钫;E. 薰炉;F. 提筒;G. 四耳瓮、四耳罐、灶、井计七项,认为 A、B、F 三项属于有地方特色的器类,D、E 两项是汉文化器物,但 E 项的造型花纹也具有地方特色。《广州汉墓》统计不出 D 项的墓例约占十分之三,出有 D 项陶器的墓例约占十分之七,认为这主要反映了族属差别,前者是土著越人的墓葬;而后者的族属性质更有必要加以讨论。

---

① 徐恒彬:《南越族先秦史初探》,《百越民族史论集》,中国社会科学出版社,1982 年。
② 徐恒彬:《广东古国问题初论》,《华南考古》(1),文物出版社,2004 年。
③ 徐恒彬:《南越族先秦史初探》,《百越民族史论集》,中国社会科学出版社,1982 年。
④ 罗香林:《古代百越分布考》,《南方民族史论文选集》(一),中南民族学院民族研究所资料室,1982 年。
⑤ 广东省文物考古研究所:《博罗横岭山——商周时期墓地 2000 年发掘报告》,科学出版社,2005 年。
⑥ 广东省文物局:《广东文化遗产·古墓葬卷》,科学出版社,2013 年,第 154 页。
⑦ 广东省文物管理委员会、中国社会科学院考古研究所、广东省博物馆:《广州汉墓》,文物出版社,1981 年。
⑧ 广东省文物管理委员会、中央美术学院美术史美术理论系:《广东增城、始兴的战国遗址》,《考古》1964 年第 3 期。
⑨ 深圳博物馆:《深圳市叠石山遗址发掘简报》,《文物》1990 年第 11 期。

南越国深受秦汉文化浸淫,出土简牍、玺印、封泥、陶文、金文、瓦当均用汉字,其政治制度、百官制度、宫寝制度、陵墓制度、度量衡均以秦汉体制为基础,亦有所变易。南越国宫苑遗址出土木简"所见职官名称证实南越国官制'同制京师',但有个别职官如'大鸡官'是南越国独有"①。象岗南越王墓出有四枚"夫人"玺印,刘钊先生指出:"从文献上看,两汉朝庭尚未无以'左'、'右'、'泰'、'部'(陪或副)命名夫人之例,可见这是南越国自创的制度。"②"在广州地区的汉代遗址中没有发现汉长安城和其他地区常见的'千秋万岁'文字瓦当,出土较多的是'万岁'文字瓦当,这是南越国既臣属于汉王朝,又保持相对独立的一个侧面反映"③。象岗南越王墓楚式"椁箱"("隔间")基调与汉式"椁坑"、"侧室"和"耳室"作法的结合,则是丧葬制度上楚制和汉制的统一④。

秦定岭南至南越国,番禺一带的越人集团可以称为"南越",其考古学文化特征表现在长方形窄坑墓、底铺小石或河卵石、设腰坑,不出汉式陶礼器等方面。而自岭北南下的居民亦颇有数量,即任嚣所谓"且番禺负山险阻,南北东西数千里,颇有中国人相辅"⑤。赵佗"和辑百越",南下汉人与土著越人在血缘和文化上已有相当程度的融合。全洪认为"以都城番禺为政治、经济、文化中心,形成一种新型的汉越融合的南越文化"⑥,广州汉墓出有D项陶器的墓葬就是这种"新型的汉越融合的南越文化"的考古学表现。这说明至西汉前期,"土著南越"集团以外,至少在南越国首府番禺和南海郡已经存在"次生南越"集团⑦。这个"次生南越"集团的族群基础,就是当地的"土著南越"集团。

四

从西瓯、苍梧和南越的讨论出发,谈一些对于考古学文化族属研究的想法。其中一些认识发表在非专业期刊上⑧,但并未引起考古学者的注意;另一些认识也写出论文待刊⑨。考虑到张忠培先生祝寿文集的阅众面,兹移录主要观点请师友指正。

考古学文化族属研究的前提之一,是对文献记载的"族"的历史真实作正确解读。由于文献史料有许多解释上的不确定性和阐发空间,就更有必要考虑"民族体"的实

---

① 黄展岳:《南越木简释文注释》,"西汉南越国汉文化国际学术研讨会"论文,广州,2008年。
② 刘钊:《东南地区出土汉代陶玺石刻文字考证》,《东南考古研究》(第三辑),厦门大学出版社,2003年。
③ 李灶新:《广东出土秦汉瓦当初步研究》,《西汉南越国考古与汉文化》,科学出版社,2010年。
④ 王学理:《南越王墓"外藏椁"设置之我见》,《南越国史迹研讨会论文选集》,文物出版社,2005年。
⑤ 《汉书·西南夷两粤朝鲜传》。
⑥ 全洪:《南越国铜镜论述》,《考古学报》1998年第3期。
⑦ 郑君雷:《俗化南夷——岭南秦汉时代汉文化形成的一个思考》,《华夏考古》2008年第3期。
⑧ 郑君雷:《文化人类学的族群认同与考古学文化的族属研究》,《思想战线》2007年第3期。
⑨ 郑君雷:《东部鲜卑"名实"与鲜卑考古学的族属研究》,《中国·乌珠穆沁边疆考古国际学术研讨会论文集》,科学出版社,2014年。

质。文献记载的各类族群集团,其实都是各种"根基性小族群"出自社会环境和利益选择而形成的"情境性族群";甚至可以径直理解为"政治体",即"以政治关系和政治权力为纽带构建起来的社会团体"①。此种"政治体"的进一步泛化,就是以"地域体"来指代"民族体",也就是陈寅恪先生所言在胡人种族问题上需要注意的"血统关系变化"和"地区关系成立"这两个现象②。岭南战国秦汉时代的各种族群集团也不例外。

在考古学的族属研究中,我们通常是将特定的考古学文化、类型以及划分出来的器物组、群与文献记载的"族"对应挂钩,这种操作模式的背后,是相信文献记载的"族"具有物质文化的一致性。现在从"情境族群"、"政治体"、"地域体"这些意义上认识"民族体",就会意识到文献记载的各类族群集团的群体成员并不完全是凭借血缘传承和文化传统这类天然性的根基元素凝聚在一起,未必具有客观一致的内部特征,考古学文化族属研究的方法论因此有必要作更深入的思考,我们曾经就此提出三点意见。

第一,考古学文化的族属研究实际上只能立足于核心部族集团的识别;第二,需要考虑建立考古学自己的学术概念体系;第三,建议考古学文化的族属研究还应该将各种层面情境族群的建构过程作为研究内容,而不仅以确定族属为终极目标,以此体现陈寅恪先生在研究(北朝)民族问题的时候"不应过多地去考虑血统的问题,而应注意'化'的问题"的民族史观③。结合西瓯、苍梧和南越的讨论,就第二点赘言几句。

建立考古学自己的学术概念体系,包含两层意思。其一,是跳出文献,直接用考古学文化特征来表述族群集团、方国古国这类学术概念,卜工先生以夔纹古国、格纹古国、釉陶古国、素面古国、绳纹古国、石矛古国等名称表述岭南地区青铜时代的古国体系④,是很有启发的研究实例。其二,是根据考古学研究的实际情况重新界定、引申历史文献中的族群集团、方国古国这类概念术语。

早期文献并没有将苍梧、南越作为族称的直接证据,苍梧主要用作地域名称,"南越"是政权名称兼及地理方位。以地域作为族称,早见于"唐、虞、夏、殷、周者,土地之名。尧以唐侯嗣位,舜从虞地得达,禹由夏而起,汤因殷而兴,武王阶周而伐,皆本所兴昌之地,重本不忘始,故以为号,若人之有姓矣"⑤。其他例如乌桓、鲜卑以山名号;北朝隋唐的"代人"虽然属于特殊社会集团,但是大致与北族同义⑥。反之,先秦的巴、蜀,或者晚近的"满洲"⑦,则是从族称演化为地域名称。很多情况下,以地域作为族称,或者以族称指代地域,实际是一件事情的两个方面。

---

① 罗新:《中古北族名号研究》,北京大学出版社,2009年,第1页。
② 参见万绳楠:《陈寅恪魏晋南北朝史讲演录》第六篇《五胡种族问题》,黄山书社,1987年。
③ 万绳楠:《陈寅恪魏晋南北朝史讲演录》第十八篇《北齐的鲜卑化及西胡化》,黄山书社,1987年,第292页。
④ 卜工:《岭南文明进程的考古学观察》,《历史人类学学刊》(第三卷),中山大学历史人类学研究中心,2005年。
⑤ 《论衡·正说篇》。
⑥ 松下宪一:《北朝隋唐时代史料中的"代人"》,《魏晋南北朝史研究:回顾与探索——中国魏晋南北朝史学会第九届年会论文集》,湖北教育出版社,2009年。
⑦ 马伟:《"满洲":从族名到地名考》,《东北史地》2013年第3期。

"族称"与"政权"名称互为表里的例子更多，诸如高句丽、突厥、回纥、吐蕃、契丹、女真等不一而足，将"南越"理解为与"闽越"、"西瓯"、"骆越"等并称的族群集团名称能够讲通。徐中舒先生即将"南越"视为秦汉时期与"东越"、"东瓯"、"西瓯"并列的四个部落之一①。李龙章先生认为，虽然早期文献中的"南越"一词只是指南越国，并没有引申到族名或地名上，但是"将广东早期越人称为'南越族'或'南越人'也不是完全不可取，至少可以与位于其西的西瓯人、其东的闽越人作区别"②。蒋炳钊先生更认为南越之名系"方位名、国名和族名的统一体"③。

"地区关系的成立"是地域与族称关系的另一个观察角度，"一个种族在某地居住过，后来就把某地居民一律说是某族人"④。名从主人，多数情况下，应该是先有人群集团，然后出现以"族称"指代政权（行政设置）和地域名称的情况，而政权名称和地域名称往往更具同一性。族称、政权名称与地域名称经常的"三位一体"，是我们这篇文章的学理基础。在文献记载有限且理解上歧义纷出的情况下，直接以考古学文化特征（通常在史前考古学研究中），或者通过重新界定、引申（通常在历史时期考古学研究中）文献记载来表述族群集团、方国古国这类学术概念，有其合理性和可操作性。

原载《庆祝张忠培先生八十岁论文集》，科学出版社，2014年

---

① 徐中舒：《〈交州外域记〉蜀王子安阳王史迹笺证》，《四川大学学报丛刊》（第五辑），四川大学学报编辑部，1980年。
② 李龙章：《岭南地区出土青铜器研究》，文物出版社，2006年，第283页。
③ 蒋炳钊：《百越族属中几个问题的探讨——兼论南越及其来源》，《百越史研究》，贵州人民出版社，1987年。
④ 万绳楠：《陈寅恪魏晋南北朝史讲演录》第六篇《五胡种族问题》，黄山书社，1987年，第93、94页。

考古学上的岭南汉代盐官和圃羞官
——以香港考古发现和研究为引子

香港汉代考古遗存数量不能说丰富，却是岭南考古研究的重要内容；尤其是与李郑屋东汉墓[①]相关的番禺盐官讨论，对于全面认识岭南汉代社会具有启发。《汉书·地理志》记载南海郡番禺县和苍梧郡高要县"有盐官"，还记载南海郡有"圃羞官"、交趾郡羸陵县"有羞官"。近时为《香港考古学会会刊》撰稿，遂以香港考古发现和研究为引子，从考古学上对此四处职官背后的岭南汉代社会，以及这些职官显现出来的汉代岭南边疆与湘赣、中原地区的联系作些讨论。

一、香港考古发现与历史上的华南盐业

随着20世纪90年代以来中国盐业考古的进展，有些学者将香港李郑屋东汉墓和深圳南头汉墓群[②]与汉代番禺盐官设置后当地盐业经济的繁荣相联系[③]。区家发先生认为，"像香港和深圳市出土如此多的且颇具规模的汉墓，除广州、佛山、乐昌、徐闻、广宁、四会等当时的郡治、县治和军事驻地外，实不多见"[④]；深圳、香港海岸附近的汉代墓葬和遗物与设置番禺盐官有直接关系[⑤]。李郑屋汉墓的发掘研究情况，商志䫟、吴伟鸿先生已有详细评述[⑥]；香港汉代考古的发现和研究，朱海仁先生亦发表专论[⑦]。现有证据并不能将李郑屋汉墓的墓主身份与番禺盐官直接联系，但是香港汉代社会经济的繁荣与盐业产销有所关联却是合乎情理的推测。

《史记·货殖列传》称"领南、沙北固往往出盐"，汉代番禺或已经以产盐著称，曾昭璇先生认为"番禺"即黎语"盐村"之意[⑧]。珠江三角洲海盐制作可能上溯至新石器时代晚期[⑨]，珠海宝镜湾和东湾遗址、深圳咸头岭遗址已经显露迹象[⑩]。六朝时期东莞

---

① 屈志仁：《李郑屋汉墓》，香港市政局，1970年。
② 广东省博物馆、深圳市博物馆：《深圳市南头红花园汉墓发掘简报》，《考古》1990年第11期。
③ 参见彭全民：《从考古材料看汉代深港社会》，《南方文物》2001年第2期。
④ 区家发：《秦汉时的香港》，《粤港考古与发现》，三联书店香港有限公司，2004年。
⑤ 区家发：《香港深圳地区的古代煮盐业》，《粤港考古与发现》，三联书店香港有限公司，2004年。
⑥ 商志䫟、吴伟鸿：《香港考古学叙研》，文物出版社，2010年，第45~49页。
⑦ 朱海仁：《香港汉代考古发现与研究》，《西汉南越国考古与汉文化》，科学出版社，2010年。
⑧ 曾昭璇："番禺"意即"盐村"——广州古名新解，《开放时代》1985年第5期。
⑨ 李岩：《广东地区盐业考古研究刍议》，《华南考古》（1），文物出版社，1994年。
⑩ 容达贤：《环珠江口地区史前"木骨泥墙"遗迹辨析》，《考古》2007年第3期。

地区（东官郡）的盐业生产已具规模[1]，宋代在东莞境内设置盐场、盐栅，官营盐业延续至清代乾隆年间[2]。就岭南而言，南朝时期的东官郡以外，盐田郡（治杜同县，今广西北海市）和交州均有盐场[3]；唐代两广盐区的产盐地点增加至东莞、新会等6处，宋代广东沿海设盐场29处（潮阳、深圳发现过宋代盐灶[4]）；明代广东设置19个盐课司管理盐场29处（包括海南和广西部分盐场），《清史稿》记有广东盐场27处[5]。

岭南盐业生产方式有地域特点。李水城先生指出华南地区"早期制盐遗址有两类现象值得注意，一是成片的烧土，如深圳咸头岭、香港涌浪等。二是未见烧土，但有炉灶或其他制盐器具，如珠海东澳湾、宝镜湾等地的'陶棍'等"，表明华南"制盐业可能拥有不同的技术体系"[6]。广东早期海盐生产一般是"煎盐"（熟盐），明代以后出现并推广"晒盐"（生盐），"无论是煎盐还是晒盐，一般都是四道生产工序，即：取卤、淋卤、试卤、煎晒成盐"[7]，唐代刘恂的《岭表录异》有所记述[8]，清代越南北部的制盐方法大略相同[9]。而海南岛洋浦盐田村将火山石凿成盐槽晒盐的历史已有上千年[10]。

煎盐用的盐锅往往"织竹为釜，以牡蛎屑泥之"[11]，相当于牢盆。香港、深圳一带的"蜃灰窑"曾经被认为是以贝壳为原料烧制石灰（用来外敷竹釜）的遗迹[12]。李浪林先生认为香港发现的南朝至唐代"壳灰窑"及其相关遗迹、遗物当为煮盐炉灶，现已发现相关遗址59处（其中35处见有炉灶108座），出土大量"支脚"、红烧土棒等"牢盆附件"[13]。

至晚在宋代，官府还设有收纳仓、转搬仓、供销仓负责盐务管理[14]。以广西为例，宋代白石、石康二盐场（位于广西合浦）生产的盐"都是用牛车运至石康落船，然后循南流江和武利江运至郁林、武利（今灵山县属），起岸后再由陆路直接或间接（再经小河）运至浔江、郁江沿江各埠或再转黔红、左、右红、桂江等干流或支流运达各埠

---

[1] （宋）乐史：《太平寰宇记》卷一百五十七《岭南道一·广州》记"吴孙皓以甘露元年（265年）置始兴郡，以其地（东莞县）置司盐都尉"；《宋书·州郡志（四）》："东官太守，何志故司盐都尉，晋成帝立为郡"。
[2] 陈萍、邓禅娟：《东莞古代盐业与沿海城镇的兴起》，《盐业史研究》2010年第4期。
[3] 吉成名：《论魏晋南北朝食盐产地》，《盐业史研究》2012年第2期；吉成名：《魏晋南北朝时期的海盐生产》，《盐业史研究》1996年第2期。
[4] 李岩：《广东地区盐业考古刍议》，《华南考古》（1），文物出版社，2004年。
[5] 王彬、黄秀莲、司徒尚纪：《地名与广东历史时期盐业分布研究》，《广东海洋大学学报》2011年第5期。
[6] 李水城：《中国盐业考古十年》，《考古学研究》（九），文物出版社，2012年。
[7] 陈萍、邓禅娟：《东莞古代盐业与沿海城镇的兴起》，《盐业史研究》2010年第4期。
[8] （唐）刘恂：《岭表录异·补遗》记："但将人力收聚咸池沙，掘地为坑。坑口稀布竹木，铺蓬簟，于其上堆沙。潮来投没，咸卤淋在坑内。伺候潮退，以火炬照之。气冲火灭。则取卤汁，用竹盘煎之。顷刻而就。……自收海水煎盐之，谓之'野盐'"。
[9] 〔德〕安德列斯·芮内克：《越南盐业生产的早期证据：考古发现、历史记录和传统方法》，《中国盐业考古》（第二集），科学出版社，2010年。
[10] 陈伯桢：《中国盐业考古学的回顾与展望》，《南方文物》2008年第1期。
[11] （晋）裴渊《广州记》。
[12] 区家发：《香港深圳地区的古代煮盐业》，《粤港考古与发现》，三联书店香港有限公司，2004年。
[13] 李浪林：《香港沿海煮盐炉遗址的发现及其意义》，《中国文物报》2008年7月25日，第7版。
[14] 王彬、黄秀莲、司徒尚纪：《地名与广东历史时期盐业分布研究》，《广东海洋大学学报》2011年第5期。

集散"①,在交通要道和江河渡口设有石康仓、郁林仓、武利场等转搬仓。

宋代以后岭南地区盐业产量和销售区域的记载逐渐清晰起来,"广东盐区生产规模向来不大,产量占全国10%以下",主要销售本地,少量供应江西、湖南等地;明代广东盐的销售区域开始向原来淮盐供给地江西、湖南扩展,并延伸至福建汀州、云贵等地;清代"广东二十七场"盐品行销广东、广西、福建、江西、湖南、云南、贵州七省②。清代滇桂通道沿线就是由于铜盐互易而迅速发展起来的③。

西汉武帝元狩初年实行盐业官营,在盐产地设立管理机构,"愿募民自给费,因官器作煮盐,官与牢盆"④。《汉书·地理志》记载在27郡35县设置盐官,朔方郡朔方县⑤、雁门郡沃阳县⑥、越嶲郡定莋县⑦等地还有失载盐官。番禺盐官主要负责盐业生产,对于汉晋时期岭南社会生活的意义自不待言,故陶璜有言"南岸仰吾盐铁"⑧云云。肇庆是岭南汉墓发现较为集中的地点⑨,但是当地历来没有盐业生产,李岩先生已经判断高要盐官只能是盐业运销的管理机构⑩。

二、中原人意象中的岭南与岭南汉代饮食风物⑪

苏秉琦先生精辟地指出,"岭南与一般的南方有所区别,……它南连着南洋诸岛、印度支那地区,是陆地一半海岛一半连成一片形成的一个大区,代表着大半个中国,是真正的南方"⑫。从东汉杨孚《南裔异物志》(或称《交州异物志》)、东吴万震《南州异物志》、东晋嵇含《南方草木状》、南朝徐衷《南方草物状》、唐代刘恂《岭表录异》、宋代周去非《岭外代答》这些著述的名称上,可以看到古时中原人对岭南环境、物产、人文民俗的猎奇心理,当然其中存在着文化偏见。

中原人较早时候将岭南视为荒蛮之地,充斥着各种奇风异俗,诸如"南方曰蛮,

---

① 柯佩琤:《对〈岭外代答〉一处失误的辨证》,《盐业史研究》1994年第4期。
② 王彬、黄秀莲、司徒尚纪:《地名与广东历史时期盐业分布研究》,《广东海洋大学学报》2011年第5期。
③ 滕兰花:《清代滇桂通道上的滇粤铜盐互易及其影响》,《广西博物馆文集》(第四辑),广西人民出版社,2007年。
④ 《史记·平准书》。
⑤ (清)王先谦《汉书补注》考补朔方县、巴郡临江县、陇西郡西县3处盐官。
⑥ 严耕望考补雁门郡县沃阳县、西河郡两处盐官。严耕望:《中国地方行政制度史》,《历史语言研究所专刊》之45,1961年。
⑦ 杨远考补越嶲郡定莋县、朔方郡广牧县、东平国无盐县和广陵国4处盐官。杨远:《西汉盐、铁、工官的地理分布》,《香港中文大学中国文化研究所学报》第九卷上册,1978年。
⑧ 《晋书·陶璜传》:"滕修数讨南贼,不能制,璜曰:'南岸仰吾盐铁,断勿与市,皆坏为田器。如此二年,可一战而灭也'。"
⑨ 广东省文物考古研究所:《肇庆古墓》,科学出版社,2008年。
⑩ 李岩:《广东地区盐业考古刍议》,《华南考古》(1),文物出版社,2004年。
⑪ 本节关于岭南植物的叙述主要参考林蔚文《百越民族的农业生产》(1),《农业考古》2003年第3期。关于汉代饮食风物的叙述参考了陈丁山:《广西汉代饮食风貌概述》,《广西博物馆文集》(第三辑),广西人民出版社,2006年;谢崇安:《论岭南地区汉代的园圃农业》,《广西民族师范学院学报》2012年第6期。
⑫ 苏秉琦:《序——岭南考古开题》,《岭南文物考古论集》,广东省地图出版社,1998年。

雕题交趾，有不火食者矣"①，"南至交趾，……羽人裸民之处，不死之乡"②，"九疑之南，陆事寡而水事众，于是民人被发文身，以像鳞虫；短绻不绔，以便涉游；短袂攘卷，以便刺舟"③等等；甚至形容为"涨海连天，毒雾瘴氛"④。岭南还是发家致富的淘金宝地，"处近海，多犀、象、毒冒、珠玑、银、铜、果布之凑，中国往商贾者多取富焉"⑤，致有"欲拔贫，诣徐闻"⑥的俗谚。岭南美食早已驰名，东汉和帝将南海郡进取的龙眼、荔枝称为"远国珍羞"⑦，清代则称"天下所有食货，粤东几尽有之，粤东所有之食货，天下未必尽也"⑧。

西汉在南海郡置圃羞官，在交趾郡羸陵县置羞官，这两种职官仅设置在岭南地区，性质相若。罗庆康先生认为："羞官之职掌，一为主帝王膳馐之原料；一为主进献海错"⑨，陆北江先生亦认为"西汉水衡都尉属官有御馐令、丞，职掌帝王膳食食料。圃羞官、羞官职掌当与进献御膳原料有关"⑩。我觉得圃羞官、羞官职责首先是食材获取、加工并且进献膳食原料，同时也与岭南特产果蔬种植栽培以及禽畜水产养殖捕捞、野生动物猎取有关。圃羞官或许还种植栽培其他稀特植物（香料、中草药物、名贵花卉等），性质与"破南越"后在长安"起扶荔宫"，"以植所得奇草异木"⑪相似。

汉晋时期岭南（包括交趾）地区有许多特产粮食作物、果蔬和水产品，例如双季稻、三熟稻、薏苡、甘蔗、龙眼、荔枝、橄榄、柑橘、千岁子（或即花生）、五敛子（阳桃）等。广州南越王宫苑遗址出土木简记有"壶枣"、"高平日枣"⑫，广州象岗南越王墓出土的中华鳖、广东鲂、笋光螺等水产品和禾花雀、竹鼠等动物遗骸"具有鲜明的珠江三角洲沿海动物区系的特色"⑬。岭南还出产"沉香"、"檀香"、"寓木"、"菖蒲"等香料植物⑭，"一些域外花卉植物如耶悉茗花等也相继移植岭南"⑮。用梅子等调味和石

---

① 《礼记·王制篇》。
② 《吕氏春秋·慎行论》。
③ 《淮南子·原道训》。
④ （唐）韩愈：《潮州刺史谢上表》。
⑤ 《汉书·地理志下》。
⑥ 《元和郡县图志·逸文卷三》记徐闻县"汉置左右侯官，积货物于此，备其所求，与交易有利，故谚曰：'欲拔贫，诣徐闻'"。
⑦ 《后汉书·和帝纪》。
⑧ （清）屈大均：《广东新语》，中华书局，1985年，第304页。
⑨ 罗庆康：《西汉财政官制》，河南大学出版社，1989年，第125页。
⑩ 陆北江：《〈汉书·地理志〉所记部分职官考略》，《陇东学院学报》2008年第5期。
⑪ 《三辅黄图》卷三。
⑫ 广州市文物考古研究所、中国社会科学院考古研究所、南越王宫博物馆筹建处：《广州市南越国宫署遗址西汉木简发掘简报》，《考古》2006年第3期。
⑬ 广州市文物管理委员会、中国社会科学院考古研究所、广东省博物馆：《西汉南越王墓》，文物出版社，1991年，第468、469页。
⑭ 谢崇安：《论岭南地区汉代的园圃农业》，《广西民族师范学院学报》2012年第6期。
⑮ 段塔丽：《试论三国时期东吴对岭南的开发与治理》，《南京大学学报》1999年第1期。

蜜、笋菹（竹笋腌制的酱菜）①等也是具有岭南特色的食品加工方式。

汉晋时期岭南居民的饮食风习多数与对地理环境的适应有关。"交广地温"，食用槟榔可以"祛其瘴疠"②，食用薏苡"用能轻身省欲，以胜瘴气"③；罗泊湾 M1 和合浦堂排汉墓出土容器中的铁冬青叶"是现在岭南地区泡制传统避暑凉茶王老吉的原料之一"④，罗泊湾汉墓出土乌榄、金银花等中草药物⑤。至于"越人得髯蛇，以为上肴"⑥和"桂蠹"⑦之类，或许仅是口舌嗜好而已。

交趾更偏南，饮食风习和食材与珠江流域又有不同。稻"交趾冬又熟，农者一岁再种"，"甘蔗，远近皆有，交趾所产甘蔗特醇好"⑧，如前所述槟榔和"林邑山杨梅"⑨之类还可以举出一些。这些食材特产在内地人看来更为珍奇，所以交趾太守士燮"不废贡职，……奇物异果，蕉、邪、龙眼之属，无岁不至"⑩，这也在南海郡和交趾郡两处分置圃羞官、羞官的原因。

三、盐官、圃羞官与岭南汉代社会

两汉帝国在岭南的实质统治区主要是岭南七郡，这其中又分为两大板块。岭南北部、东部，即自西江上游诸支流（漓江—桂江、贺江、郁江—浔江）至西江干流而珠江三角洲、包括北江和东江中下游的一片地区，属于南海、苍梧、郁林郡范围（包括零陵郡一部分），为一个文化板块（东北板块）。岭南西部、南部，即环北部湾沿岸以及濒临南海的越南中部地区，属于合浦、交趾、九真、日南四郡，为另一个文化板块（西南板块）。岭南汉代的考古学文化结构、行政设置、族群分布、人文民俗特征，以及岭南汉代社会的发展整合，可以在此两个文化板块的互动背景下作为考察角度之一。

岭南汉代考古学遗存大致可以划分为桂东北、西江流域、珠江三角洲、北江上游、桂中、南路、越南北部、粤东、右江流域、海南岛和越南中部等区域⑪。设置盐官、圃羞官、羞官的南海郡番禺县、苍梧郡高要县和交趾郡羸陵县，分别处于珠江三角洲区、

---

① 参见广西壮族自治区博物馆：《广西贵县罗泊湾汉墓》，文物出版社，1988 年，第 86 页。
② （唐）刘恂：《岭表录异·补遗》记载"交趾豪士皆家园"种植槟榔，"自云交广地温，不食此无以祛其瘴疠"。
③ 《后汉书·马援传》。
④ 陈丁山：《广西汉代饮食风貌概述》，《广西博物馆文集》（第三辑），广西人民出版社，2006 年。
⑤ 蓝日勇：《罗泊湾汉墓医药文物补识》，《广西博物馆文集》（第二辑），广西人民出版社，2005 年。
⑥ 《淮南子·精神训》。
⑦ 《汉书·西南夷两粤朝鲜传》记载赵佗向文帝贡献"桂蠹一器"，颜师古注："应劭曰：'桂树中蝎虫也'。……此虫食桂，故味辛，而渍之以蜜食之也。"
⑧ （东汉）杨孚：《南裔异物志》。
⑨ （西晋）嵇含：《南方草木状》引东方朔《林邑记》："林邑山杨梅，其大如杯碗，青时极酸，既红，味如崖蜜，以酿酒，号梅香酎，非贵人重客不得饮之。"
⑩ 《三国志·吴书·士燮传》。
⑪ 郑君雷：《秦汉帝国岭南边疆的考古人类学》，教育部人文社科重点研究基地重大课题结项报告（2013 年）。

西江流域区和越南北部区，这几个区域在岭南文化板块的形成、稳定和互动上占有很重要的位置。

番禺是秦汉南海郡治、南越国都。一些学者注意到南越国灭亡后，以珠江三角洲为中心的西汉南海郡出现经济、文化大幅衰退现象。广州西汉中后期汉墓的数量远不及西汉前期，出土铁器数量亦锐减；西汉南海郡的人口数仅相当于苍梧郡的2/3，甚至不足交趾郡的13%[①]。刘瑞先生认为随着交州刺史治所在苍梧郡治广信的确立，"汉南海郡在岭南地区的传统政治中心地位彻底消失"，经济实力也一落千丈[②]。现在既然明了，西汉政府在番禺同时设置盐官、圃羞官，尤其是盐业生产可能供应岭南"东北板块"郡县甚至湘赣地区（详后），则南越国灭亡后珠江三角洲在岭南社会文化发展中的地位和作用需要做更全面、深刻考量。

西江流域在岭南战国秦汉时代的考古学文化格局上一直居于枢纽位置。战国秦汉时期南下的岭北文化因素或族群集团进入桂东北后，往往通过西江流域深入珠江三角洲，或是通过北流江—南流江通道抵达北部湾沿岸。高要盐官职责在于盐产品的转运和分发销售，所在地点与此枢纽位置有关。

西汉中后期越南北中部的考古学文化面貌出现明显转变，汉墓、汉城以外，汉式瓦顶木构建筑也在当地扩展[③]。但是以东山文化为代表的骆越考古学文化延续至东汉，东汉初年"九真、日南、合浦蛮夷"响应二征起事[④]和东汉罪犯"徙九真、日南"[⑤]表明越南北中部仍然是辟远之地。交趾产盐，汉代不置盐官，仅设置获取珍稀食材的羞官，高要盐官的转输范围亦不及此，显然"西南板块"的开发程度和重要性不及"东北板块"。

南海郡盐官设置在番禺，圃羞官地点失载，当不出珠江三角洲。交趾郡羞官所在的羸陵县是汉代和东吴交趾郡治，许多学者认为即今北宁省陇溪城址，位于红河三角洲，距古螺城不远（安阳王和西于王的都城）。珠江三角洲、红河三角洲西汉早期分别是"东北板块"和"西南板块"土著越人的中心，南越国灭亡以后这两个三角洲仍然承负着重要的政治、经济功用，充分显示出岭南越人土著文化传统和海洋人文特征的历史延续性。

在岭南地区以水系为主干的交通网络中，汉代以西江中游的封开、梧州至贵港河段最为重要。自封开溯贺江、自梧州溯桂江，可分别经"潇贺古道"、"湘桂走廊"北上逾岭入湘江；自封开、梧州顺西江而下直抵广州，溯浔江、郁江而上则至贵港，并可通过北流江、南流江达合浦。汉代苍梧郡治和交州刺史治（梧州市区土城[⑥]）、郁林

---

① 据《汉书·地理志下》岭南七郡户籍统计。
② 刘瑞：《禁锢与脱困——汉南海郡诸问题研究》，《西汉南越国考古与汉文化》，科学出版社，2010年。
③〔日〕山形真理子：《中国南方汉·六朝系瓦——越南北部·中部瓦的出现及发展》，早稻田大学考古学会：《古代》第129·130合刊号，2012年。
④《后汉书·马援传》。
⑤ 蒋廷瑜：《再论汉代罪犯流徙合浦的问题》，《桂岭考古论文集》，科学出版社，2009年。
⑥ 蒋廷瑜：《试从考古发现探寻汉晋广信县治的地理位置》，《桂岭考古论文集》，科学出版社，2009年。

郡治（贵港市区有线索存疑①）均设置在此河段。但是高要盐官的地理位置明显偏东，显然是考虑到便于沿北江水道向粤北方向并且逾岭向湖南方向转输盐产品。

王彬等先生引述郭正忠先生研究，认为宋代广盐的转般仓和供销仓大致呈圆形放射状布局，即转般仓居于中央，供销仓罗布周围；收纳仓与转般仓则呈扇状布局，即收纳仓散布在海岸线（似扇面外沿），转般仓则条列于海滨通向内陆的交通线上（似扇柄和扇骨）。"这种布局格局与岭南的地形和交通遥相呼应"，形成岭南特有的食盐运输网络②。以此比照高要盐官的地理位置，显然是为了掌控"东北板块"桂东北（岭南汉城以桂东北分布最为密集③）、西江中游和珠江三角洲的盐业仓储和运销，并兼及岭北湘赣方向，而"西南板块"不在此中。

四、盐官、圃羞官显现的汉代岭南边疆与湘赣、中原的联系

依既往认识，汉代岭南输往内地的物产主要是海外舶来品，以及珍稀果品和织物之类，所谓"处近海，多犀、象、毒冒、珠玑、银、铜、果、布之凑，中国往商贾者多取富焉"④。西汉前期岭南已经生产漆器，但是其他地区没有发现"蕃禺"、"布山"字款的漆器；岭南本地的冶铁生产甚至要迟至东晋⑤。盐官、圃羞官的讨论，有助于我们重新认识汉代岭南边疆与湘赣、中原地区的商贸和经济文化联系。

汉代盐业产地集中在环渤海（尤其是齐鲁地区，渤海等5郡设置盐官12处）、河东、北方边郡和川滇地区，"江南沿海地区的盐业似不甚发达，江浙仅会稽郡设有一处盐官，岭南仅南海和苍梧各设一处盐官"⑥。至魏晋南北朝，岭南地区的东官郡、盐田郡和交州均设置盐场，江浙地区盐场数量亦大为增加⑦，这表明，盐业产销与南方地区的开发显然存在对应关系。秦汉经略岭南，不仅达到了"利越之犀角、象齿、翡翠、珠玑"⑧的目的，事实上还控制了南海地区的盐业资源。

经过西汉帝国的经略，东汉时期南方地区得以全面开发，重要表现就是人口显著增长，尤其以湘赣地区最明显。根据劳干先生的研究，零陵郡东汉人口是西汉的七倍

---

① 熊昭明：《广西发现的南越国遗迹述评》，《西汉南越国考古与汉文化》，科学出版社，2010年。
② 王彬、黄秀莲、司徒尚纪：《地名与广东历史时期盐业分布研究》，《广东海洋大学学报》2011年第5期。
③ 李珍、覃玉东：《广西汉代城址初探》，《广西博物馆文集》（第二辑），广西人民出版社，2005年。
④ 《汉书·地理志下》。《史记·货殖列传》记"番禺亦其一都会也，珠玑、犀、玳瑁、果、布之凑"，《集解》韦昭曰："果谓龙眼、离支之属。布，葛布也。"
⑤ 李龙章：《岭南地区出土战国秦汉铁器研究（下）》，《深圳文博论丛·2012年》，文物出版社，2012年。
⑥ 林剑鸣、余华青、周天游等：《秦汉社会文明》，西北大学出版社，1998年，第117、118页。
⑦ 吉成名：《论魏晋南北朝食盐产地》，《盐业史研究》2012年第2期。
⑧ 《淮南子·人间训》。

余，在南方各郡极其突出，豫章郡、长沙郡达四至五倍之间，桂阳郡是三倍多①。湘赣地区历史上不是主要盐业产区②，这一地区的开发有可能依赖岭南地区的盐产品。西汉中后期岭南考古学文化对湖南产生强烈影响，宋少华先生认为这种现象"恐与武帝收复岭南，恢复岭南与内地的经济、文化交往这一历史事件有密切的关系"③，汉代岭南盐官负责的盐业生产和供应也是其中内容。

汉代园圃业的规模、生产技术和作物种类有很大发展。巴郡朐忍县和鱼复县④、蜀郡严道县设有橘官⑤，东汉"交趾有橘官，长一人，秩三百石，主岁贡御橘"⑥；西汉还在上林苑移植荔枝等岭南果木，"荔枝自交趾移植百株于庭，无一生者，连年犹移植不息"⑦；私营园圃业也出现千树枣、千畦姜韭这样的商业经营大户⑧，以致出现"橘柚生于江南，而民皆甘之于口"⑨、"民间厌橘柚"⑩的状况。西汉政府在岭南设置圃羞官、羞官有似于在北方边地设置"六牧师苑"⑪发展畜牧业，岭南园圃业已经成为汉王朝经济贸易网络的一部分。岭南地区输出、进献的特产食材"不仅丰富了中国人的食物内涵，也扩大了中国人的地理学、中医学等领域的科学视野"⑫；并且从不同层面、不同侧面强化了汉代岭南边疆与帝国中心的联系，《后汉书·和帝纪》记"旧南海献龙眼、荔支，十里一置，五里一候，奔腾阻险，死者继路"，橙、橘、龙眼、荔支等岭南果品还在东汉朝廷与匈奴的交往中发挥着政治"礼物"的功能⑬。

西汉中后期以来岭南地区的考古学文化面貌特征和演化线索与中原地区逐渐一致，作为边远地区的社会文化属性逐渐减弱，最终发展成为汉文化的一个地方类型。王明珂先生注意到，"但在《史记》的《南越列传》《东越列传》，到《汉书》的《西南夷两越朝鲜传》中，都没有关于越人的'奇风异俗'的描述，并且在'起源'上，都强调他们与中国的关系，……由此可见，在西汉之后越人逐渐已被视为华夏的一部分"⑭。盐官、圃羞官、羞官在汉代岭南社会文化整合中发挥的作用，可作为理解这一历史进

---

① 劳干：《两汉户籍与地理之关系》，第208、209页，转引自许倬云《汉代农业》，广西师范大学出版社，2005年，第135页。
② 湖南有井盐和膏盐生产，见吉成名：《湖南食盐产地变迁》，《盐业史研究》2014年第1期。
③ 宋少华：《西汉长沙国（临湘）中小型墓葬分期概论》，《考古耕耘录》，岳麓书社，1999年。
④ 《汉书·地理志（上）》。
⑤ 参见罗庆康：《西汉财政官制》，河南大学出版社，1989年，第124页。
⑥ （东汉）杨孚《南裔异物志》。
⑦ 《三辅黄图》卷三。
⑧ 李桓全：《试论汉代农业领域中的商品生产问题》，《中国农史》2005年第4期。
⑨ 《盐铁论·相刺篇》。
⑩ 《盐铁论·未通篇》。
⑪ 《续汉书·百官志》记太仆属下"又有牧师苑，皆令官，主养马，分在河西六郡中"，颜师古注"六郡谓陇西、天水、安定、北地、上郡、河西"，西汉在此六郡境内设置"六牧师苑令官"。
⑫ 谢崇安：《论岭南地区汉代的园圃农业》，《广西民族师范学院学报》2012年第6期。
⑬ 《后汉书·南匈奴传》：建武二十六年"元正朝贺，拜祠陵庙毕，汉乃遣单于使，令谒者将送，赐彩缯千匹，锦四端，金十斤，太官御食酱及橙、橘、龙眼、荔支；赐单于母及诸阏氏、单于子及左右贤王、左右谷蠡王、骨都侯有功善者，缯彩合万匹。岁以为常。
⑭ 王明珂：《华夏边缘：历史记忆与族群认同》，（台北）允晨文化，2001年，第309页。

程的注脚。

原载《香港考古学会会刊》第 17 期（香港考古学会 2017 年）。承中山大学考古专业硕士研究生张红艳同学、中央民族大学文物与博物馆专业硕士研究生刘洋河同学帮助收集材料，在此表示感谢

汉代东南沿海与辽东半岛和西北朝鲜海路交流的几个考古学例证

汉代辽东半岛和西北朝鲜属于"汉墓幽州分布区"[①]的范围。

西汉初年的东北郡县延续燕秦格局，包括右北平、辽西、辽东三郡。西汉武帝元朔元年（前128年）设置苍海郡，未几而罢。元封四年（前107年）设置乐浪、玄菟、临屯、真番郡，习惯上称为朝鲜四郡。昭帝始元五年（前82年）"罢临屯、真番以并乐浪、玄菟"[②]。东汉安帝时设置辽东属国。东汉献帝初平元年公孙度分辽东郡为辽西、中辽郡。建安年间（196～219年）公孙康设置带方郡。以上郡国，已占两汉幽州刺史部地域的大半以上。上述东北郡县范围内的汉代遗存分布非常普遍，尤以汉墓为最，大致可以划分为以朝阳、锦州、大连、辽阳为中心的四个地区[③]。在西北朝鲜，具有中原文化特征的乐浪汉墓主要分布在以平壤市为中心的平安南道、黄海北道和黄海南道，在平安北道和咸境北道也有零散发现[④]。

从墓葬形制、随葬器物等方面分析，京津唐、辽西、辽东和西北朝鲜汉墓存在较大程度的相似性，而与周邻地区相殊，这一地域的范围与汉代幽州基本重合（张家口地区除外）。结合地理环境、民族构成、行政设置等背景因素，可以划出一个独立的汉墓分布区，暂称为"汉墓幽州分布区"。杨雄《方言》亦将"燕代朝鲜洌水之间"划为汉语的一个方言区，可相参照。当然，"汉墓幽州分布区"内的汉墓面貌仍有差别，辽东半岛和西北朝鲜就可以见到东南沿海（包括山东半岛）的文化影响。

一

作为"汉墓幽州分布区"的一部分，东北地区汉墓与周邻地区汉墓存在文化联系，其中通过辽西走廊与京津唐地区的陆路交通比较容易引起注意。而实际上，通过辽东半岛和西北朝鲜与东南沿海的海路联系亦应该予以足够重视。汉代关于航线、季风、洋流、天象等方面的航海知识已较丰富，海船制造技术达到相当水准，海船生产也有

---

① 郑君雷：《中国东北地区汉墓研究》第八章，吉林大学博士学位论文，1997年。
② 《后汉书·东夷列传》。
③ 吉林市郊亦有汉式特征的汉代墓葬分布，绝大多数材料尚未发表，且处于夫余地境，暂不讨论。
④ 〔日〕高久健二：《乐浪古坟文化研究》，（日本）学研文化社，1995年。本文有关乐浪汉墓材料不另出注者均引自该书。

一定规模，出土遗物和文献记载均可资证明①，各地区之间的远程海路联系并无技术条件上的困难。

汉代山东半岛、东南沿海与辽东半岛和西北朝鲜间的海路交通畅达。

据王绵厚先生研究，自山东半岛北部的北海、齐、东莱诸郡出海，经由庙岛群岛，可以分别在"马石津"（辽东半岛旅顺口老铁山）、"沓津"（辽东半岛普兰店湾沙河口）、"辽口"（大辽河口）、"安平口"（鸭绿江口）、"列口"（朝鲜半岛大同江口）等地登陆②。文献中见有山东半岛与辽东半岛和西北朝鲜的海路交通联系：

武帝"遣楼船将军杨仆从齐浮渤海；……楼船将军将齐兵七千人先至王险"③。

王景"八世祖仲，本琅邪不其人。……乃浮海东奔乐浪山中，因而家焉"④。

逢萌"北海郡都昌人也。……将家属浮海，客于辽东"⑤。

公孙度"越海收东莱诸县，置营州刺史"⑥。

从东南沿海的长江口出发，亦与辽东半岛和西北朝鲜存在海路交通联系，可举略晚时期的文献记载为证：

太和二年（228年）公孙渊"遣使南通孙权，往来赂遗。权遣使张弥、许晏等，赍金玉珍宝，立渊为燕王"⑦。

嘉禾元年（232年）三月，孙权"遣将军周贺、校尉裴潜乘海之辽东。……冬十月，魏辽东太守公孙渊遣校尉宿舒、阆中令孙综称藩于权，……（嘉禾二年）三月，遣舒、综还，使太常张弥、执金吾许晏、将军贺达等将兵万人，金宝珍货，九锡备物，乘海授渊"⑧。

嘉禾三年（234年）孙权"遣使者谢宏、中书陈恂拜（高句丽王）宫为单于，加赐衣物珍宝。恂等到安平口，……"⑨。

在这种海路交通畅达的背景条件下，东南沿海与辽东半岛和西北朝鲜存在比较密切的文化联系，东南沿海汉墓对辽东半岛和西北朝鲜汉墓产生某些影响。

二

辽东半岛和西北朝鲜汉墓在墓葬形制、棺椁制度、随葬器物和壁画题材等方面见有与东南沿海相似或通过东南沿海传播的文化因素。

---

① 参见王子今：《秦汉交通史稿》（增订版）第六章、第七章，中国人民大学出版社，2013年。
② 王绵厚、李健才：《东北古代交通》，沈阳出版社，1990年，第72～79页。
③ 《史记·朝鲜列传》。
④ 《后汉书·循吏列传》。
⑤ 《后汉书·逸民列传》。
⑥ 《三国志·魏书·公孙度传》。
⑦ 《三国志·魏书·公孙渊传》。
⑧ 《三国志·吴书·吴主传》。
⑨ 《三国志·吴书·吴主传》注引《吴书》。

在中原和关东地区，西汉中期出现小砖砌筑的砖室墓，其后迅速流行并且取代了土坑木椁墓。东北地区的砖室墓大约出现在新莽时期，辽东半岛其后土坑木椁墓基本绝迹，但是盖州九垄地M1①的砖室中仍然置木椁，墓砖纪年为东汉顺帝"永和五年"（140年）。朝鲜半岛砖室墓出现年代颇晚，大约是在东汉中期以后，王培新先生认为是在东汉后期②。而且砖室墓出现后土坑木椁墓数量仍然很多，如石岩里M20、M30（东汉中后期），一直延续至魏晋。与辽东半岛尤其是西北朝鲜相似，东南沿海的土坑木椁墓也是延续至东汉晚期，如江苏扬州七里甸墓③（东汉前期）和仪征石碑村墓④（东汉晚期）、浙江绍兴漓渚墓地⑤（东汉中后期）等。东汉后期的广州汉墓中也有一定数量的土坑木椁墓⑥。

辽东半岛北部边缘的辽阳汉魏壁画墓群流行以比较规整的石板支筑墓壁，顶、底盖铺石板，墓室内分割成若干个棺室、耳室和回廊，石柱上置石栌斗承托石梁，墓门上架石门楣，下铺石门槛，左右立石门框，大型墓并有多个正门、侧门和后门。包括东门里墓⑦、北园M1⑧、棒台子M1⑨、南雪梅M1⑩、鹅房M1⑪等，有可能是受到山东内地东汉石椁壁画墓和画像石墓的影响。山东梁山后银山壁画墓⑫为砖石合筑，前室为覆斗顶彩绘藻井，后室为三个并列砖券棺室，并有石柱和石门。泰安大汶口画像石墓⑬前有石门，前室横长附耳室，后室为两个并列纵长棺室，这种以石门、石柱隔出数个纵长棺室、周有回廊的结构布局与辽阳壁画墓群相似。两地间的联系大概是以辽东半岛和山东半岛为媒介。

辽东半岛碧流河西南的渤海湾沿岸，东汉中后期流行以花纹砖（包括画像砖、钱文砖、文字砖等）砌筑墓室，有些与绳纹砖或石板混筑，如金州董家沟M4⑭、盖州九垄地M1⑮、旅顺南山里M4⑯、大连营城子M52⑰等。花纹主要有圆圈、同心圆、菱格、叶脉、网格等几何形纹饰，其他有动物纹饰、人物头像、钱币图案、文字、狩猎场面等。

---

① 许玉林：《辽宁盖县东汉墓》，《文物》1993年第4期。
② 王培新：《公元2—4世纪西北朝鲜砖室墓初步研究》，《边疆考古研究》（第2辑），科学出版社，2004年。
③ 南京博物院、扬州市博物馆：《江苏扬州七里甸汉代木椁墓》，《考古》1962年第8期。
④ 南京博物院：《江苏仪征石碑村汉代木椁墓》，《考古》1966年第1期。
⑤ 浙江省文物管理委员会：《浙江绍兴漓渚东汉墓发掘简报》，《考古通讯》1957年第1期。
⑥ 广州市文物管理委员会、广州市博物馆：《广州汉墓》，文物出版社，1981年。本文有关广州汉墓材料不另出注者均引自《广州汉墓》。
⑦ 辽宁省博物馆、辽阳博物馆：《辽阳旧城东门里东汉壁画墓发掘报告》，《文物》1985年第6期。
⑧ 李文信：《辽阳北园壁画古墓记略》，《李文信考古文集》，辽宁人民出版社，1992年。
⑨ 李文信：《辽阳发现的三座壁画古墓》，《文物参考资料》1955年第5期。
⑩ 王增新：《辽宁辽阳县南雪梅村壁画墓及石墓》，《考古》1960年第1期。
⑪ 辽阳市文物管理所：《辽阳发现三座壁画墓》，《考古》1980年第1期。
⑫ 关天相、冀刚：《梁山汉墓》，《文物参考资料》1955年第5期。
⑬ 泰安市文物局：《山东大汶口汉画像石墓》，《文物》1989年第1期。
⑭ 〔日〕三宅俊成：《关东州董家沟古坟调查报告书》，《满洲学报》（第七册），1944年。
⑮ 许玉林：《辽宁盖县东汉墓》，《文物》1993年第4期。
⑯ 〔日〕滨田耕作：《南山里——南满洲老铁山麓的汉代砖墓》，（日本）东亚考古学会，1933年。
⑰ 许明纲：《旅大市营城子古墓清理》，《考古》1959年第6期。

西北朝鲜东汉中晚期的花纹砖墓亦比较发达，有的木椁墓还在木椁外壁砌筑花纹砖壁包围木椁，如贞柏洞 M1、石岩里 M253、石岩里 M99、梧野里 M19 等，花纹主要有菱格、同心圆、折线、网格、"S"形等几何形纹饰。汉代花纹砖墓主要分布在河南南部和四川盆地，值得注意的是东南沿海也有发现，如江苏高淳固城①、丹阳宗头山墓②、溧水柘塘墓地③、浙江杭州铁佛寺墓④和广州汉墓，花纹包括菱格、圆圈、十字、网格、折线等几何形纹饰和动物纹饰、车马出行、历史故事、钱币图案和文字等。

西北朝鲜东汉时期流行一种在木棺的左右方向隔出副椁或者是留出相当于副椁位置的木椁，如贞柏洞 M11、石岩里 M20、贞梧洞 M4、梧野里 M3 等。相似形制的木椁在东南沿海相当流行，如山东临沂银雀山 M6⑤、金雀山 M1⑥、江苏盱眙东阳 M6⑦、邗江胡场 M5⑧等。西北朝鲜贞梧洞 M1 木椁平面呈"T"字形，副椁横前突出，这种形制的木椁亦见于东南沿海，如广州汉墓 M3031 和江苏仪征烟袋山墓⑨。辽阳鹅房 LOM1⑩木椁内部分成上、下两格，木棺置放上格，明器置放下格，具体做法不明。分为上、下格的木椁在广州汉墓中非常流行，如 M2060 和 M3016，亦见于江苏扬州"姜莫书"墓⑪。两地的具体做法虽然有差别，却都是在木椁的部分区域建成上下两层以扩大容积。

辽东半岛西汉中期随葬器物种类明显增加，出现鐎、尊、筝、耳杯、魁、灯、薰等陶器和井、灶、家畜俑等模型明器，与中原地区趋于一致。锦州地区此期汉墓中亦出现鐎、尊、釜等陶器和陶仓等模型明器。在其以西的京津、冀东、朝阳地区同期汉墓中，以上陶器和模型明器极不发达或根本不见，而在山东内地的同期汉墓中却比较常见，如微山两城山 M4⑫（西汉前期）出有仓、井、灶，平阴新屯墓地⑬出有薰、井、灶，枣庄兰城 M3⑭出有仓、井，临沂银雀山 M3⑮出有狗俑，而且平阴新屯墓地、沂水荆山墓⑯、沂水西水旺 M2⑰鼎、鐎、尊、灶等陶器的形制与辽东半岛相似。因此，辽东

---

① 镇江博物馆：《江苏省高淳县东汉画像砖墓》，《文物》1983 年第 4 期；南京市博物馆：《江苏高淳固城东汉画像砖墓》，《考古》1989 年第 5 期。
② 镇江市博物馆、丹阳县文化馆：《江苏丹阳东汉墓》，《考古》1978 年第 3 期。
③ 吴大林：《江苏溧水出土东汉画像砖》，《文物》1983 年第 11 期。
④ 王士伦：《杭州铁佛寺清理了一座东汉墓葬》，《文物参考资料》1955 年第 6 期。
⑤ 山东省博物馆、临沂文物组：《临沂银雀山四座西汉墓葬》，《考古》1975 年第 6 期。
⑥ 临沂文物组：《山东临沂金雀山一号墓发掘简报》，《考古学辑刊》，中国社会科学出版社，1981 年。
⑦ 南京博物院：《江苏盱眙东阳汉墓》，《考古》1979 年第 5 期。
⑧ 扬州市博物馆、邗江县图书馆：《江苏省邗江胡场五号汉墓》，《文物》1981 年第 11 期。
⑨ 南京博物院：《江苏仪征烟袋山汉墓》，《考古学报》1987 年第 4 期。
⑩ 李文信：《辽阳发现的三座壁画古墓》，《文物参考资料》1955 年第 5 期。
⑪ 扬州市博物馆：《扬州西汉"姜莫书"木椁墓》，《文物》1980 年第 12 期。
⑫ 微山县文管所：《山东微山县发现汉、宋墓葬》，《考古》1995 年第 8 期。
⑬ 济南市文化局文物处、平阳县博物馆筹建处：《山东平阴新屯汉画像石墓》，《考古》1988 年第 11 期。
⑭ 枣庄地区文物管理站、台儿庄区文化馆：《枣庄兰城汉代石匣墓》，《文物资料丛刊》（9），文物出版社，1985 年。
⑮ 山东省博物馆、临沂文物组：《临沂银雀山四座西汉墓葬》，《考古》1975 年第 6 期。
⑯ 沂水县文物管理站：《山东沂水县荆山西汉墓》，《文物》1985 年第 5 期。
⑰ 马玺伦、刘一俊、孔繁刚：《山东沂水县西水旺庄汉墓》，《考古》1990 年第 9 期。

半岛甚至锦州地区西汉中期随葬陶器的组合变化有可能是受到山东地区的影响。

辽东半岛和西北朝鲜汉墓若干陶器的形制与东南沿海相似。大连营城子M2[①]陶灶前端呈尖圆形，形似船舟（沈阳上伯官屯墓地[②]亦出），孙机先生总结这种舟形陶灶流行于江南各地[③]，东南沿海亦盛行，如江苏盐城三羊墩M2[④]、扬州平山M3[⑤]、丹阳墓[⑥]、高淳固城M2[⑦]、福建闽侯庙后山墓[⑧]和广州汉墓M5080。大连营城子M2出有陶虎子。年代最早的虎子出自长沙战国晚期墓，汉晋虎子绝大多数出土于南方地区[⑨]，应该视为南方地区的文化因素。东南沿海的江苏新沂龙泉村M4[⑩]、南京邱家山M2[⑪]、扬州东风砖瓦场M3和M6[⑫]、浙江淳安墓[⑬]、广州汉墓M3021等地均有发现，山东沂南画像石上亦有虎子图像[⑭]。营城子M52出有圈足陶杯，这种圆筒、收柄的圈足杯也主要发现于南方地区和东南沿海，如山东枣庄兰城M3、微山两城山M4、广州汉墓M3023和M3024出有圈足陶杯，江苏盱眙东阳墓出有圈足漆杯[⑮]，广西贵县罗泊湾M1[⑯]出有圈足玉杯。其他陶器也有一些相似的例子，抚顺刘尔屯M2[⑰]的陶壶斜直颈、弧鼓腹、圈足承托圜底，与山东沂水上常庄M1[⑱]的一件颇似。王培新先生指出朝鲜半岛土城洞M45的青釉双领陶罐、青釉陶坛、硬陶斜领罐、绿釉双耳陶罐一组器物在西北朝鲜极罕见，分别与江苏邗江甘泉墓、广州汉墓M5080、湖南常德常南M2和广东佛山澜石M1等地东汉墓的同类器相同或相似；并举南寺里M29的釉陶壶以为与安徽歙县西村和淮南刘家古堆东汉墓相似[⑲]。

大连营城子M2是座砖室壁画墓，年代约在东汉中后期，壁画内容主要是表现祭祀场面，绘有墓主人、侍童、仙翁、朱雀、青龙、瑞鸟等，气氛神秘诡异，并有左手操蛇、右手持幡的神怪形象。吴荣增先生指出，"目前所见到的操蛇神怪的雕像或画像资料，多出于今河南南部和湖北、湖南、江苏等地。似乎这一神话迷信具有明显的地

---

① 〔日〕关东厅博物馆：《营城子——前牧城驿附近的汉代壁画砖墓》，（日本）东亚考古学会，1934年。
② 佟俊岩：《沈阳上伯官汉墓清理报告》，《辽海文物学刊》1991年第2期。
③ 孙机：《汉代物质生产资料图说》，文物出版社，1990年，第336页。
④ 江苏省文物管理委员会：《江苏盐城三羊墩汉墓清理报告》，《考古》1964年第10期。
⑤ 扬州博物馆：《扬州平山养殖场汉墓清理简报》，《文物》1987年第1期。
⑥ 镇江博物馆、丹阳县文化馆：《江苏丹阳东汉墓》，《考古》1978年第3期。
⑦ 南京市博物馆：《江苏高淳固城东汉画像砖墓》，《考古》1989年第5期。
⑧ 林忠干：《论福建地区出土的汉代陶器》，《考古》1987年第1期。
⑨ 黄展岳：《关于伏虎形器和"虎子"的问题》，《文物》1999年第5期。
⑩ 吴文信：《江苏新沂东汉墓》，《考古》1979年第2期。
⑪ 王文辉：《南京邱家山汉墓》，《考古》1963年第8期。
⑫ 扬州博物馆：《扬州东风砖瓦场汉代木椁墓》，《考古》1980年第5期。
⑬ 新安江水库考古发掘队：《浙江淳安古墓发掘》，《考古》1959年第9期。
⑭ 南京博物院、山东省文物管理处：《沂南古画像石墓发掘报告》，文化部文物管理局，1956年，拓片69。
⑮ 南京博物院：《江苏盱眙东阳汉墓》，《考古》1979年第5期。
⑯ 广西壮族自治区博物馆：《广西贵县罗泊湾汉墓》，文物出版社，1988年，第55页。
⑰ 抚顺市博物馆：《辽宁抚顺县刘尔屯西汉墓》，《考古》1983年第11期。
⑱ 沂水县文物管理站：《山东沂水发现两座战国墓》，《文物》1986年第6期。
⑲ 王培新：《公元2~4世纪西北朝鲜砖室墓初步研究》，《边疆考古研究》（第2辑），科学出版社，2004年。

点，也就是说和南方的楚有密切的关系。但是若从更多的资料来看，就会发现这种迷信在战国时具有相当的普遍性。""现在根据对考古的实物或图像资料的研究，明确了从战国到汉在神话迷信方面发生了较大的变异，主要是人首蛇身式神灵取代了多种形式的操蛇神怪。"不过在"东汉时期的四川地区常有操蛇神怪的俑或画像"，如芦山墓的石俑和乐山柿子湾崖墓享堂羡道门口的石刻①。从汉代操蛇神怪形象分布的地域角度上讲，辽东半岛营城子M2比较特殊。应该注意的是，山东出土画像石上也有双手挽蛇的神人图案②，营城子M2的操蛇神怪形象最有可能是经东南沿海传入的南方地区的文化因素。

在前面讨论的情况中，有些文化因素主要分布在东南沿海；有些文化因素分布范围不一定局限于东南沿海，但是主要分布在南方地区，显然是经过海路传播到辽东半岛和西北朝鲜的。也有些文化因素分布范围更加广阔，不仅仅局限在东南沿海和南方地区，但是在毗邻东北的京津唐地区和长城地带未见，据此也可以推断这些文化因素是经由东南沿海通过海路交通传播的。当然，这其中也可能有某些因素只是形式上的相似，未必一定是传播的结果。

自辽东半岛和西北朝鲜通过海路传播到东南沿海地区的文化因素所见甚少。在东北地区汉墓报告和研究文章中经常出现"贝墓"一词，包括在土坑墓中用贝壳填埋尸体或在棺椁外填充贝壳，在砖室墓或石室墓的砖、石外壁填充贝壳，用贝壳与砖、石混筑墓壁以及在土坑墓、砖室墓或石室墓的墓底铺贝壳等多种情况，主要分布在辽东半岛大连附近和辽东湾北岸的锦州一带沿海地区，具有很强的地域特征。据介绍，在山东半岛和庙岛群岛也有"贝墓"分布③。

三

东南沿海地区并非统一的文化单元，由于先秦文化传统和民族分布的深远影响，东南沿海汉墓可以划分出若干个文化面貌和发展线索有所差别的分布区，并且存在着显著地方特点。例如，按照魏航空先生的西汉墓葬划分体系，以徐州为中心的鲁南苏北地区属于银雀山类型，存在着夷、楚、周文化因素；以扬州、上海为中心的苏南浙北地区属于福泉山类型，存在着吴、越文化因素④。而山东半岛西汉墓葬的文化面貌与鲁南苏北地区相似⑤。以广州为中心的岭南地区，西汉前期是南越国地，武帝以后与中原和岭北汉墓的发展轨迹基本趋同，不过，地方特点仍然突出。福建汉墓发现较少，情况大抵与岭南相似。东南沿海地理条件优越，比邻社会发展水平较高的黄河中游和长

---

① 吴荣增：《战国汉代的操蛇神怪及有关神话迷信的变异》，《先秦两汉史研究》，中华书局，1995年。
② 山东省文物考古研究所：《山东汉画像石选集》，齐鲁书社，1982年，图版377。
③ 刘俊勇：《辽宁汉代贝墓类型与分期探讨》，《博物馆研究》1995年第1期。
④ 魏航空：《三楚地区西汉墓葬的考古学文化谱系》，吉林大学硕士学位论文，1990年。
⑤ 郑君雷：《中国东北地区汉墓研究》第八章注释4，吉林大学博士学位论文，1997年。

江中游地区，西汉中期以后尤其是山东、苏南和浙北等地经济文化发展迅速，江浙一带的铜镜制造和青瓷生产至东汉末年已经居于全国领先位置。

东北地区情况不同。中原文化大规模进入东北地区是在战国中期，燕将秦开袭破东胡，"燕亦筑长城，自造阳至襄平。置上谷、渔阳、右北平、辽西、辽东郡以拒胡"①，自此奠定了东北地区汉代郡县设置的基本格局。汉代东北郡县一直存在边塞地区的特点，郡县以外活跃着匈奴、秽、貊、乌桓、鲜卑、夫余、高句丽、沃沮、三韩等民族，汉朝边塞不时受到巨大压力，造成苍海、临屯、真番郡先后罢置，玄菟郡迭次内迁，右北平、辽西、辽东、乐浪郡部分属县或弃或徙。而且在汉朝郡县内部亦有非汉民，如辽东属国的主要居民是内附的乌桓、鲜卑，玄菟、乐浪郡"皆朝鲜、濊貊、句骊蛮夷"②。汉代东北地区是相对封闭的地理单元，北面和东面均非汉民族分布区，西面长城地带亦是边地，仅西南一隅通过京津唐地区与中原联系，并以辽东半岛、西北朝鲜与东南沿海隔海相望。同时气候寒冷，山地广阔，只有辽河平原和朝鲜西岸平原面积较大，经济发展受到限制。

相对于关中和中原地区，东南沿海和东北地区均属于边远地区，但是由于地理环境和社会形势的差别，两个地区有汉一代的经济文化发展轨迹有所不同，前者发展水平显然超过后者，因此两个地区的文化联系主要表现为东南沿海（尤其是山东半岛和江浙地区）对辽东半岛和西北朝鲜的单向影响。东南沿海对辽东半岛和西北朝鲜的影响主要发生在西汉武帝以后。武皇开边，国势强盛，封建经济文化高度发展，各地区间的联系普遍加强。由于两汉之际辽西郡县被迫向南收缩，东北地区经由辽西走廊一线与中原地区的陆路联系受到限制，其与东南沿海地区的联系相应增强。东汉末年公孙氏政权割据辽东，与曹魏对峙，东北地区与东南沿海的联系再次强化。其后两地仍然联系密切，慕容廆"求种江南，平州桑悉由吴来"③的记载就是一例。

东南沿海对东北地区的文化影响有可能暗示着居民的流动。从东北地区汉墓的文化因素构成情况推测，东北地区汉民除了部分是战国燕民后裔，部分来自京津地区，部分是融入的土著民以外，可能还有来自东南沿海的居民，尤其是在辽东半岛和西北朝鲜方向④。

就行政设置、历史沿革、风俗习惯、民族构成等方面而言，汉代东南沿海和东北地区显然属于不同文化单元，但是细致的文化因素分析却表明两者间存在着密切的文化联系。这种不同地区的文化联系和居民流动促进了汉文化的发展和汉民族的形成，考古学所见汉代东南沿海与辽东半岛和西北朝鲜的文化交流就是其中一例。

原载《汉代考古与汉文化国际学术研讨会论文集》，齐鲁书社，2006 年

---

① 《史记·匈奴列传》。
② 《汉书·地理志下》。
③ 《晋书·慕容宝载记》："先是，辽川无桑，及廆通于晋，求种江南，平州桑悉由吴来"。
④ 参见郑君雷、赵永军：《从汉墓材料透视汉代乐浪郡的居民构成》，《北方文物》2005 年第 2 期。

近东、中东和非洲大陆游牧业起源研究的若干背景资料译介

近年来关于北方长城地带游牧业起源问题的研究取得很大进展①。中国学者已经开始在欧亚草原的大背景下讨论这一课题，而且注意借鉴西方学者的相关成果和理论方法。巴菲尔德（Thomas J. Barfield）曾经按照自然地理和经济文化特征划分出现今世界的五个主要游牧文化区，分别是：横贯非洲大陆的撒哈拉沙漠以南至非洲大裂谷一线的东非热带草原；撒哈拉沙漠和阿拉伯沙漠；地中海沿岸经安纳托利亚高原、伊朗高原至中亚山区一线；黑海延伸至蒙古的欧亚大陆草原；西藏高原及邻近高原。另外还有欧亚北部高纬地区和南美安弟斯高地两个社会组织结构和文化传统均与典型游牧社会有某种差别的变体地区②。笔者近来读到哈扎诺夫（A.M. Khazanov）的文章，比较系统地总结了欧亚草原及沙漠和半沙漠地区、中东、近东、非洲大陆、欧亚北部高纬地区和亚洲内陆高原等地游牧业起源的研究情况，哈扎诺夫根据各地游牧业的不同起源背景和经济文化特征将历史上的游牧社会划分为欧亚草原类型、中东类型、近东类型、东非类型、欧亚北部类型和亚洲内陆高原类型③。哈扎诺夫的文章发表于1983年，其后国外学者已经有了某些新认识，不过，该文对于我们了解国外学者关于这一研究领域的相关背景材料还是很有帮助的。另外，罗伯肖（P.T.Robertshaw）和科利特（D.P.Collett）的一篇关于从考古学材料中辨识畜牧人群的论文也谈到肯尼亚"非洲裂谷地带"游牧业的起源④。这里主要依据哈扎诺夫的文章，将国外学者关于近东、中东、非洲大陆游牧业起源研究的情况译介出来供参考。哈扎诺夫文章中有关欧亚草原和沙漠、半沙漠地区的内容笔者已有文章涉及⑤，有关欧亚北部高纬地区和亚洲内陆高原的材料和认识均不甚丰富，暂从略。

---

① 王明珂：《鄂尔多斯及其邻近地区专化游牧业的起源》，《历史语言研究所集刊》，第六十五本，第二部分，1994年；杨建华：《春秋战国时期中国北方文化带的形成》，吉林大学博士学位论文，2001年；林沄：《夏至战国中国北方长城地带游牧文化带的形成过程》（打印稿），吉林大学边疆考古研究中心，2002年；乌恩：《欧亚大陆草原早期游牧文化的几点思考》，《考古学报》2002年第4期。
② Barfield T J. The Nomadic Alternative. Prentice—Hall:Inc.A Simon & Schuster Company，1993.
③ Khazanov A M. Nomads and the Outside World. Cambridge: Cambridge University Press，1983.
④ Robertshaw P T, Collett D P. The identification of pastoral peoples in the archaeological record :an example from East Africa. World Archaeology, 1983, 15(1): 67-78 . 引文笔者译。
⑤ 郑君雷：《西方学者关于游牧文化起源研究的简要评述》，《社会科学战线》2004年第3期。

一、近 东 地 区

巴菲尔德（Thomas J. Barfield）认为"撒哈拉沙漠和阿拉伯沙漠"是一个独立的游牧文化区，主要饲养单峰驼作为驮畜并提供肉食，沙漠边缘同时饲养绵羊和山羊，牧民使用山羊毛织物制作的黑帐篷，也从绿洲上的阿拉伯农民手里获取枣椰和其他食物，用公驼与商队交易。哈扎诺夫划定的近东地区包括美索不达米亚、阿拉伯半岛、叙利亚、巴勒斯坦，大体相当于巴菲尔德划定的"撒哈拉沙漠和阿拉伯沙漠游牧文化区"的阿拉伯沙漠部分。

哈扎诺夫（A.M. Khazanov）指出，曾经一个时期许多学者对西亚新石器时代畜牧专业化的程度估计过高，以为当时已经出现了真正游牧民或半游牧民，提出公元前第七千纪扎格罗斯山地（Zagros）的居民已经从事某种畜牧业，在永久性定居点以外的山区还有季节性营地。新近成果则说明扎格罗斯山地的畜牧业不会早于公元前第四千纪后半叶，现有材料显然还不足以解决这个问题。曾经通行的观点是认为近东在青铜时代（公元前第三至前第二千纪甚至前第四千纪）已经出现纯粹的游牧民，美索不达米亚和埃及已经出现游牧民与农民的冲突。虽然近东地区畜牧者与早期农业中心确实存在经济和政治联系，有可能是畜牧与基于灌溉支撑的农耕之分野刺激了经济专门化，但是没有理由以为喜克索斯人（Hyksos）、古代犹太人、阿莫里特人（Amorites）、苏塔亚人（Sutaeans）和阿拉美亚人（Arameans）等族群是真正的游牧民，认为古代闪米特人（Semites）是原始游牧人的顽固观念在新近研究面前也不成立。有些学者则认为是"家长制"导致了划分时段分别进行畜牧饲养和从事农耕的半游牧生活。西部闪米特人饲养绵羊、山羊和少量牛，挽畜主要是驴，单独饲养驴的部落却不一定存在。畜种构成暗示着当时畜牧者的活动范围不可能超出距离水源30英里以外，他们远离农业中心，兼营农业，生活在年降水量100～250毫米的地带，特别是在没有灌溉或者灌溉技术不发达但是仍然可以收获的地区。这时的畜牧者以部落规模缓慢而渐次地迁移，逐渐渗透至农耕区边界，向农业区的迁移经常导致定居。推测公元前第三、前第二千纪近东地区存在着畜牧饲养业和半游牧的畜牧业，但是并非真正的游牧业，纯粹游牧族群即便存在亦只是极端个例。

哈扎诺夫认为，近东地区的主要畜牧业中心是阿拉伯半岛。自公元前第三千纪结束时开始，在阿拉伯中部小牲畜最终取代了牛，不晚于公元前第四千纪时畜牧业开始占据主导地位，不过年代还可以讨论。撒哈拉——阿拉伯地区最后的干旱阶段开始于公元前2500年并沿续至今，这可能导致畜牧者移动到农耕区边界。但是阿拉伯游牧化的最终形成与骆驼成为骑乘动物有关。一般认为骆驼的驯养开始于公元前第二千纪的中叶或者后半叶。有些学者认为近东各地骆驼驯养的发生情况不尽相同，年代亦早于公元前第二千纪中叶；有些学者以为甚至可以早至公元前第四千纪。有些学者则指出骆驼驯化与骆驼饲养专门化不同，其间当有巨大的时间差距。受半岛干燥化影响，骆驼饲养的专门化有可能出现在公元前第二千纪的阿拉伯半岛某一地区，这导致在阿拉伯半岛和叙利亚内陆地区真正游牧民的散布。为了扩充草场以增加牲畜、获取农产品以及与定居社会进行贸易，公元前 11 世纪时入侵的游牧民席卷约旦至巴勒斯坦地区。公元前第二千纪的开始阶段甚至更早，马匹出现在近东农业区，长期被视为珍稀动物。公元前第二千纪时轻便四轮战车颇为流行，马匹几乎从未成为骑乘动物，当时及稍后流动的畜牧者较少使用最初饲养于山区的马匹。阿拉伯半岛的马匹最初出现于 1 世纪初期，有的学者强调在阿拉伯半岛骆驼替代了马匹的作用。"近东类型"中"阿拉伯亚型"最终形成的时间意见不一。有些学者提出公元前第一千纪末叶在阿拉伯北部出现一种新型骆驼鞍桥，有利于骑士解脱双手，这样就显著地提高了军事效率，此后才谈得上真正的阿拉伯游牧民。有的学者将游牧时期定在公元前 3 世纪，甚至晚到"公元"至"穆罕默德时代"之间。有的学者以为阿拉伯半岛定居城邦的毁灭和商队贸易的衰落刺激了部分定居者转化为游牧民，这个见解可以商榷，不过在古代期结束和中世纪开始阶段部分游牧民确实有可能来自定居者。

二、中东地区

哈扎诺夫（A.M. Khazanov）划定的中东地区包括小亚细亚、伊朗、阿富汗，相当于巴菲尔德划定的"地中海沿岸经安纳托利亚高原、伊朗高原至中亚山区一线"的游牧文化区。在现代民族志材料中，这里主要饲养绵羊和山羊，牧民根据地势依海拔高度迁徙，畜群种类颇有差异，包括绵羊、山羊、马、双峰驼和驴，牧民在农庄里饲养对牧场和水源要求更高的牛，用畜肉和毛、奶、皮革制品与农民交易谷物和其他制品，谷物在饮食结构中占主要地位。牧民用黑山羊毛织物制作的帐篷设立营地。以下是哈扎诺夫对中东地区游牧业起源研究的评述。

畜牧甚至半游牧人群出现在伊朗山地和亚美尼亚高原的时间不会晚于公元前第三千纪，年代非常早，但是公元前第三千纪并没有出现真正的游牧民。古提安人（Gutians）和加喜特人（Kassites）似非真正的游牧民，几乎没有文献提及公元前第一千纪和公元第一千纪前半叶的流动畜牧者，这与中世纪的景象迥然有别。在古典期的小亚细亚，虽然畜牧人群随季节变化将牲畜在山地和草地之间迁移，却不是真正游牧民；在古典期的伊朗，希罗多德提到波斯人的六个部落中有四个是游牧民。史料中的畜牧者虽然普遍，真正的游牧民却较少，法尔斯地区（Fars）有骆驼饲养者。其后第一批出现的游牧民是山地居民，他们给各种政治集团特别是希腊人带来冲击，被称为"流浪者"和"抢劫者"。马地亚人（Mardeans）、卡都西亚人（Cadusians）、科萨亚人（Cossaeans）、攸克西亚人（Uxians）、埃拉米亚人（Elameans）、帕瑞塔卡人（Paraetaceni）与后来的库尔德（Kurds）人和鲁尔人（Lurs）相似，与巴赫蒂亚里人（Bakhtiari）也有些相似，均存在辅助性的定居和农业。在畜种构成方面，这些山地部落的小牲畜与大牲畜同样重要，但是几乎没有乘畜，几乎没有马匹，更几乎没有骆驼，文献中他们通常都是徒步的弓箭手。

出现在中东地区的真正游牧人来自欧亚草原，但是辛梅里安人（Cimmerians）、西徐亚人（Scythians）、帕尼人（Parni）、塞种人（Sakas）、贵霜人（Kushans）、阿兰人（Alans）、乔尼特人（Chionites）、嚈哒人（Ephhtalites）等族群通常定居下来，因此并未对当地畜牧生产方式产生实质性影响。中世纪来自阿拉伯半岛和欧亚草原的游牧洪流以及相关的社会、政治巨大变革，特别是农业城邦的崩溃和各种游牧势力的增长，导致游牧区扩大和游牧民增加。

在中东地区中世纪的游牧化进程中阿拉伯人发挥的作用较之欧亚草原的突厥人和蒙古人要小得多。游牧化以各种方式发生，最主要的方式是游牧民直接移民进入中东占有土地，这经常与驱逐定居或半定居人群相伴随。游牧民力图保持其经济方式，但是生态环境有时会起到限制作用。他们不能进入安纳托利亚高原，对单峰驼而言那里太过寒冷。在伊朗，他们局限在法尔斯地区（Fars）的西南省份，并且部分占有库泽斯坦（Khuzistan），游牧民的主体在库拉珊地区(Khurasan）逐渐定居下来并且伊朗化；但是突厥人带着更习惯于寒冷的双峰驼和马匹在安纳托利亚高原定居下来，特别是在塞尔柱突厥（Saljuq）征服以后。然后通过安纳托利亚高原的西部向爱琴海和地中海沿岸扩展。但是安纳托利亚高原（尤其是西部）的自然条件适宜农耕，而且中央政府往往鼓励定居，游牧业的发展颇受局限。游牧民涌入更为干旱的伊朗的浪潮持续了数百年，尤以11、12世纪的塞尔柱人和13世纪的蒙古人为甚，12~14世纪时游牧民约占总人口的四分之一。另外，中央政府经常将游牧民重新组合和迁徙，因此分布范围更为广阔。游牧民在伊朗的优势地位导致当地孤立的农耕、半农耕族群游牧化。在阿富汗南部，10世纪以前可能存在一些孤立的游牧或半游牧族群，在乌古斯人（Oghuz）民和欧亚草原游牧民入侵之后游牧业才成为阿富汗的传统经济形式。

这种游牧化的连锁反应在公元前第一千纪发生在欧亚草原，在中东地区则完成于二千年之后，是一个拖沓而断续的过程，至公元第二千纪时游牧民才真正全部占据了适宜的生态环境带。中世纪的中东地区形成了三个游牧或半游牧亚型，来自南方草原和半沙漠地带的畜牧移民古尔干人（Gurgan）、穆格汗人（Mughan）和库拉珊人（Khurasan）的牲畜组合以绵羊和马为基础，受欧亚草原影响最为强烈。第二个亚型与骆驼饲养和枣椰种植有关，包括伊朗西南部的阿拉伯人以及玛克兰（Makran）和巴鲁齐斯坦（Baluchistan）的畜牧者，受到"近东类型"的影响。第三个亚型分布在山区，包括鲁尔人（Lurs）、巴赫蒂亚里人（Bakhtiari）、凯什盖人（Qashghai）、库尔德人（Kurds）等，小牲畜饲养更为发达，但是古代大牲畜的数量较今天更多。整体来说，欧亚草原游牧民对伊朗和阿富汗游牧业的影响较之阿拉伯游牧民要大得多，许多伊朗语词汇借自突厥语并非巧合，这种影响源自生态环境和历史传统。不过中世纪时单峰驼更具优势，而在公元前第一千纪双峰驼则几乎遍布伊朗。

三、北非地区

　　非洲大陆的畜牧业有多种形式，但是相互间存在影响。哈扎诺夫（A.M. Khazanov）虽然将非洲大陆的游牧业起源研究列为一个标题，实际上却是分为北非和东非分别加以讨论。在巴菲尔德的划分体系中，北非属于"撒哈拉沙漠和阿拉伯沙漠游牧文化区"的一部分，本文首先介绍北非的情况。哈扎诺夫认为新证据可以说明非洲大陆的畜牧业源自本土的埃及和北非，但是尚不清楚各地的起源情况以及与外部刺激甚至亚洲移民间的关系。不过古代埃及的畜牧业一直与附属农业有关，北非广泛存在的畜牧业的中心则是撒哈拉。

　　哈扎诺夫认为，驯养动物可能在公元前第七千纪出现在北非。公元前第五、第四千纪撒哈拉和萨赫尔（Sahel）的畜牧者饲养牛、绵羊和山羊。不过根据岩画得出新石器时代饲养牛群的真正游牧民已经占据撒哈拉沙漠的判断则未必是事实。此时的畜牧者特别是其中的个体集团具有相当强的流动性。但是缺失马、骆驼这类骑乘动物，说明其流动性有限，而且没有饲养驴的明确记载，而半游牧民较之纯粹游牧民更宜于饲养驴。随之，撒哈拉的干旱化在公元前第三千纪中叶和后叶明显加强，气候更为干燥时，人群便向东、向南迁徙，为了适应变化了的气候条件，经济生活中的畜牧成分增加了，畜牧人群的流动性亦增强。可以证明在公元前第三、第二千纪撒哈拉已经被真正的游牧人占据的材料太少，即便是存在完全放弃农业的人群，也谈不上真正的游牧社会。传统观点认为马匹在公元前1700年（或者稍后二三百年）出现在埃及，然后在北非迅速传播。但是在公元前第二千纪，马匹主要用作挽畜，至公元前三世纪中叶骑乘才取代车辆。撒哈拉开阔的地理环境决定了当时马匹的作用不如后世的骆驼。因此北非公元前第三、第二千纪的畜牧者在本质上不同于后世的东非畜牧者，因为牛并不是最重要的畜种。

　　哈扎诺夫谨慎地推测真正游牧者出现在公元前第一千纪开端，希腊文献中将此时北非东部的游牧者称为"肉食者"和"饮奶者"，西部的农民则被称为"谷物食用者"。随着骆驼被引入畜牧经济，北非的游牧化最终得以完成，这一进程持续了相当长时间。有些学者认为骆驼在公元前6～前5世纪出现于埃及（或者略早至亚述征服时期），出现在其他北非国家的时间则晚得多，有学者将其与6世纪穆斯林的入侵联系，有些学者将年代定在1世纪。不过，骆驼在《圣经》中的"家长"时期即已出现于埃及，而在罗马入侵之前的北非各地已经遍布从埃及和撒哈拉带入的骆驼。马匹与骆驼在北非短暂共存不及数百年，最终骆驼占据了绝对优势。1世纪时北非的骆驼饲养者最终代替了牧羊人，并且在罗马人的压力下进入撒哈拉。这一阶段北非尤其是撒哈拉与阿拉伯半岛的游牧业有某种相似性，至中世纪时这两个地区的联系更为密切。5世纪或者6世纪饲养骆驼的撒哈拉游牧民涌入罗马人占据的农耕区。7世纪阿拉伯人的征服对于当地的游牧业几乎未产生影响。但是随后的游牧部落，特别是11世纪希拉利亚人（Hilalian）的移民及其影响则标志着这一漫长进程的结束。

努比亚（一般是指尼罗河第一瀑布以南至苏丹喀土穆一带）地理上介乎北非和东非之间，畜牧业出现的时间和背景不清楚，考虑到努比亚与埃及在古代文化上的密切联系，本文将其附于北非地区。哈扎诺夫认为公元前第五、第四千纪努比亚在埃及的影响下出现了畜牧业和农业，但是不能排除努比亚的食物生产经济后来也受到其他外来影响（撒哈拉的移民和阿拉伯半岛）的可能性。至公元前第四、第三千纪畜牧业有可能发展为努比亚北部的经济基础，埃及第六王朝的铭文中提及努比亚的畜牧部落，但是并没有充足证据说明他们是真正游牧民。中王国末期马匹出现在努比亚，显然不是骑乘动物，在畜牧经济中亦不占重要地位。这一地区游牧民出现在公元前第一千纪。骆驼只是在公元前第一千纪结束之际才出现在努比亚，此后苏丹独立出现"近东类型"的迹象，也可以设想此时已经出现"东非类型"的特征。文献中出现了"以煮沸的牛奶搀血为食"的"饮血者"。当时的苏丹已是移民地带，不同类型的游牧民相邻而居，彼此影响。中世纪时更加复杂，环境因素以外，部分上也与外部压力和移民有关。

四、东非地区

巴菲尔德（Thomas J.Barfield）认为"横贯非洲大陆的撒哈拉沙漠以南至非洲大裂谷一线的东非热带草原"是一个独立的游牧文化区。牛是这里最重要的牲畜，也饲养绵羊和山羊，在北部沙漠亦饲养骆驼，这些牲畜为牧民提供肉食以及血、奶制品，而驴只是驮畜；几乎不进行狩猎；牧民建筑棚屋，而且存在由妇女专门负责的园艺业。与其他游牧文化区最大的区别是很少使用运输性动物，而且完全没有帐篷。这个游牧文化区的重心实际上是东非，P. 蓬特对吉埃人（Jie 或 Egye 等）、卡拉莫乔人（Karamojong）、图尔卡纳人（Turkanas）、桑布鲁人（Samburu）、马赛人（Maasai）, D. 图坦对穆尔西人（Mursi）[①]，埃文思—普里查德（Evans-Pritchard）对努尔人（Nuer）[②]，拉达（Rada）和内维尔·戴森－哈德逊（Dyson-Hudson, Neille）对卡里莫炯人（Karimojong）等东非游牧民的考察都比较著名[③]。

哈扎诺夫（A.M. Khazanov）认为公元前第二千纪后半叶和公元前第一千纪，食物生产经济已经开始从努比亚向南和东南方向传播；公元前第一千纪肯尼亚和非洲裂谷地区已经出现畜牧者，有时也种植谷物。1 世纪伊始谷物生产经济甚至抵达南非。语言学证据说明当班图人出现在东非南部和南非部分地区之前畜牧业已经出现。津巴布韦的畜牧业也有重要位置，但并不是真正的游牧业。整体上这一时期仍然是混合经济，不过某些族群可能出现畜牧专门化。公元第一千纪结束和第二千纪开始阶段东非畜牧人群的

---

① 参见中国社会科学院民族研究所：《非洲狩猎民族游牧民族》，1982 年，第 161～172、310～317 页。部分族群的英文原称根据相关资料和《世界民族译名手册》（李毅夫、王恩庆主编，商务印书馆，1994 年）补齐。
② 参见〔英〕埃文思—普里查德著，褚建芳、阎书昌、赵旭东译：《努尔人》，华夏出版社，2002 年。
③ 参见〔美〕F. 普洛格、D.G. 贝茨著，吴爱明、邓勇译，黄坤坊审校：《文化演进与人类行为》，辽宁人民出版社，1988 年，第 209～217 页。

迁移仅是"东非类型"漫长形成过程中的一个阶段，马赛人（Maasai）17世纪才出现在东非，而且不是最后一支迁入的游牧族群。公元第一、第二千纪之交，在埃塞俄比亚高原或者开阔地带（包括苏丹南部），长角牛与短角瘤牛的杂交品种长角瘤牛随着北方移民扩散至中非和东非，成为最普遍的牛种。但是东非类型的最终形成却是不久以前（公元第二千纪后半叶）的事情。这些畜牧人群在公元第一千纪的结束和第二千纪开始时期进行迁移的动因不是很清楚，一般而言游牧民的迁移与牲畜增加和草场不足有关，特定时期的干旱气候亦应考虑（至15世纪时东非气候才开始湿润化，森林扩展）。

哈扎诺夫认为非洲之角游牧业的起源和发展进程亦相当复杂。埃塞俄比亚和索马里的动物驯养和谷物种植至少是在公元前第二千纪，甚至可能早至公元前第三千纪，源自尼罗河谷。非洲之角的农业——畜牧业（或畜牧业——农业）复合体不断扩展，逐渐向畜牧业过渡。三个基础因素决定了这一进程的特征——不断增强的干燥化、现今自然条件（只有索马里属于典型干旱气候）以及与阿拉伯地区地理和历史上的亲近性。有关非洲之角早期畜牧业发展情况的考古学证据还不清楚。索马里等地的早期岩画中刻划出牧人和长角牛，相当一个时期以后（约在公元前第一千纪）瘤牛出现在岩画上，至公元前1世纪和公元1世纪出现了骆驼，骆驼的出现与阿拉伯移民有关。非洲之角游牧业的发展方向可能与"近东类型"中的"阿拉伯亚型"密切相关，与"东非类型"更为密切。14世纪伊本·白图泰（Ibn Battuta）还写到饲养骆驼和绵羊的游牧民生活在非洲之角。随着索马里人的入居，非洲之角游牧业的特征最终形成于公元第二千纪，与"近东类型"有某些相似性，阿拉伯人在其中发挥的辅助性影响则与伊斯兰教的传播有关。

另外，在讨论肯尼亚"中央裂谷地带"及其邻近半干旱地区游牧业起源问题时经常涉及"畜牧新石器时代"这一概念，一般是指在"晚期石器时代"的技术水平上以畜牧经济为基础的社会历史发展阶段，社会组织由牧民或者猎人兼牧民构成，以畜牧作为基本生产生活方式。罗伯肖（P.T. Robertshaw）和科利特（D.P. Collett）指出，"畜牧新石器时代"遗址存在两种动物群构成，一种以驯养动物牛和公山羊占优势；一种在驯养动物以外，还有相当数量的大中型有蹄类野生动物。他们认为也可以将"畜牧新石器时代"的人群推想为占据平原地区的从事混合经济的农夫，不过其文化心理倾向于畜牧。罗伯肖和科利特提出了"中央裂谷地带"畜牧经济类型的发展模式。他们认为，在公元200～300年的早期铁器时代，农耕居民进占了作为肯尼亚主要农耕区的东部高地，其时"裂谷地带"的"畜牧新石器时代"人群便从农耕束缚中解脱出来，可以从邻近地区通过贸易来获取农产品，于是有可能增加牲畜并集中精力于专业化的畜牧经营，其生计方式便从农耕和狩猎混合型转化为专业畜牧经营型，从而为专业游牧化奠定了基础。

五、小　结

巴菲尔德（Thomas J. Barfield）关于游牧文化区的划分体系很大程度上依据于现

代民族志材料和自然地理状况，主要反映着现今游牧社会的经济文化特征。哈扎诺夫（A.M. Khazanov）游牧类型的划分体系则更多地考虑到各地游牧业起源的不同背景以及不同起源背景在游牧类型形成过程中发挥的作用，实际上是一种经济文化类型的划分。这一划分体系比较充分地注意到社会发展、文化交流和环境变迁与经济文化特征的形成、发展、更替、变化等方面的"历时"联系，而且与自然地理区域未必完全重合。当然，前一划分体系也同样考虑到历史因素，后一划分体系也必然借鉴现代民族志材料，因此两者有很大程度上的契合。

国外学者近来倾向于游牧出自混合经济的观点，列举出气候干旱、气温下降、人口压力、农业扩张、沟渠灌溉、都市发展、聚落扩展、工艺专门化、贸易联系、政治压力、牲畜增加、草场枯竭、迁徙等方面的动因。哈扎诺夫（A.M. Khazanov）认为各地游牧业的发生均有具体背景，不过可以归纳为两种途径。"欧亚草原类型"、"近东类型"、"欧亚北部类型"首先是对自然环境适应的结果，向游牧的转化基本是独立完成的，虽然并不排斥借用驯养动物和技能。"中东类型"、"亚洲内陆高原类型"的起源则是以传播扩散为特征——其他地域的游牧民依仗军事优势等背景向适宜的新环境带扩展，逐渐适应并且最终占据，东非类型的形成大约也属于后者。

哈扎诺夫认为，就整体而言，"近东类型"是在不晚于"欧亚草原类型"一千年以后的中世纪形成的，但是"欧亚草原类型"并未对其产生实质性影响。"近东类型"是一系列战争、入侵、移民和征服的结果，而且不像"欧亚草原类型"那样几乎占据了全部适宜游牧的空间。不过两者的形成也有许多共性，包括均源自混合经济、家畜饲养普遍化和半游牧化；畜牧业普遍化的最初形式均是基于小牲畜的初步饲养；马匹与骆驼功用相似，且都是在经历了一个长期阶段之后最终得以充分利用；在向游牧业转化的过程中，至少是在畜种构成及利用方面均与特殊的气候变化有关；而且两个地区的游牧民从初始即与定居城邦发生密切联系。哈扎诺夫认为中东地区游牧业的起源与近东有很大差别，近东地区独立出现的游牧业与阿拉伯半岛畜牧中心发挥的决定性作用有关，中东地区则是外部冲击（特别是直接移民）的结果，而且游牧业的分布不及外来移民的分布普遍，同时也受到社会和政治因素的影响。就游牧业的经济文化特征和起源方面而言，它是介于欧亚草原类型和近东类型的中间形态。哈扎诺夫认为东非地区游牧经济的建立是一个颇为拖延的进程，而且"东非类型"的形成过程较之既有认识要拖延许多，其形成与气候变化有关。

以上是国外学者关于近东、中东和非洲大陆游牧业起源研究的一些背景材料，其认识对于中国学者或有启示意义。

原载《农业考古》2005年第3期，郑君雷、曹小曙合作

论历史上北方游牧民的山岳崇拜

欧亚草原和沙漠、半沙漠是世界上最著名的游牧地带，"天苍苍，野茫茫，风吹草低见牛羊"的草原戈壁自然是历史上北方游牧民的舞台。不过，"绝大多数学者是站在根植于农耕文明和工业社会的现代视角下来审视游牧文化的，在认识角度上存在对游牧社会的隔膜和误读"①，往往忽略了山地环境与游牧社会之间千丝万缕的密切联系。实际上，北方游牧民也曾经在崇山峻岭中谱写过毡乡春秋，他们将山岳赋予各种象征意义，存在着各种形式的山岳崇拜，其最深刻的背景因素，源自山地在游牧社会维系和发展过程中发挥的重要作用。

北方游牧民敬仰神山和山神。蒙古族"自古以来把蒙古地方的孛格多山、查苏凸海日罕、杭爱山等山脉当作神山来崇拜并祭祀过。尤其不而罕合勒敦山是蒙古族祖祖辈辈祭奠下来的神山"；黑龙江杜尔伯特的蒙古族至今残留将"多克多尔山"称为"孛格多山"（神山）加以祭祀的习俗②。历史文献中也有这类记载，乌桓敬祝山神，"敬鬼神。祠天地日月星辰山川"③，"有病，知以艾灸，……及祝天地山川之神"④；辽代设有"祭山仪"，将木叶山视为神山于此祭祀天神、地祗⑤。《蒙古秘史》记载，帖木真避入不而罕山躲避三姓蔑儿乞惕部的侵袭，面对不而罕山祈祷："于合勒敦不而罕上，遮护我如蚁之命矣。我惊惧极矣。将不而罕合勒敦山，每朝其祸之，每日其祷之，我子孙之子孙其宜省之"，然后"向日，挂其带于颈，悬其冠于腕，以手椎膺，对日九跪，洒奠而祷祝焉"。

直接敬拜神山和山神以外，一些山岳在北方游牧民心目中具有神圣感，他们将这些山岳视为族源地和灵魂归宿处，或者将其与开基建国传说相联系，并且在山岳中举行各种祭拜活动。

乌桓、东部鲜卑、拓跋鲜卑和突厥均以山名号。"乌桓者，本东胡也。汉初，匈奴冒顿灭其国，余类保乌桓山，因以为号焉"；"鲜卑者，亦东胡之支也，别依鲜卑山，故因号焉"⑥。"鲜卑有白部。后汉时鲜卑居白山者，最为强盛，后因曰白部"⑦，赤山乌桓

---

① 郑君雷：《西方学者关于游牧文化起源研究的简要评述》，《社会科学战线》2004年第3期。
② 黄强、色音：《萨满教图说》，民族出版社，2002年，第16页。
③ 《后汉书·乌桓鲜卑传》。
④ 《三国志·乌丸鲜卑东夷传》注引王沈《魏书》。
⑤ 《辽史·礼志一》。
⑥ 《后汉书·乌桓鲜卑传》。
⑦ 《资治通鉴·晋纪二十六》孝武帝太元元年"代王什翼犍使白部、独孤部南御秦兵"条胡三省注。

亦当是以山得名①。拓跋鲜卑源自大鲜卑山，"昌意少子，受封北土，国有大鲜卑山，因以为号"②。突厥之先"世居金山，工于铁作。金山状如兜鍪，俗呼兜鍪为'突厥'，因以为号"③。突厥另一个起源传说也与山岳有关，讲的是母狼在高昌国西北山中洞穴生育阿史那④。

拓跋鲜卑和契丹还在山岳中建筑祖庙。《魏书》记载"魏先之居幽都也，凿石为祖宗之庙于乌洛侯国西北。自后南迁，其地隔远"⑤，太平真君四年（443年）乌洛侯国来朝，"称其国西北有国家先帝旧墟"，世祖"遣中书侍郎李敞告祭焉，刊祝文于室之壁而还"⑥，1980年在内蒙古境内的大兴安岭北段顶巅东麓发现了铭刻李敞祝文的嘎仙洞⑦。《辽史》记述契丹族源传说，"相传有神人乘白马，自马盂山浮土河而东，有天女驾青牛车由平地松林泛潢河而下。至木叶山，二水合流，相遇为配偶，生八子。其后族属渐盛，分为八部"⑧。辽帝重视这个传说，自阿保机时起就在木叶山（内蒙古赤峰市翁牛特旗老哈河西南）建始祖庙⑨。

北方游牧民开基建国的迁徙传说时与山岳联系。《魏书》记述拓跋鲜卑自"大泽"南迁，"献帝命南移，山谷高深，九难八阻，于是欲止。有神兽，其形似马，其声类牛，先行导引，历年乃出，始居匈奴之故地"⑩。北周李贤墓志云"十世祖俟地归……，知魏圣帝齐圣广渊，奄有天下，乃率诸国定扶戴之计，凿石开路，南越阴山。……建国拓跋，因以为氏"⑪。《晋书·乞伏国仁载记》记述陇西鲜卑"自漠北南出大阴山"，得一小儿，以为乞伏部养子，后"推为统主，号之曰乞伏可汗托铎莫何"。《周书》记述宇文的姓氏传奇后，接着就讲莫那"自阴山南徙，始居辽西，是曰献侯，为魏舅生之国"⑫。《魏书》记述吐谷浑西迁缘起，也是以"于是遂西附阴山，后假道上陇"⑬为结局。

有些北方游牧民以山岳为灵魂归宿处，并且在山岳地带建筑王陵和墓地。乌桓"贵兵死，敛尸有棺，……并取亡者所乘马、衣物、生时服饰，皆烧以送之。特属累犬，使护死者神灵归乎赤山。赤山在辽东西北数千里，如中国人以死之魂神归泰山

---

① 赤山乌桓见于《后汉书·明帝纪》和同书《乌桓鲜卑传》、《祭遵传》记祭肜事。
② 《魏书·帝纪·序纪》。
③ 《隋书·北狄传》。
④ 《北史·突厥传》。
⑤ 《魏书·礼志》。
⑥ 《魏书·乌洛侯传》。
⑦ 米文平：《鲜卑石室的发现与初步研究》，《文物》1981年第2期。
⑧ 《辽史·地理志一》"永州"条。
⑨ 杨树森：《辽史简编》，辽宁人民出版社，1984年，第3页。
⑩ 《魏书·帝纪·序纪》。
⑪ 宁夏回族自治区博物馆、宁夏固原博物馆：《宁夏固原北周李贤夫妇墓发掘简报》，《文物》1985年第11期。墓志引文断句据萧璠：《北周李贤墓志一处断句的商榷》，《文物》1993年第3期。
⑫ 《周书·文帝纪上》。
⑬ 《魏书·吐谷浑传》。

也"①。契丹"其俗死者不得作冢墓,以马驾车送入大山,置之树上,亦无服纪"②。辽代帝陵主要分布在上京(内蒙古巴林左旗林东镇南)附近的大兴安岭南麓,例如祖陵位于祖州城(林东镇西南)西北的山谷,怀陵位于怀州城(巴林右旗岗岗庙)以北的床金沟,庆陵位于巴林右旗索博力嘎以北的庆云山;显陵和乾陵则位于辽宁北镇医巫闾山。契丹贵族亦在山区设置山谷或山坡墓园,如辽宁北票莲花山南麓山谷中的耶律仁先家族墓地。蒙古国诺音山、达尔罕山的汉代匈奴墓地③和内蒙古察右后旗三道湾④、二兰虎沟⑤的汉代鲜卑墓地都在山区。这类例子可以举出许多。

山岳也是北方游牧民举行宗教活动的神圣场所,阴山、贺兰山、阿尔泰山等地岩画中有许多游牧民的作品。岩画"凿刻目的大致可以分为两个方面:一个方面是具有宗教意义的画面,包括自然崇拜、巫术、巫师作法等场面;另一方面是记录或记事性的岩画,包括人们日常生活、部落间的重大活动等内容。这两方面的内容也不是孤立存在的,往往相互渗透,同一画面可以包括两方面的内容"⑥。岩画图案上的许多场景与图腾崇拜、神偶崇拜、祖先崇拜、生殖崇拜有关,而且岩画地点往往经过择选。阴山岩画的人面像、兽面像都是雕刻在壁立千仞、崖高涧深的地方,"其前面往往地势开阔,溪水畅流,景色佳丽,环境幽美","古人大约认为,这些'凡人'难于接近之地,恰是众神灵居住或登(升)天的地方"⑦。

文献中还有北方游牧民在山岳中举行祭拜活动的记载。例如天赞元年(922年)阿保机"破胡母思山诸蕃部,次业得思山,以赤牛青马祭天地"⑧;辽兴宗在木叶山行"祭山仪"祭祀天神、地祇以外,同时祭拜菩萨、木叶山神和辽河神⑨。《北史》记突厥"又以五月中旬,集他人水拜祭天神。于都斤西五百里有高山迥出,上无草树、谓为勃登凝梨,夏言地神也"⑩。

北方游牧民赋予山岳象征意义,因此在政治生活中占有特殊位置,比如选择在山岳地带建立庭帐。鲜卑"檀石槐既立,乃为庭于高柳北三百余里弹汗山啜仇水上"⑪;唐太宗册拜铁勒夷男为真珠毗伽可汗,赐以鼓纛,夷男"复建牙于大漠之北郁督军山下"⑫;突厥射匮可汗"既立后,……乃建庭于龟兹北三弥山"⑬。山岳还是盟誓之处,西

---

① 《三国志·魏书·乌桓鲜卑东夷传》注引王沈《魏书》。
② 《旧唐书·北狄传》。
③ 乌恩:《论匈奴考古研究中的几个问题》,《考古学报》1990年第4期。
④ 乌兰察布盟博物馆:《察右后旗三道湾墓地》,《内蒙古文物考古文集》(第一辑),中国大百科全书出版社,1994年。
⑤ 郑隆、李逸友:《察右后旗二兰虎沟的古墓群》,《内蒙古文物资料选辑》,内蒙古人民出版社,1964年。
⑥ 许成、卫忠:《贺兰山岩画》,宁夏人民出版社,1990年,第373页。
⑦ 盖山林:《阴山岩画》,文物出版社,1986年,第366页。
⑧ 《辽史·太祖纪下》。
⑨ 《辽史·礼志一》。
⑩ 《北史·突厥传》。
⑪ 《三国志·魏书·乌桓鲜卑东夷传》注引王沈《魏书》。
⑫ 《旧唐书·铁勒传》。
⑬ 《旧唐书·突厥传下》。

汉永光元年（前43年）车骑将军韩昌与呼韩邪单于等"俱登匈奴诺水东山，刑白马，单于以径路刀金留犁挠酒，以老上单于所破月氏王头为饮器者共饮血盟"①。中原王朝在与北方游牧民的战争中获得重大胜利后时有封山刊石，霍去病"封狼居胥山"②，窦宪登燕然山"刻石勒功，纪汉威德"③，就是将这些重要山岳作为游牧民族的象征。

历史上的北方游牧民直接或间地存在着各种形式的山岳崇拜，背后有其深刻的背景因素在发挥作用。王明珂先生以为一个理想的匈奴牧区应该包括三种生态因素：①足以在不同主要季节提供水草资源的广阔草原。②森林与山区，可以作为猎场，提供制作车具、穹庐、弓矢的木材，而且能在草原不适宜居住的时节提供另一个生存空间。③邻近定居聚落的地理位置，以取得自己无法生产制造的日常用品和谷类④。"敕勒川，阴山下"唱颂的就是这种生态环境，这种理想的生态环境大概是历史上北方游牧民的共同宿求。

山地是北方游牧民在草原以外补充性的生存空间。"纯粹的游牧社会"只是一种想象，历史上的北方游牧民有时"定居定牧"，尤其冬季通常定居⑤。为了躲避风雪，冬季营地经常选择在山谷和山地南坡。山地还可以供游牧民依海拔高度转换牧场，提供新的草场、水源。因此山区往往成为北方游牧民的驻牧地，北匈奴皋林温禺犊王长年驻牧涿邪山是王明珂先生举出的著名例子⑥。其他如慕容廆徙居徒何之青山⑦，突厥"可汗恒处于都斤山"⑧，回纥等六部驻牧郁督军山⑨，奚"部落皆散居山谷"⑩等，均可为例。侧面的证明是汉军往往在山岳地带与匈奴发生战斗，例如东汉永平十六年（73年）窦固破呼衍王于天山⑪，永元元年（89年）窦宪破北匈奴于稽落山⑫，永元三年（91年）耿夔破北匈奴于金微山⑬。北魏军也曾经在南床山、涿邪山、跋那山等地与柔然发生接触⑭，并大破高车于狼山⑮。

---

① 《汉书·匈奴传下》。
② 《汉书·霍去病传》。
③ 《后汉书·窦宪传》。
④ 王明珂：《匈奴的游牧经济：兼论游牧经济与游牧社会政治组织的关系》，《历史语言研究所集刊》第六十四本，第一部分，1993年。
⑤ 参见郑君雷：《关于游牧性质遗存的判定标准及其相关问题》，《边疆考古研究》（第2辑），科学出版社，2004年。
⑥ 《后汉书·南匈奴传》："（永平十六年，73年）南单于遣左贤王信随太仆祭肜及吴棠出朔方高阙，攻皋林温禺犊王于涿邪山。虏闻汉兵来，悉度漠去。……（建初元年，76年）时皋林温禺犊王复将众还居涿邪山，南单于闻知，遣轻骑兴缘边郡及乌桓兵出塞击之，斩首数百级，降者三四千人。……（元和二年，85年）其岁，单于遣兵千余人猎至涿邪山，卒与北虏温禺犊王遇，因战，获其首而还。"
⑦ 《魏书·徒何慕容廆传》。
⑧ 《北史·突厥传》。
⑨ 《旧唐书·北狄传》。
⑩ 《旧唐书·北狄传》。
⑪ 《后汉书·明帝纪》。
⑫ 《后汉书·南匈奴传》。
⑬ 《后汉书·南匈奴传》。
⑭ 《魏书·蠕蠕传》。
⑮ 《魏书·高车传》。

文献记载中还有北方游牧民遁居山区、再图恢复的记载。后突厥大臣暾欲谷以为"人徒稀少"的突厥之所以能够与唐军为敌，"正以逐水草，居无常处，射猎为业，人皆习武，强则进兵抄掠，弱则窜伏山林，唐兵虽多，无所施用"①。这种例子也可以举出一些，例如大月氏破国后一部退保"南山羌"②，北魏击破大檀后柔然"国落四散，窜伏山谷"③，僭檀被赫连屈丐击破后"以数千骑奔南山"④；再如契丹"好与奚斗，不利则遁保青山及鲜卑山"⑤；突厥"骨咄禄鸠集亡散，入总材山，……渐至强盛，乃自立为可汗"⑥，莫贺咄被肆叶护击破后"遁于金山"⑦。

狩猎是游牧经济的重要补充。匈奴"其俗，宽则随畜，因射猎禽兽为生业，急则人习战攻以侵伐，其天性也"⑧，乌桓"日弋猎禽兽"⑨，吐谷浑"好射猎"⑩，突厥"射猎为业"⑪，契丹"以畜牧、田渔为稼穑"⑫，野兽出没的山林即是游牧民的天然猎场。《魏书·帝纪》中有关在豺山、屋孤山、骨罗山、辱孤山、薛林山等地巡狩校猎的记述颇多，规模壮观。辽帝依季节设置行帐游猎畋渔，四时捺钵，"秋捺钵"就是每年七月中旬在永州"伏虎林"山区射鹿及虎⑬。

山地森林可以为游牧民提供制造庐帐、车辆、弓箭和棺椁的木材。普遍居住的圆形毡帐以外，历史上的北方游牧民也有简易房屋。《宋会要辑稿》记"自过古北口，即蕃境。居人草庵板屋，亦耕种，但无桑柘"⑭，《辽史》说这里"山中长松郁然，深谷中时见畜牧牛马橐驼，多青羊黄豕"⑮，当地居民大约是"定居游牧"或"定居放牧"。林斡先生估计冒顿单于时期匈奴人口约为200万人⑯，搭建穹庐和制造用以迁移转场的车辆所消耗的木材不是小数。林斡先生还指出匈奴是"引弓"之族，战争频繁，弓矢消耗量特别大（而且是不能短缺的紧急军需），必须选择盛产木材的地区以保证原料供给，而阴山就是这样一个地区⑰。

---

① 《资治通鉴·唐纪二十七》"唐玄宗开元四年冬十月"条。
② 《汉书·西域传上》。
③ 《魏书·蠕蠕传》。
④ 《魏书·秃发乌孤传》。
⑤ 《旧唐书·北狄传》。
⑥ 《旧唐书·突厥传上》。
⑦ 《旧唐书·突厥传下》。
⑧ 《史记·匈奴传》。
⑨ 《三国志·魏书·乌桓鲜卑东夷传》注引王沈《魏书》。
⑩ 《北史·吐谷浑传》。
⑪ 《资治通鉴·唐纪二十七》"唐玄宗开元四年冬十月"条。
⑫ 《辽史·百官志四》。
⑬ 《辽史·营卫志中》。
⑭ 《宋会要辑稿·蕃夷二》"王曾上契丹事"条。
⑮ 《辽史·地理志三》"松山州"引"王曾上契丹事"。
⑯ 林斡：《中国古代北方民族通论》，内蒙古人民出版社，1998年，第84页。马长寿先生估计为150万，见马长寿：《论匈奴部落国家的奴隶制》，《历史研究》1954年5期。袁祖亮先生以为是在130万～140万，见袁祖亮：《中国古代边疆民族人口研究》，中州古籍出版社，1999年，第21页。
⑰ 林斡：《匈奴史》，内蒙古人民出版社，1979年，第8、9页。《汉书·匈奴传下》称阴山"东西千余里，草木茂盛，多禽兽，本冒顿单于依阻其中，治作弓矢，来出为寇，是其苑囿也"。

历史上的北方游牧民使用木质葬具较为普遍。俄罗斯外贝加尔的伊沃尔加、伊里莫瓦、德列斯堆、切列姆霍夫和蒙古国的诺音乌拉、特布希乌拉、达尔汗山等汉代匈奴墓地均见有木椁或木棺①。内蒙古呼伦贝尔扎赉诺尔、拉布达林②等东汉拓跋鲜卑墓地普遍发现木棺,有些棺外加插木柱置放椁板构成椁架,拉布达林墓地还有在二层台上横搭一层圆木或半圆木的情况。另如辽代有些高等级契丹墓使用柏木方搭筑木室,或者在棺床上置放木作小屋(习惯上分别称为柏木护墙和小帐)。制作棺椁也需要消耗大量木材。

《汉书》提到匈奴有一块"生奇材木,箭竿就羽"的地方"斗入汉地,直张掖郡",单于以"匈奴西边诸侯作穹庐及车,皆仰此山材木,且先父地,不敢失也"的理由回绝汉使索取③。"匈奴失阴山以后,过之未尝不哭也"④,这段记述应当从山岳地区与游牧民生产生活紧密攸关的层面加以解读,匈奴民歌"亡我祁连山,使我六畜不蕃息,失我燕支山,使我嫁妇无颜色"⑤的意蕴由此可以得到更加深刻的理解。

万物有灵,举凡日月星辰、风雨寒暑、云涧林兽,与崇山峻岭组成一幅全景画卷。"山林、川谷、丘陵,能出云为风雨,见怪物,皆曰神。有天下者,祭百神。诸侯在其地则祭之,亡其地则不祭"⑥。山岳是游牧民所依存的生态环境的重要组成部分,"一个部落或民族生活于其中的特定自然条件和自然产物,都被搬进了它的宗教里"(费尔巴哈语)⑦。蒙古族牧民"即使是个人狩猎,在猎到野牲之后,除对被敬重的野牲祈祝外,在告别时要向山神叩祝"⑧,山岳自然地成为游牧民的祭拜对象。情与景融,神与思通,崇山峻岭寄托着游牧民的情愫、深谷险壑飘荡着游牧民的魂魄,依存关系是北方游牧民崇拜山岳的原因之一。

北方游牧民的山岳崇拜亦与萨满教的信仰体系有关。现今学者倾向于将萨满教视为世界范围普遍流行的原始文化现象,文献史料和考古发现的许多线索表明历史上北方游牧民信奉萨满教(比如鹿崇拜。蒙古和中国北方早期岩画以及北方系青铜器皿和牌饰上经常见到鹿形或鹿纹,欧亚草原则有鹿石的广泛分布)。历史上的北方游牧民将一些山岳赋予神秘意义,视为"宇宙山"、"世界山"、"天山"这类起到沟通天地作用的"天柱",进而敬畏,加以崇拜。

---

① 乌恩:《论匈奴考古研究中的几个问题》,《考古学报》1990年第4期。
② 内蒙古文物工作队:《内蒙古扎赉诺尔古墓群发掘简报》,《考古》1961年第12期;内蒙古文物考古研究所:《扎赉诺尔古墓群1986年清理发掘报告》,《内蒙古文物考古文集》(第一辑),中国大百科全书出版社,1994年;内蒙古文物考古研究所、呼伦贝尔盟文物管理站、额尔古纳右旗文物管理所:《额尔古纳右旗拉布达林鲜卑墓群发掘简报》,《内蒙古文物考古文集》(第一辑),中国大百科全书出版社,1994年。
③ 《汉书·匈奴传下》。
④ 《汉书·匈奴传下》"郎中侯应上元帝书"。
⑤ 《史记·匈奴传》司马贞《索隐》引《西河旧事》。
⑥ 《礼记·祭法》。
⑦ 恩格斯引费尔巴哈,见《恩格斯致马克思的信(1846年月10月18日)》,《马克思恩格斯全集》(第27卷),人民出版社,1972年,第63页。
⑧ 黄强、色音:《萨满教图说》,民族出版社,2002年,第16页。

附带论及，历史上的北方游牧民亦有山洞崇拜和山石崇拜，是山岳崇拜的衍生形式。蒙古国库布斯库勒艾玛克的"达岩多日黑山洞"被视作神灵居住的地方[①]，拓跋鲜卑祖庙实际上是一处宏伟有如大厅的山洞[②]。灵石崇拜是自然信仰的普遍形式，而且往往与神山崇拜相关联（如泰山石敢当），"纵观各民族的萨满教观念之历史演变，几乎都有一个从圣山崇拜到神石崇拜的发展过程"[③]。北方森林游猎民族和草原游牧民族流行以石块垒砌祭坛（敖包），中亚和阿尔泰民族也有以敖包来标志高地的习惯，德国学者海西西指出其与山神信仰有关[④]。哈萨克黑宰部落的太阳形石堆"开勒塔斯"建在"草原上较高的山上"[⑤]，藏族的玛尼堆或玛尼石有些建造在山顶，功用之一就是祭祀山神[⑥]。在北方民族的萨满教信仰体系中，垒砌石堆亦有建筑宇宙山、世界山的意义，敖包和玛尼堆或者也有此文化功能。

中原地区祭拜山岳是普遍而且著名的文化现象。虞舜巡狩四岳，"望于山川，遍于群神"、"肇十有二州，封十有二山"[⑦]；《史记·封禅书》引管仲曰"古者封泰山禅梁父者七十二家"，人们对泰山封禅、昆仑神话以及诸多佛道名山耳熟能详。历史上北方游牧民的山岳崇拜同样是普遍现象，不过经常是以比较间接、隐晦的形式表现出来。山岳作为游牧社会所依存的自然环境中不可或缺的组成部分，是历史上北方游牧民流行山岳崇拜的最深刻背景因素，明了此点，对于理解历史上的北方游牧社会至为关键。

原载《地域社会与信仰习俗——立足于田野的人类学研究》，中山大学出版社，2007年。收入本论文集时作了较大删改

[①] 黄强、色音：《萨满教图说》，民族出版社，2002年，第8页。
[②] 米文平：《鲜卑石室的发现与初步研究》，《文物》1981年第2期。
[③] 黄强、色音：《萨满教图说》，民族出版社，2002年，第14页。
[④] 参见马昌仪、刘锡诚：《石与石神》第一节，学苑出版社，1994年。
[⑤] 黄强、色音：《萨满教图说》，民族出版社，2002年，第8页。
[⑥] 马昌仪、刘锡诚：《石与石神》第二节，学苑出版社，1994年。
[⑦] 《尚书·舜典》。

中山大学人类学博物馆黎族服饰入藏考略

中山大学人类学博物馆现有馆藏黎族服饰百余件。据早年的藏品登记册，这批黎族服饰来源主要有三：即岭南大学博物馆、中山大学文物馆和广州市文化公园。这批黎族服饰入藏的具体情况已经不清楚了，我们在此作些初步考察。

一、中山大学人类学博物馆藏黎族服饰

中山大学人类学博物馆1987年经教育部批准成立，前身为中山大学文物馆，更早可以追溯至私立岭南大学文物馆和国立中山大学语言历史研究所的民俗风物陈列室、古物陈列室。现馆藏各类文物上万件（套），包括一批近现代黎、苗、瑶、壮、藏、回、彝、傈僳、纳西、蒙古等少数民族文物。其中黎族服饰（及织绣品）主要有衣裙、头布、腰带、垫肩、龙被、花幅、花带等，属于本地黎、杞黎、侾黎、美孚黎等支系，内中还可以细分为本地黎的高峰式、白沙式、元门式，杞黎的五指山式和侾黎的生铁式、三星式、四星式等款式。

德国学者史图博1937年出版《海南岛民族志》[①]，将黎族划分为本地黎（润方言）、岐黎（杞方言）、侾黎（哈方言）、美孚黎（美孚方言）四个支系；1956年中国科学院在黎语调查中发现了赛方言。不过直至1983年《黎语调查研究》出版以前，学界仍然普遍使用四支系分类法[②]，包括梁钊韬[③]1955年发表的《海南岛黎族社会史初步研究》[④]。

1956年梁钊韬起草《中山大学文物馆藏品分类登记号暂行编号法》（图一），据此对馆藏文物分类编号和登记造册，馆藏黎族服饰就是按照四支系分类法进行的。根据藏品登记册，馆藏黎族服饰以侾黎、本地黎居多，杞黎次之，美孚黎最少（图二）。

---

① 史图博（1885~？），德国耶拿大学生理学副教授、同济大学生理学教授，19世纪20~30年代对中国南方畲、苗、彝、黎族进行田野调查。1931年和1932年两次在海南岛考察，收集一批黎族服饰和生活用具。1937年出版德文版《海南岛民族志》（柏林），1964年广东民族所根据日文版（1943年）翻译为中文（油印本）。参见郭小东、王海、周伟民等：《失落的文明——史图博〈海南岛民族志〉研究》，武汉大学出版社，2013年。
② 欧阳觉亚、郑贻青：《黎语调查研究》，中国社会科学出版社，1983年。容观琼认为"黎族内部有润（本地）、侾、杞、加茂、美孚等方言，如果加上差别比较明显的土语，其数量则多达十种以上"。见容观琼：《关于黎族早期历史问题的研究》，《广东民族研究论丛》（第八辑），广东人民出版社，1995年。
③ 梁钊韬（1916~1987年），广东顺德人。1941年在中山大学获得硕士学位后留校，任社会学系讲师。1944年任华西大学博物馆助理研究员，升任副研究员兼民族学部主任。1946年返回中山大学任社会学系讲师。1948年中山大学人类学系成立，任副教授。新中国成立后人类学系撤销，历任历史系副教授、教授和考古教研室主任、中山大学文物馆主任。1981年创办中山大学人类学系，担任系主任。
④ 梁钊韬：《海南岛黎族社会史初步研究》，《中山大学学报》（社会科学）1955年第1期。

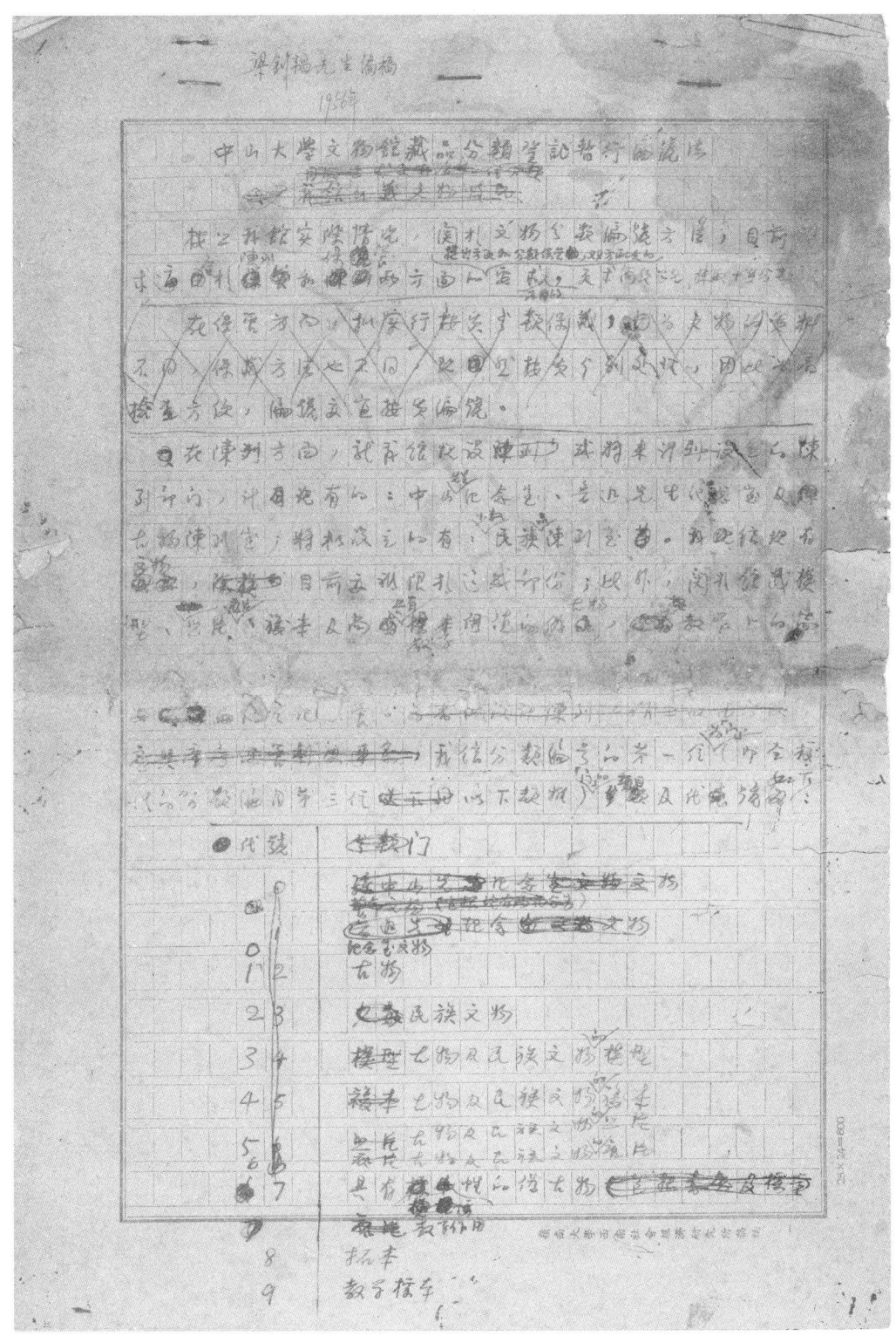

图一　梁钊韬手书《中山大学文物馆藏品分类登记号暂行编号法》草案

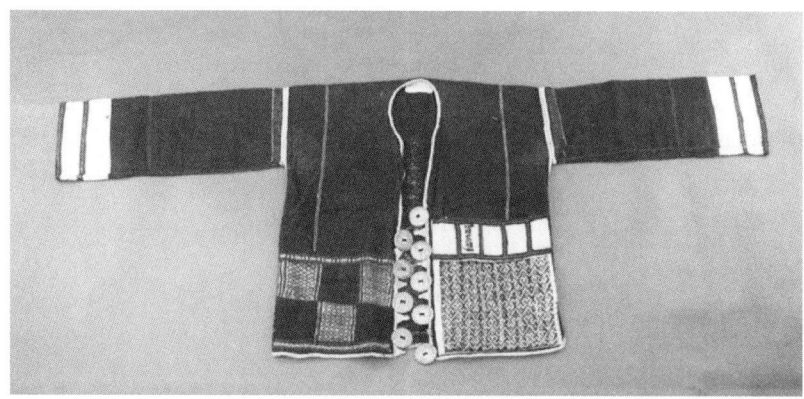

1. 杞黎女上衣（馆藏编号16/217.77，岭南大学文物馆旧藏）

2. 侾黎女上衣（馆藏编号16/217.66，岭南大学文物馆旧藏）

3. 本地黎女裙（馆藏编号16/217.49，岭南大学文物馆旧藏）

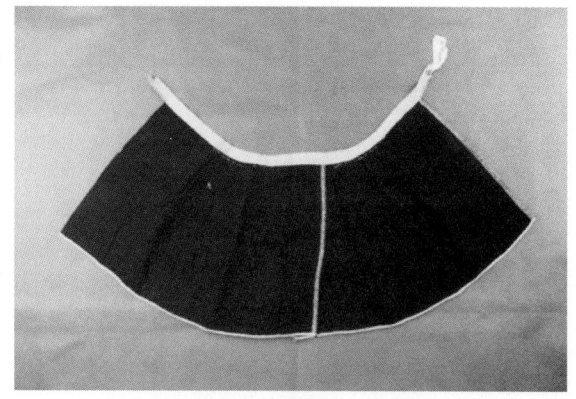

4. 美孚黎男裙（馆藏编号16/217.18，中山大学文物馆旧藏）

图二　中山大学人类学博物馆藏黎族服饰

二、岭南大学博物馆旧藏黎族服饰

　　私立岭南大学成立于1927年，是著名的教会大学，其前身为清光绪十四年（1888年）成立的格致书院（后改称岭南学堂、岭南学校）。中山大学原为1924年成立的广东大学，1926年更名为国立中山大学[①]。1952年全国高校院系调整，原中山大学与原岭南大学合并组建新的中山大学，原在珠江北岸石牌校区的中山大学迁入南岸的岭南大学故址康乐园，两所学校有此渊源。

　　岭南大学博物馆（后改称文物馆[②]）成立于1923年，是与文理学院、图书馆等并列的学校常设机构，也是广东省最早的正规博物馆。中山大学文物馆的前身可以追溯至国立中山大学的民俗风物陈列室（成立于1928年3月）和古物陈列室（成立于1928年12月），这两个陈列室分别隶属于语言历史研究所下的民俗学会和考古学会。1953年以原岭南大学文物馆和国立中山大学文科研究所陈列室为基础成立中山大学文物馆[③]，也就是中山大学人类学博物馆的前身。

　　1927年钟荣光[④]任岭南大学教务长时，推荐冼玉清[⑤]兼岭南大学博物馆（文物馆）馆长。1952年新的中山大学成立，同年11月，原岭南大学文物馆馆长冼玉清作为中山大学文物馆工作组召集人，将岭南大学文物馆馆藏文物清点移交至中山大学文物馆[⑥]，内有黎族服饰、生产用具等50余件，其中男女衣裙16件（图三）。

　　1936年出版的《中国博物馆一览》[⑦]（图四，1）将岭南大学文物馆藏品分为人类方物部（风土物品、工艺品）、古物美术部、自然博物部三类（图四，2），各类下尚未见有民族文物的记载。而1952年成稿的《岭南大学文物藏品册》则分为古物部（砖瓦石器类、铜铁器类、瓷器类等）和民族部（兄弟民族器物类、各国风土物类），其中"兄弟民族器物类"包括有黎族文物。据此推知岭南大学文物馆的黎族服饰入藏于1936年至1952年之间，很可能与1937年海南岛黎苗考察团的活动有关。

　　1937年岭南大学西南社会调查所、国立中山大学研究院文科研究所联合组成海南

---

① 1926年孙中山去世，为纪念中山先生手创，广东大学更名为国立中山大学。
② 黄任潮：《冼玉清的生平及其著作》，《岭南文史》1983年第1期。
③ 文物馆首任主任为刘节。刘节（1901～1977年），浙江温州人。1926年入清华国学研究院学习，先后在南开大学、河南大学、燕京大学、浙江大学等地执教，曾担任北京图书馆金石部主任。1946年后执教中山大学，曾任中山大学历史系主任。
④ 钟荣光（1866～1942年），广东中山人。早年中举，后加入兴中会。1899年受聘为美国教会学校格致书院（岭南大学前身）汉文教习，后出任岭南学堂教务长、岭南大学董事会主席。1927年任岭南大学首任华人校长，次年改任名誉校长。
⑤ 冼玉清（1894～1965年），自号"碧浪轩馆主"，岭南大学、中山大学中文系教授，终生未嫁。于岭南历史、风物、史志文物的整理研究多有贡献，兼诗人、画家、文史学者、金石学者和收藏鉴赏家于一身。
⑥ 据中山大学人类学博物馆藏冼玉清手书《岭南大学文物藏品册》。
⑦ 中国博物馆协会：《中国博物馆一览》，中国博物馆协会事务所，1936年。

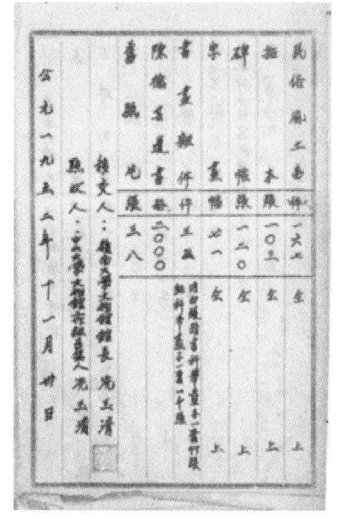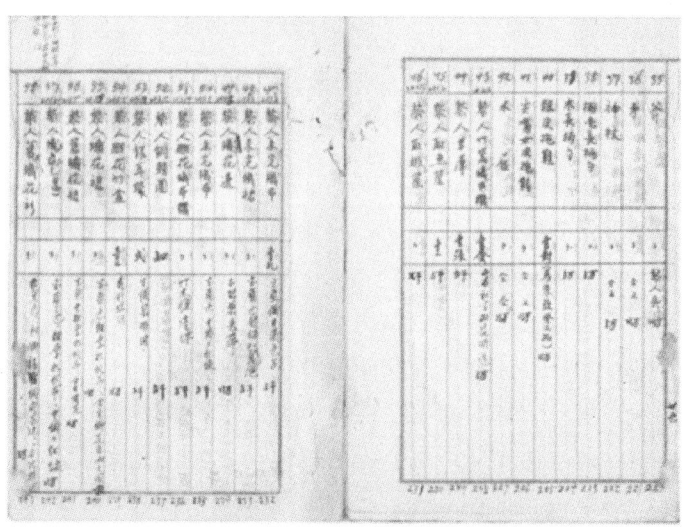

图三　岭南大学文物藏品册相关内容页

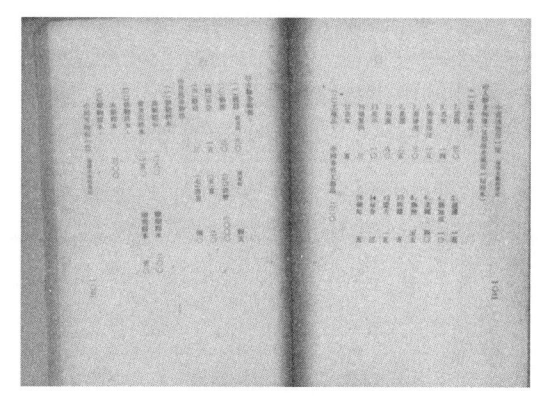

1.《中国博物馆一览》封面　　　　2.《中国博物馆一览》正文页

图四　《中国博物馆一览》

岛黎苗考察团，中山大学杨成志[①]担任团长，团员有岭南大学伍锐麟、何元炯和中山大学王兴瑞、江应樑等。考察团于1937年2月3日自广州赴海南，杨成志等人于3月中旬返回，何元炯、王兴瑞则继续在海南黎境考察至6月[②]。在工作分配上，江应梁负责"关于黎苗的物质文化，如仪式上之各种技术，手工业的制造，个人修饰品，面具，衣服，居室，艺术品，音乐器具等"[③]。组成双方在考察团简章及合约备

[①] 杨成志（1902~1991年），字有竞，广东汕尾人。1927年任中山大学助教，20世纪30~40年代担任中山大学教授及研究院秘书长、文科研究所所长、人类学部主任、人类学系主任等职，多次进行西南、华南少数民族调查。新中国成立后在中央民族事务委员会工作，后担任中央民族学院教授和文物室主任。

[②] 杨成志：《国立中山大学设立人类学系建议书》，《广东日报》1948年8月2日《民族学刊》第12期。王兴瑞1937年完成的硕士论文题目即为《海南岛黎人研究》。

[③] 私立岭南大学西南社会调查所、国立中山大学研究院文科研究所：《海南岛黎苗考察团组成经过》，《民俗》第一卷第三期，1937年。

录中约定（图五），此次考察期间采集的民族物品和摄影底片均属于岭南大学西南社会调查所，仅在有"重复者"的情况下，方可属于中山大学研究院文科研究所[①]。

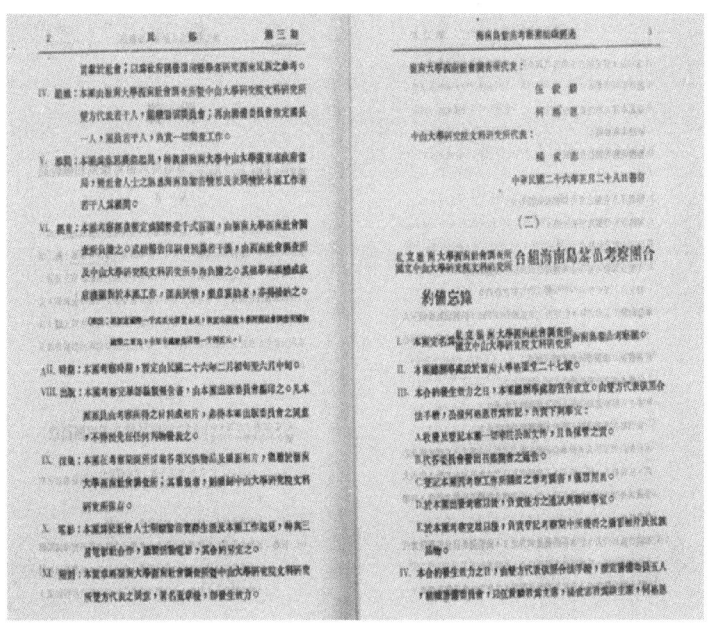

图五 《民俗》第一卷第三期《海南岛黎苗考察团组织经过》简章和备忘录页

综合上述分析，我们推断岭南大学文物馆旧藏的这批黎族服饰与1937年海南岛黎苗考察团有关。杨成志回忆此次考察"收罗得黎苗民族品多种，影片数百张"[②]（人类学博物馆现存所有黎族照片仅十余张），未知当年搜集的黎族服饰究竟有多少件。

三、中山大学文物馆旧藏黎族服饰

中山大学搜集陈列民族文物的历史可以追溯至国立中山大学语言历史研究所民俗学会时期的风俗物品陈列室。语史所民俗学会成立于1927年，其简章中述"本会搜集所得之物品及一切材料，在风俗物品陈列室陈列之"，民俗物品陈列室"内分为首饰、衣服鞋帽、音乐、应用器物……及民族文化品物十四类，陈列品凡数万余件"[③]。

[①]《国立中山大学研究院文科研究所海南岛黎苗考察团组织经过》考察团简章第Ⅸ条"采集：本团在考察期间所采集各项民族物品及摄影相片，概属于岭南大学西南社会调查所，其重复者，则拨归中山大学研究院文科研究所保存"。考察团合约备忘录第Ⅻ条"本团在考察期中所采集之民族物品，摄影之底片，均属于岭南大学西南社会调查所之所有；如有重复者，可另拨一份存于中山大学研究院文科研究所。若仍有盈余，经筹备委员会之同意，得赠送其他文化机关或学术团体保存之"。

[②] 私立岭南大学西南社会调查所、国立中山大学研究院文科研究所：《海南岛黎苗考察团组成经过》，《民俗》第一卷第三期，1937年。文中附杨成志《海南岛黎苗考察团过港返粤谈话》。

[③] 杨成志：《民俗学会的经过及其出版物目录一览》，《民俗》第一卷第一期，1936年。

杨成志1935年冬获得巴黎大学民族学博士，回国后出任中山大学研究院①秘书长和文科研究所所长，后兼任人类学部主任。杨成志强调"民族学的路是靠两只脚踏出来的"②，这也开创了中山大学人类学学科田野调查的传统。杨成志以云南彝族研究最为著名，于粤北瑶族等研究亦较用力，还包括前述担任团长的1937年海南岛黎苗考察。但是在此之前，他已经进行过海南黎族调查。

1936年国立中山大学研究院文科研究所出版《民俗》（复刊）第一卷第一期，卷前所附《琼崖黎人广州观光团合影》下注："此种黎苗，汉称不一，有所谓侾黎，藏黎，生铁黎，大鬃黎，黑铁黎……等名，然俱以其衣服或装饰而分者……记者于六年前曾到琼岛调查黎人，颇知其中梗概，今得黎苗广州观光团合影，视为珍品，特介绍给国人，希望广东当局对此落后土族，加以社会的及教育的开化，而从事民族学与民族学的研究者，亦宜视琼岛为我们工作上最良好的试验场（有竞志）"（图六）③。

图六 《民俗》（复刊）第一卷第一期卷前附图

杨成志字有竞，这段文字讲到1930年的海南岛黎族调查，不过并未提及民族文物的搜集；这不同于云南彝族调查的记述——"本所于民十七年派史禄国，Shirokorgoroff，容肇祖，杨成志，派往滇调查西南民族，以作者留滇两年收买民族品千余件"④。1936年出版的《民俗》（复刊号）载《民俗学会的经过及其出版物目录一览》未见黎族研究的专门著述⑤，同刊所载《琼崖岛民俗志》（王兴瑞、岑家梧）也没有关于黎人服饰的专门研究。据此推断至晚1936年，国立中山大学民俗学会尚未着手搜

---

① 中山大学研究院设置文科研究所（其前身是语言历史研究所）、农科研究所和教育研究所。
② 杨成志：《我与中山大学人类学系》，《杨成志人类学民族学文集》，民族出版社，2003年。
③ 《民俗》（复刊）第一卷第一期，1936年。
④ 杨成志：《民俗学会的经过及其出版物目录一览》，《民俗》（复刊）第一卷第一期，1936年。1928年7月中山大学语史所委派史禄国、杨成志前往云南进行"猡猡"调查，杨成志搜集众多民俗文物、拍摄照片二百余张。
⑤ 臧公《琼崖歌谣的故事》和歌谣十余篇可能与黎族民俗有关。

集黎族服饰。

前述，1937年海南岛黎苗考察团约定，考察期间采集的民族文物、摄影底片在有"重复者"的情况下，可另归中山大学保存，因此不能排除本次考察所获黎族服饰交付也有至中山大学的可能。但是本次考察搜集黎族服饰数量未必多（岭南大学文物馆清点移交至中山大学文物馆男女衣裙仅16件；另，杨成志1928年西南调查仅收集彝族衣物19件[①]），因此中山大学人类学博物馆《藏品登记册》记为来自中山大学的黎族服饰更有可能是梁钊韬赴海南岛调查所得。

梁钊韬在《海南岛黎族社会史初步研究》文中写道："以上所述，系根据两次到黎族地区访问调查的材料草成"。梁钊韬赴黎境调查，第一次"系于1951年夏，随中央访问团第二分团到海南，再分派到乐东县参加访问调查工作，……又担任了搜集文物工作，对黎族物质文化获得了较普遍的瞭解"；第二次"系在1952年夏秋之间，奉广东省人民政府民族事务委员会调派我与中山大学历史系助教梁作檊同志和现任华南师范学院讲师张寿祺同志三人，参加中南民族事务委员会海南工作组，担任搜集黎、苗族的历史文物工作。……这次搜集文物工作比上一次较为全面，因而对黎、苗的文物又有了进一步的认识"[②]。梁钊韬在调查中征集一批包括黎族服饰在内的民族文物，《海南岛黎族社会史初步研究》附"图版三：奥雅的头巾"（图七）现即收藏于中山大学人类学博物馆（图八）。

图七　《海南岛黎族社会史初步研究》附图　　　图八　人类学博物馆现藏"奥雅的头巾"

馆藏黎族服饰上的"中南区少数民族文物登记表"等标签（图九、图一〇）也可以印证此推断。根据我们对馆藏黎族服饰上存留标签的初步分析[③]，1952年中南民委曾经向中山大学和岭南大学征借过一批黎族服饰，当是参加"中南区少数民族文物图片

---

① "本校调查云南民族专员杨成志，昨由云南寄回猡猡衣十九件，已送风俗物品陈列室"。见《国立中山大学日报》民国十八年九月九日第四版《云南新到物品》。

② 梁钊韬：《海南岛黎族社会史初步研究》，《中山大学学报》（社会科学）1955年第1期。

③ 我们初步认为存留"中南区少数民族文物登记表"标签、或标签上搜集人注明"中南民族工作组"，或标签上分类号以"活"字加阿拉伯数字（例如"活44"），这几种情形的馆藏黎族服饰曾经被中南民委征借。

展览"。其中，征借自中山大学至少 5 件，标签上"搜集时间"①分别标注为 1952 年 8 月（两件）、1952 年 9 月（两件）和 1952 年 10 月。

图九 "中山大学历史文物馆"标签

图一〇 "中南区少数民族文物登记表"和"岭南大学文物馆"标签

现知中南民委和中南民族学院至少联合举办过两次"中南区少数民族文物图片展览"②，第一次是 1952 年 5 月，第二次是 1958 年 7 月。鉴于征借黎族服饰的 1952 年夏秋（8 月至 10 月）距第二次展览间隔过长，有可能是第一次展览开幕（1952 年 5 月）以后继续借调黎族服饰补充展品，或者在两次展览之间还举办过类似活动③。

中南民委 1952 年自中山大学征借的 5 件黎族服饰很可能是梁钊韬海南岛黎族调查时搜集所得，尤其是第二次。而且梁钊韬第二次调查本为奉命参加中南民委海南工作组而进行，此次搜集之民族文物甚至有可能先暂时交付中南民委参加展览，其后才拨回中山大学④。

此外，梁钊韬 1957 年还率领中山大学历史系师生赴海南黎族地区进行考古学、民族学田野调查，是否收集有黎族服饰有待考证。

四、广州市文化公园旧藏黎族服饰

馆藏现有 20 余件黎族服饰在早年的《藏品登记册》上记为 1965 年"文化公园送"，其中一些粘贴"历史文物馆"或"广州市人民博物馆"、"海族字"等标签。这批黎族服饰的来源要从岭南文化宫说起。

---

① 此处"搜集时间"实际为"征调时间"。
② 李家瑞：《略谈民族文物工作》，《西南民族大学学报》（哲学社会科学版）1981 年第 5 期。
③ 1952 年中南民委还向岭南大学征借至少 9 件（套）黎族服饰，标签上"搜集时间"分别标注为 1952 年、1952 年 7 月、1952 年 8 月（两件）、1952 年 9 月（4 件）和 1952 年 10 月。
④ 中南民委征借自中山大学的 5 件黎族服饰中，有 3 件标注搜集人为"中南民族工作组"，其中 1 件女衣（馆藏编号 16/217.1）标注为 1952 年 8 月搜集自"广东海南保亭"；另外有 1 件女衣（馆藏编号 16/217.2）标注为 1952 年 8 月收集自"广东海南保厅"，而梁钊韬第二次海南岛黎族调查的线路即包括"从陵水县入保亭县"（见梁钊韬：《海南岛黎族社会史初步研究》，《中山大学学报》（社会科学）1955 年第 1 期。

1952 年建立的岭南文物宫属于会展中心性质[①], 1956 年改称文化公园, 1965 年文化公园隶属关系由广州市文化局改为园林局。我们在馆藏档案中发现了岭南文物宫的历史文物馆[②]1952 年分别从岭南大学（图一一）和中山大学（图一二）借展黎族服饰的单据。根据档案，岭南文物宫（及其后的广州文化公园）还在 1954、1955 等年份向中山大学借展过包括黎族服饰在内的文物、照片等，1956、1964 等年份归还过黎族服饰等借展文物，馆际合作关系密切。但是岭南文物宫的黎族服饰还有其他来源。

1965 年广州文化公园隶属关系脱离文化系统。广州文化公园致中山大学历史系的信函[③]（1965 年 8 月）称："我园的工艺馆[④]结束时尚留下少数民族服饰用具藏品 159 件，由于这类藏品是历史文物，现已不易搜集，为避免散失起见，拟专案赠送你系，作教学研究之用"（图一三）。据馆藏《广州文化公园展品移交清册》（1965 年 9 月），这批少数民族文物主要是"广州博物馆交来"（馆藏黎族服饰中有 8 件粘贴"广州市人民博物馆"标签，其中 5 件同时粘贴"历史文物馆"标签），其他包括广州文化公园征购、收集、广州文化公园"农林馆留下"、个人赠送等。

广州市人民博物馆筹建于 1950 年，名称存在不足四年（1950 年 9 月至 1954 年 4

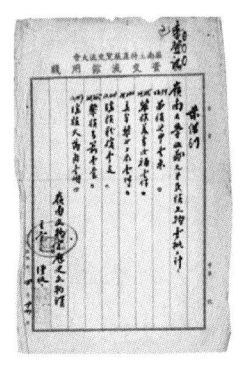

图一一 岭南文物宫向岭南大学借展黎族服饰的借据

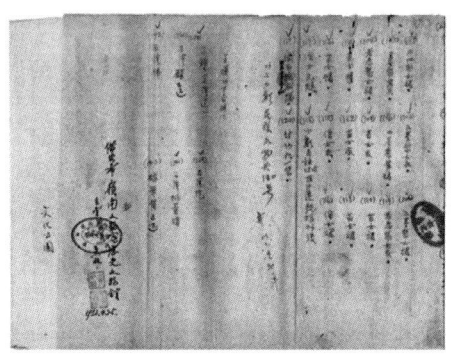

图一二 岭南文物宫向中山大学借展黎族服饰的借据

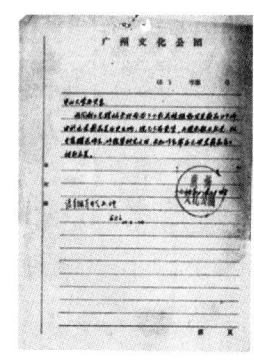

图一三 广州文化公园向中山大学历史系赠送少数民族服饰的信函

[①] 1951 年 10 月 14 日 "华南土特产展览交流大会" 在广州举行，计划 3 个月的会展盛况空前，欲罢不能，于是将会展中心更名为 "岭南文物宫"。见梁绵昌：《老城纪事：羊城首个会展中心——岭南文物宫》，金羊网，2006 年 6 月 13 日。岭南文物宫属于会展中心性质，所谓 "文物" 实际是指 "地方风物"，包括工艺、日杂、食品、手工业品、农林水产、果蔬、工业产品和文化等方面的内容。

[②] 标签上的 "历史文物馆" 当是指岭南文化宫的历史文物馆。原因有三：一则中山大学和岭南大学的校史材料上尚未见有此机构专称，二则标签上的文物编号体例与中山大学和岭南大学其他馆藏文物不合；更能说明问题的是，有些服饰（例如馆藏编号为 16/217.222 的女裙，上面同时有 "历史文物馆" 和 "广州市人民博物馆" 等标签）在《广州市文化公园展品移交清册》（1965 年 9 月）上明确记为 "广州博物馆交来"，显然与中山大学或岭南大学无关。

[③] 中山大学人类学博物馆馆藏档案。

[④] 岭南文物宫历史文物馆与广州文化公园工艺馆的沿革或业务关系待考。

月）①，其前身"广州市立博物院"早在1929年即收藏一批包括服饰在内的黎族文物②。或可推测，广州市人民博物馆旧藏的一批黎族服饰1952年1月至1954年4月间征借或调拨至岭南文物宫长期展览（或者1953年随馆藏自然科学文物移交岭南文物宫③）。1965年广州市文化公园隶属关系变更，不再担负文化展示功能，包括原属于广州市人民博物馆的一批黎族服饰遂由广州市文化公园移交中山大学。

至于将原属于广州市人民博物馆的少数民族文物赠交中山大学的缘由，似可从《广州文博连平后方库房始末》文中窥见端倪④。该文谈到，由于国际政治环境和台海形势紧张，1962～1964年广州市文博系统在《广州市文化局作战计划》的指导下将馆藏重要文物转移存放，并在粤北连平城郊建立后方文物库房。广州文化公园将原属广州博物馆（广州市人民博物馆）的黎族服饰直接送交中山大学，大约是为了减轻广州博物馆的文物安全压力。

岭南文化宫借展或自己征集的黎族服饰均可能粘贴"历史文物馆"标签。在粘贴"历史文物馆"标签（标注时间基本为1954年，少量可辨识为195□年）的约30件馆藏黎族服饰中，除同时粘贴"广州市人民博物馆"（5件），或者根据其他标签能够判断原属岭南大学（3件）、在登记表上记为"文化公园送"的4件当为岭南文化宫自己征集以外，其他还应当有岭南文化宫的征集品。

五、余　　说

中山大学人类学博物馆现藏原岭南大学文物馆移交黎族服饰10余件，现藏中山大学文物馆收集黎族服饰40余件，现藏广州市文化公园移交黎族服饰至少20余件。其他一些粘贴"海族字"、"族中"、"族岭"、"广东民间工艺美术品展览会"等标签的服饰入藏情况待考。

赵春青展示的20世纪80年代黎族民族考古学调查⑤的照片上，海南岛某地黎族妇女服饰与馆藏本地黎上衣、筒裙颇为相似。再联想到邓聪关于"南中国及东南亚树皮

---

① 广州市人民博物馆1954年4月改称广州市博物馆。
② 1929年"7月2日，谢英伯将南区善后公署技师郑任良所送之黎族人女装花边黑衫、红色花裙、头巾及弓箭、捉鼠机等奇异物品，转送博物院陈列。对研究黎族人历史、风俗颇有价值"。见章祖蓉：《广州市立博物院筹建大事记要（1928.10～1929.12）》，《中国博物馆》1991年第2期。又1929年《广州市立博物馆概况》档案记录："筹备委员会成立后，即电向各方征集陈列品，古物之授罗，如祭器、乐器、明器、服用器等均各粗备，民俗用品均采自瑶黎，……"
③ 1953年9月广州市人民博物馆"馆藏自然科学文物全部移交岭南文物宫"。见程存洁、黄庆昌、曾玲玲等：《开启广州文化之曙光——记广州博物馆概况》，《广州文史》（第七十六辑），广州出版社，2011年。不过黎族服饰似不能归为自然科学文物，暂存疑。
④ 广州博物馆：《广州文博连平后方库房始末》，《广州文史》（第七十六辑），广州出版社，2011年。
⑤ 中国社会科学院考古研究所赵春青研究员"民族考古学"讲座（2015年5月30日中山大学马丁堂）。

布文化圈"①和中山大学容观琼关于"海南岛黎族纺织史"②的研究,中山大学人类学博物馆藏的这批黎族服饰在民族文物和文化史研究上的价值不必多言。

我们根据目前掌握的资料,对这批黎族服饰的来源和入藏时间进行了初步考证,多有揣测,难免疏漏。但这确实是一件有意义的工作,意义不仅表现在中山大学人类学博物馆的藏品研究上,也表现在中山大学人类学学科的学术史上,包括延续至今的民族学调查和民族考古学传统;从中甚至还可以触摸到共和国博物馆事业发展的脉搏③。

本文为2015年中央民族大学"第二届交流与互动——民族考古与文物研究学术研讨会"提交论文,靳静山、郑君雷、易琳合作撰写

---

① 香港中文大学考古学者分别在2002年、2004年和2008年赴海南岛考察黎族树皮布制作材料和技术,并搜集树皮布风俗的考古学材料。见邓聪:《〈衣物的起源与树皮衣〉展览图录》,香港中文大学中国考古艺术研究中心、珠海市博物馆,2012年。

② 容观琼:《关于我国南方棉纺织历史研究的一些问题》,《文物》1979年第8期;容观琼:《关于黄道婆生平业迹问题的思考》,《中南民族学院学报》1994年第2期。

③ 《北京历史博物馆借本校文物清单》(1959年3月28日)和《中国历史博物馆退还文物清单》(1960年5月)等馆藏档案表明,国庆十周年开馆的中国历史博物馆曾经借展过一批包括黎族服饰在内的文物,广东省博物馆1962年亦曾借展黎族服饰。

汉"射犬聚"考略

2006年秋季，中山大学人类学系在河南省焦作市东金城遗址发现一道汉代墙垣的基槽遗迹，附近还出土北齐"金城"字款铭文墓砖，从地理位置分析，墙垣极有可能与文献记载的汉"射犬聚"有关。汉"射犬聚"的发现有两个意义：其一，东汉时候这里发生过两次著名大战，光武帝刘秀在射犬聚大破赤眉，曹操在射犬城平灭袁绍部将眭固，"射犬"的确切地点就此解决。其二，依汉代行政体系，县以下还有乡、聚、亭等基层地域单位，约略相当于现今的乡镇，这些基层地域单位是研究汉代社会不可回避的重要内容。而在汉代考古学上，我们对这类聚落形态的了解确实有限。在这两个意义上，对汉"射犬聚"的研究是件饶有趣味的事情。

一

东金城遗址位于博爱县金城乡东金城村，南水北调工程干渠穿越。墙垣基槽位于第Ⅱ发掘区，分为主、副基槽两道并行，东西走向（略偏于西北至东南），东、西两端均延伸至发掘区外。

主基槽东段的横剖面可以分为上部、中部和底部三部分，逐级内收，通深约0.85米。上部略似漏斗状，开口通宽约2.2米，最宽处约2.8米；中部较为竖直，略向内收缩，宽约1.1米，槽壁整齐清楚；底部呈凹槽状，凹槽基底宽约0.5米。在基槽底部发现三个大柱洞。基槽中部以下打破灰黄色的天然料姜石层。西段结构与东段基本相似。

基槽填土层次和质地不统一。在东段T2183关键柱附近分为相当平齐的六层：第1层填土呈黄褐色，为黄土、黄沙、棕土、褐胶泥和料姜石的混合物；第2层呈棕褐色，主要是棕土、黄沙、褐土和料姜石的混合物；第3层是较纯净的黄沙，夹杂零星棕土和褐胶泥；第4层为褐胶泥；第5层为灰褐土；第6层为红胶泥。各层厚10~21厘米。在东段T2284的东壁剖面上，填土分为七层：第1层呈棕黄色，为黄土、黄沙、褐胶泥、棕土和料姜石的混合物，第1层填土堆积的中部凸起较高，超出基槽开口的水平线；第2层为褐胶泥，北部堆积较厚，南部较薄，厚薄差异较大；第3层呈黄褐色，为褐土、黄沙、棕土和料姜石的混合物，北部较薄，南部较厚，厚薄差异也较大；第4层呈棕褐色，为棕土、褐胶泥和黄沙的混合物，堆积在基槽北部；第5层为黄沙，夹有棕土，堆积在基槽南部，第4层和第5层水平高度和厚度大体仿佛；第6层为褐胶泥，相当平齐；第7层为灰褐土，亦相当平齐。各层厚10~35厘米。

我们认为主基槽东段的填土是人工填实的，不是沟渠淤积。第一，若是沟渠的流水堆积，则基槽各段的堆积层位应该大体相同，并且大体水平。但是T2183关键柱附近与T2284东壁剖面的堆积层位差别很大。尤其在T2284东壁剖面，不可能出现第3和第4层厚薄差别很大的堆积情况，更不可能出现第5层仅分布在基槽北部，第6层仅分布在基槽南部的堆积情况。第二，沟渠的流水堆积不应该形成第1层堆积中部凸起高于基槽开口水平线的情况。第三，沟渠堆积的淤泥和河沙成分肯定相当大，而且必然包含较多腐殖质，而基槽填土在整体上未显示出这些性状。第四，暴露于地表的沟渠底部应该有一些落弃物，但是基槽底部非常干净。在发掘过程中，我们发现基槽填土相当致密，且比较坚硬，在刮面时往往形成脊状隆起。因此基槽填土虽不敢说都是夯土，但是很有可能经过碾压。

主基槽西段的填土可以判断为夯土。在T1384，基槽填土分为相当平齐的8层，各层致密坚硬，比较容易逐层剥离。第1层为红褐胶泥，第2层是纯净黄沙，第3层是黄褐土，第4层为夹杂料姜石的灰黄褐土，第5层为纯净黄沙，第6层为黄褐胶泥，第7层为沙性略重的黄灰土，第8层是略有胶性的青灰色土。各层厚4~10厘米，未见夯窝。

主基槽东段已揭露近30米，西段已揭露10余米。经钻探，主基槽在发掘区以东至少延伸180米，在发掘区以西至少延伸550米。为进一步确定基槽性质，在南水北调干渠范围以西的西金城布探沟两条，距发掘区分别相距280米和550米，编号为TG1和TG2。在两条探沟的剖面上均可以见到相当明显的斜向墙体护坡迹象。以TG1的西壁剖面为例，在主基槽以南，自北而南有黄灰土、灰土（夹杂料姜石）、黄褐土、红褐胶泥和灰褐土的斜向叠压，各层厚度自数十厘米至二三米。在TG2的西壁剖面上，主基槽以南，黄沙土、灰土和杂有红胶泥的灰土略有倾斜地自上而下叠压，再南，红胶泥、灰土和灰黄土明显倾斜地斜向叠压，各层厚度自数十厘米至二米余。

副基槽位于主基槽以北，与主基槽平行，相距约3米。副基槽较浅窄，横剖面呈直壁弧底状，宽70~110厘米，深15~20厘米。副基槽的填土分为3层：第1层为夹杂黄沙的红胶泥，土质略松软；第2层以黑褐土为主，夹杂大量红胶泥和少量黄沙、料姜石；第3层为青灰土与料姜石的混合物，并杂有少量红胶泥。经钻探，副基槽在发掘区以东至少延伸80米；在发掘区以西，钻探迹象若断若续，但是TG2范围内副基槽仍然存在。

基槽的转角走向暂不清楚，不过在主基槽以南约400米处的第Ⅲ发掘区，汉墓分布很密集，因此基槽向北转角的可能性很大。主、副基槽内的填土均比较纯净，陶片数量极少，多是火候较高的泥质灰陶，判断为汉陶，未见更晚时期的陶片。另外，基槽被唐宋文化层叠压。根据基槽结构，我们推测这是一道汉代聚落的城墙基础部分。

二

焦作地区位于河南省西北部黄河转曲处的内侧，"南控虎牢之险，北倚太行之固，沁河东流，沇水西带，表里山河，雄跨晋、卫，舟车都会，号称陆海"①，历史上习惯称为河内地区。西汉高祖二年（前205年）置河内郡，以怀县（故城在今武陟县城西南）为郡治。西晋至隋以野王县为河内郡治（故城在今沁阳市区，隋改野王县为河内县，明清两代为怀庆府首县）。西晋以迄明清，沁阳故城一直是州、郡、路、府治所，历代地志和方志在记述河内地区山川史迹的时候往往以其为中心展开。东金城遗址东北距沁阳市区约16千米。

淮阳王更始二年（24年）刘秀在射犬聚大破赤眉，"赤眉别帅与大肜、青犊十余万众在射犬，光武进击，大破之，众皆散走"②。此战在汉史上是一次重要战役，铫期、贾复等名将从击。发生在射犬城的另一次大战是曹操平灭广袁绍部将眭固。建安四年（199年）春二月，"公还至昌邑。张杨将杨丑杀杨，眭固又杀丑，以其众属袁绍，屯射犬。夏四月，进军临河，使史涣、曹仁渡河击之。固使杨故长史薛洪、河内太守缪尚留守，自将兵北迎绍求救。与涣、仁相遇犬城。交战，大破之，斩固。公遂济河，围射犬。洪、尚率众降，封为列侯，还军敖仓"③。事并见《三国志·魏书》徐晃、乐进等传和《资治通鉴·汉纪五十五》。

《续汉书·郡国志》指河内郡野王县"有太行山，有射犬聚，有邘城"，洪亮吉《十六国疆域志》亦曰河内郡野王县"有射犬聚，眭固屯此"。《读史方舆纪要》河内县下记"射犬城在故武德县北。亦曰射犬聚。光武初，破赤眉别帅及青犊、上江诸贼于射犬。又献帝建安四年，河东贼帅眭固屯射犬，曹操进军临河，……射犬降"④。顾祖禹将射犬聚和射犬城指为一处，大概本自《后汉书·光武纪上》在射犬破赤眉事的注释——"续汉志曰野王县有射犬聚，故城在今怀州武德县北也"。武德故城在今温县武德镇，已近沁河南岸，"武德县北"大致应在今沁河以北的博爱县。乾隆己酉年版的《怀庆府志》称射犬聚"在清化东南"，清化镇在今博爱县城以东不远处。这些情况清楚地说明两次大战发生在同一地点，"射犬聚"即"射犬城"，位于沁水流域。在《三国志》和《资治通鉴》中"射犬城"又可以简称为"犬城"。现今历史学界或以为此射犬位于武陟县城西北，或以为在沁阳，臧励龢《中国古今地名大词典》以为在沁阳东北⑤。

《水经注》卷二十二还提到颍水流域的另一个射犬城，"潩水又南径射犬城东，即郑公孙射犬城也，盖俗谬耳"。熊会贞按："如《注》文，不谬，何以言俗谬？知今本非原文。考《寰宇记》，犬城，郑公孙射犬城，当本郦书。盖俗以射犬城为犬城，《注》从俗书作径犬城东，随实指为射犬城而斥其谬。上射字是后人所加。即今许州城。"⑥此

---

① （清）顾祖禹：《读史方舆纪要·河南四·怀庆府》。
② 《后汉书·光武帝纪上》。
③ 《三国志·魏书·武帝纪》。
④ （清）顾祖禹：《读史方舆纪要·河南四·怀庆府》。
⑤ 臧励龢等编：《中国古今地名大辞典》，商务印书馆香港分馆，1982年。
⑥ 《水经注疏》卷二十二"潩水"熊会贞按。

射犬城亦俗称犬城，藏励禾《中国古今地名大词典》认为在河南许昌县，显然与本文讨论的射犬聚和射犬城无涉。

三

《水经注》"清水"记长明沟水"东径射犬城北"，是一条很清楚的地理坐标，遗憾的是，长明沟水的具体流向今天已经很难说清楚。《水经注》关于长明沟水的记载见于卷九"沁水"和"清水"：

"沁水又东，光沟水注之，水首受丹水，东南流，界沟水出焉，又南入沁水。沁水又东南流径成乡城北，又东径中都亭南，左合界沟水，水上承光沟，东南流，长明沟水出焉。又南径中都亭西，而南流注于沁水也。……又东过州县北，县，故州也。……有白马沟水注之，水首受白马湖，湖一名朱管陂。陂上承长明沟。湖水东南流，径金亭西，分为二水，一水东出为蔡沟，一水南流注于沁也"。

"清水又东南流，吴泽陂水注之，水上承吴陂于修武县故城西北。……《魏土地记》曰：修武城西北二十里有吴泽水。陂南北二十许里，东西三十里，西则长明沟入焉。水有二源。北水上承河内野王县东北界沟，分枝津为长明沟，东径雍城南，寒泉水注之。……又东南注长明沟，沟水又东径射犬城北。……长明沟水东入石涧，东流，蔡沟水入焉，水上承州县北，白马沟东分，谓之蔡沟。东会长明沟水，又东，径修武县之吴亭北，东入吴陂"。

品读这两条记载，大致可以了解长明沟水的源流。①丹水分流一支为光沟水，光沟水主流自西北向东南注于沁河。②长明沟水有南北两源，北源出自界沟水。界沟水源自光沟水。③长明沟水一支入白马湖，白马沟水东出一支为蔡沟水，蔡沟水再东与长明沟水合。白马湖、白马沟水至金亭段、蔡沟水这条水系实际源自长明沟水，位于长明沟水以南。④长明沟水注入修武故城西北的吴泽陂。⑤长明沟水的基本流向为自西而东。

自今天沁、丹合流处以西至黄、沁合流处及迤北至修武县城，河流湖陂分布大势与《水经注》多不合，未见一条南北流向的河流，光沟水无从着落。今沁河北岸的博爱县南境尚存界沟、白马沟等地名，光沟东径的"中都亭"一般以为在内都村，界沟、内都附近并无南北流向的河流，白马沟附近也没有东出河流。在修武县城一带亦未见可以与"吴泽陂"比附的大湖。

两晋以讫明清，沁河北岸水系发生的最大变化当是部分南流入沁的河流转而东流入卫河，由黄河水系转属于海河水系，这些改变很可能与水利设施的兴建有关①。在乾隆己酉年版《怀庆府志》修武县水渠图上，沁河北岸的河流已经属海河水系，其中

---

① 秦在河内郡的五龙口建筑大型水利工程枋口。秦汉以后，沁河下游水利建设很兴盛。2007年春季在东金城遗址发掘中，于汉墓群以西发现人工河道迹象。

大体呈东西流向的小丹河"在县西南。按旧志云：秦始皇开水利于河内，大丹河出山之处，分一支东流，为光沟，又东为常明沟，经武陟县至修武为蔡沟，东入吴泽陂"。《怀庆府志》以小丹河为光沟，并指出光沟古代入沁，后世改属卫河水系，"尾闾大变"，甚是。大概本来为光沟支津的长明沟水后来成为光沟主流，再夺本来为长明沟水支流的白马湖—蔡沟河道入吴泽陂，光沟水也由此从南北向转而东西向。在《怀庆府志》关于小丹河的这段记述中，常明沟为小丹河中段，亦即《水经注》中的长明沟，在《怀庆府志》修武县水渠图上，小丹河中段流经清化镇以南，射犬城当在博爱县境南部一带求之。

四

道光五年版《河内县志》卷八《疆域志》有一段记载，"东金城：孙果射犬聚考曰，金城之东有掘地得后周墓志一石，言西至射犬古城二里则东金城，之为古射犬聚无疑矣"。孙果《射犬聚考》已无从查考，志石也不知其踪，但记述言之凿凿，射犬聚在今博爱县金城乡一带必属确然。乾隆己酉年版《怀庆府志》以为在清化东南或本于此，今版《博爱县志》以为在西金城村亦本于此[①]。

《水经注》沁水条中关于白马湖—蔡沟水道的记载值得注意，白马沟水"水首受白马湖，湖一名朱管陂。陂上承长明沟。湖水东南流，径金亭西，分为二水：一水东出为蔡沟，一水南流注于沁也"。从这段记载看，长明沟水入白马湖水，白马湖水东南流经金亭西，因此长明沟水当在金亭以北，两地相距亦不远。杨守敬以为《水经注》的金亭就是《怀庆府志》中的金城，"《地形志》，州县有金城。《怀庆府志》有东西二金城，东金城在府城东四十三里，西金城在府东北三十里，即此《注》之金亭"[②]。这条记载将长明沟水与金城联系起来，与孙果《射犬聚考》的结论相互印证。

博爱县境南部有金城乡，乡政府在西金城村，其东为东金城村，两个大村落相距不足1千米，就是《怀庆府志》的东西二金城。《博爱县志》认为，西金城亦名西金墙，传说周代曾在此设立金垒国。唐初称金亭，南宋时改为西金城，清代称金城镇。西金城东侧，有一块百米方圆高地，村人称"东坡"。传说这是西汉末年农民起义军——青犊军的点将台，并在此发现汉代遗物"国公砖"[③]。

《博爱县志》关于"金亭"和"西金城"名称的记述似不明确。白马湖水西径的"金亭"在北魏成书《水经注》中已经出现。杨守敬以为，"郦氏全书，往往城亭

---

① 博爱县志编纂委员会：《博爱县志》"大事记"，中国国际广播出版社，1994年，第11页。
② 《水经注疏》卷二十二"沁水"杨守敬按。
③ 博爱县志编纂委员会：《博爱县志》"大事记"，中国国际广播出版社，1994年，第76页。

错出","城亭互称",并举洧水辰亭和溴水钟亭例为证①,"金亭"或许在北魏时就称金城。《读史方舆纪要》在怀庆府紫陵城条下记东金城、西金城,"或云南北朝所置戍守处也"。孙果《射犬聚考》记述的后周墓志已经提到东金城,说明东金城的名称至晚出现于后周,或者与金城对称,或者与西金城对称。道光五年版《河内县志》记"西金城村旧在清期乡管,见宋宣和六年施石献床记,清期乡先见宋修汤帝庙碑",则西金城名称至晚在北宋已经出现。

在东金城遗址第Ⅲ区发掘一座北齐墓（M64）,墓砖有"天保四年中汲县人吕归寄在金城□"的铭文,这块墓砖证明"金城"名称最晚出现在北齐,同时也明确出北朝"金亭"或"金城"的具体方位就在东金城村和西金城村一带。在2006年度"河南省南水北调文物保护工程"山东大学西金城遗址和中山大学东金城遗址的考古发掘中,均未发现汉代以后的城址。《焦作市文物志》认为古金城遗址位于史庄村东南土岗上,姑且一说。史庄在东金城村东南,几与东金城村相连,古城未经正式发掘,焦作市文物部门初步推断为商周至战国时期的古城址。我们在踏查时采集到汉代陶片,城墙夯层是汉代作风。《水经注》同时出现射犬城和金亭,说明是两座城。射犬城当在金亭以北不远处。东金城遗址第Ⅱ发掘区发现的汉代墙垣基槽位于东、西金城村以北,推测为汉"射犬聚"和"射犬城"。

五

日本学者宫崎市定对于汉代城市社会研究有两个非常精彩的认识,他认为"汉代的县、乡、亭是先秦古邑国在聚落形态上的遗留。从这个意义上说,汉代的乡、聚、亭都是有城郭的。《后汉书》、《水经注》中有大量例证……当然,也必须承认某些小聚落可能没有城郭……在中国古代,人们普遍住在城郭中,作为一种原则,后来甚至变成了习惯……既然处于地方末端的小聚落——亭都有城郭,其中有作为民居的里,农民大部分被城内的里吸收了,因此在城外的居住者是极少的"②。这段话的精髓有二,其一,认为汉代基层地域单位普遍存在城郭形态;其二,认为多数农业人口居住在城郭里,也可以理解为城郭内的居民包括许多农民。

宫崎市定开创性研究的基石,在于汉代基层地域单位城郭形态的普遍性是否成立。张继海举出沛县丰邑、春陵侯国春陵乡、蔡阳县白水乡和下辨县赤亭几个例子具体证明都是城,并进一步指出汉代县城以下的聚落名称共有乡、聚、亭、城、邑、里和不带任何标志性名字的地名计七种情况,认为"黄河中下游地区至长城沿线,县城以下的聚落普遍具有城郭的形态,而长江以南和西、北的民族杂居地区却与有较大差别"③。

---

① 《水经注疏》卷二十二"洧水辰亭"、"溴水钟亭"杨守敬按。
② 转引自张继海：《汉代城市社会》,社会科学文献出版社,2006年,第61、62页。
③ 转引自张继海：《汉代城市社会》,社会科学文献出版社,2006年,第80页。

杨守敬指出《水经注》往往"城亭错出"和"城亭互称",射犬聚又称射犬城,亦可以说明这个问题。

在历史学界,对于秦乡、聚、亭这类基层组织的讨论很热烈①。实事求是地讲,考古学者对于汉代基层地域单位的关注程度很不够,尤其缺乏整体性的研究意识。仅就城墙形态而言,射犬聚确有城墙,其南城墙的长度至少在800米以上,已经超过许多汉代县城的规模。就汉代基层地域单位讲,城墙规模一般小于县城当属正常,但是在考古发现中确实也见到过大城,河南舞阳北舞渡镇的东不羹城②周长达5500米。射犬聚墙垣的基础结构和夯筑技术与许多汉代县城有别,射犬聚城墙主体已无存,但是基槽夯土不甚坚硬,有的地段大概只是碾压而已。或许可以在一定程度上将射犬聚的城墙理解成明清时期中国乡村普遍存在的寨墙(东金城村以北的寨卜昌村有保存大体完整的明清寨城,城墙基部宽约2米,高约3米)。实际上,汉代城市的城墙结构也不统一,张继海已经指出,在县城一级,胶东半岛的不夜县城和黔南的汉阳县城不设置城墙,长陵邑不设置东城墙,河套地区的长城沿线"累石为城",潇水流域的零陵"编木为城"③;长白山地的赤柏松城平面呈不规则的圆形④。在县城以下,《水经注》记载邳乡城⑤和巨里城⑥只有三面城墙,邳乡城没有南面城墙⑦,东不羹城平面形状也不规则。

另外,汉代一些乡邑甚至可能有郭。在基槽以南的第Ⅲ发掘区发现一条自然沟壕遗迹,距基槽约400米。沟壕以北的沙岗地带地势高亢,汉墓分布密集;再向北至基槽南侧,仍然有汉代灰坑发现。而沟壕以南地势较低平,北朝唐宋遗存密集,汉代遗存稀疏。我们推测自基槽而南至沟壕一带,有可能是射犬聚的郭区和墓区。宫崎市定认为,上古时代的众多城邑至汉代与其他新兴聚落一样,根据其大小或重要程度,被分为三级。上者为县,中者为乡、聚,下者为亭⑧。在汉墓整理中我们发现一些陶罐有锔钉孔,或有助于我们了解射犬聚汉代居民的生活状况。

2006年度东金城遗址发掘面积有限,关于射犬聚的许多问题还说不清楚。我们推测,汉晋以后,射犬聚大概就废弃了,被北魏的金亭取而代之。至晚在北齐,已经明确有金城地名。至晚后周已经有东金城,至晚北宋已经有西金城。明清时期东、西金城都是河内县的名镇,寨墙在勒马河南岸,20世纪40年代寨墙尚完整。从汉"射犬

---

① 参见沈颂金:《汉代乡亭里研究概述》,《中国古代史研究动态》1999年第10期。
② 朱帜:《河南舞阳北舞渡古城调查》,《考古通讯》1958年第2期。
③ 张继海:《汉代城市社会》,社会科学文献出版社,2006年,第106、107、112页。烟台市文物管理委员会:《山东荣成梁南庄汉墓发掘简报》,《考古》1994年第12期;贵州省博物馆考古组、贵州省赫章县文化馆:《赫章可乐发掘报告》,《考古学报》1986年第2期。《汉书·韩安国传》:"及后蒙恬为秦侵胡,辟数千里,以河为竟,累石为城,树榆为塞";《后汉书·陈球传》:"零陵下湿,编木为城,不可守备。"
④ 赤柏松城位于吉林省通化市快大茂镇的山地,有些学者认为是西汉玄菟郡的西盖马县治。
⑤ 《水经注》卷二十六"沭水":"城有三面而不周于南,故俗谓之半城。"
⑥ 《水经注》卷八"济水":"北迳巨里故城西,……三面有城,西有深坑。"
⑦ 《水经注》卷二十四"汶水":"今其城无南面。"
⑧ 宫崎市定:《关于中国聚落形体的变迁》,《日本学者研究中国史论著选译》(第三卷),中华书局,1993年。

聚"至现今的两个大村镇，一个中国乡邑的演变脉络虽不能说很清楚，却约略可以勾勒出来，这也算是一件难得的事情。

原载中国社会科学院考古研究所、陕西省考古研究院、西安市文物保护考古所：《汉长安城考古与汉文化：汉长安城与汉文化——纪念汉长安城考古五十周年国际学术研讨会论文集》，科学出版社，2008年。郑君雷、杨贵金合作

后　　记

　　我在吉林大学考古专业学习、工作了十六年，2002年调动到中山大学人类学系工作，转瞬间十几年又过去了。虽然在学术上几无所成，但还是比较努力，写了一些文章（有些是合作），涉及领域以战国秦汉考古为多。

　　中国考古学有历史学价值取向和人类学价值取向两大流派，各自走向极端均失之于偏，但融合起来又谈何易；而且中国考古学与社会科学其他学科的隔膜也是不争的事实。吉林大学和中山大学这两所著名高校考古专业学术传统的较明显差异对我触动很大，加之这些年中国考古学的学术价值取向也发生了很多变化，于是我想尝试一下"会通"。

　　在吉林大学学习和工作期间，我主要关注东北及周邻地区的考古研究，到中山大学工作后自然要接触华南地区材料，将主要精力继续放在东北地区不现实，而且"名不正，言不顺"。我考虑，既然对东北和内蒙古地区的考古工作比较熟悉，现在接触华南地区材料又很便利，先前由于三峡考古的缘故也涉及过四川地区，这其实已经占据了中国历史边疆的很大一部分体量，何不将这些地区串联在一起，再扩展些视野，做些整体性探讨？我对边疆考古和民族史向来有兴趣，因此不自量力，将关注点铺向了整个"边远地区"，当然，是以战国秦汉时期为主。

　　在这种想法的支配下，这些年写的文章、指导的学生论文也就全面铺开了，还为本科生开设了一门"中国边疆考古"的选修课。杨建华先生说："郑君雷的研究好玩，他是转着一个圈在写。"只是人的精力和能力有限，"面"宽了，"深度"就不够了，这些年写出的文章自己不满意，学术会议上提交的论文有时自己也汗颜。甚至不止一位学界朋友问我是研究什么的？或者问我这些年在干什么？我总不能回答"正在转圈"，实在是一言难尽！

　　不过我想这种"转着圈的研究"也有意义。虽然每个区域开掘深度不够，但是串联成整体就会有启发，有些认识可能会较具"整体观"和"历史观"，因此经常拿"量变引起质变"这句话自我安慰。我现在感觉有些骑虎难下，"转在圈里"出不来了，只能接着"转"，也许"识得庐山真面目，只缘身在此'圈'中"。我想将这些在"转圈"中写出的文章以"边疆考古学与民族史"的名称陆续结集（有些文章勉强可以称为民族史研究），编排上也有意形成了这么一个体例。

　　本集文章多数已经发表，收入时有所增补删改。文集为2016年度教育部人文社会科学重点研究基地中山大学历史人类学研究中心重大项目"史前和历史时期山东半岛、辽东半岛以及朝鲜半岛之间的人群迁徙与文化整合——兼论民族学上的'辽海民族走廊'和考古学上的'东北文化区'"阶段性成果,本书出版得到教育部人文社会科学重点研究基地项目(项目批准号:16JJD780012)资助。中山大学考古专业卓猛、金海旺、余小洪、李光辉、易琳、张红艳、陈林琳、邓鑫、郑嘉怡等同学参加了文稿校对工作,卢荣俊同学和董少清先生参加了插图绘制工作;中山大学历史人类学研究中心主任刘志伟教授,科学出版社闫向东、樊鑫和赵越同志对文集出版贡献尤多,在此一并表示感谢。

郑君雷谨记

2016 年 12 月 15 日